錢基博集

孫子章句訓義

SUNZI ZHANGJU XUNYI

傅宏星／主編
傅宏星／校訂

華中師範大學出版社

新出圖證(鄂)字 10 號

圖書在版編目(CIP)數據

孫子章句訓義/錢基博著. 傅宏星校訂. —武漢:華中師範大學出版社,2011.3
(錢基博集)
ISBN 978-7-5622-4851-4

Ⅰ.①孫… Ⅱ.①錢…②傅… Ⅲ.①兵法—中國—春秋時代 Ⅳ.①E892.25
中國版本圖書館 CIP 數據核字(2010)第 045427 號

孫子章句訓義

錢基博著

傅宏星主編　傅宏星校訂

責任編輯:郭志剛　　**責任校對**:皮　明　　**封面設計**:甘　英
出版發行:華中師範大學出版社
社址:湖北省武漢市珞喻路 152 號　　**郵編**:430079
電話:027—67863426(發行部)　027—67861321(郵購)
傳真:027—67863291
網址:http://www.ccnupress.com　　**電子信箱**:hscbs@public.wh.hb.cn
印刷:湖北恒泰印務有限公司　　**督印**:章光瓊
字數:368 千字　　**印張**:23　　**插頁**:4
開本:787mm×980mm　1/16
版次:2011 年 3 月第 1 版　　**印次**:2011 年 3 月第 1 次印刷
印數:1—2500　　**定價**:43.00 圓

1925 年攝於北京清華園

1940年與長子錢鍾書合影於光明山麓

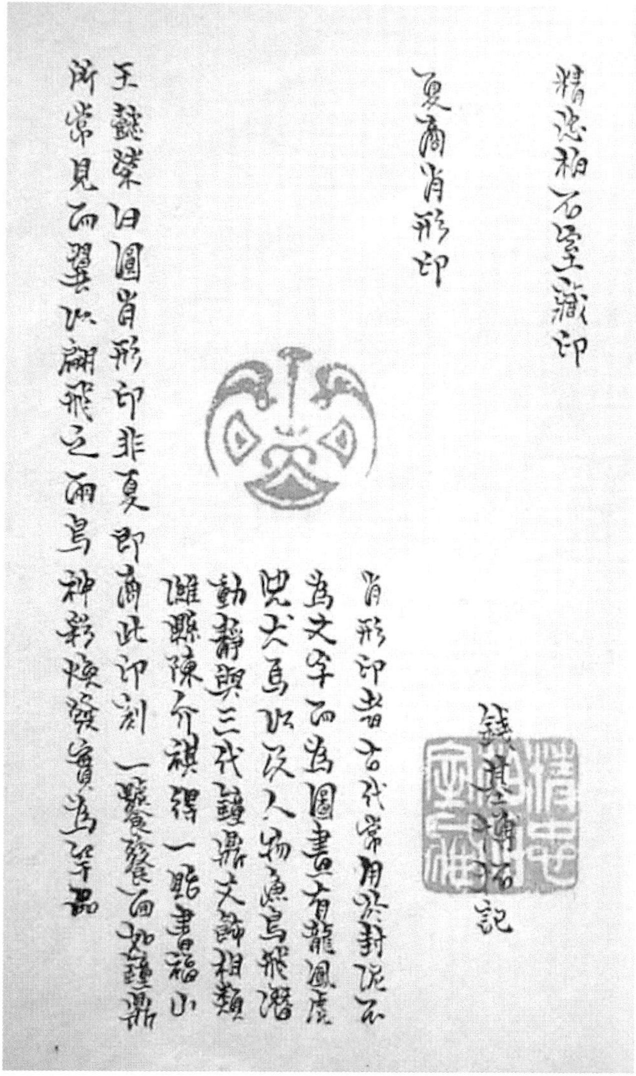
精忠柏石室藏印

夏商肖形印

錢基博記

肖形印皆古代常用於封泥不為文字而為圖畫有龍鳳虎兕犬馬以及人物魚鳥飛潛動靜與三代鐘鼎文飾相類濰縣陳介祺得一貽書福山王懿榮曰圖肖形印非夏即商此印刻一饕餮而如鐘鼎所常見而翼以翩飛之兩鳥神彩煥發實為罕品

錢基博先生手蹟

錢基博先生武昌故居

出版説明

錢基博先生(一八八七——一九五七),字子泉,號潛廬、老泉,江蘇無錫人。現代著名學者、文史專家和教育家。他一生勤奮讀書,博涉古今中西,治學領域極其廣泛,曾自述:"基博論學,務爲浩博無涯涘,詁經譚史,旁涉百家,抉摘利病,發其闔奥。自謂集部之學,海内罕對。子部鉤稽,亦多匡發。而爲文初年學《戰國策》,喜縱横不拘繩墨。既而讀曾文正書,乃澤之以揚馬,字矜句鍊;又久而以爲典重少姿致,叙事學陳壽,議論學蘇軾,務爲抑揚爽朗。所作論説、序跋、碑傳、書牘,頗爲世所誦稱;碑傳雜記,於三十年來民情國故,頗多徵見,足備異日監戒。論説書牘,明融事理,而益以典雅古遒之辭出之,跌宕昭彰。序跋則以生平讀書無一字滑過,故於學術文章得失利病,多抉心發奥之論。"誠爲先生終生治學生涯的實録。可是對於當今一般學人而言,恐怕衹會注意錢老先生"文在桐城陽湖之外,别闢一塗"和"集部之學,海内罕對"兩個方面,殊不知他在史學、經學、子學等方面亦造詣宏深,不僅著作數量多,而且門類齊全,幾乎無人能及。而錢先生生前,雖未能對自己的所有著作進行彙編出版,但從目前僅存的八册綫裝本《潛廬集》钞稿中,仍可以看出他對於出版文集是有所考慮和規劃的。據説,上世紀五十年代初,江蘇古籍出版社就擬議出版《錢基博全集》,可惜由於歷史的原因未能實現。一九六一年,先生之弟錢基厚亦曾爲之編訂《潛廬家藏遺文集》,可惜現在下落不明。最可歎者,"文化大革命"運動中,先生遺留的五百餘册、綿歷數十寒暑的《日記》,遭到查抄、批判,並被付之一炬。因此,二十多年前,吴忠匡、周振甫、石聲淮等前輩學人就曾呼籲社會和有關學術團體、出版單位趕緊整理出版錢先生遺著,使其人其學不至湮没無聞。

一九八六年,臨近"錢基博先生誕辰百周年"的紀念日子,華中師範大學在章開沅先生的支持下,由錢先生弟子彭祖年、石聲淮、吴忠匡等人牽頭,做了大量富有成效的工作,如一九八七年底,華中師範大學以學報特刊的形式,首次將部分遺著結集面世，爲我們瞭解錢基博提供了極大的方便。同時，湖南嶽麓書社又重新出版了錢先生的《現代中國文學史》、《近百年湖南學風》等著作。十年之後，我校曹毓英先生以此次整理工作爲基礎，精心策劃，於一九九七年十二月編輯出版了《錢基博學術論著選》，此書對推動國内錢基博研究的深入開展可謂功不可没。此後又是一個十年期，我們委托傅宏星先生陸續對錢基博遺著在全國各大圖書館的保藏情況進行了一番細緻的普查，一份相對完善詳備的著作編年目録也隨之形成了。

綜觀錢先生一生，出版各類學術專著二十六部，編撰各類教材十二部，雜著十二部，稿本、油印本等未公開發行的著作二十一部，約計七十一部，目前均分藏於全國各大圖書館、大学和民間私人手中；而他的大量學術論文、碑傳雜記、書信則散見於解放前出版的地方報紙、學術刊物、鄉賢著述、譜牒家乘和私人手中，無人問津，漸致散佚。雖然先生逝世至今，大陸方面，他的一些代表性著作多次再版，甚至影印出版，如《經學通志》、《版本通義》、《〈周易〉解題及其讀法》、《〈四書〉解題及其讀法》、《現代中國文學史》、《（增訂新戰史例）孫子章句訓義》、《近百年湖南學風》等。港臺方面，臺灣商務印書館等出版機構亦有多部錢著多次重印出版。但這些重版的著作還不到錢先生公開出版物總數的五分之一。

華中師範大學是中國真正具有百年以上歷史的少數知名大學之一。在其一百多年的發展過程中，有一批又一批篳路藍縷、披荆斬棘的先驅者，他們嘔心瀝血，殫精竭慮，爲華中師大的奠基與成長作出了無可磨滅的貢獻。

隨着我們對大學學脈與傳承精神的感悟日深，出版社已將把挖掘百年老校豐富的學術資源作爲未來工作的重心之一。整理出版一代國學大師錢基博先生的文集，華中師範大學出版社責無旁貸。可以這麽説，正是在幾代學者的共同關心和努力下，經過二十年的醖釀和籌劃，二〇〇六年六月，我們才正式將《錢基博集》列爲我社在"十一五"期間的重點出版選題，計劃分輯推出。同時，精心組織，合理安排，從資料蒐集、點校、專審和圖書設計四個方面加大資金和人員的投入，努力打造好此項精品工程。

華中師範大學出版社

二〇一〇年十二月

凡例

一、《錢基博集》以公開出版著作爲基礎，增補了目前已發現的未公開發表的手稿本、油印本等，還包括大量散落在《新無錫》、《無錫新報》、《錫報》、《通海新報》、《南通報》、《力行日報》、《江蘇民報》、《武漢日報》等報紙，以及《婦女雜誌》、《小説月報》、《教育雜誌》、《新教育》、《東方雜誌》、《無錫縣教育年刊》、《約翰聲》、《甲寅週刊》、《國學叢刊》、《清華學報》、《清華週刊》、《光華大學半月刊》、《青鶴》、《國立師範學院季刊》、《國立師範學院旬刊》等雜誌上的散文、小説、方志、序跋、書牘、碑傳等佚文。當然還包括目前我們能夠見到的地方教育雜誌、譜牒家乘、鄉賢著述中的序跋文函、碑傳雜記等，亦予以收録。

二、關於底本的選擇和確定。專著方面，有修訂本、增訂本的，以修訂本、增訂本爲底本；如果没有修訂本、增訂本，則需要比較初版、再版，取其較優者爲底本。當然，港臺的重印本、盜印本也在此遴選範圍之内。散篇方面，某一篇文章可能會在多處發表，文字或不盡相同，則酌情取捨，若影響到對句意的理解，則用脚注説明，以利讀者判斷。部分油印本還有復本，則取其較優者爲底本。各卷所據底本，一般無標點或僅用舊式圓點者，均重新標點；底本未分段者，一般不予分段。

三、各册散篇在前，專著在後。卷内各篇（專著和散篇），一般均按成文（成書）時間先後編次。凡有年月可考而日無可考者，列於各月之末；凡有年可考而月、日無可考者，列於各年之末；年份不詳者，列入各卷之末。爲節省篇幅，避免重複，凡已經被收入專著中的篇目，又没有必要單獨歸類或按單篇發表時間分列的，則只收録一次。有改動處，酌加注釋。凡輯入《錢基博集》者，一般仍採用原有標題，個别的酌加改動。新收録的論著亦遵此例，但未經發表的書信短箋則由編者根據内容或收信人另加標題。

四、各册部分專著，注明出版机构名稱、版期。凡輯於報刊之散篇者，注明所據報刊雜誌之名稱、版期。所標時間一律採用西曆。

五、凡收入本文集的作品，均不做删改；作者的原用字、原譯名，習見的异體字、通假字，原則上保持原貌；標點符號用法，多依從作者習慣，未予改動。

六、《錢基博集》除署名主編之外，校訂者不一，亦同署名。各册由校訂者標點、校勘。底本原注用小字或（　）標明；錯别字、脱字、衍字等則用脚注予以説明；缺字用□標出。

卷頭語

《孫子章句訓義》，僕舊日之所刊也；新戰史例，則今之所增訂也。往者德國兵家克老山維茲詔人："欲學兵法，衹有讀史。"人謂理論爲事實之母；不知事實乃理論之母；無事實，無理論；而有理論矣，苟不能驗之以事，抑亦無徵不信！孔子曰："我欲載之空言，不如見之行事之深切著明也！"是故兵法之所以演進者三：其（一）曰綜兵事以籀爲法。孫子生春秋之末，列國兵争，聞見習熟，而著十三篇，以爲中國言兵之祖。克老山維茲與於普法之役，身經百戰，退而論兵以著書八卷，肇開德國兵學。是故非戰國紛紜之世，不能産兵法！蓋法不虛立，有兵事而後有兵法。苟無其事，不能空憑以抒議也！非聰明天亶之士，不能著兵法！事變之賾，屠僇之慘，俗人眩焉，獲免爲幸！惟智勇深沈者，默識心通，不震不戁，有以見天下之動，而觀其會通，以行其典禮也。其（二）曰衍兵法以籀其例。古人發凡起例，無不原本事實；而言簡以賅，未可以臆，無徵不信，抑亦無徵不明！德國史梯芬將軍，傳授心法以承克老山維茲，而蒐集古今速戰速決之例，成爲《卡南》一書。吾國唐之杜佑撰《通典》，著有《兵典》以爲："孫武所著十三篇，旨極斯道，故知往昔行師制勝，誠當皆精其理。"輒捃摭史事，與孫武書之義相協，並頗相類者纂之，爲卷十有五，爲目百四十有奇，條舉件繫，大抵以孫武書明法，而以古事爲驗；其於唐以前兵事略備矣！明武進唐順之論用兵指要，撰有《武編》十卷，分前後兩集，而後集則徵述古事，亦猶杜佑之志也。惟克老山維茲言："籀史例以闡兵法，宜用最近之例。蓋古代之事，往往書闕有間；而時代愈近，則記載愈完備；此非言古代之例，一無可取也；如戰略犖犖數大端，古例何嘗不精要；惟戰術及戰略之詳細布置，則以近例爲尤宜；何者？以其近已而時變相類。"嗚呼！此吾新戰史例之所以爲增訂也。其（三）曰用兵法以顯諸力。同一史梯芬計畫也，同一迂迴戰略也，然小毛奇一九一四年用之於法而無效；而希特勒一九四〇年用之於法，則有成功者，顯之有力也。此則行軍用兵，將帥之事；而非書生紙上談兵所敢置喙矣！書生不能用兵，然而書生不妨談兵；由談兵，而知兵。昔胡文忠公未嘗不有慨乎言之，以謂："天下之大患，總是書生不知兵之過；總以兵事爲小人之事，非學者之事；一遇警動，則讀書人早已遠走，或隱匿不出；實因其人志氣不能自爲，不知兵事！不知兵事爲儒學之至精，非尋常士流所能幾及也！兵事以人才爲根本，人才以志氣爲根本；兵可挫而氣不可挫，氣可挫而志不可挫。"志何以不挫？曰知兵而已！嗚呼！古人以憂患動心忍性；今人以憂患倖生喪志；平日侈談之學問經濟，文章道德，一旦大難當前，未有片語隻字，可以鎮得心定，振得氣壯！明之亡也，亦有老秀才無拳無勇以爲國干城，而見危受命，神閒氣定，安坐以待，引頸受刃者！今人則併此勇氣而無之！四郊多壘，亦士之辱！效死勿去，何必軍人！而大敵未臨，學府先震，道聽塗説，庸人自擾，不惟無勇，抑亦不智，播散謡傳，摇動人心，鼠駭獸走，逃死勿遑；大師失其所以爲表，後生失其所以爲學，見之氣喪，語之顔赧，君子修辭立誠，吾言亶不然乎！嗚呼！此十三篇書之所以不可不讀也！

吾之所爲籀新戰史例以闡十三篇書者，自甲午中日之戰，日俄之戰，歐洲第一次大戰，及阿比西尼亞、西班牙、阿爾巴尼亞之戰，以迄今日方酣之大戰，而上溯於普王菲烈德立、法帝拿破崙兩雄；凡列國兵情國勢，齊民訓士，布陣用器之制，戰勝攻取之方，乃至參謀之組織，間諜之運用，莫不互勘其得失，闡論其因果；而尤致力於歷史之演變，推見本末；然後知十三篇書，囊括古今，真可以建諸天地而不悖，百世以俟聖人而不惑焉！

近代論兵，多以德國爲典型；而吾國之説《孫子》者，往往斷章取義，以皮傅德國兵家之説；此不知《孫子》者也！孫子不云乎！“不盡知用兵之害者，則不能盡知用兵之利也！”德之兵家，徒知用兵之利而已！德國兵法，始於菲烈德立大王，謂：“勝利者，前進而已！儻有攻人之力，可以乘人之不備而不爲攻者，其人則愚人也；爲國則愚國也！”老毛奇將軍則曰：“戰争爲上帝創造世界計畫之一！儻無戰争，世界將沈淪於唯物主義之深淵，而不能拔矣！唯戰争，足以洗滌物質享樂之世界！”魯登道夫言：“戰争者，人之天性也。强者勝而善者敗，於是不高貴之惡者，突進嚮前！使高貴者而不敗，則必高貴者而亦强，斯可以抵抗不高貴者，而繼續生存耳。”希特勒言：“戰争者，永恒者也！普遍者也！無空間，無時間，無所謂開端，無所謂和平，無戰争，則無生命！”不恤糜爛其民而戰之，倖災樂禍；此誠孫子所謂“不盡知用兵之害，則不能盡知用兵之利”者也！

至於十三篇書，經之以五事，校之以計而索其情，因利制權，作戰謀攻，而必以全争天下，禁攻寢兵，其言曰：“兵者，國之大事，死生之地，存亡之道，不可不察也！是故百戰百勝，非善之善者也；不戰而屈人之兵，善之善者也！非危不戰；主不可以怒而興師，將不可以愠而致戰，合於利而動；怒可以復喜，愠可以復悦；亡國不可以復存，死者不可以復生；故明君慎之，良將警之，此安國全軍之道也。”其操心也危，其慮患也深，鄭重丁寧，“非危不戰！”孔子曰：“仁者其言也訒！爲之難，言之得無訒乎！”嗚呼！孫子，仁者也；其言也訒！而德人之言兵也則易矣！戰國時，趙括自少學兵法，嘗與父奢言之。奢不能難，然不謂善！括母問其故？奢曰：“兵，死地也，而括易言之！趙若將括；破趙軍者，必括也！”嗚呼！德人之言兵也則易矣！其言之不怍，則爲之也難！

俾斯麥以德國鐵血宰相稱；顧頗不慊於德國軍人之戰略，雖老毛奇將軍亦非所重！方一八六九年，拿破崙第三之將啓釁於德也，俾斯麥獨居深念，以謂：“波蘭，小國耳！然以俄、普、奥三大國之力，亡之百年，而民未親附，叛者四起！況以法人之聰强，有悠久之文化！德如敗法，於德何補；徒以賈怨，未必爲功！縱得亞爾薩斯，不得不出兵以守；而法國不亡，必有一日得其所與，以成聯盟，而與我爲敵；我不得旰食矣！”嗚呼！此固鹵莽滅裂，好大喜功之德國兵家，未易遽以告者也！顧不意而俘拿破崙第三；

俾斯麥念："今而後，吾德人不知何日得太平矣！"維此老成，瞻言百里！顧德國兵家，則以謂："戰争者，民族生存之一方式。人類之生於今，應以戰争爲終身之職業。"而其戰略，則欲用殲滅戰略，謂："應採速戰速決之法，以殲滅敗者而摧殘之以絶跡於歷史。勝者何必與敗者談判和平之條件！蓋一經戰敗，即無談判之資格；而戰勝者，僅須從心所欲，提出條件，以交戰敗者接受而已！"一九一四年，小毛奇欲以施之於法，而未遂也；遂以冒天下之大不韙，府世界之怨，而幾以不國！顧不悔禍於厥衷！魯登道夫著《全民戰争論》，謂："方針，何惜偏！祇要偏能澈底，則反而正矣！"意以爲小毛奇不澈底也。今白魯希茲用閃電戰以佐希特勒，滅國者十餘，而法亦潰；計可謂澈底矣！然而喋血萬里，伏尸千萬，破人之國，德亦無成，連兵不解，勝利何日，丁壯死於鋒鏑，老弱不得一飽，損人不利己，意欲何爲！嗚呼！是則偏之爲害，而孫子之"必以全争於天下"也！然而希特勒其知之矣！方其破波蘭也，大聲呼籲，以謂："西線戰局之相持，匪余所曉！如連兵久不解，必有一日，德法之間，劃新疆焉！然世界殘破，不見莊嚴之都市；而破瓦頹垣，一片荒涼，豈余之意！曠觀歷史，幾見戰勝之事；而常兩敗以俱傷！"吁！何其言之恫也！顧虎已騎背，不能再下；劍已出鞘，不得自收；張脈僨興，欲罷不能！汝佔先著以雄飛，誰甘輸情而雌伏；既有今日，何必當初！而閃電之戰，勝在奇襲；故技慣試，人有虞心！克老山維茲嘗言："如攻擊者，以突襲之活潑爲常，此實大誤！"習以爲常，雖襲何突！傳授心法，亦已質變！乃人情好奇，談者誇詡；日本，我之自出，生心害政，拾德國兵家殘唾，師其餘智，不恤反兵所親，日以肆毒於我，同種同文，相煎何急！不知其國東鄉大將有言："熱心於戰争者，不知戰争者也！凡經歷戰争之恐怖，而猶嗜戰争者，非人類也！無論何法，必勝戰争；吾人必不顧一切以力避戰争！苟非危及民族之生存者，不可以戰争！"嗚呼！此孫子之所謂"非危不戰"，而老成之謀國，少壯軍閥之所漫不措意者也！不圖前車將覆，後轍已尋！國人談兵，亦多誦德！或曰："守則不足，攻則有餘，與其困守以待攻，不如先發而制人！"或曰："國土防禦，當在敵境。"矜閃電戰之奇捷，以導揚速戰速決之論。凡此不中情實，播爲美談，生心必以害政，異日將爲厲階！嗚呼！希特勒之所以能爲閃電戰者，亦以德國科學之精研，工業之發達，由來已久，而憑藉者厚，因勢利導，固非一手一足之烈，亦豈歲月所能有功；

然而悉索敝賦，二十餘年，虜使其民，日困征繕，飢不得食，寒不得衣，憔悴虐政，不知稅駕；希特勒之威聲，震耀宇宙矣；於德之國計民生何有！夫德之國土防禦，在敵境矣；日之國土防禦，在我境矣；然而“其用戰也，勝久則鈍兵挫鋭，攻堅則力屈，久暴師則國用不足；夫鈍兵挫鋭，屈力殫貨，則諸侯乘其弊而起；雖有智者，不能善其後矣！”此固孫子之所大戒，而顧亦步亦趨，欲逐後塵乎！余故推本孫子之意，以明著閃電戰之不足奇，速戰速決之不可能，條舉件繫，具論於篇；辭而闢之，廓如也！

嗚呼！我中國今日之抗戰，不患不勝；所患既勝之後，票佼鋒協之武人，狃於一役，“不知用兵之害”，好大喜功，日縻爛其民而戰之，如希特勒之所爲也！借使希特勒之舉兵也，僅以毀凡爾賽之條約，恢德意志之榮譽，師直爲壯，豈惟德人之所願欲，抑亦舉世之所同情；而雄圖既溢，瞻視非常，欲以并吞八荒，力征經營，罷民以逞，樹敵日衆，終亦必亡而已矣！所貴乎兵家者，豈一勝之爲烈；尤貴有以善其後；未制勝，且先慮敗；既制勝，宜圖保勝。而德之兵家，徒爲制勝而已，敗且無以善後，勝亦豈能終保！抑兵之爲用，制勝未易，善敗尤難！而我蔣委員長以積弱之勢，抗暴興之日，再接再厲，而氣不撓，善敗不亡，敗豈終敗，可謂善敗也已！老子曰：“抗兵相加，哀者勝矣！”而德之兵家，則不爲“哀”而爲“亢”！“亢之爲言也，知進而不知退，知存而不知亡，知得而不知喪！其唯聖人乎；知進退存亡而不失其正者，其唯聖人乎！”我蔣委員長有焉！余嘗謂德國兵家：史梯芬之蒐古今殲滅戰例，知兵事而不知兵法者也！塞克特及白魯希茲之創閃電戰，知兵器而不知兵法者也！惟蔣委員長爲能知兵法，以退爲進，推亡固存，無兵器而固兵心，作士氣，敗而逾奮，此所以不可及也！既有以善敗於方今，必有以保勝於他日！

余觀列國戰略之成功，莫不習慣成自然，原本歷史！英之先爲不可勝以待敵之可勝，自拿破崙之戰而已然；俄之寓攻於守，致人而不致於人，亦自拿破崙之戰已然；德之貴勝不貴久，自一八六六年，普奥之戰已然；日之制人於先發，自甲午中日之戰已然；運用之妙，熟極生巧，蓋歷史之相沿，而因習者有素也！特是陳陳相因，數見不鮮，我所習熟，敵能預測，而有以相制，則無以善後焉！獨蔣委員長高瞻遠矚，推陳出新，以空間换時間，而予敵以不決；以弱勢耗强敵，而持我以堅忍；決心抗戰，可失地而不可媾和，一破中國數千年之歷史，而不爲因循！吾嘗慨吾國士夫，震於歐化，而輕家丘，民族自信之心已墮；論及歐戰，輒詫戰術之創新，雖臭腐亦爲神奇，而太不知歷史！一談抗日，則又疾首蹙額，宋、金、元、明、清之故事，潮上心頭而不能自拔，往往降志辱身，而求以全軀保妻子；縱有形格勢禁，而慷慨當衆，沈吟私室；知識愈高，意氣愈沮，而無法以自振；則太熟歷史爲之厲階也！此一役也，中國歷史，將爲之轉變，而予民族以自信，滌舊染之污而自新；豈僅一勝之爲烈！吾嘗持此誼以告人；而人莫之信也！

或有問於予曰："宋之南渡也，李綱、張浚，咸議抗金，而日尋干戈，無役不北；卒以媾和，而生民稍得息肩，不已多乎！"余應之曰："昔李綱勸高宗首定國是；而宋之敗也，由於國是不定，二三其志！宋人怯戰以求和，金人餌和以亟戰；金人且和且戰，宋人不戰不守，宋不爲備，而金乘之；史實具在，豈戰之罪！而劉錡順昌之捷，岳飛朱仙鎮之役，金之鐵騎縱橫，亦非無堅不摧也！使當日如蔣委員長者，總師干以與周旋；愈敗愈不和，愈戰愈强，以堅制鋭，金何能爲！今決心抗戰，國是久定，士有死志，民無二心；師直爲壯，曲爲老；彼曲我直，吾何畏彼哉！吾觀李綱、張浚，議論纚纚，兵情敵勢，焯有所見，然以不習戎事，於將士非素拊循，雖有經國料敵之智，而無臨戎馭軍之才，終不足以當大任，捍强敵！是故李綱、張浚，知兵法而不知兵事者也！蔣委員長，則知兵法而能治軍事者也！李綱、張浚，縱無力以抗金；蔣委員長，必有材以敗日；今古事異，可斷言者！"

或又曰："自古中國，有起西北，以兼東南；罕有東南，克定中原！而今國都播遷西南，人以吳三桂視之矣！"余應之曰："言不可以若是其幾也！昔趙翼論長安地氣，以謂：'地氣之盛衰，久則必變！唐開元、天寶間，地氣自西北轉東北之大變局也！秦中自古爲帝王州，周秦、西漢遞都之；苻秦、姚秦、西魏、後周，相間割據；隋文帝遷都於龍首山下，距故城僅二十餘里，仍秦地也；自是混一天下，成大一統。唐因之，至開元、天寶，而長安之盛極矣！盛極必衰，理固然也！自是地氣將自西趨東北，故突生安史以兆其端！自後河朔三鎮，名雖屬唐，僅同化外羈縻，不復能臂指相使。蓋東北之氣將興，西方之氣，已不能包舉而收攝之也！東北之氣，始興而未盛，故雖不爲西所制，尚不能制西。西之氣，漸衰而未竭，故雖不能制東北，尚不爲東北所制；而無如氣已日薄一日，帝居遂不能安！於是元宗避禄山，有成都之行。代宗避吐蕃，有陕州之行。德宗避涇師，有奉天梁洋之行。地之軏軏不安，知氣之消耗漸散！迨僖宗走成都，走興元，走鳳翔；昭宗走莎城，走華州，又被劫於鳳翔，被遷於洛；而長安自此夷爲郡縣矣！當長安夷爲郡縣之時，契丹安巴堅已起於遼，此正地氣自西趨東北之消息！特以氣雖東北趨而尚未盡結，故僅有幽、薊而不能統一中原。而氣之東北趨者，則有洛陽、汴梁爲之迤邐潛引，如堪輿家所謂過峽者。至一二百年，而東北之氣，積而益固；於是金源遂有天下之半；元明遂有天下之全；至我朝不惟有天下之全，且又擴西北塞外數萬里，皆控制於東北；此王氣全結於東北之明證也！而抑知轉移關鍵，乃在開元、天寶時哉！'上下古今，此誠博學通人之論！然東北之氣，極盛於清，而亦消耗以盡；與之代興，將在西南！趙氏以安禄山之反，爲地氣自西北轉東北之消息；吾則以吴三桂之反，爲地氣自東北轉西南之消息！蓋自明以前，西南諸省，蠻夷荒服，僅等羈縻，曾無力以問鼎中原！及吴三桂稱兵雲南，一出而秦隴響應，東南震動；稱帝衡山，清廷岌岌，連鐵騎以南下，而苦戰荆岳久不解，如楚漢之争滎陽、成皋焉；此正地氣自東北轉西南之消息；特以氣雖西南趨，而尚未結，其興也浡，其亡也忽！清廷遂據幽燕以盜有諸夏者二百年；然革命常起南方！廣西崎嶇嶺徼，地瘠民貧，有史以來，何當大局！然洪秀全、楊秀清發難金田，乃裹五嶺之民，陵厲無前，出湘蹴鄂，順長江而下，奠都金陵，奄有天下之半者，垂十餘年；兵鋒之鋭，直達津沽！清廷蹴縮而莫誰何；於是曾國藩、左宗棠之徒，起於湖南，用湘軍以與角逐，廑乃克定；而湘軍四出，東至東海，南踰嶺外，西定天山。清廷拱手仰成以得苟延；則是西南之氣日王，而東北之氣，已不能包舉而收攝之也！氣之西南趨者，則有武漢、衡湘，迤邐漸引以爲過峽。黄興起於湖南，黎元洪舉兵武昌，而清廷之大命以傾！及袁世凱因清之故都，洪憲稱帝；而蔡鍔以雲南首義，一舉而覆之；則是西南之氣以益旁薄！抗日軍興，而國都播遷西南，以奠民族復興之基；文化隨之深入，西南必以開發。地運何常，人事可恃！然則今日之大患，不在日人兵勢之强；而在吾人之歷史因襲觀念太强，氣不自振，志以先沮也！”

嗚呼！物腐而蟲必生，志疑而間以入！吾人喪氣沮志，以疑於戰；此固日人之所大欲，而間之可得入也！觀於歐洲第一次大戰：一九一七年，俄軍雖不振；然德人不敢以一卒叩邊，而割地以亟和者，列寧之護送回俄，而德人之用間成功也；非戰之罪也！一九一八年，德人百戰百勝，而亦內潰；則以英法之宣傳成功，而人民之厭戰以深也；亦非戰之罪也！今希特勒喑啞叱咤，縱横歐陸，滅十餘國；人皆震於閃電戰之威！顧校其成功；國之破於戰者十之三；國之破於間者十之七；而所以爲間，則一本克老山維茲之傳授心法，操縱敵國之輿論，餌以和平，而煽誘敵國之民志，使之厭戰而自爲瓦解焉！嗚呼！吾儕士夫，讀書明理，豈有賣國以爲間；徒以罷於奔命，厭戰情深，談吐之間，張皇敵勢，而不知不覺，播散謡傳，以爲間用者，吾見亦多矣！此吾之所大懼也！嗚呼！三十年來，吾見列强用間以破人之國者，不爲少矣！陰謀祕計，微乎微乎！就所覩記，蒐著其事，以闡孫子用間之篇，如禹鼎之鑄奸，如秦鏡之照妖，繪影繪聲，窮態極妍；豈如太史公之好奇哉！毋亦以爲國人監觀也！

余少喜談兵，老不自振，讀書數萬卷，到老不得一字之力；教書三十歲，報國幾見一士之用；撫衷唯有悔餘，羈旅以延病喘，作伴回鄉，不知何日；首丘思切，殊難爲懷！獨念本院締造，茂公亟招，間關以來，長沙大火，楊家灘之工院亟遷，而藍田之人心大震，風聲鶴唳，士氣已墨！而茂公神閒氣定，經營方亟，撫綏多士，以有今日；其間長沙大戰，亦再而三，迫近前線，驚心烽火，士無靖志；而茂公在危不擾，絃誦依舊！作育之效，未知何如；即此矢志不撓，處變若定，率勵多士，俾知有勇，而體不懼，以安問學；已足立懦廉頑，樹之風聲！嗚呼！見利思義，見危授命，亦士之常！此而不能，百年樹人，亦奚以爲！此僕衰病餘生，以得追隨爲幸者也！屠龍之技，於我何有！伏櫪之驥，不能無嘶！此中耿耿，讀者監諸！無錫錢基博識於國立師範學院之光明山，時爲夏曆辛巳除夕，山居已四度除夕矣！雲天淒黯，急景凋年，余髮種種，蓋不勝遲暮之感云！

序

《孫子》世傳十家注，陽湖孫星衍平津館校刊，頗稱審核；然亦以臆改爲病！余取正統道藏本及吾邑明談十山嘉靖刊本參校，往往有原本不譌，而孫氏據《御覽》、《通典》諸書所引，校改以致譌者！談刻異同尤多；有談刻所有而孫氏無之者。湖北崇文官書局百字本，無注；世不謂佳；然有一二處劇勝者！於是參驗四本，擇善而從，句分節解，寫爲章句，以藏篋中，舊矣！其十家注，始魏武帝，云"撰爲略解"，謙言解其觕略，語多引而未發；而自梁孟氏以下九家，宣闡其義；亦有自抒所見，與魏武異者；其中以唐杜牧、宋何延錫爲詳博；而張預獨辨以析；梅堯臣則明白了當，以少許勝人多許。然據《新唐書·藝文志》著録魏武注《孫子》三卷，孟氏解《孫子》二卷，李筌注《孫子》二卷，杜牧注《孫子》三卷，陳皥注《孫子》一卷，賈林注《孫子》一卷。晁公武《郡齋讀書志·兵家類》載魏武注《孫子》一卷，李筌注，杜牧注，陳皥注，梅聖俞注，王晳注，何氏注，各三卷。鄭樵《通志·兵略》載《孫子兵法》三卷，吴將孫武撰，魏武注；又二卷《孟氏解詁》；又一卷唐李筌注；又一卷唐杜牧撰；又一卷唐陳皥注；又一卷唐賈林注；又一卷何延錫注；又一卷張預注；又三卷王晳注；又一卷梅堯臣撰。

則知十家注舊本各自爲書；而今薈刊爲一，始於宋吉天保；採入《道藏》者是也。《道藏》中又有鄭友賢《孫子遺説》一卷，《通志》亦著其目，據自序稱："十家之注出，而愈見十三篇之法，如五聲、五色之變，惟詳其耳目之所聞見，而不能悉其所以爲變之妙；是則武之意，不得謂盡於十家之注也。頃因餘暇，撫武之微旨，而出於十家之不解者，略有數十事；託或者之問而具其應答之義，曰《十注遺説》。"然亦有自以意説而不盡當於武者焉；要足以匡十家之遺而彌縫其闕也！最近海寧蔣方震氏百里嘗學兵法於德意志，習其老將，往往頌美《孫子》書不容口；因撰《孫子新釋》，民國初元，先成《計篇》；梁任公所採以入《庸言》者也。僕誦之驚歎，而訪其全書讀之，殊亦惝略未稱，如魏武注也；其釋《計篇》，亦不如《庸言》所載之詳。然宏宣奥義，或取歐故，不爲拘虚，多十家所未發；而以知新器新理，雖日出不窮，而大道無攸易；《孫子》一書，推諸四海而準，百世以俟聖哲而不惑；其言亦以名家！獨惜其書成在一九一四年歐洲大戰以前，未能備物；亦猶魏武注引而未發之不能無待於梁孟氏以下九家也。

僕聞德國克老山維茲氏一七八〇——一八三一年者，彼都談兵之祖，而老毛奇將軍之師也；其著書以爲："理根於事，事貴有驗，無徵不信，兵法亦然。而欲知兵，必多讀史。史者，古人經驗之記載也。兵法乃屬於經驗之學科；惟經驗可以確定理論；而一事一理之意義，不用史例，無以闡發。惟能用史例者，而後談兵不患其鑿空，理論毋涉於誣妄；而以近代史爲尤宜；何者？以其近己而俗變相類也。"蓋世以近而可驗。理無徵而不信。《孫子》書李筌、杜牧、何延錫三家注，亦多引史事以相曉譬；而戰争之尤繁鉅以媲於現代史者，蓋莫如一九一四年歐洲大戰。儻有人焉，依據《孫子》而援歐戰事爲説，以擴三家注之所未備；古書新證，必有發前人之所未發者！僕懷此意久而未有以發也！徒以抗日軍興，家山唱破，違難奔走，不廢教學；而烽火驚心，客子危涕。自顧老矣，而志未衰，未能荷戈，且爲談兵；以爲："勝負何常，禍福相倚。儻讀孫武十三篇書而籀繹其旨，知日本之勝不貴久，斯可以知我國之勢不終敗！"遂發篋中所寫章句，爲之誦説；而以十家之注，後多因前，辭或重複，徒亂人意；於是削其繁剩，筆其精粹，取意相發而不相複，以成訓義。訓者，順也；義者，宜也；順文爲説，義取其宜，融裁衆注，不爲墨守；而旁摭克氏之學，歐戰之史，推而大之，至於無垠；然後十三篇之書，支分節解，脈絡貫通；而凡此後軍事之利鈍，戰局之勝敗，亦得以曲暢旁通而極其趣。談者既爲抵掌，聽者亦以破涕也。

僕誦説孫子之書，以觀此後軍事之利鈍，戰局之勝負，而可知者有三端焉：一曰：日人之勝不貴久，不免於力屈貨殫之患。二曰：我軍之强而知避，可以收彼竭我盈之效。斯二者，日本戰略之必失敗也。三曰：日本之威加於敵，必以成衆叛親離之禍。抑又日本政略之必失敗也。請得而備論之：何以知日本之勝不貴久，不免於力屈貨殫之患也？孫子不云乎！“其用戰也，勝久，則鈍兵挫鋭；攻城，則力屈；久暴師，則國用不足。夫鈍兵挫鋭，屈力殫貨，則諸侯乘其弊而起；雖有智者，不能善其後矣！故兵聞拙速，未覩巧之久也！故兵貴勝不貴久。”夫兵，非勝之難，勝而不久之難！

歐洲大戰，德之所以不保其勝，法之所以不終於敗，則以德之勝而久也！其國人克氏著書論兵法，每謂：“戰争之道，尤貴迅速決勝。”何嘗不慮勝久之無以善其後！然而勝，德之所能爲也；不久，非德之所能爲也！方吾國之參戰也，目論者僉謂德人必不敗。而嚴又陵獨不謂然，與其友熊純如書切論之，以爲“德皇竭力繕武二十餘年，用拿破崙與乃祖威廉第一之故智，欲以雷霆萬鈞，迅霆不及掩耳，用破法擒俄而後徐及於英國，故其大命懸於速戰而大捷。顧計所不及者，英人之助比、法也，列日起致死爲抗也，德國極强，然孟賁、烏獲，力有所底，飈發雷震，所虀粉者比國耳；浸淫而及於法之北疆；顧咫尺巴黎，經百日而不能破，東不能入俄境，南不能庇奥鄰，至馬蘭之挫衂，而無成之局兆矣！及踰二年，則正蹈曹劌再衰三竭之説；而英人則節節爲持久之畫，疏通後路，維持海權，聯合三國，不許單獨媾和；曹劌以一鼓當齊之三，所謂彼竭我盈；英人之術，正復如是！大抵德人之病，在能實力而不能虚心！故德、英皆驕國也；德人之驕，益以剽悍；英人之驕，濟以沈鷙；然則勝負之數，不待蓍蔡矣！亦既曠日持久，而德不得志；則今日之事，其決勝不在交綏之中，而必以財政兵衆之數爲最後。德雖至强，而兵力固亦有限。方戰之初，德人自言有勝兵八百萬，乃今此衆已全出矣，而死傷達三百萬。英法之海軍未熸，而財力猶足以相持，軍興費重，日七八兆鎊，久之，德必不支。要而言之，德之霸權，終當屈於財權之下！”然而“勝久則鈍兵挫鋭；攻堅則力屈；久暴師則國用不足”。夫鈍兵挫鋭，屈力殫貨，豈德之所願欲耶？無亦法巧爲久以相持；故德欲拙速而不能也！夫兵戰之事，必計成功，不貴鋒鋭；而主客不同，情勢攸異，固亦有“貴久不貴勝”者！歐洲大戰勃發之初，以德人久蓄不用之威，而乘英、法積弛之民治，何嘗不可以速勝！惟善用兵者，不輕與之戰，而故控吾力，用堅以挫其鋭，持久以承其弊；雖以威廉之摧堅破强，鋭不可當，而卒無救於最後之“鈍兵挫鋭，屈力殫貨”。然則“貴勝不貴久”者，爲攻者、强者之客言之；而“貴久不貴勝”者，則又守者、弱者之主所不可不知也！然而德國兵學祖師克氏其知之矣；嘗論：“戰之爲道，必亟摧毁敵國之戰鬭力，使之不能復戰；而欲摧毁敵國之戰鬭力，則必挑敵與戰。如敵不以戰而以守，則我之力有時而窮！何者？近代戰術，利守不利攻；而兵力之弱者，常以守而延長戰事，曠日持久；而攻者困於士兵死喪之過多，財用支給之日匱，情見勢絀，則不戰而自屈！昔在一七五六年至一七六三年，普魯士菲烈德立大王之七年戰争時，其兵力不如奥之衆且强；而奥無以制其命者，徒以守而不與戰也。雖然，所謂守者，非坐困之謂也；特静以觀變，相機而動，以待反攻之機會耳！如有反攻之機，則必迅速以赴敵。苟攻守不相爲用，守者每不知敵之所爲攻，何得不分兵四防；而攻則可集中兵力以專注一處；以四散之分守，而當集中之猛攻，夫如是，其孰能禦之！”迄於歐洲大戰之起，英、法、美三國聯軍總司令福煦將軍，嘗在巴黎軍官大學演説，謂：“自來名將，無不先取守勢，俟敵軍疲怠，然後反攻；以我之奮，乘彼之衰，未有不勝！”其説蓋本之克氏，而用以搏西戰場最後之勝利。

吾國廣昌揭暄著有《兵法百言》一書，歷觀古今兵事利鈍之故而籀其會通；其中有“延”與“速”之兩言，相次以明爲用。以爲“勢有不可即戰者，在能用延。敵鋒甚鋭，少俟其怠；敵來甚衆，少俟其解；徵調未至，必待其集；新附未協，必待其孚；計謀未定，必待其決；時未可戰，姑勿戰。蓋拙者貴於守；延者，勢在必戰而特遲之也，勢已成，機已至，人已集，而又遷延遲緩者，此墮軍也。士將怠，時將不利，國將困，擁兵境上而不決戰者，此迷軍也。有智而遲，人將先計。見而不決，人將先發。發而不敏，人將先收。難得者時，易失者機，迅而行之，速哉！用兵能速，則智不及謀，勇不及斷，已舒而人促，已裕而人窘。”蓋始之以“延”，勝之於“速”，其論亦與克氏之指相發。歐洲大戰，法國福煦將軍之所以挫德者以此；而我今日之所以圖抗日者，亦無出於此！觀法之能勝德，知我之必勝日矣！特是日人知其士之將怠，時之將不利，國之將困，不甘爲揭氏之所謂“迷軍”，而欲快心於一決。此誠揭氏所謂“敵鋒甚鋭，少俟其怠；敵來甚衆，少俟其解”；在我則用“延”而尚未臻用“速”之日。所謂“知日之勝不貴久，斯可以知我之勢不終敗”者此也！

或曰：“日之勝不貴久，法之巧以爲久，則既聞命矣。然法之巧以爲久者，守也；豈如我之孤不羞走以爲避耶?”則應之曰：

避者，兵家之一術。孫子不云乎！“强而避之。”“故用兵之法，十則圍之，五則攻之，倍則分之，敵則能戰之，少則能逃之，不若則能避之。故小敵之堅，大敵之擒也。”“善用兵者，避其鋭氣，擊其惰歸，此治氣者也。”然則用兵之法，豈惟戰之爲功，抑亦避以治氣。往者，項羽百戰百勝，而卒蹶於漢高；以漢高知項羽之“强而避之”也。

在紀元前二一八年，迦太基之攻羅馬也，其大將漢尼鮑氏，年二十八歲，血氣方剛，乃以步卒五萬人，騎九千人，推鋒直入，而裹脅羅馬屬藩之兵，又得六萬人，乘勝而去國遠鬬。於是羅馬大將法屏克雪梅氏，知漢氏之不可以力競也；不與旂鼓相當，而以游擊爲功。敵進，則我退以避其鋭；敵退，則我擾以乘其惰；務使敵不得用其鋭，而養吾全鋒以徐制其後。不意朝議以爲怯也，别使人代將，一戰而喪師七萬人；乃用法氏之戰略以與周旋。漢氏欲及鋒而試，以制羅馬於一時；而羅馬卒不輕犯其鋒，使之失其所求，逡巡求去而又不得去；而漢氏頓兵挫鋭，固已無能爲役矣！如是者二十年，迦太基以漢氏之卒無成功也，於是不繼餉，不濟師；而羅馬卒制全勝以待其弊，亦不知漢氏之“强而避之”也。歐洲大戰，興登堡與麥耿生摧堅攻鋭，皆德名將；而用攻用圍，韜略不同。興氏取勝多用圍，而張兩翼以困敵人於垓心者也。麥氏則以精兵猛將，厚集其力，佈若長蛇，而用雷霆萬鈞之力，摧其中堅，横截敵軍爲兩段，使首尾不相顧。凡研精軍事學者，咸謂麥之韜略，奇變在興登堡之上焉！其他虎底哀、魯登道夫，亦皆鷙悍而善於攻，稱德名將。然而法人何如？則其大將霞飛、福煦不願爲“小敵之堅，大敵之擒”，而曲盡“少則能逃”、“不若則能避”之“能”。方德之奮兵以入比也，比明知己之“少”與“不若”，而勢處於無可“逃”無可“避”；則不得不爲“小敵之堅，大敵之擒”。及至德人推鋒長驅，法大將霞飛則緩退以持之，而密集大軍於後方，深溝高壘以俟；迨時機既至，一鼓作氣，突然反攻，以我之盈，乘彼之竭；以我之逸，待敵之勞；所以有瑪因河之捷也。其後福煦上將亦步亦趨以傳授心法。方德軍之傾全力以掠取陣地也，法軍惟取“能逃”、“能避”之“能”，決不耗其主力以求原陣線之維持；而故控其力，取攻勢於敵人既得陣地以後，以我之力有餘裕，乘德之攻堅力屈；此則孫子治氣之原理，而運用之以最新戰術者也。我國抗日軍興，不願爲“小敵之堅，大敵之擒”，而欲盡“能逃”、“能避”之“能”，何必不與法同。所望故控其力，以承日人之弊而制其全勝，有以善圖其後爾！故曰：“我軍之强而知避，可以收彼竭我盈之效”也。

或且色然喜曰：“信若子言，則是我之避，將以避鋭擊惰；而日之勝，未能保大定功也！”僕應之曰：

又不僅是，天下固有可勝而不可戰者！孫子不云乎：“霸王之兵，伐大國，則其衆不得聚；威加於敵，則其交不得合；是故不争天下之交，不養天下之權，信己之私，威加於敵，故其城可拔，其國可墮。”張預爲之説曰：“不争交援，則勢孤而助寡。不養權力，則人離而國弱。伸一己之私忿，暴兵威於敵國，則終取敗亡也。”世之論兵者，至戰必勝，止矣；而《孫子》書乃至言可勝而不可戰，知其意念深矣。夫“霸王之兵，伐大國，則其衆不得聚；威加於敵，則其交不得合”；此可勝之勢也，然而不可戰；戰則城拔國墮者！蓋“威加於敵”，覩敵之“交不得合”，遂以爲莫之與京，而“不争天下之交”，則外交陷於孤立；古之人有行之者，吴王夫差是也。“伐大國”，覩大國之“衆不得聚”，於是乎罷民以逞，而“不養天下之權”，則民怨起而革命；古之人有行之者，秦始皇是也。世近而事變相類，乃有歐戰之德皇，“信己之私，威加於敵”，合吴夫差、秦始皇而並之一身，漢亨索倫皇朝忽焉！然而非一勝之爲烈也。

昔蔣方震論其敗戰之諸因曰：“兵之爲物，有極端性；未有不求戰而其兵可强者，亦未有兵既强而不求戰者。夫以軍事之優勢而立國，一旦迄於彼我之間，强弱相當，則後此之危可知。而自兵略言，一千九百十四年，則德戰之時機也。爲奥戰，則同盟固；一也。英、法疲於内政，而俄、法之軍政改革未竣；二也。自此以後，將或並此徼倖之一勝而不可得！雖然，此可勝之機，而非可戰之機；而所謂不可戰者，何也？則政略上包圍之形勢已成；而法之復仇，俄之南下，英之海外政策，三者匯於一流以與德齮齕也。包圍之形勢孰致之？德人實自致之！而十九世紀日耳曼之統一運動，本有二派：其一派欲依國民之意志而成。其一派欲藉普國之武力而成。自佛蘭格福村國民大會之失敗而俾斯麥相普，遂戰奥敗法，而德帝國以成；成則成矣，而内外形勢，皆日處於不自然！法人建國，不利東鄰之有强國，而亞、洛二州之割，幾等於文身之恥，每飯不忘；而德不能不防其報復；一也。個人自由之伏流，來源已遠；而以軍事建國，勢必趨於武斷，不發於此，則伸於彼，而社會黨承産業發達之結果，其勃興較他國爲甚；二也。逆其勢而鎮之，厥惟軍備；然國民皆兵之祕鑰，已公開於世界，子能之，人亦能之，互競極其度，必有一日能發不能收者；而於是不自然之形勢，乃隨國家之强盛以繼長增高！其在外，則德、法之世仇，而重以德、英之衝突，而三國協商日進於成。其在内，則政治之不自由，而加以貧富之階級，而社會主義日趨於盛。擴充軍備，一之爲甚，至於再，至於三，凡以求戰，非戰不足以自保也。夫一國而至於求戰以自保，此可暫不可久之勢，必有一日至於敗者也。威廉二世之失敗，特速其時耳；以包圍啓敗戰之端，以革命結敗戰之局。”嗚呼！“不争天下之交”，斯孤立以無援，而外交上包圍之勢成！“不養天下之權”，斯剬斷以自恣，而内治上革命之釁兆！徒以“信己之私，威加於敵”，而邦分崩離析，無以善其後也。德人如此！而我東鄰之日本，亦將如此！

甲午以還，日人之於我，幾乎無役不勝；自以爲兼弱攻昧，武之善經，而領土之野心，方興未艾，遼東之鯨吞，河北之蠶食，吾人困於積弱，俄國怵其餘威，不旬月而囊括三省，意未有饜；小國不敢非，大國不敢誅；豈非所謂“伐大國，則其衆不得聚；威加於敵，則其交不得合”者耶！及蘆溝橋之戰起，吾國以日人之實逼處此，義無反顧，乃奮起而爲抗戰，迄今二十月矣，雖兵敗地蹙，再接再厲。而日人勞師以襲遠，攻堅則力屈，久暴師則國用不足，頓兵挫鋭，屈力殫貨，民不堪命，内難將作。而英、法怵於遠東利益之不保，日焰咄咄逼人，方東交美，西搆俄，以援我而孤日，日人縱克南京，陷徐州，取武漢，苟我軍“能逃”、“能避”以不墮其主力者，則我必有一日以承日人之敝；而此“能逃”、“能避”以不墮其主力之權，則操之我，不操諸日；百勝不足以取威，挫敗或且以亡國；强弩之末，其力幾何！土崩之期，當不在遠！始也不奪不饜，今且欲罷不能；然後知孫子“不争天下之交”、“不養天下之權”，所以深致誡於“霸王之兵”、“伐大國”、“威加於敵”

者之爲老謀深算；而非張脈僨興，淺見寡識者所能會也！

或曰："有是哉，子之言也！然則必勝之勢，固在我矣！"曰："唯唯！否否！在我何能必勝，而日不能無敗。方其未底於敗，而我祇有静待。"或且詫曰："明恥教戰，求殺敵也；天下固有待敵之敗而可以制全勝者哉！"則應之曰："固也！昔鄭莊公之於太叔段曰：'多行不義，必自斃，子姑待之'；待也。孫子之論善戰也，曰：'爲不可勝以待敵之可勝'；亦待也。就此日之國際而論戰略，大抵德、日、意争'先'，而英、法、美用'待'。《兵志》曰：'先人有奪人之心。'孫子曰：'兵之情主速，乘人之不及，由不虞之道，攻其所不戒。'此'先'之用也。往者俾斯麥、毛奇之戰奧敗法也，德以'先'制勝；而甲午之役，日俄之戰，日以'先'制勝；意阿之戰，意以'先'制勝；則一以德爲師資；皆衍克氏之一脈者也。然百年以來，英之用兵，自始不敢爲天下'先'。而歐洲大戰，法大將霞飛、福煦，則爲不可勝以'待'德之可勝；而德之'先'無所用焉！及德與英、法相持之既久，角力俱困，而美徐起以承其弊，而制世界之全勝；則亦'待'之效也。我無力以勝日，而天未嘗不予我餘暇以'待'日之可勝。日盡力以争我'先'著，而無法以制我不'逃'不'避'；日亟'攻'，我姑'避'；日貴'勝'，我爲'久'；日未敗，我且'待'；'待'也者，古人以弱制强之妙算，而兵家之所不廢也。僕在湖南言湖南，而知六七十年前，湘軍之强，國内稱雄焉！太平軍洪秀全、楊秀清之暴興也，乘勝遠鬭，其鋒不可當；而湘鄉曾文正公、益陽胡文忠公，皆以'待'而制全勝者也！吾讀《胡文忠公集》所以申儆而誥諸將者曰：'戰，勇氣也，當以節宣蓄養提振爲先；又陰事也，當以固塞堅忍蟄伏爲本；貴乎審機以待戰，尤貴蓄鋭以待時。而兵事有須先一著者，如險要之地，以兵踞之；先發制人，必勝之道也。有須後一著者，愈持久，愈神妙；愈老到，愈堅定；待賊變計，乃起而乘之，亦必勝之道也。有先一著伐賊謀而勝者，有後一著待賊動而勝者，兵事不在性急於一時，惟在審察乎全局。全局得勢，譬之破竹，數節之後，迎刃而解。軍事到緊要之時，静者勝，躁者敗，動者必躁，静者有所待，有所謀，不可測也！譬之南塘矛法，須先讓對手打一下，然後應之，此理至微妙！堅持以待其弊，伺其瑕而蹈之，有不戰，戰必勝矣！'蓋一編之中，三致意焉！至曾文正公更爲俚歌以曉卒徒云：'起手要陰後要陽，出隊要弱收隊强；初交手時如老鼠，愈打愈狠如老虎。’而爲之説其意曰：‘賊始至猛撲，一鼓作氣，宜少遼縫之以鈍其鋒而銷磨其氣；所謂避其鋭氣，擊其惰歸也。兵者不得已而用之，常存一不敢爲天下先之心，須人打第二下，我打第一下；毋乘以躁氣，毋摇以衆論，自能覷出可破之隙。若急於求效，雜以浮情客氣，則或泰山當前而不克見！’此則湘軍之戰略，而妙得孫子所謂‘强而避之’、‘以待敵之可勝’之意；‘避’者，不輕耗吾之力以犯其鋒；‘待’者，所以伺敵之瑕而承其敝。蓋湘軍之所以戰無不勝者以此；而法國名將霞飛、福煦之所以摧强德者亦無不以此！人自不察耳!”遂援之以終於篇。時在

中華民國之二十八年五月九日，無錫錢基博叙於國立師範學院之李園。

孫子別傳

孫子武者，字長卿。齊敬仲五世孫書，爲齊大夫，伐莒有功，景公賜姓孫氏，食采於樂安；生馮，爲齊卿。馮生武，以田鮑四族之亂，遂奔吴也。《姓氏辨證書》善爲兵法，辟隱深居，世人莫知其能。伍子胥、白喜以楚殺其父，亡命，事吴王闔閭，鋭欲報楚。吴王内計二子皆怨楚深，恐以兵往，破滅而已；登臺嚮南風而嘯，有頃而嘆；羣臣莫有曉王意者！子胥深知王之不定，乃一旦與吴王論兵，七薦孫子。吴王曰："子胥託言進士，欲以自納。"而召孫子，問以兵法。每陳一篇，王不知口之稱善，大悦！《吴越春秋·闔閭内傳》

問曰："散地，士卒顧家，不可與戰，則必固守不出。若敵攻我小城，掠吾田野，禁吾樵採，塞吾要道，待吾空虚而急來攻，則如之何?"孫子曰："敵人深入吾都，多背城邑；士卒以軍爲家，專志輕鬭。吾兵在國，安土懷生，以陳則不堅，以鬭則不勝；當集人合衆，聚穀蓄帛，保城備險；遣輕兵絶其糧道；彼挑戰不得，轉輸不至，野無所掠，三軍困餒；因而誘之，可以有功。若與野戰，則必因勢，依險設伏；無險，則隱於天氣隱晦昏霧，出其不意，襲其懈怠，可以有功。"王曰："吾至輕地，始入敵境，士卒思還，難進易退，未背險阻，三軍恐懼；大將欲進，士卒欲退，上下異心；敵守其城壘，整其車騎，或當吾前，或擊吾後，則如之何?”孫子曰：“軍至輕地，士卒未專，以入爲務，無以戰爲，故無近其名城，無由其通路；設疑佯惑，示若將去；乃選騎銜枚先入，入掠其牛馬六畜；三軍見得，進乃不懼；分吾良卒，密有所伏；敵人若來，擊之勿疑；若其不至，捨之而去。”王曰：“争地，敵先至，據要保利，簡兵練卒，或出或守以備我奇，則如之何?”孫子曰：“争地之法，讓之者得，争之者失。敵得其處，慎勿攻之，引而佯走，建旗鳴鼓，趣其所愛；曳柴揚塵，惑其耳目；分吾良卒，密有所伏，敵必出救。人欲我與，人棄吾取，此争先之道。若我先至而敵用此術，則選吾鋭卒，固收其所；輕兵追之，分伏險阻；敵人還鬭，伏兵旁起；此全勝之道也。”

王曰：“交地，吾將絶敵令不得來，必全吾邊城，修其所備；深絶通道，固其阨塞。若不先圖，敵人已備，彼可得來而吾不可往，衆寡又均，則如之何?”孫子曰：“既我不可以往，彼可以來；吾分卒匿之，守而易怠；示其不能，敵人且至；設伏隱廬，出其不意，可以有功也。”王曰：“衢地必先，吾道遠發後，雖馳車驟馬，至不能先，則如之何?”孫子曰：“諸侯參屬，其道四通；我與敵相當，而傍有國；所謂先者，必重幣輕使，約和傍國，交親結恩；兵雖後至，衆以屬矣；簡兵練卒，阻利而處，親吾軍事，實吾資糧，令吾車騎，出入瞻候，我有衆助，彼失其黨；諸國犄角，震鼓齊攻；敵人驚恐，莫知所當。”

王曰：“吾引兵深入重地，多所逾越，糧道絶塞，設欲歸還，勢不可過；欲食於敵，持兵不失，則如之何?”孫子曰：“凡居重地，士卒輕勇，轉輸不通，則掠以繼食，下得粟帛，皆貢於上，多者有賞；士無歸意；若欲還出，切爲戒備，深溝高壘，示敵且久；敵疑通途，私除要害之道，乃令輕車銜枚而行，塵埃風揚，以牛馬爲餌；敵人若出，鳴鼓隨之，陰伏吾士，與之中期，内外相應，其敗可知。”王曰：“吾入圮①地，山川險阻，難從之道，行久卒勞；敵在吾前而伏吾後，營居吾左而守吾右；良車驍騎，要吾隘道，則如之何?”孫子曰：“先進輕車，去軍十里，與敵相候，接期險阻，或分而左，或

① “圮”，原作“圯”，今按《孫子》通行本改正。

分而右；大將四觀，擇空而取，皆會中道，倦而乃止。”

王曰：“吾入圍地，前有强敵，後有險難；敵絶糧道，利我走勢；敵鼓躁不進以觀我態，則如之何?”孫子曰：“圍地之宜，必塞其闕，示無可往，則以軍爲家，萬人同心，三軍齊力；并炊數日，無見火烟，故爲毁亂寡弱之形；敵人見我，備之必輕；告勵士卒，令其奮怒；陳伏良卒，左右險阻，擊鼓而出；敵人若當疾擊，務突前鬬後，拓左右犄角。”《通典·兵刑典》王曰：“若我圍敵，則如之何?”孫子曰：“山峻谷險，難以踰越，謂之窮寇。擊之之法，伏卒隱廬，開其去道，示其生路，求生逃出，必無鬬心；因而擊之，雖衆必破。”

王曰：“吾師出境，軍於敵人之地，敵人大至，圍我數重；欲突以出，四塞不通；欲勵士激衆，使之投命潰圍，則如之何?”武曰：“深溝高壘，示爲守備，安静勿動，以隱吾能；告令三軍，示不得已；殺牛燔車，以饗吾士；燒盡糧食，填夷井竈；割髮捐冠，絶去生慮；將無餘謀，士有死志；於是砥甲礪刃，並氣一力，或攻兩旁，震鼓疾躁；敵人亦懼，莫知所當；鋭卒分行，疾攻其後；此是失道而求生。若敵人在死地，士卒氣勇，欲擊之法，順而勿抗；陰守其利，絶其糧道；恐有奇兵，隱而不覩，使吾弓弩，俱守其所。”本書《九地篇》何氏注王曰：“敵勇不懼，驕而無慮，兵衆而强，圖之奈何?”孫子曰：“詘而待之，以順其意；無令省覺，以益其懈怠；因敵遷移，潛伏候伺，前行不瞻，後往不顧，中而擊之，雖衆可取。攻驕之道，不可争鋒!”

王曰：“敵人保據山險，擅利而處之，糧食又足；挑之則不出，乘間則侵掠，爲之奈何?”孫子曰：“分兵守要，謹備勿懈，潛探其情，密候其怠，以利誘之，禁其樵牧，久無所得，自然變改，待離其固，奪其所愛，敵據險隘，我能破之也。”《通典·兵刑典》

王乃曰：“子之十三篇，吾盡觀之矣；可以小試勒兵乎?”對曰：“可。”曰：“可試以婦人乎?”曰：“可。”於是許之，出宫中美人，得百八十人。《吴越春秋·闔閭内傳》作三百人。孫子分爲二隊，以王之寵姬二人各爲隊長，皆令持戟；令之曰：“汝知而心與左右手背乎?”婦人曰：“知之。”孫子曰：“前則視心，左視左手，右視右手，後即視背。”婦人曰：“諾。”約束既布，《史記·孫子列傳》乃令曰：“一鼓皆振，二鼓操進，三鼓爲戰形。”於是宫女皆掩口而笑，孫子乃親自操枹擊鼓，三令五申，其笑如故。孫子顧視諸女，連笑不止；孫子大怒，兩目忽張，聲如駭虎，髮上衝冠，項旁絶纓，顧謂執法曰：“取鈇鑕!”孫子曰：“約束不明，申令不信，將之罪也。既以約束，三令五申，卒不却行，士之過也。軍法如何?”執法曰：“斬!”武乃令斬隊長二人，即吴王之寵姬也。吴王登臺觀望，正見斬二愛姬，馳使下令之曰：“寡人已知將軍用兵矣；寡人非此二姬，食不甘味，宜勿斬之!”孫子曰：“既已受命爲將，將法在軍，君雖有令，臣不受之。”孫子復撝鼓之，當左右進退，迴旋規矩，不敢瞬目；二隊寂然，無敢顧者。於是乃報吴王曰：“兵已整齊，願王觀之！惟所欲用，使赴水火，猶無難矣；而可以定天下。”吴王忽然不悦曰：“寡人知子善用兵，雖可以霸，然而無所施也。將軍罷兵就舍，寡人不願!”孫子曰：“王徒好其言而不用其實!”子胥諫曰：“臣聞兵者凶事，不可空試；故爲兵者誅伐不行，兵道不明。今大王虔心思士，欲興干戈以誅暴楚，以霸諸侯而威天下，非孫武之將，而誰能涉淮踰泗，越千里而戰者乎?”於是吴王大悦，因鳴鼓會軍，集而攻楚；孫子爲將，拔舒，殺王亡將二公子蓋餘、燭傭。吴王謀欲入郢。孫子曰：“民勞未可恃也!”

吴王有女滕玉，因謀伐楚，與夫人及女食蒸魚。王前嘗半而與女，女怒曰：“王食魚辱我，不忘久生!”乃自殺。吴王痛之，葬於國西閶門外，鑿池積土，文石爲槨，題湊爲中，金鼎、玉杯、銀樽、珠襦之寶，皆以送女；乃舞白鶴於吴市中，令萬民隨而觀之；還使男女與鶴俱入羨門，因發機以掩之。殺生以送死，國人非之！湛盧之劍，惡吴王之無道也，乃去而出，水行如楚。楚昭王卧而寤，得吴王湛盧之劍。昭王不知其故，乃召風湖子而問曰：“寡人卧覺而得寶劍，不知其名。”風湖子曰：“此謂湛盧之劍。”昭王曰：“何以言之?”風湖子曰：“臣聞吴王得越所獻寶劍三枚：一曰魚腸，二曰磐郢，三曰湛盧。魚腸之劍，已用殺吴王僚也；磐郢以送其女死；今湛盧入楚也。”昭王曰：“湛盧所以去者何也?”風湖子曰：“臣聞越王元常，使歐冶子造劍五枚以示薛燭。燭對曰：‘魚腸劍逆理不順，不可服也；臣以殺君，子以殺父。’故闔閭以殺王僚。一名磐郢，亦曰豪曹，不法之物，無益於人，故以送死。一名湛盧，五金之英，太陽之精，寄氣託靈，出之有神，服之有威，可以折衝禦敵；然人君有逆理之謀，其劍即出，故去無道。今吴王無道，殺君謀楚，故湛盧入楚。”昭王曰：“其值幾何?”風湖子曰：“臣聞此劍在越之時，客有酬其值者，有市之鄉三十，駿馬千匹，萬户之都二，是其一也。薛燭對曰：‘赤堇之山，已今無雲；若耶之溪，深而莫測；羣臣上天，歐冶死矣；雖傾城量金，珠玉盈河，猶不能得此寶；而况有市之鄉，駿馬千匹，萬户之都，何足言也。’”昭王大悦，遂以爲寶。

吴王聞楚得湛盧之劍，因斯發怒，遂使孫武、伍胥、白喜伐楚。子胥陰令宣言於楚曰：“楚用子期爲將，吾即得而殺之。子常用兵，吾即去之。”楚聞之，因用子常，退子期。吴拔六與潛二邑。楚使子常、囊瓦伐吴；吴使伍胥、孫武擊之；圍於豫章，大破之。吴王謂子胥、孫武曰：“吾欲復擊楚，奈何而有功？”伍胥、孫武曰：“囊瓦者，貪而多過於諸侯，而唐、蔡怨之；王必先得唐、蔡。”吴王從之，悉興師，唐蔡爲承。《吴越春秋·闔閭内傳》西破强楚，入郢，北威齊、晉，顯名諸侯；孫子與有力焉！《史記·孫子列傳》

吴王謂子胥、孫武曰：“始子言郢不可入，今果如何？”二將曰：“夫戰，借勝以成其威，非常勝之道也。”吴王曰：“何謂也？”二將曰：“楚之爲兵，天下强敵也；今臣與之争鋒，十亡一存；而王入郢者，天也！臣不敢必。”《吴越春秋·闔閭内傳》然而孫武以三萬破楚二十萬者，楚無法故也。《新序》孫子八陣，有革車之乘；《周禮·夏官》鄭玄注爲吴王客，殁葬巫門外大冢。《越絶書外傳》記吴地傳有三子，馳、明、敵；而明食采於富春，生臏。《姓氏辨證書》嘗爲齊軍師，破魏惠王軍，擒太子申以傳武兵法。《史記·孫子列傳》武著兵法八十二篇，圖九卷；獨十三篇以進吴王而盛傳於世。其大指在以正治國，以奇用兵；遂爲千古談兵之祖焉！

外史氏曰：《左氏春秋傳》叙吴王闔閭伐楚事，無孫武；而太史公爲之列傳，亦著其事於吴世家；與《吴越春秋·闔閭内傳》所載多同；而《吴越春秋》辭特豐蔚，尤詼詭有奇趣，乃爲史公好奇者之所不取，何也？杜佑《通典》又載武與吴王問答語，不知何出，而何氏採以入注。《通志·兵略》作何延錫。亦有《通典》所未詳者，或以八十二篇之佚文也。並裁爲篇，以補十三篇之缺，而題之曰《别傳》者，所以别出於《太史公書》也。庶幾讀武之書者，有所考覽云！

發　凡

基博按《漢書·藝文志》著録兵家四種：曰權謀、形勢、陰陽、伎巧。權謀者，以正守國，以奇用兵，先計而後戰，兼形勢，包陰陽，用伎巧者也。形勢者，雷動風舉，後發而先至，離合背鄉，變化無窮，以輕疾制敵者也。陰陽者，順時而動，推刑德，隨斗擊，因五勝，假鬼神而爲助者也。伎巧者，習手足，便器械，積機關，以立攻守之勝者也。《吴孫子兵法》八十二篇，以冠權謀之首；而《史記·孫子列傳》以十三篇爲言。《正義》引《七録》云："《孫子兵法》三卷，以十三篇爲上卷，又有中、下二卷。"今中、下二卷佚，獨十三篇存。

而讀十三篇書，不可不先知者三事：（一）吾所覩記，中國兵法有二：一曰節制，即部署訓練之方，屬於軍政；如明戚繼光《練兵實紀》、《紀效新書》是也。一曰權謀，即戰争攻守之方，屬於戰略戰術；此孫子十三篇是也。（二）孫子生於春秋，十三篇所言戰略戰術，乃爲列國交兵説法。而注釋諸家，生秦漢以後，習於内戰，往往不得其解。惟今日歐美棣通，列國並建，伐謀伐交，事多相符。（三）十三篇所言戰略戰術，窮極奥妙；要歸於先勝而後求戰，貴勝不貴久，攻瑕不攻堅，勿輕犯敵之强，而以全争於天下。一九一四年，歐洲大戰，德之所以敗，以不知此也。余今詳證博引，蘄於推陳出新；以新例證原義，而理益明；以新例證古義，而法益備；廣蒐戰史，無徵不信，撮其指要，以當發凡云爾。

孫子章句訓義

目録 <<<

SUNZIZHANGJUXUNYI

計篇第一 …… 1
作戰篇第二 …… 62
謀攻篇第三 …… 87
形篇第四 …… 124
勢篇第五 …… 136
虛實篇第六 …… 155
軍争篇第七 …… 179
九變篇第八 …… 207
行軍篇第九 …… 214
地形篇第十 …… 233
九地篇第十一 …… 242
火攻篇第十二 …… 261
用間篇第十三 …… 275
孫子今説 …… 319
附：翻譯名詞（人名、地名等）對照表 …… 333
校訂後記 …… 335

計篇第一

（解題）曹操曰："計者，選將量敵，度地料卒，遠近險易，計於廟堂也。"杜牧曰："'計，算也。'曰：'計算何事？'曰：'下之五事，所謂道、天、地、將、法也。於廟堂之上，先以彼我之五事，計算優劣，然後定勝負；勝負既定，然後興師動衆。用兵之道，莫先此五事，故著爲篇首耳！'"張預曰："管子曰：'計先定於内，而後兵出境。'故用兵之道，以計爲首也。曰：'兵貴臨敵制宜，曹公謂計於廟堂者，何也？'曰：'將之賢愚，敵之强弱，地之遠近，兵之衆寡，安得不先計及之乎！兩軍相臨，變動相應，則在於將之所裁，非可以隃度也。'"

孫子曰：兵者，國之大事；死生之地，存亡之道，不可不察也！

（訓義）王皙曰："兵舉，則死生存亡繫之。"張預曰："民之死生兆於此，則國之存亡見於彼。然死生曰地，存亡曰道者，以死生在勝負之地，而存亡繫得失之道也。得不重慎審察乎！"鄭友賢曰："或問死生之地，何以先存亡之道？曰：武意以兵事之大，在將得其人。將能，則兵勝而生；兵生於外，則國存於内。將不能，則兵敗而死；兵死於外，則國亡於内。是外之生死，繫内之存亡也；是故兵敗長平而趙亡；師喪遼水而隋滅。太公曰：‘無智略大謀，强勇輕戰，敗軍散衆以危社稷，王者慎勿使爲將。’此其先後之序也。”基博按《計篇》開首，不曰“兵者，大事”，而曰“兵者，國之大事”；“國”字須著眼，此爲十三篇命脈所寄。而德國之毛奇將軍，自著《普法戰史》，開章曰：“往古之時，君主則有以其一人之好大喜功，張皇六師，侵一城，略一地，而遂結和平之局，此非足與論今日之戰争也。今日之戰争，國家之事；國民全體，皆從事之，無一人一族可以倖免者！”若可爲此語作鐵板注脚。而下文曰：“死生之地，存亡之道。”死生者，人民之事；存亡者，國家之事；所以表明人民之國存與存，國亡與亡，而即以解釋上文之“大”字。鄭友賢論“死生之地，存亡之道”兩語先後之序，是矣；顧特以死生屬於兵言之，似不如張預稱“民之死生”義爲圓融。德國伯盧麥將軍《戰略論》曰：“國民以欲達其國家之目的而所用之威力行爲，名曰戰争。”昔日之戰争，以爲軍人之職，與民人無與。國際法，有交戰者與非交戰者之分；交戰者，軍人也；非交戰者，民人也。大戰之起，而交戰國中之敵國僑民，依舊可以自由居住，亦可以自由回國。惟交戰國虞其爲間，防患未然，亦或驅逐可疑之敵僑以出境，然而未有予以扣留者！降而近世，一變而爲全民戰争；交戰與非交戰之分以泯！前敵之士兵，後方之民衆，所以服勞於國者，孰與戰争無關！軍人之與民人，不過直接之異間接而已！

一九一四年歐洲第一次大戰之起，交戰之國，不惟不許敵僑返國，以增加敵方之人力物力；抑且予以扣留，以不得自由行動！及今日之大戰，而加甚焉！即以德國而論；人民八千萬，而動員訓練者四千萬人；幾乎舉國皆兵；而以第五縱隊之遍佈世界；交戰之國，咸有虞心；而敵僑之監視亦加嚴焉！故戰争爲國民之威力行爲也。然戰争之爲勝爲負，非民之所能爲力也，而操其權於國。民可與之死，與之生，而所以與之死，與之生者，國必先有事焉；故不曰民之大事，而曰“國之大事”。

一九一五年，歐洲大戰之日以烈也；侯官嚴復嘗論之曰：“大抵德人之病，在能實力而不能虚心。故德、英皆驕國也；德人之驕，益以剽悍；英人之驕，濟以沈鷙；然則勝負之數，不待蓍蔡矣。嘗謂今日之戰，動以國從。戰事之起，於人國猶試金之石；不獨軍政兵謀，關乎勝負；乃至政令、人心、道德、風俗，皆倚爲衡。俄廣土衆民，天下莫二；然以蠶食小弱有餘；至與强對作戰，則無往不敗；昔之於日本，今之於德，皆其已事之明效也；此其故不在兵而在國之政俗。據今策之，縱横二系，非一仆不止。而德意志國力之强，固可謂生民以來所未有！東西二面敵三最强國矣；而比、塞雖小，要未可輕。顧開戰十閲月，民命則死傷以兆計；每日戰費不在百萬鎊以下；來頭勇猛，覆比入法，累敗俄人；至今雖巴黎未破，喀來未通；東則瓦騷尚爲俄守；海上無一國徽，殖民地十亡八九；然而一厚集兵力，則盡復奧所亡城；俄人退讓，日憂戰線之中絶！比境法北之間，聯軍動必以數千傷亡，易區區數基羅之地，所謂死齕不得入尺寸者也；不獨直抵柏林，雖有聖者，不能計其期日；即此法北肅清，比地收復，正未易言！此真史傳之所絶無，而又知人事之大可恃也！

“英人於初起時，除一二兵家如羅勒吉青納外，大抵皆以爲易與；及是始舉國憂悚，念以全力注之；而於政治，則變政黨之内閣，而爲羣策羣力；於軍械子藥，則易榴彈以爲高炸；取締工黨，向之以八時工作者，至今乃十一時；男子袵兵革，女子職廠工；國債三舉，數逾千兆鎊，而猶苦未充；由此觀之，則英人心目之中，以條頓種民爲何等强對，大可見矣！故嘗謂國之實力，民之程度，必經苦戰而後可知；設未經是役，則德之强盛，不獨吾輩遠東之民，不窺其實；即彼與接攘相摩者，舍三數公外，亦未必知其真際也！使其知之，則英人徵兵之制，必且早行；法之政府，於平日軍儲，必不弛然怠缺而爲之備，明矣！今夫德以地形言，則處中央散地四戰之境，猶戰國之韓、魏也。顧非烈德立大帝以來，即持强權主義；雖中經拿破崙之蹂躪，而民氣愈益深沈；千百八十年累勝之餘，一躍千丈，數十年磨厲以須，以有今日之盛强！由此而知國之强弱無定形，得能者爲之，教訓生聚；百年之中，由極强而可以爲巨霸；觀於德，可徵已！

“德人之於英、法，文明程度相若，而政俗則大不同！德人雖有議院，然實尚武而專制，以戰爲國不可少之聖藥，外交則尚夸詐，重詗偵；其教民以能刻苦，厲競争爲本；其所厲行，乃盡吾國申、商之長而去其短。日本竊其緒餘，遂能於三十年之中，超爲一等强國。而英、法兩國則皆民主；民主於軍謀最不便，故宣戰後，其政府皆須改組；不然，敗矣！日本以島國而爲君主立憲；然其經國訓民，不取法同型之英，而純以德爲師資者，不僅察其國民程度爲此；亦以一學英、法，則難以圖强故也。年來英國屢經失敗，其自救而即以救歐洲者，在幡然改用徵兵制之一著；否則未知鹿死誰手耳！世變正在法輪大轉之秋，凡古人百年數百年之經過，至今可以十年盡之。蓋時間無異空間；古之行程，待數年而後達者，今人可以數日至也！故一切學説法理，今日視爲金科玉律，轉眼已爲蘧廬芻狗，成不可重陳之物；譬如平等、自由、民權諸主義，百年以往，真如第二福音；乃至於今，其敝日見，不變計者且有亂亡之禍。今有一證在此：有如英國一九一四年軍興以來，内閣實用人才，不拘黨系；足徵政黨，吾國歷史所垂戒者，至於風雨漂摇之際，決不可行；一也。最後則設立戰時内閣；而各部長不得到席；此即是前世中書、樞密兩府之制，與夫前清之軍機處矣；二也。

“英人動機之後，俄、義諸協商國靡然後焉。方戰事勃發之初，以德人新興之鋭，乘英、法積弛之政，實操十全勝算；爾乃入巴黎不能，趨卡來不至，僅舉比境與法北徼，而不得過雷池半步者，此其中殆有天焉！及至曠日持久而不得志，則今日之事，其決勝，不在戰陣交綏之中，而必以財政，兵衆之數爲最後！德雖至强，而兵力亦固有限。試爲約略計之，則一年中，其死傷，或云達三百萬；即令少此，二百餘萬，當亦有之。而其東陲對俄之兵，報稱三百五十萬衆，如此，則六百萬矣。而西面比、法之間，至少亦不下二百萬；是德之勝兵八百萬也。方戰之初起，德人自言兵有此數；羣詫以爲誇誕之言，而莫之信也！乃今此衆已全出矣；英法之海軍未燔，而財力猶足以相持。軍興費重，日七八兆鎊；久之德必不支！要而言之：德之霸權，終當屈於財權之下，又知此後戰争，民衆乃第一要義。吾國民衆之繁庶如此，假有雄桀起而用，可以無對！”

然民不能自爲死，自爲生也；而可以與之死，與之生，民不畏危者，政爲之也。一九一六年八月，德國魯登道夫將軍，奉威廉二世之命以調任大本營作戰參謀次長，建議謂：“戰争之時，無一人之力不屬於國家！國家宜著爲法令：凡德國人，自十五歲以至六十歲，有不可不服役之義務；而此義務，以一種限制之擴張，及於女子；可適用於軍中之兵役義務，亦適用爲國内之勞動義務；無一德國人，得在國家危急之時，而不爲國家僇力！”此國之必先有事，而事之當務其大；蓋戰者，非一手一足之力，而生聚教訓，亦非枝枝節節所能爲也！及一九一八年十月，德之既敗，而魯登道夫著《大戰回憶録》，追論所以，以謂：“作戰力量之基礎在國内，而力量之表現在前線。國防之與國民，渾而爲一者也；國民之力量，與國防軍，不可離而爲二者也！人民適應戰争之工作與生活，必在國内相副；而有責任之政府，必强有力以指導人民，而體驗國民戰争字樣之真實意義。吾人與敵軍隊交戰時，尤必摧毁敵國人民之精神及生活而萎靡之，而後敵軍隊失其支持以一蹶不振！敵之於我也亦然！國内之戰争意志，必須鞏固；使民心或摇，則士氣亦衰！顧諒解調停，甚囂柏林，希望和平，尤過於希望勝利！我之和平愈呼籲，敵之勝利愈接近！一切理論，乃以墮軍實而長寇仇；可爲長太息也！"

一九三三年，希特勒召見但澤會議主席羅許尼格博士，謂曰："未來之戰争，蓋兩民族全體之對抗而無一人能袖手者；固不僅兩軍之相見也；國家動員，不僅兵役，尤徵力役！"而一九三九年九月，歐洲第二次大戰肇釁，始於德人之侵波蘭，浸淫以至英、法、義、蘇、日、美，及於我國，先後宣戰，而國不分君主民主，政不論極權自由，無不施行總動員；而我國民政府，亦以三十一年三月二十九日，制定國家動員法公布之；然後孫子所謂"兵者國之大事"，乃以總動員法而義無餘蘊！所謂總動員法者，傾一國之人力、物力、智力以爲戰争用，盡個人之生命、財産、知能以爲國家用，堅明約束，著之法令，而以明國家無上，勝利第一者也。用兵之道，心戰爲上；體力固宜動員，心力亦不除外。

今日之戰，資源尤急；人民固宜動員，物資尤所必需。美國參謀總長馬克薩將軍，於此次參戰前，提議戰時動員計畫，條分縷悉，綱目畢張，而最其指要，不出七端：（一）國家之於戰争，在求迅速決定之勝利；則必迅速運用國家所有之資源；而欲資源之迅速運用以無誤於臨戰，尤在平日之設計有方，預備不虞。（二）戰時之人力物力，不可不求均等之負擔，而有公平之立法。（三）徵兵之實施，應盡可能之力，以預防國民經濟機構之混亂及停頓；勿以人民之兵役，而妨害國家之生産！（四）應以不重要生産之資源，而轉用於戰時必要之生産。（五）國家之於人民，不可不確保原料及勞動之公平分配。（六）糧食管理，不可不調節生産與消費兩者之間，以劑其平；而强行統制糧食時，尤必激發人民之愛國心。（七）應以輿論之力量，推動戰時之緊急政策；而輿論爲戰時之最大力，不可不利用以適應動員。言論自由、著作自由、出版自由以及集會結社自由，民主國家法律之所明定；然此以平日言之；若在戰時，則無不加以限制！極權國家如此，民主國家莫不如此！我國抗日軍興，民國二十七年，國民黨臨時全國代表大會宣言，謂："自由與統一，相反而實相成。無自由，則人民無自發之情緒，以作同仇敵愾之氣。無統一，則以意思之龐雜，而致行動之紛歧，抗戰之力，將以消殺！"戰端一開，舉國人民之生命財産、思想言論，無不受國家之制裁，爲統一之運用；然後動員不失其爲"總"，有"事"先立乎其"大"；而"兵者，國之大事"，固宜普及於國民；而不限於士兵也！抑於此又有一義，爲用兵者所不可忽！既曰"兵者，國之大事"，則用兵，非單純將帥之職；而將帥之職，不過率兵以戰争而已！德國兵家克老山維茲著書論兵，嘗以戰争爲政治行爲，爲政治工具，而第一卷開宗明義，論戰之性質，有曰："戰争者，不過用其他方法以圖政治之延長及其完成而已！"假使戰争爲政治之工具，而以圖政治生命之延長，則戰與不戰之國是，非軍人之所能決；而不得不取決於國家柄政之最高當局；易言之曰政治家！和平之時，未戰而備戰；開戰以後，調兵而遣將；終之以議和而恢復政治之正常職務；皆政治家之事；而離政治亦不能進行戰争！所以戰争領導，爲政治家之事；而軍事統率，則將帥之職！將帥指揮軍事以佐政治之成功；而以軍事之成功爲政治家之利用！然而毛奇之於宰相俾斯麥，訟鬩時有；普法、普奥兩役，數見不鮮！俾斯麥發憤於戰況之無從檢討，而尤恨軍事公報之不注意政治局勢！惟以國家大體而言，寧可以將帥屈從政治當局！克老山維茲曰："何可以政治之考慮，遷就軍事之考慮！蓋主持戰争者必以政治；政治爲指揮之神經中樞；而戰争衹其工具而已！"魯登道夫則以政治有俯就戰争之責任，而著《全民戰争論》，中謂："克老山維茲之原理，必以廢棄！戰争也，政治也，皆以保國家；惟戰争爲國家生存意志之最高表示；所以政治不可不服從戰争！"然歷史之教訓，必以政治爲前提！吾人非謂政治當局之可以干涉軍事指揮也！毛奇嘗言："政治不得干擾作戰！"往古如此，來今無不如此；然衹限於"干擾"二字之不得而已！

右第一節領起全文。"不可不察"之"不可不"三字，所以深明用兵之必先有事於計，故特鄭重言之也。

故經之以五事，校之以計而索其情。

（訓義）曹操曰："謂下五事七計，求彼我之情也。"杜牧曰："經者，經度也。五者，即下所謂五事也。校者，校量也。計者，計算也。索者，搜索也。情者，彼我之情也。此言先須經度五事之優劣，次復校量計算之得失，然後始可搜索彼我勝負之情狀。”王晳曰：“經，常也；又經緯也。計者，謂下七計。索，盡也。兵之大經，不出道、天、地、將、法耳；就而校之以七計，然後能盡彼己勝負之情狀也。”張預曰：“經，經緯也。上先經緯五事之次序，下乃用五事以校計彼我之優劣，探索勝負之情狀。”基博按此句承上起下而爲一篇之綱。“故”者，承上文之“不可不察”，而欲申言其如何察。下文，一段論“經之以五事”；一段論“校之以計而索其情”。“經”，當依王晳、張預作“經緯”解。“經之以五事”者，我自經之以爲不可勝也。“校之以計而索其情”者，所以察敵之可勝不可勝，而決兵之可用不可用也。

一曰道，二曰天，三曰地，四曰將，五曰法。

（訓義）王晳曰：“此經之五事也。夫用兵之道，人和爲本，天時與地利，則其助也。三者具，然後議舉兵；兵舉必須將能；將能然後法修。”張預曰：“夫將與法在五事之末者，凡舉兵伐罪，廟堂之上，先察恩信之厚薄，後度天時之逆順，次審地形之險易；三者已熟，然後命將征之。兵既出境，則法令一從於將，此其次序也。”

道者，令民與上同意；故可與之死，可與之生，而民不畏危。

（訓義）孟氏曰：“道謂道之以政令，齊之以禮教。”杜牧曰：“道者，仁義也。李斯問兵於荀卿？對曰：‘彼仁義者，所以修政者也；政修，則民親其上，樂其君，輕爲之死。’復對趙孝成王論兵曰：‘百將一心，三軍同力。臣之於君也，下之於上也，若子之事父，弟之事兄，若手臂之捍頭目而覆胸臆也。’如此，始可令與上同意；死生同致，不畏於危疑也。”王晳曰：“道，謂主有道，能得民心也。夫得民之心者，所以得死力也。得死力者，所以濟危難也。《易》曰：‘悦以犯難，民忘其死。’如是，則安畏危難之事乎！”張預曰：“危，疑也。”基博按此句“令”字著眼；非民之能與上同意，乃上之有道以令民與同意也。“民”者，根第一節“國之大事”而言，乃全體之國民，非一部之士兵也。“令”者，有惟所欲爲之意，政府之本領價值全在乎此；而“可與之死，可與之生”，乃是“令”之明效大驗。諸家註多忽略“可與之生”四字。當舉國民衆抗戰熱烈之際，奮不慮難；非“與之死”之難，而“與之生”之難！惟“可與之死”而民不“畏”，“可與之生”而民不“危”；“死”、“生”惟上所“令”，乃見民之真“與上同意”，而徵其有“道”耳！不然，當國者明知敵之未可輕，我之不堪戰，而激於民氣，不得不出一戰，而以國爲孤注者，豈少也哉！毛奇將軍《普法戰史》，論普法戰争之原因，曰：“今日之戰争，非一君主慾望之所能爲也；國民之意志實左右之。顧内治之不修，黨争之劇烈，實足以起破壞之端，而陷國家於危險之域。大凡君主之位置雖高，然欲决心宣戰，則其難甚於國民會議！蓋一人，則獨居深念，心氣常平，其决斷未敢輕率。而羣衆會議，則不負責任，易於慷慨激昂。所貴乎政府者，非以其能戰也；尤貴有至强之力，抑國民之虚榮而使之不戰。”而《普奥戰史》叙拿破崙之亡，普人日以統一德國爲事，所恃以號召者民族主義。顧奥亦日爾曼民族也，故普奥之役，時人謂爲兄弟戰争，大不利於衆口。一八六六年春夏之交，普政府於戰略政略之間，乃大生困難；蓋以軍事之布置言，則普國著手愈早而利愈大。然以政治之關係言，則普若先奥而動員，微特爲全歐所攻擊，且爲國人所不欲，普王於是乃遷延遲疑；而毛奇、俾斯麥，用種種方法，卒能舉不欲戰之國民而使之戰。凡此皆政府能“令”之效也。

抑有無“道”以與民“死”，而亦無“道”以與民“生”者，此次歐洲大戰之法，是也！一九四〇年四月，德國希特勒挾其百萬之師，運用閃電戰以陷丹、挪，略荷、比，轉而攻法，摧鋒直入。法人再戰再北，土崩瓦解；法軍之俘於德者，一百九十餘萬人；而八十二師配備之軍械，以及德人詫未曾見之新型坦克車與重炮，未及一用而以委之於德，藉寇兵，齎盜糧，非希特勒之果能戰必勝，攻必取也！美國新聞家有覘國者，論法之所以致敗，而爲希特勒所乘者有四端，而戰敗不與焉！曰：文武官吏之賣國也。軍需製造、運輸之怠工也。人民之怯戰争而溺宴安，望和平也。愛自由而法令不行也。質言之，曰人無鬬志而已矣！夫希特勒挾必勝之心，以雷霆萬鈞之勢，而乘法人之不戒，如摧枯拉朽，固其宜也！異哉，法國與德國戰，而法國人，上自大僚，下逮齊民，乃無一人焉爲法國効命以與德戰，此何也？則政府之無“道”以令民與同意也！民之情，誰不畏死哉！然而法之爲政也，無“道”以與民“死”；而國降焉，民虜焉，究之何“道”與民以“生”！德之爲政也，有“道”以令民“死”；苟度德焉，量力焉，抑亦有“道”以令民“生”！此其善敗得失之故，爲國者可以監矣！

天者，陰陽、寒暑、時制也。

(訓義)梅堯臣曰:“兵必參天道,順氣候,以時制之,所謂時制也。《司馬法》曰:‘冬夏不興師,所以兼愛民也。’”王晳曰:“寒暑,若吴起云‘疾風大寒,盛夏炎熱’之類。時制,因時利害而制宜也。”張預曰:“漢征匈奴,士多墮指;馬援征蠻,士多疫死,皆冬夏興師故也。”基博按“制”,限也。“時制”云者,謂用兵不能不受陰陽寒暑四時之制限,所以古者冬夏不興師也!即如一八〇三年,法皇拿破崙以大兵六十餘萬侵俄,俄人堅壁清野,誘入莫斯科;值大雪,法軍凍餒,喪亡殆盡,不能軍。一九一五年,德大將興登堡以無前之勢,取俄波蘭。俄人望風奔北,而興登堡以冬令將届,氣候嚴寒;設竟犯兵家之忌,深入俄境,俄人襲用其曩日之計,則不免蹈拿翁之覆轍,遂不敢深入。又如一九一四年,土耳其加入德奥同盟,以大將伊善德統十五萬人,於十二月二十五日,侵入俄德蘭西高加西亞,適其時天氣嚴寒,積雪没脛,土軍深入重地,飢寒交迫;遂於二十八日退歸。而是年,土耳其海軍大將尼馬耳以六萬五千人,於九月間進窺英之蘇彝士運河,則又以天氣酷熱,沙漠無水而挫敗!武器益鋭,戰術日新,而“時制”如故也!

日本之侵我也,亦既佔武漢而據廣州;連兵久不解,於民國二十九年一月,進犯粤北,以騎兵集團薄翁源,而大霧七日,對面不見人,日軍前後左右,失其連繫,自相戕殺,遂以大潰。至四月之末,以步兵十七聯隊,騎兵二聯隊,工兵七聯隊;大炮、坦克車、化學兵團,應有盡有,而導以飛機百餘架;向湖北之鍾祥、花園、信陽、確山,分道而進;不意夏曆二三月,桃花雨季,大雨連十晝夜,飛機不得翱翔;而山水暴發,滿阬滿谷,騎不得騁,步失其伍,泥途沮洳,大炮坦克,陷不得動,遂爲我軍所乘也!及三十年十二月,日軍十五萬人,大舉以三犯長沙;不意三十一年元旦前後,大雨大雪,飛機既騰空不起;而道途泥濘,步騎炮空,咸拔足不得;亦幾殲焉!

希特勒悉力殫鋭,傾所有之機械化部隊與空軍,以一九四一年六月,大舉侵蘇,欲用閃電戰以摧之一擊;一發不中,連兵久不解;及十一月而大雪紛飛,堅冰載道,飛機之空襲,坦克車之馳突,咸無所用,而以挫退。蓋坦克車既以積雪載途,没轍埋輪,陷不得駛;而俄之緯度高,冬夜之長,可以十八小時,長夜漫漫,而空軍之活動,更受限制。此皆所謂“時制”之例證也。

新式武器,如無科學方法之天氣預報,抑亦不能推行盡利以發揮效能!

希特勒以一九三九年九月進攻波蘭，而會當雨季；白魯希茲將軍不可，謂：“機械化部隊，將爲泥濘所困!”而德意志地理政治學院院長霍斯浩佛則曰：“無害！屆時不雨!”已而果然，人以爲神！而不知其得之學院之天氣預報也！及一九四二年，德國被困於法國布勒斯特港之主力艦香化斯脱號、尼西納號兩艘突圍而脱也，英人大譁以譴政府；而不知天氣預報之有成功!於時，德國海軍作戰部長賴德爾欲圖兩艦之突圍，而以諮其幕府之氣象家，謂：“如濃雲密布，雲層以下不可見，既以妨礙敵機之偵察；而雲層之中，霰結如冰，更不利敵機飛行，則兩艦脱險矣!”其幕僚告以二月之中，必有如許之雲霰，掠英吉利海峽之上空以過。於是一九四二年二月十二日之夜，兩艦突圍以通過英吉利海峽而返於德，則以雲濃於霧，霰結成冰，而英之魚雷及轟炸機，無法行動而受“時制”也!

地者，遠近、**險易**、**廣狹**、**死生也**。

（訓義）曹操曰：“言以九地形勢不同，因時制宜也；論在《九地篇》中。”梅堯臣曰：“凡用兵，貴先知地形。知遠近，則能爲迂直之計。知險易，則能審步騎之利。知廣狹，則能度衆寡之用。知死生，則能識勝敗之勢也。”基博按梅堯臣之注，妙盡兵家因地制宜之利，語辨以析！雖以今日空軍之競爭，機械化部隊之創新，閃電戰之奇襲，化遠爲近，化險爲易，化廣爲狹，而地之古今異形，似不可以一概論；然而用兵者，仍不可不致謹乎此!“知遠近，則能爲迂直之計”者：迂道遠而直徑近，用兵者，莫不舍迂而取直；然亦有以迂爲直，不得不舍直取迂者。

一九一四年，歐洲大戰開始，法以大軍東嚮而掠德邊以取阿爾塞斯、羅林兩州；此直徑也。德以七軍應戰，以二軍與法相持於阿、羅兩州；而以五軍襲比利時，推鋒直入，繞出法之北疆，而拊其背，法人不虞，倉皇敗退，幾乎不國；則是德人以迂爲直。

何者？蓋德之西境與法接；大山間之。法人之所申儆，無日不虞德之來犯，憑山作障，要塞如林，而又耀兵東指，精兵猛將之所萃也。如德人陳師西嚮，而法悉鋭以拒，曠日持久，必有攻堅力屈之虞！兵法攻瑕不攻堅，不如迂道比利時，繞法之北疆，攻法之瑕，而乘其不虞；爲道雖迂而收功則易！此所以舍直而取迂也。然而法人不戒，大戰之後，悉力治馬奇諾防線，以防德之東侵；而不虞希特勒之以迂爲直，依然故智；爲齊諾非防線以與法相持於西；而迂道荷蘭、比利時，急轉直下，以侵法之北境，蹈瑕抵隙，而拊馬奇諾防線之背。法人覆轍重尋，而迫爲城下之盟；則以希特勒之能以迂爲直也。

又如日美必出於一戰，日本政府無日不討其國人而申儆之，而苦心焦慮以推美之攻日也，有三道焉：其一北道，自阿拉斯加，循太平洋之北極圈，經阿留地安羣島以襲日本；中間以西特加、科查克、烏拉那斯加，駐屯海空軍；阿留地安羣島，亦有港灣以停泊艦隊；而在羣島西端之阿茲茲島，距日極近；陸軍則在安加萊治、菲爾克斯兩島，築飛機場以爲協同作戰之備；如能利用蘇聯勘察加島之彼得羅巴夫斯克軍港，則距日本不過七百浬，日本必受極猛烈之空襲。惟以北太平洋氣象之變化頗劇，風向氣壓，時刻不同，則艦隊之駛行，飛機之翔空，不能無妨。其二中道，自夏威夷，經中途島、韋克島、關島，以至馬尼剌，行程五千三百浬；其中南北亘一三〇〇浬，東西延二七〇〇浬之間，有日本委任統治之羣島，重關設險。如美以海軍循行而西，非受日本多方之狙擊，不能以達菲律賓；而達菲律賓以後，運輸被截，接濟不繼，必有後顧之憂；此危道也。其三南道，自夏威夷，經巴爾邁拉、薩摩亞羣島、新喀里多尼亞島、達爾文港、荷印諸島而達新加坡，或菲律賓，行程七千浬以上，爲道最遠；然日本海軍防禦線之所不及，可以無中途狙擊之虞；而航線所經之英、荷屬地，必可隨時隨地，予以接濟。北道最近，而氣象之劇變堪慮；中道次近，而日本之狙襲爲患；不如此之萬全無害。此美以利於行軍，而不得不舍迂取直者也。

然德之攻法也，以迂爲直；蓋兵謀之妙用而以爲勝敵。美之攻日也，舍迂取直；則行軍之安全而以爲不可勝。此其不同者也。然而迂直之計，非僅以節遠近，抑亦以相廣狹。何者？現代戰術，或用中央突破之法，此所謂直也。或用迂迴包圍之式，此所謂迂也。然而戰線之廣狹不同，戰術之迂直亦異。大抵戰線不廣而兵有餘衆者可迂。戰線太廣而兵無餘衆者不得迂。德之攻法也，不引兵西指以推鋒而進，而北出迂迴以假道荷比；此所謂迂也。而攻蘇則不然。蓋戰線延三千哩，右憑黑海，左扼北冰洋；兩翼不得展延，迂迴困難；而戰線太廣，包圍亦不易。於是直薄莫斯科以爲中央突破之勢焉。是廣狹異形，而迂直異術也。

“知險易，則能審步騎之利”者：鼂錯言兵事書引《兵法》曰：“丈五之溝，漸車之水，山林積石，經川邱阜，草木所生，此步兵之地也；車騎二不當一。土山丘陵，曼延相屬，平原廣野，此車騎之地也，步兵十不當一。”大抵山林川澤，步之利。平原廣野，騎之利。方宋之未南渡也，金人崛起東北，尤善用騎，長驅而南。宋人患無以制之；於是宰相李綱奏：“河北塘濼，東距海，西抵廣信、安肅，深不可涉，淺不可以行舟，所以限隔胡騎，爲險固之地。而安肅、廣信、平涼等軍，東有塘濼，西抵太行，中間坦途不過三百餘里，塘濼既可增廣，其他地勢雖頗高仰，亦可因高就下，限以長隄，儲蓄水櫃以爲阻固。”既而高宗不振，劃江自保；而長淮以南，亦時有金人馬足焉！於是薛季宣奏請大田淮沔、方田塘濼以制戎馬；以謂：“中朝之制，河北分高陽關、真定、中山府三路，而統於大名府；河東分麟府路，代州沿邊，而統於太原府；陝西分鄜延、環慶、涇原、秦鳳、熙河五路，而統於永興軍；有塘濼、方田、稻田、榆塞爲之險。塘濼，係卑下瀦水所成。方田，係地形稍高，穿渠引水者。稻田，係地形平易，可以灌溉者。榆塞，係岡阜之地，植榆爲阻者。是四者，皆所以限胡騎之衝突。況此輦轂之下，淮沔之塞，事切平世，將何道而爲之？必也農田不失灌溉，運道不至艱阻，地險不失，民力無困，而公私享富實之效，豈無術耶！”則是欲因夷設險，而化路爲田；丈五之溝，漸車之水，以奪騎兵之利，而爲步兵之地也。然騎兵之用，利於馳突；古人制騎兵以輔步兵，今則創機械化部隊以易騎兵，電擊霆迅，其爲馳突也大矣！而山林川澤、方田塘濼，騎兵不利於馳騁；機械化部隊亦殺其威力。

一八〇六年，法有一大將，隨拿破崙征俄，而著書，謂：“泥濘，爲在波蘭作戰時之特質。”及一九一四年，德大將興登堡引兵攻俄，一涉足波蘭，而歎其言之信，謂：“道路之泥濘，行軍之艱阻，俄人得以備預不虞而從容應我矣！”至於一九一四年，德人之攻法也，假道比利時以戰於佛蘭德斯平原；而以多沼澤，土泥疎鬆，不能載重，重兵器猝無所施其技也，遂予法以殘喘之延而連兵不解。

日人之侵我也，我無機械化部隊，而日本有之，縱橫馳突，何以二十七年以前，攻城掠地，無堅不摧；二十七年以後，頓兵挫鋭，所如轍阻？蓋二十七年以前之戰，在平原廣野，機械化部隊得以騁其威；及其引兵深入，而山林川澤，機械化部隊無所用其長也。然冀、魯、豫三省平原之地，雖爲日軍控制，而我敵後之游擊隊，以寡擊衆，卒制其機械化部隊以不得逞者；亦以因夷設險，而掘坦直之廣原，成縱横之壕溝也。冀南一帶，錯綜如蛛網，延袤四萬里；其溝深三尺，寬三尺六寸，而轉溝四尺八寸；起溝之土，傅溝兩旁，又高二尺；農民騾車，驅行溝内；而坦克車疾馳，無不掛陷焉！

一九四一年九月，義大利之侵希臘也，大敗於密趙峯；亦以風雪連天，山地行軍，而林木叢雜，飛機、坦克不能自在運用也。今希特勒挾其縱横馳突之機械化部隊，以襲蘇聯，風馳電邁，直攻莫斯科，勢且不支；然而論者謂蘇聯如不得已而棄莫斯科，將遷都薩馬拉，而據烏拉山以戰；於是機械化部隊，不能不受地形之限制而殺其威力；希特勒之攻勢，亦成强弩之末矣！

“知廣狹，則能度衆寡之用”者：如希特勒以陸軍四十五師，機械化部隊十師，飛機二千五百架，一舉而亡波蘭；及其攻法，而用陸軍一百三十五師，機械化部隊二十五師，飛機五千架，比之波蘭，用衆倍焉；及其攻蘇聯，而比之攻法，用衆又加倍焉。蓋知法之地，廣於波蘭；而蘇聯又廣於法也。又如美國擴軍，議東海岸，自緬因以至佛羅里達，延三千哩。非陸軍一百師，不足以守。每師一萬五千人，而輔以飛機一百架，分布沿海，以守三千哩之地。然而軍事家之所估計，陸軍一師之最高防禦力，不過二十哩；而所謂二十哩者，僅限於沿河或沿海之邊疆，有險可憑；如在内地，一師陸軍之所能防禦，不過二三哩而已。故三千哩之海岸，而守以陸軍一百師，乃至少之數也。然而敵之進攻也，即不能東海登岸；而結連與國，出兵西岸太平洋登陸以拊我背。即不然，而由墨西哥或墨西哥灣循流而上，以攻密士失必河。又或不然，而由加拿大，下至聖勞倫河，又下至哈爾孫河，以達俄亥俄河、密士失必河，蹈瑕抵隙以爲側擊。所以陸軍一百師爲猶未足；必有後備陸軍五十師，以彌縫其闕而戒不虞。然而未能萬全無害也！我以陸軍一百師，分播三千哩之海岸；而敵集中十師之兵力，以攻我一師所守之三十哩地；彼衆我寡，則以敵之十，攻我之一，推鋒而入，必爲突破；然後延展向左右席捲，以包圍鄰近防線之各師，亦無不爲殲滅之理。此時非有十五師或二十師之增援，不足以阻敵之長驅而固吾圉。千哩設防，兵家所難，而況三倍之乎！三千哩之海岸，而守以陸軍一百五十師，未爲衆也！尤必有游擊之裝甲軍團，以備敵人突破一線，而迅速調援，加以閃電之制止焉。大抵地廣則用衆，地狹則用寡，不論攻守一也。然而攻守異勢，抑亦衆寡異用。

一九三九年九月，希特勒之攻波蘭也，集中主力於南北兩集團軍，而爲疑兵以分布廣莫之沿邊；於是波蘭不知其意之所欲攻，而精兵良將悉萃波森以置無用；於是希特勒推鋒直入以左右夾擊，攻瑕則堅者瑕矣！蓋攻者擇瑕而蹈，專而爲一；守則無所不備，分而爲十；是以十攻其一也；守則不足而患其寡，攻則有餘而形其衆；故度衆寡之用，尤不可不知攻守，而不僅廣狹也。抑國土廣者，敵人空襲之威脅小；如中國、蘇聯、美國，是也。國境狹者，敵人空襲之威脅大；如日本、英倫，是也。一九三六年，英國航空大臣倫敦特里勳爵及法國航空部長柯脱，先後宣言以大戒於國，謂："在現代科學之下，空軍擴展，一旦而爆發彈雨，足以燬滅倫敦、巴黎，而無人力可以制置焉！"然柯脱言："祇有俄國，以領土廣大，而無虞！"國土廣大，地形複雜，敵人即有優勢之空軍，而人民財産，可以疏散，可以隱蔽，不如小國寡民之易聚而殲旃也。故曰："空襲之威脅小。"特此所謂小大，亦僅限於國家之威脅，而非以語人民之損害。雖國境廣莫，而空襲猛烈，則死傷衆，都邑燬，個人之損害必亦大；特田野闢，生産足，國力之摧毁不易能。此知廣狹之又一義也。"知死生，則能識勝敗之勢者"；特綜遠近、險易、廣狹三者而言之。蓋死生，乃遠近、險易、廣狹三者錯綜之所成，而不可以一端論也。

將者，智、信、仁、勇、嚴也。

（訓義）杜牧曰："先王之道，以仁爲首。兵家者流，用智爲先。蓋智者，能機權，識變通也。信者，使人不惑於刑賞也。仁者，愛人憫物，知勤勞也。勇者，決勝乘勢，不逡巡也。嚴者，以威刑肅三軍也。楚申包胥使於越，越王勾踐將伐吴，問戰焉？曰：'戰，智爲始，仁次之，勇次之。不智，則不能知民之極，無以詮度天下之衆寡。不仁，則不能與三軍共飢勞之殃。不勇，則不能斷疑，以發大計也。'"賈林曰："專任智則賊。偏施仁則懦。固守信則愚。恃勇力則暴。令過嚴則殘。五者兼備，各適其用，則可爲將帥。"何延錫曰："非智，不可以料敵應機，非信，不可以訓人率下。非仁，不可以附衆撫士。非勇，不可以決謀合戰。非嚴，不可以服强齊衆。"基博按克老山維茲論戰之性質，有曰："戰之勝負，將之才不才繫焉；而人才不易，將才尤難！國家日進於文明，百度維新，然人才祇有此數，則以社會相需之殷，而將才少。惟野蠻之國，事業不振，人才無所用之，而又日競於武，故將才多。特是才有高下，將有智愚；而才之高者，所貴有明敏之睿知，則必隨文明以俱進。惟文明之國，厥爲名將之所孕育焉！苟其國家文明，其人民好戰，則其國之名將必多，遠鑒古之羅馬，近觀拿破崙時代之法，名將蔚起，莫之與京，豈偶然哉！無亦以好戰之人民而擅有文明之國家，故能鍾靈毓秀以有此盛也。

“將以智爲本，以勇輔之。而勇之爲驗有二：一曰臨大危而不挫其氣。一曰當大任而不避其艱。一言以蔽之，曰：不畏艱險而已。夫不畏艱險，或起於輕生之習性，或激於愛國之熱情；生輕則氣鋭，情熱則多力，而意氣陵厲，自無畏難苟安之心矣。戰之爲事，勞筋骨，苦心志，而將士之服戰役者，必具有堅强之體魄，勇毅之精神，而濟之以明敏之睿智，乃克有濟；而尤莫重於智，莫難於智！蓋戰無常法，兵無定勢，瞬息萬變，往往不可臆度；所貴相機應變，因利制權，而深有藉於思慮及推考。

“然則何道而可？曰：必先之以敏鋭之觀測，而發之爲果敢之動作，其亦庶乎其可也。夫惟有敏鋭之觀測者，乃能洞鑒幽渺莫測之情勢，而深識其真；慎勿局於一時一隅，而目光四射，熟權時間空間之錯變，而運用繁賾之戰略，出以心思之靈敏，發以動作之果敢。而果敢者，不疑而爲之之謂。然爲之不疑，必先知之不惑；知之明，故爲之果，斯大勇矣。儻知之未明，而爲之不疑，鹵莽徒以僨事，盲動而已；豈得謂之果敢哉！故智謀者，果敢之本也；然智謀亦必濟以果敢。而需者，事之賊，多智者，亦往往多疑多敗；故智謀輔以果敢，而沈著勝於聰明；聰明或以自誤，而沈著決不盲動也。兩者相濟爲用，而必基之於識力之培養。抑爲將之道，非殺敵之難，而御兵之難；尤非急戰之難，而持久之難。方戰之初，一鼓作氣，人懷必勝，爲將無難也。及其久而師老，信心漸失，暮氣既深，怯死倖生，鼓之不知奮也，勵之不知恥也，勞而欲休，陣而不整；其尤甚者，怨憤其上；使當此之時，而爲之將者，撫衆有度，鎮擾以定；而以其自我之光明，焕發衆心之迷盲；以其自我之熱情，激厲士氣之萎靡；以静制亂，以勇振怯，發其信心，鼓其暮氣，旗鼓重振，有死無二，此則爲將之所難也。“然而爲之有道，持之有故。曰：惟爲將者眎之以堅强之意志，發之以熱烈之情感，持之以卓越之識力，而後爲士衆所仰賴，可與之死，可與之生，而不畏危也。三者相輔而以相成，不可或缺者也。愛名譽，重氣節，此將士意志之所以堅强。特其百折不撓，久而不渝，則非持之以定識定力不爲功！情熱則多力；熱情者，凡爲將士之所不可少。然所貴者，不在一時之義勇憤發，而在激昂慷慨之中，能持之以鎮靜，仍無害於處變若定之智慮，此則所難也。

“大抵人有三品：其一，情感闕乏之人，激之使奮，其道非易；然以其人沈著，奉令承教，無熱情，亦無敗事，用之於戰，亦有可取之道。其二，情感熱烈之人，如炸藥然，一觸即發，而一發即熄，可激發而不可持久者也。此其人烈於情感，昧於智計，遇小忿則怒，而當大敵則撓，往往倉皇擾攘而不知所措，此其人非受高深之教育以發展其智慮，則不可以之爲將；儻因材器使，可爲裨將；以所任者不過衝鋒陷陣，而一時之義勇奮發，足以集事矣。其三爲剛毅木訥，不以小忿而氣激，不以小挫而志餒，意思深長，其情感不易發，而一發則不可遏；其蓄之中者以深以厚，其措之事也可大可久；此則所謂激昂慷慨，而能持以鎮静，無害於處變若定之智慮者也。持是道也以往，可以爲帥矣！此其人稟乎天性，而要非有識力之涵養，不克臻此。博學多聞，不足以見識力；而所謂識力者，謂有主張，有自信，有文理密察之智慮，與發强剛毅之德性者也。

“夫戰之爲道，至無定也。凡兵家之言，極深研幾；及其臨陣，學説原理，杳無徵驗，何所用之；而紛紜之變，擾我靈臺，死喪之哀，淒人心脾，茫茫前途，惟有猜想。是故戰之爲事，至變且亂也；非戰之難；變而能持其常，亂而不失其定則難；此則識力之培養，必有以裕之於平日；而後臨戰之時，指揮若定，堅持我初衷，勿失其自信。然而自信之過，往往流爲剛愎自用；情勢既變，故我自封，執一無權，何能應變；此所以發强剛毅之德性，必本諸文理密察之智慮，而後自信不爲剛愎，主張不同成見。動無失策，事無過舉，斯則識力之明效大驗已。所謂將才者，其性行大略具此矣。才有偏全，則位殊尊卑；然此可以爲將，而未遽以爲帥也。夫帥者，政治家而兼軍事家者也；將才之外，必擅政事；戰略之用，兼權政略焉。”

細繹克氏之所以衡將才者五事：曰“智”，曰“勇”，曰“果敢”，曰“熱情”，曰“識力”。而兩言括之，曰“智”曰“勇”而已；“果敢”與“熱情”，所以大其“勇”也；“識力”，所以充其“智”也；而要以“智”爲本，以“勇”爲輔。孫子論將有五才，若與克氏五者之數相當；其實克氏所論之五者，孫子“智”、“勇”兩義足以盡之；而“信”、“仁”、“嚴”三義，則足以匡克氏之所未逮。獨其稱“智”以冠五才之首，亦猶克氏以“智”爲本之指也。顧孫子所以論將之用“智”者有二：一曰智足以知戰。二曰智足以愚士。則非參諸他篇不曉。智足以知戰則奈何？曰：有三知焉：“知吾卒之可以擊”，“知敵之可擊”，“知地形之可以戰”，三者知而後勝乃可全。

孫子曰：“料敵制勝，計險阨遠近，上將之道也。知此而用戰者必勝，不知此而用戰者必敗。故戰道必勝，主曰無戰，必戰可也；戰道不勝，主曰必戰，無戰可也；故進不求名，退不避罪，惟民是保，而利合於主，國之寶也。視卒如嬰兒，故可與之赴深谿；視卒如愛子，故可與之俱死。厚而不能使，愛而不能令，亂而不能治；譬如驕子，不可用也。知吾卒之可以擊，而不知敵之可擊，勝之半也。知敵之可擊，而不知吾卒之可以擊，勝之半也。知敵之可擊，知吾卒之可以擊，而不知地形之不可以戰，勝之半也。故知兵者，動而不迷，舉而不窮。”語見《地形篇》。謂智足以知戰也。孫子又曰：“將軍之事，静以幽，正以治。能愚士卒之耳目，使之無知；易其事，革其謀，使人無識；易其居，迂其途，使人不得慮。帥與之期，如登高而去其梯。帥與之深入諸侯之地而發其機，焚舟破釜，若驅羣羊，驅而往，驅而來，莫知所之。聚三軍之衆，投之於險，此謂將軍之事。”見《九地篇》。蓋戰者，所以聚三軍之衆，投之於險也。惟能愚士卒之耳目，使之無知者；斯聚三軍之衆，投之於險，惟命是聽，無扞格之患矣。此智足以愚士也。

孫子又論將有五危，曰：“必死可殺也，必生可虜也，忿速可侮也，廉潔可辱也，愛民可煩也。凡此五者，將之過也，用兵之災也。覆軍殺將，必以五危。”見《九變篇》。夫“必死”，則不智；“必生”，則無勇；“忿速可侮”，則勇而愚；“廉潔可辱”，則信而愚；“愛民可煩”，則仁而愚；而要歸於不“智”！儻持克氏之論以爲衡，所謂“知之未明而爲之不疑”，此其爲不智之果敢，孫子所謂“必死可殺”者也。若其人“烈於情感，昧於智計”，而觸之即忿，激之易動，則所謂“忿速可侮”者也。至於“愛名譽，重氣節”，此將士之廉潔也；然而曰“廉潔可辱”，梅堯臣註以爲“徇名不顧”，此亦將之一危，何可不察也！吴子曰：“夫總文武者，軍之將也。兼剛柔者，兵之事也。凡人論將，常觀於勇，勇之於將，乃數分之一爾；夫勇者必輕合，輕合而不知利，未可也。故將之所慎者五：一曰理，二曰備，三曰果，四曰戒，五曰約。理者，治衆如治寡。備者，出門如見敵。果者，臨敵不懷生。戒者，雖克如始戰。約者，法令省而不煩。受命而不辭，敵破而後言返，將之禮也；故師出之日，有死之榮，無生之辱。”語見《論將》。其論將之所慎者，曰“理”，曰“備”，曰“戒”，曰“約”，皆“智”之事；所謂“文”也，“柔”也。獨“果”則奮其“武”、“剛”，而屬於“勇”焉。顧吴子以爲“勇之於將，乃數分之一爾；夫勇者必輕合，輕合而不知利，未可也”；此則克氏所稱“不智之果敢”，鹵莽徒以僨事，盲動而已！孫子曰：“必死可殺”，“忿速可侮”者也。至言“受命而不辭，敵破而後言返，將之禮也，故師出之日，有死之榮，無生之辱”；得無嫌於“必死可殺”乎？而克氏論勇之爲驗，亦曰“輕生則氣鋭”，又與吴子之言有合，何也？蓋兵，凶器，戰，危事也；“必死可殺”，“必生可虜”，皆將之危也；惟兼權於“必死”、“必生”而善有以自處。然則如之何而可？

昔夔州唐甄論將有利才一論。其言以爲：“彼義激氣憤，解帶自決，暴虎馮河而不反，世皆壯之，稱爲烈士；是愚夫悍婦之行也，君子不爲也。君子之當大任，立身於必不死，設心於必死。必不死，以善其用也。必死，以堅其志也。吾聞之，立功者，才也。卒功者，智也。審定者，心也。達險者，志也。天下重器，舉之難舉也；命數不常，測之難測也；苟以死存心，以死立志，諧妻泣之而不顧，愛女牽之而不顧，暱子隨之而不顧；臨事之時，處之必静，見之必明，思之必熟，行之必決，雖謀不及太公，亦可以成太公之功；雖才不及管仲，亦可以成管仲之功。今夫矢一也，以弱弓發之，或不能殺人；以强弓發之，則可以貫甲。志堅則才利，亦猶弓之發矢也。昔蜀大亂而食人肉，冉鄰起兵；冉鄰者，唐子未娶之女之父也。遣二人者爲諜於寇，聞有獵人者於途，一人懼而欲返；其一人曰：‘進死於釜，退死於法，等死耳！其行乎！第疾走，慎毋怯而反顧！’比肩而走，一人不反顧，一人數反顧；一反顧，遜不反顧者五步；再反顧，遜不反顧者十步；卒之追者及之，反顧者肉糜於釜，不反顧者，烏逝隼集而反命，得寇之形以戰勝焉。由是觀之，以死心處死地者成；以生心處死地者敗；成敗之間，勇怯之分也。”斯可以通孫吴之郵而發其奧矣！

唐甄，原名大陶，字鑄萬；清世祖順治丁酉舉人，官長子縣知縣，罷官，僑居崑山，著有《唐子潛書》。寧都魏禧見之，稱爲漢唐以來所未有；宣城梅文鼎則以謂秦而後僅見之作云。然而孫吴之論將，尚未能通於神明也。戰國之世，臨武君與孫卿子議兵於趙孝成王前，請問爲將？孫卿子曰："知莫大乎棄疑，行莫大乎無過，事莫大乎無悔；事至無悔而至矣，成不可必也。故制號政令，欲嚴以威；慶賞刑罰，欲必以信；處舍收藏，欲周以固；徙舉進退，欲疾以速；楊倞註：静則安重而不爲輕舉，動則疾速而不失機權。窺敵觀變，欲潛以深；欲伍以參。楊倞註：謂使間諜觀敵，欲潛隱深入之也，伍參猶錯雜也，使間諜或參之或伍之於敵之間，而盡知其事。韓子曰：省同異之言，以知朋黨之分，偶參伍之驗，以責陳言之實。又曰：參之以比物，伍之以合參也。遇敵决戰，必道吾所明，無道吾所疑；夫是之謂六術。無欲將而惡廢，無急勝而忘敗，無威内而輕外，無見利而不顧其害。凡慮事欲熟，而用財欲泰；夫是之謂五權。所以不受命於主有三：可殺而不可使處不完，可殺而不可使擊不勝，可殺而不可使欺百姓；夫是之謂三至。凡受命於主而行三軍，三軍既定，百官得序，羣物皆正，則主不能喜，敵不能怒；夫是之謂至臣。慮必先事而申之以敬，慎終如始，始終如一；夫是之謂大吉。凡百事之成也，必在敬之；其敗也，必在慢之；故敬勝怠則吉，怠勝敬則滅，計勝欲則從，欲勝計則凶。戰如守，行如戰，有功如幸；敬謀無壙，敬事無壙，敬吏無壙，敬衆無壙，敬敵無壙；楊倞註：無壙言不敢須臾不敬也，壙與曠同。夫是之謂五無壙。慎行此六術五權三至而處之以恭敬無壙，夫是之謂天下之將，則通於神明矣！"臨武君曰："善。"見《荀子·議兵篇》。此則儒將風規，不競不絿，歷覽史册，前有樂毅，後有諸葛亮，儻庶幾焉；非克氏之所及知也。

克氏論將，以"智"爲本，以"勇"爲輔；而以"識力"充其"智"。而孫卿子則以"先事"爲慮，以"棄疑"爲智；而以"恭敬"要其成。孫卿子之所謂"通於神明"，儻克氏之所謂"識力"乎？然而"識力"不足以盡之矣！蘇洵曰："爲將之道，當先治其心，泰山崩於前而色不變，麋鹿興於左而目不顧，然後可以制利害，可以待敵。凡主將之道，知理而後可以舉兵，知勢而後可以加兵，知節而後可以用兵。知理，而不屈；知勢，則不沮；知節，則不窮。見小利不動，見小患不避；小利小患，不足以辱吾技也；夫然後可以支大利大害！夫惟養技而自愛者，無敵於天下；故一忍可以支百勇，一静可以制百動。"見《權書·心術》。此則克氏之所謂"識力"矣。蘇洵之所謂"治心"，克氏謂之"識力之培養"，辭趣不同，其揆一也。論將而至於"治心"，深矣微矣！雖未通於神明，而神明之所由通乎！獨我自抗戰以來，義問昭宣，小大畢力，將軍有死之心，士卒無生之氣，莫不揮泣攘臂以殉國家之急；決命爭首，奮不顧身，天下之勇孰尚焉！然而古人有言："匪死之難，所以處其死者實難！"吾今則曰："非勇之難，所以用其勇者實難！"三國：夏侯淵爲將，赴急疾，常出敵之不意；雖數戰勝，魏武帝戒之曰："爲將當有怯弱時，不可但恃勇也。將當以勇爲本，行之以智計。"況今强寇壓境，乘勝深入；而我自戰其地，撫民訓士，匪一克之爲烈，而來日之大難！所望深體蘇洵治心之旨，兼權克氏識力之論，知彼知己，沈幾觀變，勿繕一時之武怒而養可久之大勇。史稱魏武帝與虜對陣，意思安閒，如不欲戰；然及至決機乘勝，氣勢盈溢，故每戰必克，軍無倖勝。

廣昌揭暄著有《兵法百言》一書，歷觀古今兵事利鈍之故，而籀其會通；其中有"歛"之一言以爲："惟歛可以克剛强，惟歛難以剛强克；故將擊不揚以養鷙，欲搏弭耳以伸威，小事隱忍以圖大。我處其縮，以盡彼盈。既舒吾盈，還乘彼縮。"然非治心之有道，智勇互用，何知制勝之以"歛"，盈縮盡利。而以此制敵，何敵不摧，國家攸賴，勝利可望矣。揭暄，字子宣，清初人；見阮元《疇人傳》。

法者，曲制、官道、主用也。

（訓義）梅堯臣曰："曲制，部曲隊伍，分劃必有制也。官道，裨校首長，統率必有道也。"基博按"曲制"者，隊伍編制之事；"官道"者，偏裨任用之道；梅氏之解是也。二者屬於軍政。而"主用"，則屬於軍令，指中樞之指揮策動而言也。諸家註多依曹操説："主用者，主軍費用也。"梅氏則申言之曰："主用，主軍之資糧百物，必有用度也。"殊爲失解。

凡此五者，將莫不聞；知之者勝，不知者不勝。

右第二節論經之五事。

故校之以計而索其情。

（訓義）王皙曰："言雖周知五事，待七計以盡其情也。"張預曰："上已陳五事；自此而下，方考校彼我之得失，探索勝負之情狀也。"

曰：主孰有道？

（訓義）張預曰："先校二國之道，誰有恩信之道；即上所謂'令民與上同意'者之道也。"

將孰有能？

（訓義）杜牧曰："將孰有能者，上所謂'智信仁勇嚴'；若漢高祖料魏將柏直，不能當韓信之類也。"基博按戰之勝負，其樞在將。歐洲第一次大戰，美國以一九一七年四月，對德宣戰，而任潘興大將爲出征軍總司令。既抵法，而整軍，見所部諸將之老而無能者多也，乃與軍政部長倍克爾書曰："軍隊之强弱，大半視兵心爲轉移；而將官之身心不健全者，其何以振發士氣！擇能而事，乃士兵應有之權利。法在大戰之初，將多老耄，其致敗也以此！方今英法各統帥，咸主師旅宜選果敢敏捷，年富力壯者統之；各軍師長，鮮有年逾四十五，旅長無逾四十歲者；今日之戰，師旅長無不身入壕溝，非壯年，不任艱辛也！吾國諸將之升擢，一以服務年限爲標準。職所部諸將，無非契友；然軍事友誼，絶然兩事！爲將者，國家之安危繫焉，士兵之生命託焉；非惟身心健全，富有閱歷；尤必有毅力，有智力，有創造力！余見忠誠之將，失敗者亦不少矣；徒以無創造力耳！"然而事過境遷，英人善忘！及一九三九年九月，歐洲第二次大戰開始，英軍師旅長，皆宿將，循年資以躋高位。哈德上尉者，歐洲馳譽之英國兵家，而《泰晤士報》之記者也，倡議謂："非自動之戰略，不能以制勝；而非易老朽之軍官以青年將校，不能以創造自動之戰略！"其言乃大爲張伯倫所不快；而《泰晤士報》主者意亦怫然；遂迫以去也！陸軍大臣倍立夏，意同哈德；亦爲張伯倫邀求辭職；而倍立夏在議會演説，謂："陸軍者，神聖之大業也！有學有爲之青年，爲國軍而僇力，可以品德才能之優異而擢升；何資格身分之齗齗！余欲以民主化之陸軍，爲民主而戰，豈過激之論哉！"聽者鼓掌；然而張伯倫不之用，以死氣陳陳之英國老將，而當發揚蹈厲之新德國軍人，孰爲能不能，而勝負可知也。

特是將之能不能，有不繫於將帥之自身，而關乎耳目之濡染，社會之薰習者！一九三九年九月，波蘭之亡於德也，其因不一；而大將之於兵法無素養，率以政治關係而躋高位；亦其敗軍破國之一因。希特勒、史丹林、伏羅希洛夫，皆非兵學專家；然德國兵學，自菲烈德立大王及克老山維茲而後，衣鉢相傳，名家不少；毛奇以之傳史梯芬，史梯芬以之傳魯登道夫，魯登道夫以之傳塞克特、白魯希茲；習熟見聞，兵法之薰陶，普及羣僚。希特勒雖起自步兵，而耳濡目染，心領神會；如能持以堅强之意志，便能運其薰習之機智；以視蘇聯將帥之以工農出身，波蘭將帥之以政治關係，而於兵法無傳統之薰習者，孰爲能不能而勝負可知也。然將有大將，有裨將。雖有英武之大將，而無幹練之裨將，則亦不能收臂指相使之效以策成功。德之陸軍，天下莫强焉；非徒以大將之善謀，士卒之敢戰也；其中有職業兵三十五萬人，舊隸國防軍者，習征戰，能指揮，其才足以任裨將；一旦受命而之民間，可以動員二百五十萬人，指揮若定以驅之戰；此所以兵强天下，而莫之與京也！蘇聯則有九十萬至一百萬之後備軍官，出自軍官幹部，而散之民間，年富力强，有勇知方；國家有事，可以訓練民衆，而指揮作戰。諺曰："千軍易得，一將難求！"將才難，統帥尤難！

然近代戰爭，機構日趨於複雜；縱統帥有天縱絶出之才，亦未易予智自雄，以個人指揮一切，而參謀部尚焉。參謀之在法國，不過將帥之幕僚；而德則不同！參謀長之榮譽，大於統帥；而德國此次大戰之戰必勝，攻必取，其國人歸功於參謀總長赫爾德，而不歸功於白魯希茲之總司令！蓋參謀制度，實視統帥一人負責指揮之制度，爲周詳而縝密也！是故論參謀之制者，必以德國爲典型！德國之參謀本部，蓋許多幕僚組織之綜合也，組織之密，訓練之嚴，世無其匹！自菲烈德立大王，始設軍需參謀；而以拿破崙之戰，規模漸擴，組織漸密；其後經歷香化斯脱、格勒斯勞、羅恩，及老毛奇諸老將之改制，而爲用益宏！惟論其近代史之軍事價值，則自一八六七年設立鐵道組始！於時，鐵路爲歐洲進步之交通利器；顧拿破崙第三不以爲意；而老毛奇將軍則利用鐵路，而成其分進合擊之戰略；普奥之戰，不過七星期而服奥；普法之戰，不兩月而抵巴黎；則以鐵路之運兵捷也！老毛奇常手一紙歐洲鐵道圖以指揮戰事；後方勤務之運輸及給養，莫不以鐵路爲中心；而德國今日之陸軍戰略及後方勤務計劃，則以摩托車輛爲中心；此參謀本部之所不肯忽也！然老毛奇時代，德國惟一參謀本部之陸軍參謀本部，今日不過爲統帥部中四參謀部之一；蓋以現代之戰，陸而兼空；德之今日，尤非如普魯士王國之限於歐洲大陸，而兼有海權；緟以戰爭之範圍日廣，推而大之，至於無垠，機構日密，條而理之，務於無間，所以耗人民之經濟、工業，及神經等力者尤不貲；非有最高之機構，以總綰其樞，節宣其力；不能協力以制勝而圖終也！

是故德國今日之參謀部有四；而所指揮系統之每一戰鬭單位，咸有參謀以分配而隸屬焉。其一曰特别參謀部，蓋直屬於統帥部，以總綰其樞，而不限於軍事者也。其主管長官曰基德，藍眼，乃一典型之條頓人種，性情温和，身體强壯，所長行政，而非戰略。所屬有陸軍、海軍及空軍將領，以及經濟、交通、工業各專家，而不限於軍事人才。其職任在綜合、計畫，而貢所見以告於希特勒，不負執行之責。由希特勒以分配政府各部，而指揮執行之；基德，蓋希特勒之參謀長耳！其次爲陸軍參謀本部，則老毛奇以來一脈相承，而爲德國軍事之主幹也。赫爾德將軍實爲之長；蓋老毛奇之信徒，而奉毛奇戰略思想爲圭臬以持守勿失者也。所屬部門甚多。每一部門有其負責人，率勵專家，孜孜所職，殫畢生精力以從事。而其中最重要者有三：曰軍令組。曰鐵道運輸組。曰軍事經濟組。軍令組者，設計作戰，以行軍布陳，發號施令者也。鐵道運輸組，則司給養及運輸之事者也。軍事經濟組，主持經濟計畫而爲獨立，亦稱經濟參謀部；惟與參謀本部，息息相通，而融爲一體。此外尚有其他各組，自僞裝以至軍火製造，無不應有盡有。昔興登堡將軍，嘗供職參謀本部，謂："參謀之訓練，不遺細物，而能高瞻遠矚。"纖毫之末，無不全付精神貫注，而有其預計。其圖進攻比利時也，列日炮台，製爲模型；而德之步兵、傘兵，與突擊部隊，多方進攻，以事演習。英國皇家空軍之轟炸布勒斯特港，所毁之香化斯脱，與格勒斯勞兩艦，意亦模型，而非實物也。德國參謀本部，設計攻人，而亦虞人之攻以爲預防；已隨地有僞裝之火車站及兵工廠，而備英國機羣之轟炸矣！任何一國之參謀人才，未有兼擅海、陸、空三軍之用，而無不精通者也！蓋此國防三臂之海、陸、空三軍，各有其職能，各有其技術，非專家不能通；而現代之戰，乃在三者之兼籌並顧，各盡其能，而相互爲用。如有人焉，兼通三者，而調節其用，指揮若定；此則最理想之參謀人才矣！顧德國參謀本部，則有若而人者三十餘焉！法之軍事家，且畏且服，稱之曰三精派，謂其於海、陸、空三者無不精也。大戰之將發也，世論頗疑德國有神祕之武器，實則德國陸、海、空軍三者驚人之協調與配合，各盡其能，而相互爲用，厥爲希特勒縱横歐陸之唯一武器；而此武器之發明人，厥爲無所不知，無所不能之三精參謀三十餘人耳！此三十餘人者，其年齡自三十五歲以至五十歲；大抵皆帝德時代之陸軍軍官，歷經魯登道夫、塞克特及白魯希茲之所嚴格訓練，而任軍職以富有經驗者也。一九三三年，希特勒之得政也，整軍經武，步騎炮兵，無不改制；而尤致力於建設空軍；顧慮參謀之於空軍非素習，令三十餘人者，加入空軍。其人既富有經驗，而裕於學識，一人空軍，自有神解！及一九三八年，赫爾德將軍，告希特勒以所謂革命之軍事計畫；將三十餘人從空軍調入海軍訓練。此三十餘人者，受命以分配各艦，與海軍員兵起居食息，無不同；而與於航海之經歷，水雷潛水艇之演習；此後若而人者，不惟可以指揮陸軍與空軍；抑亦司令海軍而勝任愉快矣！此三精參謀之所由成，而德國陸軍參謀本部之精華也！此外尚有具體而微之海軍參謀本部、空軍參謀本部。

凡希特勒有所征討，則特別參謀部決其大計，以呈希特勒；而交陸、海、空三參謀本部，嚴密設計，規定執行，以發號施令也。魯登道夫言："參謀本部之職責，蓋複雜者也，技術者也，多方者也；圖大必於其細，而末節不慎，可以貽誤於全局！蓋戰術愈臻於技巧，而所以任參謀者愈難！有各兵種之一般學識，而善其運用，明其關係，猶曰未足；尤必精通炮術；而空軍運用，通信知識，後方給養，以及其他，形形色色，莫不有明瞭之判斷，而必基於各別之精通！夫命令之出，辭求簡要；而一參謀草擬之命令，不得不長！蓋戰爭之技術愈複雜，而命令亦隨之以複雜，而涉及多種之技能與知識；不長，不能指示周詳也！"凡參謀本部之設計，往往編號；而預定情事之幻變，如第某號計畫失敗，則應以第某號計畫；隨計應變，以施無窮。古之戰也，以將帥一人負責設計；今日之戰，以參謀集團負責設計；集衆思，廣衆益，參謀部計之以縝密，而統帥部出之以果敢；此希特勒所以戰必勝，攻必取也！然聯合參謀之制，苟不善其運用，往往不能收集思廣益之效，而轉以失當機立斷之功！亦有人言：一九四二年，英美西南太平洋諸役，常有一事不得解決，而請問參謀人員委員會；委員會考慮，諮詢，移轉，幾度周折而時效已失！兵貴神速；需者事之賊，亦不可不察也！

天地孰得？

（訓義）杜牧曰："天者，上所謂'陰陽、寒暑、時制'也。地者，上所謂'遠近、廣狹、死生'也。"張預曰："觀兩軍所舉，誰得天時地利；若魏武帝盛冬伐吴，慕容超不據大峴，則失天時地利者也！"基博按此次大戰，一九四一年九月，希臘參謀總長巴巴果斯將軍，以寡禦衆，而大敗義大利軍於境上，實爲"天地孰得"之適例。於時，義大利之動員作戰者十師團，而加之以二十萬人之輜重隊及機械化部隊；而將軍衹有步兵八師團，騎兵一師團；衆寡既相懸殊！抑希臘人動員十三人，衹十人足給武器；而所謂武器者，不過步槍、手榴彈、刺刀而已！所有大炮不足百尊；而義大利，則九百十九尊。飛機，則義大利以新式對舊式，而數量之超過希臘者五百架；希臘將何以禦之！顧天不相於義，風雨晦冥，繼之以雪，飛機不能翱翔；而雨雪日久，道路泥濘，坦克亦失馳騁；此天時之不得也！希臘之境，多重山疊嶺；而義軍有坦克，有大炮，武器笨重，兵員衆多，浩浩蕩蕩，行軍必緣大道；而大道所經，必通山峽以貫隘口；希臘山國之民，身長不過五呎五吋，短小精悍，善翻山越嶺，直走峭壁，如猿如猱；輕霜雪而狎風雨，棧石星飯，習爲故常，所有積雪之崇山，融雪之谷口，義大利數十萬大兵、重炮、坦克之無所施其技，逞其威者，而輕身善走之希臘兵，三人一隊，五人一隊，持步槍、手榴彈、刺刀以相與周旋，搏之於險，人自爲戰，或翻山以襲其後隊，或封谷以杜其歸路，旁擾側出，神出鬼没，伺間以狙擊，而義大利兵不知槍彈之來自何方也！於是巴巴果斯將軍用其山國之民，戰於山國之地；得地得民，指揮若定，而數十萬之義大利軍，衹有束手以待戮耳！此又得地之明效大驗也！

法令孰行？

（訓義）梅堯臣曰："齊衆以法，一衆以令。"王晳曰："孰能用法明令，使人聽從。"基博按一九三九年九月，歐洲第二次大戰開始，希特勒之所以亡波蘭，下丹、挪，徇荷、比、盧，而破法摧英；英、法之所以蓄縮不前，坐受宰割；其勝負之樞，蓋在法令之孰行也！德以希特勒之極權，令出惟行，而言莫予違，指揮若定。而英、法，則民主之國，而輿論有其自由，築室道謀，權力分散，而黨派尤歧；國家之法令，可以不行；黨派之紛紜，衹便私圖；如一九三六年三月，希特勒破壞凡爾賽和約以進兵來因，於是法內閣總理里昂白倫，欲取消一九三三年之《德法煤鐵交換協定》，而禁止法鐵之輸德，此乃法國自衛之所必然；而以鉅商豪富之惟利是圖，聲言法鐵如禁輸德，欲解雇五萬工人以使之失業，而恫愒白倫。於是法鐵輸德，向之每月四十萬噸者，一躍而爲六十萬噸；至一九三七年而爲每月八十萬噸；以迄一九四〇年四月，兩國交戰已半年，而法鐵之輸德未制止，於是德人鍊法國之鐵，造大炮坦克以殲法國之人民，制法國之死命，而法以一蹶不振；則以法之鉅商豪富，惟利是圖；而國家之法令，不能必行，有以階之厲也！及一九三九年九月，希特勒悉力殫鋭以攻波蘭，未遑東顧；而法國欲出兵進攻摩塞爾河以拊其背；此制勝之機也！使發强剛毅，而以果敢出之，則波蘭可以不亡，而法亦不至迫爲城下之盟！乃以限期運輸之重炮不到而中止；至十月中旬，而迄未輸出，載之《巴黎時報》，讀者爲之駭歎！於是波蘭亡，希特勒自詡閃電戰之成功；而法國制勝之機失矣！則是法國非無制勝之機，制勝之謀；而無必行之法令，以遂其謀，乘其機爲可憤歎也！又如一九四〇年，限期四月一日竣工之飛機場，至四月二十日而未開工，玩時愒日，皆法令不行有以致之也！然則法之敗亡，非不幸也！而原法令之所以不行，由於法人之愛其自由而不肯犧牲；法國之尊重人民自由而不敢專斷。然而兵敗國降，人民爲俘，子女玉帛，惟德所欲；國家之聲威，既已掃地；人民之自由，所存幾何！嗚呼！有國者可以監矣！爲國民者當知戒矣！

兵衆孰强?

（訓義）杜牧曰："上下和同，勇於戰，爲强。卒衆車多，爲强。"基博按"兵衆"，指一國民衆之堪執兵任戰者言之；而所以衡其"孰强"者三端：一比例一國之土地人口，而能出兵多少。德國魯登道夫著《全民戰争論》，以謂："交戰國雙方，兵力之人數，無時無刻，不爲現代戰争決勝之因素也!"春秋之世，每言千乘之國，即比例其國之土地人口而出兵十萬人，車千乘；蓋井田之法，地方一里爲井，四井爲邑，四邑爲丘，四丘爲甸，甸六十四井，出兵車一乘，甲士三人，步卒七十二人，此外炊子十人，守裝五人，廄養五人，樵汲五人，凡百人；千乘，得十萬人也。至戰國，蘇秦説六國，於燕，則曰"地方二千餘里，帶甲數十萬，車六百乘，騎六千匹"；於趙，則曰"地方二千餘里，帶甲數十萬，車千乘，騎萬匹"；於韓，則曰"地方九百餘里，帶甲數十萬"；於魏，則曰"武士二十萬，蒼頭二十萬，奮擊二十萬，厮徒十萬，車六百乘，騎五千匹"；於齊，則曰"地方二千餘里，帶甲數十萬，三軍之良，五家之兵，進如鋒矢，戰如雷霆，解如風雨，臨淄之中七萬户，臣竊度之，不下户三男子，三七二十一萬，不待發於遠縣，而臨淄之卒，固已二十一萬矣"；於楚，則曰"地方五千餘里，帶甲百萬，車千乘，騎萬匹"。而張儀説楚，則曰"秦地半天下，兵敵四國，虎賁之士百餘萬，車千乘，騎萬匹"。皆比例於其國之土地人口，而計出兵多少也。蓋出兵之多少，實最後之勝負所由決。歐洲第一次大戰，一九一四年開始，延至一九一七年之終，德在西線各軍，以英法聯軍之疊次襲擊，死傷相繼，而一百五十師之兵，祇餘六十師人可用，不得不徵十八歲之青年五十萬人，入伍以彌縫其闕。法人苦壯丁之無可徵，而譴責英人之養兵不用！然英人則答稱："已徵十八歲之青年十二萬人，入伍訓練。"蓋殆哉岌岌乎！雙方皆已無兵可用，無丁可徵矣！於是美國以一百九十萬人，援英法參戰，乘德人創殘之餘，而英法厪乃勝也！或言："兵器日新，則兵衆可寡！"不知兵器日新，前線作戰之人衆可減，而後方供應之人衆轉增；運輸子彈，整理機械，莫不資人！上次歐戰，一輛戰車之在前線，祇用二人，而後方則以四十六人支持之。一架飛機之在空中，而有六十人之地面組織。則是機械之用於戰陣，不過轉前線廣延之兵力，而爲後方縱深之人力，不惟不減，抑且更多也！德人之所以戰勝攻取而不能制勝，祇由後方豫備隊之不足耳！如以今日之列國而論，可得知者：蘇聯一萬八千萬人，可出兵二千五百萬至三千萬人。德則七千萬人，可出兵三百五十萬至四百二十二萬五千人。蘇聯後備兵每年平均人數一百萬；德祇十二萬。法國六千萬人，可出兵二百五十萬人。日本本部七千萬人，可出兵三百萬人。而英首相邱吉爾，聲言英國擁有四百萬之兵力。而美國，則以一九四一年六月，聲稱："一年以前，陸軍僅有二十三萬零七百七十人，今則訓練新兵一百四十一萬八千人；海軍則自十四萬六千六百零三人，增至二十四萬九千七百二十七人。"至一九四三年，而美國有陸軍七百萬，軍官六十五萬，海軍二百萬，空軍一百萬，派兵四出。大抵廣土衆民，國勢雖暫絀，而兵源裕，可以持久而徐圖其後；如中國、蘇聯、美國是也。小國寡民，兵鋒雖極鋭，而兵源絀；貴於速決，而難爲慮終，如法、德、日是也。然而今日之德，有不同於往日者！美國加里福尼亞州斯丹佛大學糧食研究院教授卡爾布蘭德者，嘗爲柏林大學農業經濟學教授者也；以一九四二年十月刊布一文，署曰"德之人力疲耗矣乎?"其中以謂："今之情勢，與一九一四——一九一八年大異。今大戰延四年，而德已控制大部之歐洲及其人力！荷蘭、挪威、丹麥及其他上次大戰之中立國，無不爲德所佔領；而比利時及法，曾不足以當德之一擊！昔之義大利，與英法協約比肩作戰，而今則爲德之與①！芬蘭昔爲俄屬，今亦與德戮力！以德而兼併有奥大利，蘇台德，麥墨爾，但澤，盧森堡，法之亞爾薩斯、洛倫二州，波蘭之西

① "與"原作"興"，誤，今改正。

部，斯洛伐克，波希米亞與麻拉非亞，則撫有一萬萬零二百萬人；而其與國義大利、羅馬尼亞、匈牙利與芬蘭，有八千萬人；使除斯洛伐克、波希米亞與麻拉非亞不計；則今日之德，尚有一萬七千萬人可以徵調作戰；此與上次大戰之德，僅有一萬三千六百萬人者，勢固懸殊！抑德得東方之日以爲聲援；而日撫有人口，近一萬萬；其足以牽制同盟國之兵力者固不在少；同盟之薄，德之厚也！如土耳其而有戰争，則德可以得保加利亞之兵而用之。亦有其國家之土地，已被德人占領，而尚未兼併，如法，如荷蘭等者，亦未始非德可以徵兵徵工之人力貯藏庫也！戰之初開，德之人力問題，不過爲如何調整農工商、交通及其他文職以徵調其一部分爲軍隊作戰而已。方其進攻波蘭，不過用二百五十萬軍隊；轉而侵法，亦不過用六百五十萬軍隊；而一九四一——一九四二年之間，德之軍隊總數，約爲八百至九百萬；然前一年之一九四〇年夏季，不過六百萬而已！縱戰之亟，而德國軍隊之士兵給假極寬，得請求復業以事生産；而俟政府欲用之時，再召歸伍焉。至一九四一年六月，蘇聯之戰端開，而德之人力問題，始感嚴重！則以頓兵挫鋭，而遇數量相等或更多之敵軍，非比從前增兵七百五十萬，不足相持；而一九四二年之夏，德兵之攻蘇聯而死傷者，蓋在百五十萬人以上；而凍死病死者不與焉！所以德必將有九百萬人民應徵入伍；而高級學校畢業生之可徵者，三百二十萬人焉；其餘六百八十萬至七百萬人，必徵之工廠，而前線作戰之兵器生産，將以不給於用！然德可以僱百萬女工，一百五十萬國外技工，而加之以一百五十萬俘虜，替四百萬壯丁以增加兵力；尚有二百八十萬至三百萬人，徵無可徵；將資征服國之人民，驅迫以爲用！”而希特勒之在德，選拔新兵而宣布總動員，祇有五十歲之餐館侍者及十五歲之小學生，可以徵役爾！於是乎師老力竭，見端於人力！此兵衆孰强之一義也。其二衆之孰爲勇怯。戰國之世，魏與趙攻韓，韓告急於齊。齊使田忌將而往，孫臏謂田忌曰：“彼三晉之兵，素悍勇而輕齊；齊號爲怯。”蘇秦之説韓曰：“天下之强弓勁弩，皆從韓出。谿子少府時力距來者，皆射六百步之外。韓卒超足而射，百發不暇止；遠者括蔽洞胸，近者鏑弇心。韓卒之劍戟，皆出於冥山；棠谿、墨陽、合賻、鄧師、宛馮、龍淵、太阿，皆陸斷牛馬，水截鵠雁；當敵則斬。堅甲鐵幕，革抉㕹芮，無不畢具。以韓卒之勇，被堅甲，蹠勁弩，帶利劍，一人當百，不足言也。”張儀之誇秦曰：“虎賁之士，跿跔科頭，貫頤奮戟者，至不可勝計。秦馬之良，戎兵之衆，探前趹後，蹄間三尋，騰者不可勝數。山東之士，被甲蒙胄以會戰；秦人捐甲徒裼以趨敵，左挈人頭，右挾生虜。夫秦卒與山東之卒，猶孟賁之與怯夫。”則是三晉之衆，勇於齊；而秦人，又勇於三晉。《史記·商君列傳》稱“秦民勇於公戰，怯於私鬬”。此其故不在兵，而在國之政俗。一九〇〇年，義和團之役，德之大將瓦德西，奉威廉二世勑命，總各國聯軍以犯中國。中國大懼媾和之不得當；而瓦德西以一九〇一年二月三日上德皇一奏，乃曰：“中國人民四萬萬，道一風同，不以宗教信仰之異而紛争；自負爲神明華胄，生氣鬱勃而未發，勤生節用而富有知慮，又力田能服從，以視吾歐洲工業國之人民，爲守法而易治。使有聰明天亶，首出庶物之人，作之君，作之使，而善用近代之文明，以啓民智，作民氣；其誰敢侮之！至其人民之好戰，可於今之拳民運動見之；而山東、直隸兩省之内，乃有十萬以上之人習拳以憨不畏死，而所以敗者，徒以軍械之無槍炮耳！使余言而不謬，則所以爲德計，爲英計者，宜通商惠工，扶持中國，與之爲友；而不宜與之爲敵。”然則歐洲列强之所以懼我者爲何如，而我乃妄自菲薄；我中國四萬萬人之自負神明華胄，勤生節用而力田能服從，習拳以憨不畏死；抑尤瓦德西之所爲懼，而可用之以爲强者也！一九一八年，歐洲大戰將終，德参謀總長興登堡言：“法人敏於應戰，然不能堅守。英人之戰，不如法人之機巧；然堅忍不拔，則過之也！”夫以蘇俄民性之鈍重，而當輕鋭之德人，最後勝負，雖未可知；而開戰之初，節節挫退，亦豈偶然！至於法人愛自由，耽享樂，溺於宴安；而以遇德人之忿不慮難，剽悍敢戰；孰勝孰負，固不待戰而强弱分矣。其三丁之孰爲壯老。三國時，吴大將軍諸葛恪數出伐魏，欲以應蜀；而諸大臣諫以爲勞民；恪乃著論以見意曰：“昔秦但得關西耳，尚以并吞六國。今賊皆得秦、趙、韓、魏、燕、齊九州之地，地悉戎馬之鄉，士林之藪。今以魏比古之秦，土地數倍；以吴與蜀，比古六國，不能半之。然今所以能敵之；但以操時兵衆，於今適盡；而後生者未悉長大，正是賊衰少未盛之時；當今伐之，是其厄會。若順衆人之情，懷偷安之計，不論魏之終始，而以今日遂輕其後。今者賊民歲月繁滋，但以尚小，未可得用耳；若復十數年後，其衆必倍於今。而國家勁兵之地，皆以空盡；惟有此見衆，可以定事；若不早用之，端坐使老。復數十年，略當損半；而見子弟數不足言。若賊衆一倍，而兵損半，雖使伊管圖之，未可如何!”然則一國之丁，孰當老弱，孰及壯少；抑又“兵衆孰强”之一義；不可不察也!

士卒孰練?

（訓義）張預曰：“離合聚散之法，坐作進退之令，誰素閑習?”基博按“士卒”與“兵衆”不同。“兵衆”，言一國民衆之能任戰執兵者。而“士卒”，則指戰士言之。“練”者，謂未戰以前之訓練。如一九一八年，德國興登堡以俄國已潰，東顧無虞，而圖大舉以事於西，私自計慮，以謂：“先有事於英軍乎？抑攻法軍乎？英軍之戰鬭，不如法人靈敏；不知隨機應變，而失之板滯；此無他；蓋倉猝成軍以出，而平日無訓練，故拘於成法，而未能純熟以變化也；不如先英!”英軍不支而退，得法軍之援以解焉！既而美出兵百萬人以渡海參戰。興登堡曰：“我師老矣！然我將予合衆國民以一教訓！戰之爲技，豈數月所能成學；而以不教民戰，當多流血以爲償耳!”亦以美人倉猝成軍，而訓練之日短也。然美國出征軍總司令潘興則自詡訓練之成功，而尤自誇其步兵！方其率舊部步兵四團以將行也，謂：“兵器之進步，固有裨於戰術；然如機關槍、迫擊炮以及速射重炮等之發明，咸爲步兵之輔；而用之，所以迫近敵人也。彼其爲步兵者，固當善用來福槍及鍬鎬，而長於突擊者也！戰之勝負，惟步兵是賴！歐洲大戰，兩軍據壕對峙，延數百英里，相持而不下；凡前線之攻守部隊，及後方之援隊預備隊，無不隱身壕溝以資掩護，於是一變而爲陣地戰矣！然欲決勝，勢必薄敵軍以出壕溝，而與野戰；於時，爲步兵者，持手中之來福槍，而藉機關槍、坦克車、大炮、飛機以掩護，突馳而前，然後雌雄可分，而豈困守壕溝所能成功乎！凡吾士兵，已教以如何射擊，如何突擊，如何破壕，訓練之有素矣！此一行也，必能迫敵出壕，應用所學而殲滅之!”及抵法，而參觀英法兩軍之訓練，乃以書告軍政部長倍克爾曰：“協約國將帥，咸稱壕溝戰，乃大戰中獨有之産物，遂使肉搏一變而爲歷史過去之名詞。然自美人觀之，壕溝在南北美大戰時，已雙方應用，不能視爲新發明也！但最後還須肉搏；不然，西線戰事，陷絶境矣！英人之壕溝戰教授法，授以肉搏時所用槍刺、炸彈及短刀作戰之術，蓋爲壕溝戰所不可不知者；惟其素習乎此，而後士氣以勵，有以自信於臨陣而不餒！法人則謂壕溝戰之發展，而無事乎此矣！法人戰術偏於防禦；英則頗重攻取。世人咸謂法之戰術勝於英，實未盡然！步槍及刺刀，仍爲步兵應戰重要之兵器。顧練兵僅授以壕溝戰，而不致力於野戰，短兵相接，溝必不守；抑亦無術衝鋒，即幸而攻入敵軍防線，手足無所挫；法軍屢以挫敗而不悟也！今欲力矯其弊，各項教練，必注意於猛力進攻，習慣成自然而後已！”及英軍以一九一八年三月二十一日大敗，則以德軍肉搏以前，如潮而至；英人習壕溝戰之既久，而被逼離壕，失所憑障，不知措手足也！於是潘興益以自信，而美軍以致最後之勝利焉！日本平田政策於一九三二年，著《赤軍在極東作戰》一文，盛言赤軍之未易敵，以申儆於國；謂“‘接戰，爲步兵決戰之戰鬬技術。’此赤軍步兵操典之主旨也。而卒之以結論曰：‘步兵而不事接戰之訓練，縱善射擊，能勇往，終不能以殺敵致果，而貫澈其攻擊之力。’是故赤軍之步兵，可以不藉炮兵射擊之相掩護，而人自爲戰，推鋒而前，直薄敵陣，以短兵相接。然法蘭西之步兵，無炮兵掩護，即不能戰；此不堪一擊者也！歐羅巴軍事家雖説：‘步兵不能獨立突破敵陣。’然在地形錯雜之山地作戰，則步兵縱無炮兵之掩護，亦未必無佔領敵陣之機！而山地之夜戰，尤精練步兵之所長；躲在密林，伏於山腹，以潛近敵陣，而直薄之，迫敵人炮火以不得發；固不適於近代戰術。然而惟有最原始之格鬬，爲永遠不變之最後決勝手段。然則赤軍之訓練，未嘗不積極機械化，而亦未嘗不積極練接戰，並行不悖，此所以偉大也！如中國之步兵，武裝不全，槍械未利，尤宜致力訓練白兵戰、格鬬戰；顧以不甚精妙之射擊技術，自誇自豪；所以上海之戰，一至短兵相接，幾無格鬬之能！倘長此以往而不之悟，則中國之陸軍無望也！我故曰赤軍之不可侮者以此！然赤軍胆勇有餘，機敏不足！一九三一年十一月，烏克蘭軍聯隊演習時，予嘗參觀焉；見二卒伏於水壑；余詔之曰：‘衣服不其沾濕乎？’卒應曰：‘無害！我受命如此！’不恤以呢絨之軍服，而沈浸於冰冷之水壑，平心静氣，如若無事；不知從保持戰鬬力之原則以論，軍服沾濡洗浸之既久，則手足轉動不便，而減殺格鬬之力矣！此之不知，其愚不可及；安能爲機敏之戰鬬乎！然以機敏鳴於世界之日本軍，則又堅忍不如赤軍！赤軍忍飢耐苦，與蒙古人無異；方戰之亟，雖不食野菜，亦不飢死；而炎暑祁寒，狂風疾雨，無不持以堅忍，而從事實力以上之戰鬬，處之泰然，神經不起變化；日本軍不能耐也！赤軍之騎兵，天下無敵，風馳電擊，而熟練於集團之襲擊，日本騎將之所畏也！至赤色空軍之大，不過機數多，編制大，而非戰鬬之大！蓋空戰之第一義，在制空權之把握，而後可以轟炸敵軍。顧赤軍不知此義，而不致力於戰鬪機隊之訓練，何能以握制空權乎！危道也！”然日本之所以訓練其士卒者，在忍飢耐苦之寒暑行軍，在人自爲戰之短兵相接，以視赤軍，殊無遜色！英國觀戰員肯特上尉以一九三二年——三年冬，隨日軍行經滿洲，其地則崇山峻嶺，其時則冰天雪地，而著其事於日記曰：“從開通以至齊齊哈爾，且戰且行，計十六日；其中不得食者三日，米糰堅凍，硬不可嚙，而水壺之水亦冰；然飢寒之交迫，冰雪之來侵，而士兵僵仆者，六人而已；未嘗隨屬也！行軍之時，寒風砭骨，薄暮野宿，嚼雪戴星；而橋樑已毀，涉一冰淵，跣足以行，水深達腰。又有士兵一隊六十人，負重裸體，而涉半凍之嫩江，亦未載胥及溺也！有進攻熱河之羽志騎兵旅一軍曹告予曰：‘此一役也，從通遼以抵赤峯，行七日，每日行一百五十里，自晨四時，迄晚八時，身不離鞍。而露宿荒野，氣候常在零下三十至四十度；熟睡，則僵凍不起，而窒息以死；所以夜不敢眠，而足寒不可忍，則踏雪奮蹴以取熱。其間兩日不得食，而馬未嘗不飽豢。’苟非耳聞目見，余幾不以置信；因問曰：‘不食不眠，如何能持?’軍曹從容答曰：‘士兵以其熱忱，而目睹旅團長之同甘共苦，以身作則，而以自振厲，足以代食與息矣!’然非平日雪中行軍之訓練有素，不克臻此!”則其士卒之習於忍飢耐苦，可知也。及一九四一年十二月，日軍猛襲馬來半島以闚新加坡，英人大敗不支；而路透社隨軍記者，著論所以以曉其國人，謂：“余觀戰馬來，未嘗睹固定之陣線，而僅以日夜從事於野蠻之肉搏戰！日軍尤善人自爲戰；其尤甚者，舍命不渝，潛入我軍之後，或攀登橡樹，而伺我軍之過以猝擲手溜彈。日人行軍，無部伍，無紀律；而以證其所重者，在個人之戰鬪力!”則其士卒之習於接戰肉搏，可知也！日人習技擊，擅短兵相接；而英人不習也！日人將有事於太平洋，先以一九四〇年夏秋之交，遣西尾壽造將軍赴海南島，本間正晴將軍赴臺灣，訓練太平洋作戰之部隊。而臺灣之部隊，尤注重登陸作戰之演習；擇沿海一地之與菲律賓海岸相仿者，此攻彼守，試行登陸；登陸之後，隨作工事，然後以滲透戰突破敵陣，深入敵境；如是者十餘次，無一次不配合海、陸、空軍以相與僇力。及一九四二年一月，而本間正晴以第十四軍指揮，率所練十師團之兵二十萬人以侵入菲律賓矣！西尾壽造之在海南也，知一旦與英啓釁，英必布雷於香港以阻登陸；則延所謂小池者，一九三二年，在洛杉機亞林匹克運動大會獲得游泳錦標之日本選手也，以來中國，招募廣潮沿海善泳之水鬼，教以射擊，訓練編組；大戰猝發，而小池帥以没水潛游至香港口外，用步槍以射擊浮雷，一一爆炸；然後日軍得以强渡海峽，無虞於登陸矣！日人之練兵也，授以不同之戰術，而以用於不同之戰場，無不左宜右有。其在緬甸薩爾温江東也，化整爲零以用森林戰術；而渡江以後，則配備坦克大炮，成師以進，空軍則以掩護作前茅，而倣德國閃電戰之所爲焉。至於服色之微，亦以因地制宜。日軍之在中國中部，衣泥黄色之軍服；以與土色相混而易隱匿也。及抵馬來亞，則衣草緑色，以適應當地熱帶植物之顔色也；乃至面及兩手，無不染成草緑色焉。所以破美摧英，處心積慮，非幸也！英之空軍，不如德之機多而力雄；然飛行將士之閑習，則過之！一九四〇年八月，迄十一月，希特勒以幾千架之飛機，不間晝夜，大舉空襲英倫。英以數百架飛機應戰，而以寡擊衆，交綏閲四月，而德機之被毁者，以視英機，爲三與一之比。嘗俘一德機之駕駛員，僅有十五小時之飛行練習；而俘一槍手，纔十五歲。德之空軍，往往倉皇接戰，未計射程，而開槍掃射；不如英之沈著；則以英之空軍將士，訓練之日久而服習也。然亦有其國民之體性，不適於空軍，而訓練亦無補損毁率之高者，日本是也。我國抗戰以來，四年之中，日本空軍之損失，爲飛機二千一百餘架，將士二千七百餘人；而民航飛機損毁率之高，尤爲全球第一。而究其所以：一日本人病目者多；縱或不病，而目之運用，亦滯而不靈。二日本人如升入高空時，往往耳鳴及氣窒。此其所以多敗事，雖訓練之久而無補者也！然自太平洋之戰生，而英、美之議論一變！一英國飛行員語《紐約論壇報》記者雷蒙德曰："君曩者不嘗見我英國優良之編隊飛行乎？我所見者，日機之編隊飛行，乃與吾英人同一優良；而能於側横轉灣時，射擊目標而中的焉！"則訓練之非無補也！又如美國海軍部長諾克斯宣言："海軍入伍之難，視投考大學爲過之；而一海軍下士之訓練，必更三年；初入伍，在海軍學校完成初級訓練之後，乃分發各艦，出海實習一年至二年，由艦上之官佐教督之。實習之後，假如證明其有適於某種專門技術之才性者，則選入相當之專門技術講習所，予以深造；而海軍有五十五種不同之專門技術，因材而篤，經六閲月之辛勤訓練，而加以嚴格之考試，然後得爲一下士。其後又出海一年至二年，更變既多，技能益以閑習，乃擢中士。然後又出海二年至三年，而高級之訓練以竣；乃補上士。"則其海軍士卒之精練，可知也。德國陸軍之訓練時間，不如蘇聯之長；然久經戰陣，行軍迅速，尤長閃擊，滅國數十，而富有作戰之經驗。蘇聯陸軍雖更十次以上之演習，而行軍鈍重，是則國民之習性使然，由於歷史之因襲，不能如德之縱横揮斥；而亦有其不可及：一精射擊，二善長途跋涉，有堅忍持久之作戰精神。蘇聯之練兵，蘄因地以制勝！蘇聯之大敵，東則日本，西則德國；而地形複雜，氣候嚴寒。其建軍之技術與訓練，乃以適應其國之天時地利，而以能於各種氣候與環境作戰；其技術設備，亦能應用於深水下、叢林中、沼澤區及其他各種地區。其部隊無不訓練於冰雪上作戰，而暗輪雪車，爲紅軍冬季之主要運輸工具。其全部軍隊之運動配備，莫不爲適應西亞東歐地域之特殊性而建立；然客軍則無適應地域之素養與配備，斯以無虞敵人之進攻，而制勝之權在蘇聯矣！騎兵以蘇聯爲最精；而步兵與機械化部隊，則以德爲最精！開戰之初，蘇聯機械化部隊之編制裝備與其訓練，遠勝英法，然而未必與德侔也！觀於蘇聯作戰教令，猶以步兵協同坦克車戰鬪爲原則；似僅注意於突破敵之陣地。而德軍，則協同坦克車戰鬪者，爲摩托化部隊；尤注意速度之與協同動作，相應而毋相不及；其爲戰也，機械化部隊之運用，不僅以突破敵陣爲足；在欲突破之後，直趨敵後之交通要點而據之，斷其歸路，然後席卷而回以撲滅其輜重之給養機關，顛覆其指揮之司令部，而掃蕩敵之炮兵；則敵之第一線部隊，已成甕中之鼈，而突圍不得矣！此其戰之所以爲閃電也！然閃電戰之聲威既著，而德國之所以討其軍人而申儆之者，以一九四〇年九月，有《閃電戰中之步兵》一文，載德國《軍事週刊》，以謂："閃電戰之一新名詞，蓋英法諸國人之所首稱，而吾人採用之者也。今日各國人士震於閃電戰之一名詞，而未有真知灼見，幾乎神祕！不知閃電戰之成功，無絲毫之神祕作用；而以吾德國意志統一之堅强民族，平日之軍事訓練有素，而臨陣之際，步、騎、炮、車、空各種兵，協同以相與僇力，各盡其能，而又並行不悖；所以殺敵致果，而有成功也。凡我士兵，毋炫於新戰術之名詞，而怠其職能，以貽德國羞！姑以閃電戰中之步兵言之：凡步、騎、炮、車、空聯合兵種之戰術，所不可不知，而以規定於各國軍事操典者二事：（一）兵種不同，而目的則一；其惟一之職能，乃使步兵在吾軍强大之火力與突擊力掩護之下，迫近敵人，而得以施最後之決戰。（二）敵人敗退，須奮大無畏之精神，不顧一切，追擊之，殲滅之，追奔逐北，此時人人務各竭力之所能，勿瞻前顧後以貽患於縱敵！質言之，即步兵爲主要兵種；而其他炮、空、車各兵種，必各盡其能以掩護步兵，勿爲敵殲，而支持之以前進，與敵軍短兵相接以決戰。此一役也，我軍之飛機與裝甲部隊，實能盡其天職以不乖此旨，而遺步兵以交綏者，常爲潰不成軍之敵，不足以當一擊；是足以證我德各兵種之訓練有方，而非可因此減輕步兵之責任也！觀於波蘭之戰，魏剛防線以及馬奇諾防線之突破，我德之步兵與炮兵協同動作以邁往無前，甚至在迫近之數百呎内，步兵祇持槍以鬬，近身則搏刺，稍遠則射擊，徒以自信力，發揮其勇猛精進之職能，而決勝於最後；亦以證今日之步兵，一如往昔，乃用以摧破敵人之最後抵抗力者。則是步兵者，殆戰之所以決勝，而不愧爲戰場之王！此第一義也。敵之敗也，稍縱即逝；而能使敵人罷於奔命，卒以一蹶不振者，莫如追擊！此時雖可用裝甲部隊與空軍，突飛猛進以不予喘息；然步兵亦當一鼓作氣，向前猛追；雖友軍失其聯絡，後路或不繼援，一切不顧，務於殲敵；如此，敵人乃不得立足以圖再振，而貽縱敵之患。此第二義也。不論武器之進步如何；而人之價值，總有決定之作用。苟非平日訓練之有素，安能勝任而愉快！而吾德步兵之堅忍與毅力，舍命不渝，殺敵致果，則是訓練有素之明效大驗；而吾之所以戰無不勝也！”然則士卒之練，安得不以步兵爲先務之急乎！波蘭練兵，亦以流動之技能著名；而以道路泥濘，不利於機械化部隊，及步兵之摩托化；而精練騎兵以爲流動之步兵，但用馬而不用車耳；亦因地制宜之道乎？然而騎兵之流動，不足以當坦克車之機動！一九三九年九月，希特勒以機械化部隊，推鋒直入，鋭不可當；波軍大潰；縱横馳突，不二十日，而波蘭不國矣！英國海軍之精練，久爲世界第一；惟美差能頡頏①；而其訓練空軍，亦非德、義所及也！然士卒之練，技能固貴熟閑，品節尤宜訓齊！德國興登堡嘗言：“近代戰争，新武器之價值日高；然士兵之訓練，道德之教育，未可以武器之精進，而被忽視；此無可疑者！蓋行動果敢，實在明悟機巧之先；而臨陣之際，意志之鎮静，品行之堅定，尤比思想訓練之精緻爲高！戰之爲事，不以武器之精緻，而汩没原始之粗鹵；不以技術之繁複，而改變形式之簡單也！所以戰之欲勝，尤貴陶冶人以具有意志堅强之人格！惟軍隊之訓練，爲能陶冶小己嚴肅之自律，而確信

① “頏”原訛作“頑”，今改正。

舍身爲國之利，屈小己以服從全體，而逸樂偷惰，自私自利之習，刮磨以盡也！我德人之所以不屈不撓，而足以抵抗與我爲敵之全世界者以此！”一九一六年，興登堡欲調保加利亞之德軍以赴西線。保王斐迪南曰：“不可！我保人，儻不見德國兵士之盔尖，將無所恃以勇於戰！”沙綸和斯特將軍曰：“文明人堅强之意志，尤有造於戰勝，以視野蠻健碩之體力爲多也！”魯登道夫亦言：“武器不能造成勝利；而惟一造成勝利之條件，祇有精神而已！”方一九一九年，德人既迫而承凡爾賽之和約；於是德國兵家極深研幾，欲以明英國士氣屢敗而不挫者，果何以乎？曰：“英國士兵，富幽默性，以支持於屢挫之餘；而幽默性，則德國人之所最缺也！”先是大戰之殷，英國漫畫家伯恩斯法塞有一著名之漫畫，畫一老兵，在彈痕累累之室，垂頭而坐。一新兵至，指墻上之大圓孔曰：“誰爲此者？”老兵頭亦不抬，漫應曰：“耗子！”德人翻印此畫，頒於士兵，而加註於孔傍曰：“此非耗子所嚙，乃一大炮彈之孔也！”用表示英國軍人之忍耐性，而明其所以屢敗而不挫焉！及今大戰之起，德國陸海軍情報部，先設一心理實驗室；主之者，薛蒙尼脱博士，語於人曰：“文化之精神，足以妨害步兵進攻之精神，何可不予以克服也！”此外又有中央國防軍心理測驗所、種族研究所，二者皆以指導士兵之如何死。死者，人之所畏也；若運用心理之有法，斯欣然以赴死矣！中央國防軍心理測驗與種族研究兩所，合出雜誌曰《士氣》，中有一論，謂：“臨敵而逃，此人類求生之一反射作用，而不外於獸性之衝動也！非不可能以剷除者也！”然則何道而可以剷除歟？德國一大將言：“在相當之時機，唱相當之歌曲，必能産生精神之奇異作用。如高唱曰：‘吾人欲獻身於死！快哉，怯而生，不如勇而死！死！死！死！死！’歌聲一發，而聽者唱者，莫不發揚蹈厲，而衝鋒直前矣！”然士兵之不能無求生者，情也；顧必欲厲以死，而所以爲厲者有三：一曰榮譽。耶蘇之告人曰：“持刀之人，死在刀上！”而德之青年，所持以爲金科玉律者，則曰：“人生光榮之歸宿，莫如死在刀上！”輕死犯難，亦既相習成風。二曰宗教。宗教之安慰，亦可以厲人於死！德國軍人，向不贊同納粹主義之反宗教宣傳，而恪遵普魯士菲烈德立大王之言曰：“我不知上帝；然而我敬上帝！”三曰迷信。迷信者，今日科學世界之所羞稱也；然而厲士兵以不怯死，則迷信乃大有用！在歐洲第一次大戰時，第一號之齊柏林飛艇，横渡大西洋者三百次，空襲英倫者三十次，而上飾一木製之小燕，四受彈傷，而未被毀！於是駕駛員之乘此機以出戰者，莫不談笑從容，謂木燕足爲護符，而上帝有以默相之也！心理實驗室，踵事增華，而爲飛機師設計類似之意像，如狗也，貓也，白馬也，乃至破舊之紙牌也，附於機身，無不得呵護如木燕也！設有被神佑而不中一彈之一官一卒，皆足以鼓舞士兵之勇氣，而發其幻想，以手加額曰："此上帝之相德國也！"嗚呼！以科學發達之德國陸海軍情報部心理實驗室，而導揚迷信；不亦異聞乎！往者吾國揭暄著《兵法百言》三篇，下篇論術，其中有"闢"與"妄"之兩言，以謂："兵家不可妄有所忌，忌則有利不乘！不可妄有所憑，憑則軍氣不激！以人事準進退，以時務決軍機，人定有不勝天，志一有不動氣者哉。"此"闢"之説也。顧又曰："善兵者，詭行反施，逆發詐取，天行時干，俗禁時犯，鬼神時假，夢寐時託，奇物時致，謠讖時倡，舉錯時異，語音時舛，鼓軍心，沮敵氣，使人不測，旋闢妄，旋用妄。蓋幻妄之説，正恃之不足，詭託之則有餘也。"然則德國陸海軍情報部心理實驗室之導揚迷信，惡足異乎！非導揚迷信也；蓋以導揚士兵輕死犯難之精神，而鼓之舞之之謂作爾！

賞罰孰明？

（訓義）王晳曰："孰能賞必當功，罰必稱情。"基博按"賞罰"與"法令"不同。"法令"者，懸法布令，申誥誡於未事之前，而詔以從違。"賞罰"者，論賞行罰，課責任於既事之後，而明其功罪。苟賞罰不明，則法令不行！

吾以此知勝負矣！

（訓義）曹操曰："以七事計之，知勝負矣！"基博按現代戰爭，孰爲勝負，七事之外，尤有二計：（一）曰資用孰裕。（二）曰工業孰優。孫子屢以"興師十萬，日費千金"爲慮。兵者，資用之所由耗也。然用無所資，則兵不得動！而今日之戰争，尤資用之戰争也；其勝負之分，必決於資用之孰裕。如一九一四年，歐洲第一次大戰，德方挾其久蓄不用之鋭，横厲無前；特以經濟計畫，生産與供應之集中統制，以及勞工之分配，戰前未有縝密之考量，而臨戰乃失有效之控制，於是德之霸權卒以屈於財權之下！至一九一七年，財匱貨竭，民不聊生；而興登堡時爲參謀總長，欲建議，以謂："國家之財政動員，而社會之經濟未動員！儻有一經濟參謀部以羅致專家，高瞻遠矚，必能通盤籌畫。"而議不果行。及此次大戰，而希特勒乃有經濟參謀部之設，以七年之準備，而完成流線型之戰時經濟；前方作戰與後方民生，兩者融而爲一，而在軍事與經濟參謀本部完全控制之下焉。蘇聯軍事家亦言："今日之戰，非如賽拳角力者好勇鬬狠，可以乘人之猝，而仆之於一擊也；非兵力物力，源源接濟，而持之以久，待敵之耗，不克保大定功。"而資用之孰裕，乃與兵衆之孰强，皆爲最後勝利之所係焉！所謂資用者有三：（一）曰國家之貨幣。一九三九年，第二次大戰開始，德國軍費，每月約合美金十萬萬元；而英國，則每月五萬萬元。以迄一九四一年，連兵不解，而軍費之繼長增高，德國每月至少二十萬萬元；英則每月十五萬萬元至十七萬五千萬元。逮一九四二年三月，英國財相伍德在下院宣言："兩年以前，英國每日支軍費四百萬鎊，今則每日一千四百五十萬鎊，此後且有加無已！"美國一九四二年之戰費，爲四百萬萬美元；而日本則一百萬萬日元；以每一日元最高值估合美金兩角三分半，則美國戰費四百萬萬元，折合日元一千六百萬萬有奇，即日本戰費之十六倍也。日本軍事預算，於一九四一年得三十萬二千一百八十七萬六千美元；每月二萬五千一百八十二萬三千美元，而其中用於中國戰争者，爲每月八千三百九十四萬一千美元。然日本之生活水準，視美爲低；所以不能依匯兑價來折合美金，據權威人士估計，日金一元，其購買力約等美金匯價之兩倍也！日本能運用金融機構以集中國民之貨幣；而我國則以藏富於民，由來已久，而金融機構散漫；所以日本之軍費增高，而增發公債易；中國之軍費支絀，而銷售公債難。蓋中國之公債銷售，由於人各探其私囊，而零星湊集；而日本人民之財富，聚於銀行，可以銀行承銷也。日本人譏中國金融以爲如人之半身不遂。似乎日本以運用靈活而貨幣裕；我以金融滯鈍而財政絀。然戰争之日久，我金融機構之麻木不靈者，或較金融靈活而富有敏感之日本，爲能持於不敝。如半身不遂之人，肢體小受創痛，而麻木不仁，處之泰然；其在神經鋭敏者，必呼謈而痛楚不任矣。日本以財富集中，易於予取予求而消耗先盡；中國則以金融散漫，悉索敝賦，而民間能留其有餘，時出以濟國家之緩急；孰裕孰不裕，須觀究竟如何。日本佔有中國土地之半，而中國有二萬萬人民淪陷以受其統治，幾兩倍於希特勒在歐洲所有占領區之總人口。然希特勒以經濟參謀部之設計有方，於一九四一年，每月從征服國所得貨物價值，有四萬二千萬美元；當日本每月軍費總數之一倍半，中國戰費之五倍。而日本則以政治之不良，工業之落後，其於中國，雖佔廣土，統衆民，不惟無得以濟軍，抑且養兵以駐防；佔地愈廣，養兵愈衆；養兵愈衆，軍費愈高；而財賦無所征，物資無所得；予取予求，還資本國。希特勒能以戰養戰；而日本不能，屈力殫貨，徒自敝爾！然貨幣者，不過以平衡物價，交換物資；而用之所資，在物而不在貨幣；貨殫尚非力屈，物竭衹有待斃。軍需之資源，民生之衣食，皆物也。更試得而進論之：（二）曰軍需之資源。有兵無器，何恃以戰！兵之殺敵致果，必資於器；而器之製造與運用，必資於物。近世科學愈發達，兵器愈複雜，而所資之物亦愈夥；列舉其品，幾至四五千種。而其尤不可少者，蓋二十二品焉。如以需要之輕重爲次：一曰煤；二曰鐵；三曰汽油；四曰銅；五曰鉛；六曰酸類；七曰硫磺；八曰棉花；九曰鋁；十曰亞鉛；十一曰橡皮；十二曰錳；十三曰鎳；十四曰鉻；十五曰鎢；十六曰羊毛；十七曰加里；十八曰燐鑛；十九曰銻；二十曰錫；二十一曰水銀；二十二曰雲母是也。二十二品之中，尤以煤、鐵與汽油三者爲先務之急焉。蓋無鐵，則無所資以製造兵器。然無煤，則無發動力以運用製造兵器之機械；而軍艦亦失其運用；故列之第一。無汽油，則空軍之飛機，機械化部隊之坦克車、裝甲汽車，皆失其所以爲用而成廢物。此外橡皮，亦爲兵器製造之所必需；蓋飛機、坦克車、汽車、軍艦内部之橡皮管及皮輪、皮帶，皆用橡皮；而電信隊所用之各種電氣裝置，尤非橡皮不可也。其次銅、錫、鉛三者，則製造山炮、炮彈、槍彈之所不可少；而鋁、鉻、錳及鎳，用以製造大炮、飛機及軍艦所用之高度硬性鋼。鋁用以製造飛機。棉花及酸類，用以製造火藥及軍用被服。硫磺用以製造毒氣。則又其次要者。然日本發憤爲雄，以海陸軍自豪；而製造兵器之所資，惟煤差能自給。鐵則百分之七十，輸自美。汽油百分之九十，輸自美及荷蘭東印度。錫百分之七十一，輸自荷蘭東印度及英屬馬來。鉛百分之九十二，輸自英屬加拿大及澳洲。棉花百分之九十八，輸自美及英屬印度、埃及。鋁百分之五十九，輸自英屬加拿大及瑞士。橡皮則全自荷蘭東印度及英屬馬來輸入。鎳亦全自國外輸入。而輸入之國，若英，若美，若印度、埃及，若荷蘭東印度，若加拿大及澳洲，其在今日，皆日本之敵也；如禁止輸入，而日本海陸軍兵器無所資以製造與運用，將何以戰；衹有束手以待斃爾！墨索里尼雖有好大喜功之心，而義大利之軍需資源，不能自給。其中煤百分之九十，鐵及汽油百分之八十，棉花百分之九十九，橡皮、銅及錫百分之一百，不得不仰給國外。戰爭之日久，而輸入以漸減而至於告絶；張脈僨興，外强中乾；此所以一鼓作氣，再而衰，三而竭也！方德蘇交戰之始，有人言：二十二品之主要軍需資源，蘇聯衹缺三品，而德則十九品也。蘇聯所有之汽油，蓋五十又五倍於德；而德年産六十萬噸也。未戰以前，歐洲各國汽油之消費，每年四千二百萬噸；而生産僅八百四十萬噸，其中羅馬尼亞七百萬噸，德六十萬噸，法六萬七千噸，比利時四萬五千噸，阿爾巴尼亞一萬四千噸，僅當消費之五分之一也。英國阿松爵士談第一次歐洲大戰之協約國勝利，每謂："協約國乃漂浮在油面上以獲勝！"然第一次歐洲大戰，一師陸軍作戰，衹須四千馬力；而當今之大戰，軍隊配備，無不機械化；陸軍一師，非有十八萬七千馬力，不能以作戰；而馬力，非汽油，不能發動！然美人言：德國及其控制地所生産汽油之總量，尚不逮美國十分之一；此實德國之致命傷！蓋德之所以戰必勝，攻必取者，閃電戰也。閃電戰之所以電發霆震，邁往無前者，空軍也，機械化部隊也；而空軍之飛機，機械化部隊之坦克車、裝甲汽車，無汽油，則不能動。人亦有言："空軍，機械化部隊之戰，非以人力戰，而以汽油力戰也。"今世界汽油生産之地，皆爲英、美、蘇之所控制；而德之汽油不富，顧不憚罄竭所有，悉力殫鋭以用其空軍與機械化部隊；如連兵不解，曠日持久，汽油會有時竭，則空軍與機械化部隊之威力，澌滅以盡，無電可閃，勢必不戰而自屈！特空軍之耗油少，而機械化部隊之耗油多。方德未與蘇開戰之前，而所以用機械化部隊者，蓋矜重之至矣！波蘭之戰，纔數星期；而徇荷、比以降法，亦不過數星期；然汽油消耗，遠超佔領國掠奪之所得。其餘則用空襲以節汽油之消耗；亦欲留其有餘也。及其對蘇作戰也，蓋盡所有之機械化部隊，前仆後繼，連兵兩年，而汽油之耗，必有不可以數字形容者！如不得蘇聯之高加索油田以爲償，必有情見勢絀之一日，可斷言者！現代戰爭之中，如以鋼爲不可少之軍需資源，日本每年製鋼七百萬噸至七百五十萬噸；德國每年二千六百萬噸至三千萬噸；而美則一年九千萬噸，十二倍於日本，三倍於德國。德國在歐洲控制各國之所掠奪，約爲鋼一千五六百萬噸；合以德之所自有，亦不過美國産鋼之半爾！戰爭久而愈烈，兵器之損耗必不貲；而美國産鋼多，補給易；日德産鋼少，補給難；孰勝孰負，亦可以此爲衡也！然孔子論政，足食先於足兵。有兵而無食，不能責人民枵腹以執兵也！其三曰民生之衣食。兵出於民，而民以食爲天。神農之教曰：“有石城十仞，湯池百步，帶甲百萬，而無粟，弗能守也！”今何必異於古所云耶！一九一四年，第一次歐洲大戰，德之所以敗，非戰不勝，攻不取也；由人民之困於飢不得食，而同仇敵愾之心日以殺；啼飢號寒，凍餒其妻子，而戰士有内顧之憂；士氣亦以沮喪；此所以屢勝而終蹶也！一九三七年春，希特勒日夜圖所以逞志於奥大利及捷克，而其參謀本部則警告之曰：“若從麵包票作戰起，則此戰争已敗績！”蓋其時德國明令准許麵包之攙玉蜀黍粉，而牛油、猪油，則非有票不得買，有票亦或無從買也。明年五月，捷克以蘇德台人之謀叛而與德有違言。戈林請出兵以快心一決；而希特勒躊躇，亦以不知秋收如何？迨九月而歲大有，希特勒乃陳師鞠旅，而宣言不怕封鎖也！今各國連兵不解，亦以戰争之日久，人民以衣食不給而厭戰。各國政府，無不嘵口瘏音，以哀籲人民之節衣縮食；而無法以繼粟繼肉。計口給糧，風行各國。計口授衣，德亦厲行。然“大炮重於牛油”，希特勒申爲大誥，德人播爲美談；及其既也，其人民，以食之無油，而易飢，而倦於工；枵腹從公，人情難能！臣朔飢死，何國之愛！魯登道夫言：“德人不怕戰而怕餓！戰不足以摧德國，而餓則以危德國之生存！”此次美國未參戰，而先有事於農業政策，以爲制裁納粹之武器，曰：“餵飽英國，餓死德人。”其農林部長威克爾言：“食物孰裕，將以決最後之勝利。”大兵之後，必有凶年。其言可深長思也！斯三者，皆資用孰裕之計也。所謂工業孰優者：一曰工業生産之能否擴大。二曰兵器製造之是否適用。試先論兵器製造之是否適用：現代適用之兵器，必具三事：曰攻擊之威力。曰機動之活力。曰防禦之自衛力。而殺敵致果之所資，尤在攻擊與機動。第一次歐洲大戰，協約同盟，兩軍相對，深溝固壘，畫地不能以進，而日競於炮火之加猛以相轟擊。德人以四二公分之大炮，攻比之凡爾登；以一二〇公里之長射程炮射擊法之巴黎。而法則創五二公分之榴彈炮以爲報焉。然炮身過巨，轉動不易，非有鐵道輸運，即用數車牽引；攻擊之威力雖猛，機動之活力絶滯！及今大戰，而裝配非兵器之飛機、汽車，以助長一切兵器之機動；以機動之活力愈敏，而攻擊之威力益張！義大利杜黑將軍以一九二一年，倡制空權之論，建偉大之空軍，以謀集團之作戰，而握無上之制空權，以制機先。墨索里尼用其言以成義空軍，戈林用之以成德空軍。一九三九年九月，德之侵波蘭也，悉所有之空軍，傾巢以出，而集團轟炸，集團使用，蓋用杜黑之論而有成功者也。然義之空軍，其飛機之數，遠過英國；而以與英空軍交綏，幾乎無役不北；則以製造之不適用也！蓋機身多以木質所造，易爲炮火所燬，而又速度遲慢，操縱不良。其轟炸機之出動，不置伴送戰鬭機。而義之最精良戰鬭機，爲瑪奇及勃萊達式，每小時速度僅三百哩；英則颶風式之戰鬭機，每小時速度三百三十六哩；而新型戰鬭機之噴火式三號，至每小時四百哩。至義國速度最快之三發動機薩伏亞馬奇蒂式，則又防禦性能極小，以槍座在前，而發射線爲三發動機所障；又無伴送戰鬭機以戒不虞；宜其動輒僨軍也！然德用杜黑之論以摧波蘭，而用之英倫三島，則無成功。何者？則以英有適用之戰鬭機以自握制空權，而無虞於集團轟炸之德空軍也！一九四〇年八月八日，迄於九月五日，凡二十九日，德機之在英空擊落者，一千二百九十四架；而其中一千一百五十三架，爲英戰鬭機所燬也。一九四一年三月中旬，德空軍連四天夜襲英倫；而爲英之夜間戰鬭機擊落三十四架；至五月十日，竟以一夕而擊落德機三十三架。蓋開戰之初，英之空軍，主防禦而注意於戰鬭機之鷙猛。德之空軍，尚攻擊而精心於轟炸機之製造；而越海以襲英，尤非載量多，航程大之重轟炸機不爲功。然重轟炸機形體龐大，而升降不能靈敏，易爲戰鬭機所乘。德國非無大隊之戰鬭機以相夾輔；然有人以英戰鬭機之噴火式、颶風式兩種，與德之米沙西米特一一〇式、亨克爾一一二式戰鬭機相較；則米沙西米特之直線機身，不如英機噴火式之流線型機頭及橢圓形翼者爲靈活。其時，英機噴火式之上昇最高限度，爲三萬六千呎；颶風式三萬五千呎：而德之亨克爾機，僅三萬一千一百呎，亦遠遜之！惟德機之最大速度稍勝；然落地之速度亦必加大！即以轟炸機而論：英之威靈頓式，蓋用圓弧結構以增加結構之强度，減輕機身之重量；而航程之大，載量之多，皆德機所不如。則是德之飛機製造，不如英之尤適用，而迄以無成功也！其後隨大戰之進行，而空中戰術演進以注重低空攻擊及高空飛行二者。高空低空，無往不宜，固所願欲，而有不能；於是各種機型，分工合作，或長高空飛行；或擅低空攻擊。低空攻擊，包括俯衝轟炸、機關槍掃射及空中炮擊以至攻擊坦克及阻截運輸而言。英國空軍不甚喜俯衝轟炸機，以爲戰鬭轟炸機，亦可勝任，而安全過之！旋風式能以四炮或二五〇磅炸彈作低飛攻擊；而敵機之追逐，則擅戰鬭以飛逸！高空飛行，則可以伸延轟炸距程；而空中堡壘，揚威一時！英空軍用之初期空中堡壘，其保護裝備較弱，而恃其飛行高度與速度以進行轟炸及安全返回；特最高不得過三萬五千呎，爲可瞄見目標之高度爾！至以戰術之演進，而圖製造之改進，則馬力盡量增大，而機器盡量縮小，以令之能載較大之重量，飛較大之速度。惟戰鬬機與轟炸機之翼載重日增，而轉動之靈活以減！蓋翼載重增加，而旋轉圓周之半徑，隨之增加也；然速度之猛進，足以抵償轉動之不靈！而今日飛機之設計，注意其速度及上升，較轉動爲重也！轟炸機之設計，有人以爲首重速度；然那亞伐魯·蘭開斯特型之轟炸機，速度雖慢而載重量較大；有四炮座，可以發射上下四方。美國波音式之空中堡壘，火力亦甚猛，足以抗拒敵人；惟飛長距離以入敵境，而供應物之載重必增；則以飛行距程之長，而速度及上升之能力必減低！然遇敵人驅逐機之攔擊，當以速度高爲佳也！特轟炸機推美，而戰鬬機必稱英！其後英之噴火式，每小時飛行六百哩；而德之米沙西米特式，則五百六十哩。美新共和國之雷電式飛機，最大速度，每小時一千一百十哩，而日人零式機，最大速度，不過六百哩！然以頻年戰鬬之經驗，而知飛機之火力配備，亦未可忽，或主小鋼炮，或重機關槍。鋼炮可以發一彈，毀一機；惟一分鐘，祇能五發；而機關槍，則一分鐘，一千二百發！又以炮彈大，而一飛機，不能如機關槍彈之多備多用也！德法兩國之戰鬬機，皆配備鋼炮一，機關槍二；普通鋼炮爲二十公分口徑，機關槍爲七. 七公分口徑。而美國與義大利，則取乎折衷，而配備以十三公分口徑之機關槍兩架。至於英國，遠在一八三五年，衆議僉同，而配備八架機關槍以成一濃密之火網；非不知鋼炮之威猛也；然所求者不在猛烈之爆破力，而在密集之火力！及大戰之起，德國空軍，以交綏敗績，而亦增强火力；於是英人採用鋼炮之裝備，而在噴火機之每一翼上，配備鋼炮一，機關槍二；每分鐘，炮彈一千二百發，機關槍彈四千四百發；兩者合計，每分鐘可四百十磅。至於有四座鋼炮之颶風式飛機，每分鐘火力，共爲六百磅；有四座鋼炮與六架機關槍之一種波式飛機，每分鐘火力，共爲七百六十五磅；火力日以加猛，而德國空軍望風靡矣！又如海軍之戰艦，美國以遠離本國作戰爲造艦目的；日本則以接近本國作戰爲造艦目的。美艦之所長，在航行半徑之廣大，與重裝甲之厚；蓋美人造艦設計時之所耿耿在心者，假如海戰而有艦受傷，非航行千哩，不能回根據地以事繕修也！日人則無慮乎此，而早夜以圖者，厥爲在其三島海岸線密接合作之海戰計畫；然擴張領海以臻無垠，而不知其戰艦之遠離根據地以臻不利！日本戰艦之炮火密集，速度加强，無疑也；然而發動力不足！蓋日人之造艦設計，多參德國；而德國戰艦，有裝載過重之傾向也！近年以來，日人造艦之注重裝甲加厚，大炮加重，固也；美人何嘗不如此；然而美人顧慮安全以犧牲速度！日人則不肯犧牲速度，而不知戰艦之安全以及海上航行持續力之受犧牲！日本戰艦，有高度之速力；英美海軍之所望塵莫及！然義大利戰艦之速力，尤超過於日本，爲世界無敵之快艦；而以與英海軍接，亦無役不北；何者？蓋義以速率重於鋼甲。故減薄鋼甲以增速率。而英以鋼甲重於速率，寧加厚鋼甲以減速率。及其一旦交綏，則英艦以護鋼堅厚，可以抵義機之轟炸，艦炮之射擊，而無害；義艦以護甲薄脆，不能當英機之轟炸，艦炮之射擊，而多燬；雖艦速有以相勝，而甲薄無以自保也。一九四一年三月，美國海軍部長諾克斯宣言："戰艦之威力有三：曰火力。曰速率。曰鋼甲。三者相互爲用，而亦相反爲比；增强其中之一，必減弱其他之二。在昔太平無事之日，各國海軍部，無不增加戰艦之速率，以爲利進退，而減薄甲裝；不知交綏時，敵炮貫甲直入之足以毀滅戰艦而制我死命；義之殷監不遠也！美則堅持鋼甲重於速率；而每艦所裝之鋼甲，比世界列國加厚二吋至四吋；蓋自開戰以來，未見有裝甲艦如許厚之鋼，而敵機之炸彈，能貫甲以入者！英之主力艦羅特尼號，嘗中一最重級之炸彈，僅受微傷，而無害於戰爭也！然德之新艦，則減弱火力以增强甲厚，祇有十五吋大炮八門。美主力艦之古羅萊德級，則有十六吋炮九門。易言之：德艦之每一次徧排放，祇射出一萬六千磅炮彈；而美則二萬七百磅。"儻以日本戰艦，與美相衡：從火力言，美亦遠優！日本主力艦十艘之每一次徧排放，祇射出十三萬八千磅炮彈；而美十二艦，則二十三萬四千磅炮彈。日本主力艦之重炮，皆十四吋；而長門、陸奥兩艦，則十六吋。然日艦所設置之次等武器，則比英美爲多；如長門艦配備之五．五吋小炮，爲二十門；美之同等戰艦，則祇有十二門之五吋徑小炮；而英之同等戰艦，亦祇有十二門之六吋徑炮。然日艦亦以裝炮過多，上層過重，而影響於艦之穩固以易沈覆，雖最上級巡洋艦亦然，固不僅一千五百噸級之驅逐艦也！惟主力艦尚無慮此，而亦有以艦橋之龐大如塔，而失其穩者！美艦之速度不如日；美國主力艦之最速者，不過二十一浬；而日艦，則至遲者二十二浬半；通常二十三浬；至於長門、陸奥兩艦改建以後，則自二十三浬以增爲二十六浬；而日之戰鬭巡洋艦，速度尤高！惟日本驅逐艦之速度，則比英美遲二浬，而武器之配備較雄！日本所造之一千七百噸驅逐艦，設六門之五吋徑炮與九魚雷管；而英之新式驅逐艦，僅有四門之四吋徑炮與十魚雷管。美之新驅逐艦，不如日人裝炮之多；而别置猛烈之魚雷武器一枚，則日之所無也！日本新航空母艦，亦以美妙之線型，而得必要之速度！以日艦速度之强高，欲戰則逆襲，不欲戰則駛避，進退有餘裕，而戰不戰之權，可以自操；一旦開戰，尚有選擇形勢之便利，可以集中多艦之火力而攻一美艦。惟美艦之裝甲，則遠超於日；其主力艦之鋼甲，自十四吋以至十八吋；而日艦則惟長門、陸奥兩艦之主要部份，裝甲十三吋，而炮塔十四吋。扶桑、山城兩艦，裝甲十二吋。金鋼、榛名、霧島、比叡四艦，裝甲十吋。而戰鬬巡洋艦，不過裝甲八吋；攻擊力雖强，而自衛力則弱！一九四二年十一月，所羅門之海戰，日本金鋼級之主力艦，爲美重巡洋艦舊金山號所擊沈；而舊金山號，則竟受重創而竟未沈没，開世界海軍戰史上之新紀録；亦以裝甲之厚薄不同！《兵法》："先爲不可勝以待敵之可勝。"而戰艦之不可勝在鋼甲，可勝在火力。則是世界各國之戰艦，鋼甲之厚，火力之猛，以美製爲最適用；義則減薄裝甲以增速率而不適用，故敗也！飛機亦資裝甲以自衛。日本陸海軍之戰鬬機，重量較輕，而無保護之裝甲。德之驅逐機較重，威力較大，速率亦較高，而裝甲足以自衛。義大利之戰鬬機，亦裝甲也。日本之海軍及空軍，無不設計減輕裝甲以提高速率；而啓釁太平洋以與美交綏，迭遭挫敗；而日本參謀部乃大戚，以證爲不可償之失計焉！坦克車之不可勝在裝甲加厚，可勝在配炮加大，與戰艦同。從前有人謂："坦克車速度加快，可以突進以迫敵人之防禦炮火，使人不及發。"及佛朗哥將軍之西班牙内戰，而證其不然！觀於西班牙内戰，而以知平射炮之威力！顧德人漫未注意；其進攻法也，以一〇六型坦克及一一一型坦克爲主；一〇六型最高速度，每小時六十公里；一一一型則七十公里；而一〇六型有七公厘至十五公厘厚之鋼板裝甲；一一一型有十六公厘至三十公厘厚之鋼板裝甲；然三十七至四十五公厘口徑之炮彈，而在中長射程之内，可以摧破三十公厘之鋼甲！特以德軍坦克之多，與其最高速度之機動，法人倉皇失措，而德人泰然自得以爲無敵也！及以一一一型坦克大舉攻蘇聯，而爲紅軍之平射炮及坦克槍摧滅無遺；乃大驚，而革新坦克以有老虎型，裝甲加厚，機動加捷，而益配備長射程炮以制壓紅軍之炮兵；蓋德人以爲在二千至二千五百公尺之距離發炮；可以先發制人而不受紅軍中級口徑炮之射擊也！默察新兵器之趨勢，陸上貴猛而速；海戰欲猛而堅；觀兵器製造之孰適於是，可以知孰爲能勝也！然兵器之製造，必有待於工業之發展；試進而論工業之能否擴展：現代一師建立之裝備，必有四萬件之兵器，而槍彈不在內；至炮兵及機械化部隊，尤必加鐵甲、裝甲炮、平射炮等軍用品二萬件以上。而今用兵動數十百師，其有待於工業之擴展，爲如何乎！日本維新以來，工業雖日趨於發達，然其所發達者，僅爲輕工業之紡織、食品等類；而鋼鐵及機器之重工業，則不相副！無鋼鐵及機器，則所以製造兵器者無其具。日本機器，多自外國輸入；而飛機及坦克車之主要機件，不能自製。今日之戰爭，亦工業之戰爭也；而工業之戰爭，尤以飛機及坦克車二者之製造孰優爲衡。日本無近代之汽車製造廠；飛機之發動機，倣製外國而脆劣不堅久；方歐洲各國空軍經營建造二千馬力以上之發動機時，而日本則僅倣製其一千馬力以上之原始發動機。日本之一飛機工廠，如接軍部之定貨單一紙，而以力之不能獨造，不得不聯合四百五六十小工廠，與之合作；而一小工廠，又必各聯三五小製造所以圖合力；雖同一定型，而質之堅脆不一，工之巧拙不齊，粗製濫造，亦其航空所以多敗事之一因也。當一九三一年，日本軍部以計畫改組炮兵，而與炮兵工廠訂製七十五公厘之野戰炮；而炮兵工廠不能如期出品，所製亦不中程而脆劣！然七十五公厘之野戰炮，蘇德兩國已用之步兵團；而日軍之侵我也，仍以爲炮兵之主炮！所用步槍及機關槍之口徑，則爲六．五公厘；然歐洲第一次大戰，早已證明七公厘以下口徑之槍爲不合用；而日人故我依然者，則以日本鋼鐵工業、機器工業之重工業不發達，而兵器不能精製也！太平無事之日，尚不免於竭蹶，更何論戰時之擴展！今而後，縱日本有三百萬以上之軍隊，而無三百萬人配備之兵器！徒手不能以搏戰，亦何能長此相持，再衰三竭，不僅士氣也！德國之鋼鐵工業、機器工業，爲環球之冠；而兵器製造之精，自非日本可及！惟希特勒得政以來，無日不備戰，傾國力以事軍備，而盡所有之重工業以製造兵器，迄於今日，連兵兩年，而兵器之製造，已臻其極；國內所有之重工業，不復有餘地以爲擴展。英之重工業，頡頏於德，而備戰之日淺；承平之時，未嘗盡所有之重工業，以製造兵器；雖倉猝爲德所乘，而重工業留其有餘，以爲兵器製造之擴展，而德則不能擴展！一九四〇年，美國方開始擘畫以汽車工業改爲飛機工業，以其他重工業改爲軍火工業，而德則改無可改！如曠日持久，而德之兵器製造，將相形以見絀，而不能與英美等量！德之所以利速戰速決，圖孤注之一擲，而不欲長相持者，亦以此也！今英美之兵器製造可擴展；而德之兵器製造不能擴展，久必不支！總之，兵器之製造，必植其基於重工業；而日本之兵器，不能精製，以重工業不發達也！德之重工業發達，而兵器能精製，不能擴展，則以兵器之製造太急激，而不爲重工業留其有餘不盡也！此工業孰優之計也。夫所以衡工業之孰優，固不出於二者：一曰工業生産之擴大。二曰兵器製造之新穎。而兵器製造之新穎，尤必與工業生産之擴大，相劑而不相害。試以飛機爲例：開戰之初，德國空軍之强大，爲其飛機生産之集中於若干卓越型飛機之製造；其種類不多，而無不有高水準之性能以適應戰術之卓越！一九四〇年，法人之所以爲希特勒所乘者，其道多端；而空軍之不如德强大，亦其一也！空軍之弱，由於飛機之少；而飛機之所以少，則由於航空部長拉湘伯者，達拉第之所信任也，與其所謂專家者，設計新型，人人異制，築室道謀，式樣時改，是用不規於成，而大量之生産無期；則是以製造之新穎，而妨生産之大量也！大抵設計打樣之工程師，蘄於推陳出新，以制敵機之先。而負責製造之工程師，則欲以多勝寡，而增我機之數。然設計者，得一新型時，輒欲停製舊機，改造新型，而廠之機構與人事，非相應以改組，則無所措手；而生産停滯矣！此法之所以敗也！美人有監於法，於是分全國之製造機構爲二，其一製造舊機，其一設計新型；及新型之有成功，而大量生産時，然後停製舊機，改組舊廠，適當配備，而予設計者以第三種新型之試驗；如是往復不已，遞相循環，日新又新，抑亦日多又多！然非廣土衆民，工業發達之美，不能有此雄財大略也！英國則開戰以來，轟炸戰鬬，新機日出，從未停滯於一型；則以美機爲之消息，而以彌縫其闕也！然而德則如何！則飛機之造，已躋日多又多之極限；而不能日新以又新！如欲改絃更張以設計新型，則生産不得不減低，而大戰方酣，供不應求！倘保持生産之大量，久而又久，兩軍相接，不能推陳出新，必以相形見絀，往日適用，今歲落伍。長此以往，德之飛機，不惟生産之量，不能擴而益大；抑亦製造之型，無從精以求進；此亦曠日持久，於德不利之又一義也。

將聽吾計用之，必勝；留之。將不聽吾計用之，必敗；去之。

（訓義）梅堯臣曰："武以十三篇干吴王闔閭，故首篇以此辭動之，謂：

‘王將聽吾計而用戰，必勝；吾當留此也。王將不聽吾計而用戰，必敗；我當去此也。’”

計利以聽，乃爲之勢，以佐其外。

（訓義）曹操曰：“常法之外也。”杜牧曰：“計算利害，是軍事根本。利害既見聽用，然後於常法外，更求兵勢以佐助其事也。”張預曰：“孫子又謂‘吾所計之利，若已聽從；則我當復爲兵勢以佐助其事於外’。蓋兵之常法，即可明言於人。兵之勢利，須因敵而爲。”鄭友賢曰：“或問計利之外，所佐者何勢？曰：兵法之傳有常，而其用之也有變。常者，法也。變者，勢也。書者可以盡常之言，而言不能盡變之意。五事七計者，常法之利也。詭道不可先傳者，權勢之變也。常而求勝，如膠柱鼓瑟，以書御馬；趙括所以能勢而不能戰，易言而不知變也。蓋法在書之傳，而勢在人之用。武之意，初求用於吴，恐吴王得書聽計而棄己也，故以此辭動之；乃謂書之外，尚有因利制權之勢，在我能用耳！”基博按自此以上論“計”，以下論“勢”；而兩語束上開下。“外”者，非内也，“經之以五事”，内自治也，“校之以計而索其情”，外慮敵也。以上所論是也。而下文所論之勢，則遇敵攻守之方，尤“外”之“佐”而已。故曰：“乃爲之勢以佐其外也。”“計”者，熟慮於未戰以前；“勢”者，善審於臨戰之時。右第三節，論校之以計而索其情。

勢者，因利而制權也。

（訓義）杜牧曰：“自此便言常法之外勢；夫勢者，不可先見，或因敵之害，見我之利；或因敵之利，見我之害；然後始可制機權而取勝也。”張預曰：“所謂勢者，須因事之利，制爲權謀以勝敵耳；故不能先言也。自此而後，略言權變。”

兵者，詭道也。

（訓義）王晳曰：“詭者，所以求勝敵；御衆必以信也。”張預曰：“用兵雖本於仁義，然其取勝，必在詭詐。”基博按王氏之言，是也；然而非孫子之意也。觀其《九地篇》曰：“將軍之事，静以幽，正以治，能愚士卒之耳目，使之無知，易其事，革其謀，使人無識。易其居，迂其途，使人不得慮。”則是詭者，非徒以勝敵，抑亦以馭衆也。惟此一句領起下文，自指勝敵之詭道而言。

故能而示之不能，用而示之不用。

（訓義）李筌曰：“言己實能用師，外示之怯也。漢將陳豨反，連兵匈奴，高祖遣使十輩視之，皆言可擊。復遣劉敬，報曰：‘匈奴不可擊！’上問其故？對曰：‘夫兩國相制，宜矜誇其長；今臣往，徒見羸老；此必能而示之不能，臣以爲不可擊也。’高祖怒曰：‘齊虜以口舌得官，今妄沮吾衆！’械繫敬廣武；以三十萬衆至白登，高祖爲匈奴所圍，七日乏食。此外示之以怯之義也。”杜牧曰：“此乃詭詐藏形。夫形也者，不可使見於敵。敵人見形，必有應。《傳》曰：‘鷙鳥將擊，必藏其形。’如匈奴示羸老於漢使之義也。”何氏曰：“能而示之不能者，如單于羸師誘高祖，圍於平城，是也。用而示之不用者，李牧按兵於雲中，大敗匈奴，是也。”基博按“用而示之不用”，如與“能而示之不能”，上下互文見義，作“不用而示之用”，如下文“近而示之遠，遠而示之近”之例；用意似更耐人味。

近而示之遠，遠而示之近。

（訓義）李筌曰：“令敵失備也。漢將韓信虜魏王豹；初陳舟欲渡臨晉，乃潛師浮木罌，從夏陽襲安邑而魏失備也。耿弇之征張步，亦先攻臨淄；皆示遠勢也。”杜牧曰：“欲近襲敵，必示以遠去之形。欲遠襲敵，必示以近進之形。韓信盛兵臨晉而渡於夏陽。此乃示以近形而遠襲敵也。後漢末，曹公袁紹相持官渡，紹遣將郭圖、淳于瓊、顏良等攻東郡太守劉延於白馬。紹引兵至黎陽，將渡河。曹公北救延津。荀攸曰：‘今兵少不敵，分兵勢乃可。公致兵延津，將欲渡兵向其後，紹必西應之；然後輕兵襲白馬，掩其不備，顏良可擒也。’公從之。紹聞兵渡，即留分兵西應之。公乃引趨白馬，未至十餘里，良大驚來戰；使張遼、關羽前進擊破，斬顏良，解白馬圍。此乃示以遠形而近襲敵也。”基博按希特勒之得政也，所以號於德人，而得其擁護者，曰復仇於法以雪前敗也。顧處心積慮，以反蘇共爲天下號；併奥吞捷，明示東嚮，而告於法人曰：“不西侵法境，不欲收復阿爾塞斯、勞倫二州！犧牲百萬壯士以克復一地，而一地之所穫，不足以養衆百萬也；於我何利！”於是法人大慰，而謝波蘭之用兵。及希特勒大舉以襲波蘭，而法人出兵聲援。顧法國統帥甘末林所用之間諜，以偵德者，爲德之間諜所賄買，所利用，而以復於甘末林曰：“希特勒之大欲在巴爾幹，方疲兵於東，而未遑西略。”於是甘末林命魏剛以精兵赴近東，欲與士耳其聯合作戰；而所以衛北疆者，皆老弱焉。及波蘭既下，而希特勒乘勝遠鬬，迴兵東嚮，不逕走荷、比；而盤馬彎弓以佔丹麥，攻挪威，若無意於法，然後急轉直下，徇荷、比，以襲法之北疆，而乘其不虞；是亦“近而示之遠”之明效大驗也。

至希特勒之攻蘇也，以一九四一年五月二日，與墨索里尼會於勃倫納，早有成議；不動聲色，而悉力殫鋭以徇南斯拉夫，攻希臘，争克里地島，而嗾使英伊與英叙之戰，若欲進攻蘇彝士以扼英人之吭；而示俄人以方騖於西，未遑東顧。一旦宣戰，而陸軍三百萬人，已陣蘇邊，機械化部隊，如潮而至；先人有奪人之心，而蘇聯猝爲所乘，節節退却。亦“近而示之遠”也。

美之以艾森豪威爾將軍突襲法屬北非登陸也，實以一九四三年十一月八日，而先以八月十九日，英美盟軍突襲法之西海岸第厄甫，雖交綏而即退，人以爲將於此登陸以圖開闢歐洲第二戰場也！及艾森豪威爾登陸北非以有成功；而羅斯福宣言：“第厄甫之役，特爲聲東擊西以疑誤德人，若將有事西歐；而攻其不備以登陸北非。”則“遠而示之近”也。

利而誘之。

（訓義）杜牧曰：“趙將李牧大縱畜牧，人衆滿野，匈奴小入，佯北不勝，以數千人委之。單于聞之，大喜，率衆大至；牧多爲奇陣，左右夾擊，大破殺匈奴萬餘騎也。”

亂而取之。

（訓義）李筌曰：“敵貪利，必亂也。秦王姚興征秃髮傉檀。傉檀悉驅部内牛羊，散放於野，縱秦人虜掠。秦人得利，既無行列。傉檀陰分十將，掩而擊之，大敗秦人，斬首七千餘級，‘亂而取之’之義也。”杜牧曰：“敵有昏亂，可以乘而取之。《傳》曰：‘兼弱攻昧，取亂侮亡，武之善經也。’”張預曰：“詐爲紛亂，誘而取之，若吴越相攻，吴以罪人三千，示不整而誘越；罪人或奔或止，越人争之，爲吴所敗，是也。”基博按三家之解不同，李筌連上句“利而誘之”讀，謂利以誘之，亂而取之也。杜牧則引取亂侮亡之義，而乘敵之自亂也；然謂亂之在敵，則與李筌不同而同。至張預“詐爲紛亂”之説，則以亂爲我之詭道焉；雖似曲解，而亦有理也。

實而備之。

（訓義）張預曰：“經曰：‘角之而知有餘不足之處。’有餘，則實也；不足，則虛也。言敵人兵勢既實，則我當爲不可勝之計以待之，勿輕舉也。李靖《軍鏡》曰：‘觀其虛則進，見其實則止。’”

强而避之。

（訓義）李筌曰：“量力也。楚子伐隨，隨之臣季梁曰：‘楚人上左，君必左；無與王遇，且攻其右；右無良焉，必敗；偏敗，衆乃攜矣。’少師曰：‘不當王，非敵也。’不從。隨師敗績，隨侯逸，攻强之敗也。”梅堯臣曰：“彼强，則我當避其銳。”張預曰：“經曰：‘無邀正正之旗，無擊堂堂之陣。’言敵人行陣修整，節制嚴明，則我當避之，不可輕肆也。若秦晉相攻，交綏而退，蓋各防其失敗也。”基博按用兵以全軍爲上。“强而避之”，所以爲全軍也。苟軍全而不破，則敵强而無害；雖攻城掠地，而敵無法以終保；雖追奔逐北，而我有力以反攻；我之避不終避，敵之强不終强也。一八一二年，法皇拿破崙以三十六萬人，挾其百戰百勝之威，長驅入俄。而俄大將苦茲則夫移民清野，引兵不戰。拿破崙所嚮無前，列城風靡，留兵置戍；得地雖廣，兵力乃分；及至莫斯科，而麾下之衆纔十萬矣！長途不得休而師以老；空城無所資而士以飢；頓兵挫銳，不戰自屈，而莫斯科一炬，倉皇引退，潰不成軍，而拿破崙之霸業以摧，則以俄人之能“强而避之”也。一九一四年，法大將霞飛之大敗德人於瑪爾納河也，不作迎頭之擊，而先緩退以持；亦以德軍之推鋒直入，銳不可當，“强而避之”也。苟奮不慮難，而爲孤注之一擲，覆軍殺將，徒遺敵擒耳！軍破而國亡隨之矣！我國之抗日以戰，堅艦快炮，不如日也；飛機坦克，不如日也；士卒之練，兵衆之强，不如日也；然而日人戰勝攻取，開疆千里，得我之地，而不能破我之軍，再接再厲，以迄於今，連兵四年，而無如我何；亦以我之知“强而避之”也。然所謂“强而避之”者，非望風而逃，委土地人民以資於敵也；蓋蓄銳養威，全軍而退，誘敵以致之可擊之時與地，相機而動，欲以殲於一戰，如俄之於拿破崙，霞飛之於德也。其避之也，亦有所以避之法：必移民清野，焚積聚，燬廬舍，以毋齎盜糧，遺敵俘。必毀道路，阻交通，而無予敵以長驅直入。必沿途留兵，四散伏匿，伺敵之進而潛處其後，以策應他日之反攻。必且戰且退，步步爲營，而左右翼得所控扼，毋予敵人以迂迴包圍之餘地。如敵熾張而勢不可當，或疾退以據險而示敵以不可逼；或分兵以四散而炫敵以不知追。凡事有宜，不得盡言。如無程序，無計畫，而不謹所以爲避之術；我避而敵乘之，隳軍實而長寇讎，則又莫如避也！然“强而避之”，抑別有妙！我之抗日也，日人乘勝而去國遠鬬，其鋒不可當；“强而避之”，固也。然我之所以爲避，不引兵向後退以爲避，而轉兵進敵後以爲避；縱敵之前而隨其後，敵儘前無堅壁，我却退有餘地；俟敵之深入而不繼，佔地既廣，分兵漸單；然後轉退爲進，分途合擊，以我之合，攻敵之分，無不圍而殲之！此則避而不退，進以爲避，而弱勢亦有以殲强，强敵不保其終强，神而明之，用兵之妙也！六國時，秦以李信及蒙恬將二十萬人伐楚，敗楚軍；楚人因隨之，三日三夜不頓舍，大敗秦師，亦用此術。徒以楚蹶不振，譚兵者成敗論人，罕究其妙爾！

怒而撓之。

（訓義）杜牧曰：“大將剛戾者，可激之令怒；則逞志快意，志氣撓亂，不顧本謀也。”王晳曰：“敵持重，則激怒以撓之。”張預曰：“彼性剛忿，則辱之令怒；志氣撓惑，則不謀而輕進；若晉人執宛春以怒楚，是也。尉繚子曰：‘寬不可激而怒。’言惟寬者，則不可激怒而致之也。”

卑而驕之。

（訓義）杜牧曰：“秦末，匈奴冒頓初立，東胡强，使使謂冒頓曰：‘欲得頭曼時千里馬。’冒頓以問羣臣？羣臣皆曰：‘千里馬，國之寶，勿與。’冒頓曰：‘奈何與人鄰國，愛一馬乎？’遂與之。居頃之，東胡使使來曰：‘願得單于一閼氏。’冒頓問羣臣。皆怒曰：‘東胡無道，乃求閼氏；請擊之。’冒頓曰：‘與人鄰國，愛一女子乎？’與之。居頃之，東胡復曰：‘匈奴有棄地千里，吾欲有之。’冒頓問羣臣？羣臣皆曰：‘與之亦可，不與亦可。’冒頓大怒曰：‘地者，國之本也，本何可與！’諸言與者皆斬之。冒頓上馬，令國中有後者斬，東襲東胡。東胡輕冒頓，不爲之備；冒頓擊滅之；冒頓遂西擊月氏，南并樓煩白羊河南，北侵燕代，悉復收秦所使蒙恬所奪匈奴地也。”王晳曰：“示卑弱以驕之，彼不虞我而擊其間。”張預曰：“或卑辭厚賂，或羸師佯北，皆所以令其驕怠。吴子伐齊，越子率衆而朝，王及列士皆有賂。吴人皆喜，惟子胥懼曰：‘是豢吴也！’後果爲越所滅。楚伐庸，七遇皆北，庸人曰：‘楚不足與戰矣！’遂不設備。楚子乃爲二隊以伐之，遂滅庸。皆其義也。”

佚而勞之。

（訓義）杜牧曰：“吴公子光問伐楚於伍員。員曰：‘可爲三軍以肄焉。

我一師至，彼必盡出，彼出則歸；彼歸則出；亟肄以疲之，多方以誤之，然後三師以繼之，必大克。’從之。於是子重一歲七奔命，於是乎始病吴；終入郢。後漢末，曹公既破劉備，備奔袁紹。紹引兵欲與曹公戰。别駕田豐曰：‘操善用兵，未可輕舉，不如以久持之。將軍據山河之固，有四州之地，外結英豪，内修農戰，然後揀其精鋭，分爲奇兵，乘虚迭出以擾河南；救右，則擊其左；救左，則擊其右；使敵疲於奔命，人不安業，我未勞而彼已困矣。不及三年，可坐克也。今釋廟勝之策，而決成敗於一戰，悔無及也？’紹不從，故敗。”

親而離之。

（訓義）張預曰：“或間其君臣，或間其交援，使相離貳，然後圖之。應侯間趙而退廉頗；陳平間楚而逐范增；是君臣相離也。秦晉相合以伐鄭，燭之武夜出，説秦伯曰：‘今得鄭，則歸於晉；無益於秦也。不如捨鄭以爲東道主。’秦伯悟而退師，是交援相離也。”

攻其無備，出其不意。

（訓義）孟氏曰：“擊其空虚，襲其懈怠，使敵不知所以敵也。故曰：‘兵者無形爲妙。’太公曰：‘動莫神於不意，謀莫善於不識。’”基博按“能而示之不能”至“親而離之”十二語，爲目；而“攻其無備”二語，是綱；乃總束“能而示之不能”十二語而明其妙用，以見“能而示之不能”至“親而離之”，詭道雖多，兩言蔽之，不過曰“攻其無備，出其不意”云爾！而析言之，則先發制人之謂“攻”；曰“攻其無備”，則出以突擊而爲奇襲；曰“出其不意”，則不拘尋常而爲機動；此孫子所以提示戰略戰術之原則也。歐洲兵家著書，無不實事求是；而罕有片言揭要以提示原則！及今日之大戰，而美人尼古爾遜始發凡起例以揭九原則；而要其指歸，不出孫子所謂“攻其無備，出其不意”兩語；而特以爲九原則必相互爲用，乃能制勝而不爲人所勝！其説曰：“凡事，無不有基本原則。戰爭有戰爭之原則，猶之圬者必依圬之原則以爲圬也。戰爭原則者，歷來名將所以戰勝攻取之戰略工具也。近代戰爭之武器日新；然坦克車及飛機，未能改變戰爭原則以别出新裁也！吾早歲從軍，而探討戰爭之原則，求之於軍事學課本，求之於行軍條例及所發操典，所得者，非散而無紀，則泛而無當也！不得已而旁求之於軍事歷史，於名將自傳。福煦將軍所著書，僅提示三原則；而近在美國有盡人傳誦之一書，則僅有一原則以相提示曰‘攻’。福里斯德之言曰：‘戰術之要，莫如集中兵力以先發制人！’則以一言而説明福煦之三原則，可謂簡而得要矣！然而未也！誠竊以爲欲盡制勝之道，必據九原則以設計，我之説明九原則，不欲以先後爲輕重；而運用之妙，必知以參互爲用，而後能推行盡利；若知其一而不知其他，顧此失彼，未免於敗也！所謂九原則者：其（一）曰攻，此勝之最後手段也。今日之大戰，民主國家，不明乎此，而安安静静以取守勢；我不攻人，人將攻我；無動爲大，坐以待斃而已矣！攻則制人而不制於人！其（二）曰安全。攻而不策以安全，則攻亦或以覆敗！安全者，動態之守勢，而以掩護攻勢者也；未制勝，先虞敗；而進攻之時，凡吾軍之兩翼，後路及上空，無不策安全以善掩護！然人亦有言：‘猛攻爲最好之國防！’不善用兵者，往往留大兵以掩護後方，而進攻之力遂薄；則安全淪爲守勢矣！善用兵者不然，則以下一原則而以決定進攻與安全所需兵力之正確比例。其（三）曰兵力之節約。此之云者，謂留少兵以置不重要之地，而集中大軍於主要目標，善用兵者，往往以吾軍利用内線，而迫敵軍於外線作戰以節約兵力；此固德軍之所擅也，常用少兵以牽制敵人，掩護我軍，而集中主力以進攻主要目標。其（四）曰主要目標之認識。主要目標，不必爲第一目標也！所謂第一目標者，非當前最危及我之敵人；即以我最短進攻線而可進攻之敵人；非然者，則吾人進攻主要目標時，不得不假途之地帶也！主要目標，則或距我遼遠之敵人，非翦其羽翼，撤其前衛，不能以進攻征服；而置之第一目標之次！德之未以全力攻英也，先滅波蘭，徇丹麥、挪威，下荷蘭、比利時，以次及法，而英之羽翼日削，前衛盡撤；德乃徐以肆志於英矣；顧移兵蘇聯以轉移主要目標，此不可追救之致命傷也！其（五）曰集中兵力。如不節約兵力，亦何能集中兵力！如不確定目標，抑何能節約兵力！倘指揮戰事者，不由英明元帥之獨斷，而出於委員會之折衷羣言，則必以目標之不易確定而分散兵力！今日民主國家之敗局，在步步爲營，處處設兵；而不知孰爲要害之地以集中兵力！德人大舉以攻法，而英人出兵以援法；法人則以其空軍散布於地中海及義大利之阿爾卑斯山，而留百分之四十置於國境以抵抗德人；德人則集中其全國空軍百分之八十，而以對法國空軍百分之四十；衆寡之不敵，已不言可喻！英人則以其空軍分散戰場遼遠之地方服務，而留一部以自衛英倫三島；遂授德人以制勝！而究其所以：一由於同盟國聯軍之意見紛歧，無人能負責決定孰爲要害之地以集中兵力。一亦由於不知兵力節約，而置兵無用之地。然不能不要其歸於同盟國聯軍之不易合作也！其（六）曰合作。拿破崙有言：‘我不患人之有同盟！人有同盟，我即可以制勝！’何也？以聯軍作戰，不易協力；而雄主獨斷，指揮在我也！一九四〇年，德軍之侵荷蘭、比利時以攻法也，比、荷拒英、法之舉行聯合參謀會議，可爲聯軍不合作之證。同盟國之聯軍合作是一事；而一國軍隊之各部隊合作又是一事。其（七）曰指揮統一。指揮不統一，何能言合作！合作必在統一指揮之下！同盟國之聯軍，不可不有統一之大參謀部以事聯繫；而一國之軍隊，亦必於元帥之下，有聯繫海、陸、空軍之參謀總部。今日同盟國之聯軍以及吾軍，各不相謀；非經挫敗以證指揮之必統一，未能及早改圖也！如指揮既不統一，而又無人當機立斷，則不能以用突擊矣！其（八）曰突擊。日本之襲珍珠港，突擊之適例也！一九四〇年，德之進攻亞爾丁也，亦爲突擊！能突擊者，必能爲非常之將材；其不然者，蠢材而已！其（九）曰機動。突擊而不出以機動，抑亦不能成功！譬之力士之摔角也，雙脚跳動，愈快愈得勁，則敵人不知措手足而爲我勝矣！法人以大兵置於馬奇諾防線之後，無動爲大；不惟違反機動之原則，抑亦大乖攻之原則也！”綜觀所論，以攻爲前提；而以突擊與機動要其終；抑與孫子所謂“攻其無備，出其不意”同指。特孫子以“能而示之不能”至“親而離之”十二勢，設計於未攻之先，而多方誤敵以不爲備。尼古爾遜則以“安全”至“合作”六原則，匠心於欲攻之時，而萬全設計以成突擊。孫子爲敵之可勝；而尼古爾遜先爲不可勝，殊途同歸，其事相成也！又有美人古柏著《敵人之戰略類型》一文，而依據“奇襲”與“機動”兩原則以明德日戰略之善節約兵力，其説曰：“觀於美國之南北戰争，而以徵參戰之人，如研究戰略而能實踐，縱武器不如人，而亦未嘗不可以制勝也！戰略者，用兵之科學；蘄以兵力之節約，用其兵力，而能達國家之總戰略以有成功也。戰略之至高無上者，莫如軍事布置之本身，明示敵人以抵抗無用，不戰而屈人之兵，善之善者也！戰略之典範，不出歷代名將之箴言集，而流傳甚多，好尚不同！有人喜拿破崙之箴言；亦有人喜菲烈德立、克老山維茲、約米尼、毛奇、孫子以及其他兵家言；精義紛綸，莫探指歸！二十年來，各國治兵學者，頗多折衷羣言，旁蒐戰史，欲以觀其會通而籀明戰略之原則。堪薩斯州里温華士堡壘參謀指揮學校發凡起例，以一九三六年刊布專論，而揭七原則，最爲得要！

“所謂七原則者：（一）攻。（二）戰鬥力之集中。（三）兵力節約。（四）機動。（五）奇襲。（六）警戒。（七）協同。是也。其中尤要者，莫如‘兵力節約’；有軍事理論家，以爲此戰爭之定律也！所謂‘兵力節約’云者，謂以適當之兵力，用於預期之目標，而恰如分際；譬之工焉，毋以成人之所勝任，責之孩提；亦毋以孩提之所能爲，託之成人！倘預期目標之犧牲過大，不妨慎重考量，顧而之他以不多耗兵力。而兵力所以節約之法，莫如‘機動’與‘奇襲’！‘機動’以驚敵人而使之倉皇失措。而‘奇襲’，則以擊破敵人之心理均衡，而將軍奪心，三軍奪氣以致潰敗！總而言之：‘兵力節約’，爲戰略之第一原則；而‘機動’與‘奇襲’，則‘兵力節約’之系論也！戰略與戰略類型之應用，殆勝敗之所由分；而吾人之大敵，曰德，曰日；試觀吾敵人之作戰，揆之戰略類型爲何如；吾人乃以知吾敵人今日之所以勝，異日之如何敗；而爲不可勝以待敵之可勝也！日人與德人相同，有活力，有創造力，有野心；又以地狹民稠，有人口之壓迫；厲戎講武，以力圖擴張生存空間。其用兵，皆採取約米尼之所謂‘内線作戰’，而以其國爲中心地位，往外向四周之鄰人進攻。菲烈德立、俾斯麥，及威廉第二之德國戰略計畫，與希特勒德國之戰略計畫無二！神武皇帝與豐臣秀吉時代之日本戰略計畫，以視今日之日本，所不同者，武器而已！惟德立國於大陸，不如日本之爲島國！日本以島國而在亞洲大陸之東北濱海地方，髣髴英國之在歐洲大陸西北海岸；日本政策，與一五八五年以前之英國政策相似！英國至一五八五年以後，始放棄統治歐洲之企圖，而採取歐陸勢力均衡以建海外帝國之論。今日本採用英國之前期政策，勢之自然；而日本在亞洲之企圖，無不爲中國所扼；非征服中國，不能以稱霸東亞！至一九三七年，而中日戰爭以爆發！日本陷入中國泥淖之論雖盛，然非軍事專家之所許！美國陸軍威魯貝上將以一九三九年出版《戰爭中之機動》一書，於日人作戰之勇，備極推崇，以謂：‘就戰略而論：參謀工作以執行機動之概念；日本大本營，已建立高度之表演紀録！日本作戰範圍之龐大，堪與拿破崙媲烈也！’中日戰爭，與美國南北戰爭相似！華盛頓與南部紐奧連斯之位置，猶之上海與廣州。而多内康達之戰略，則封鎖東部諸海港以窒息南部同盟諸州；而以大軍向維克斯堡推進，截南部同盟諸州爲二；於是南部同盟諸州不能自振矣！今日本佔領中國沿海，而以向漢口推進；及一九四一年，而中國之沿海平原，無不爲所佔領！又乘法國之潰敗以佔越南，而控制泰國；於是中國運輸供應之大門，惟滇緬一路而已！日本之佔領越南以握南部亞洲之鎖鑰，正如往年之併朝鮮以把握亞洲北部之門户！越南，爲進攻菲律賓、馬來亞、蘇門答臘、爪哇及緬甸之中心根據地；而以越南爲支柱之台灣、廣州、海南島一線，比諸英美之香港、馬尼拉線爲强固多也！於是後顧無憂而以進攻太平洋之英、美、荷屬地！日本用師三十萬以組成特種部隊，分布於幾百萬平方哩之海陸，戰勝攻取，而兵力不形不足；不六月而佔有次於英國屬地之一殖民帝國；中國僅有之輸入供應路線，亦以告斷！吾人應知日本之不同於德國！日本不惟有强大之陸軍及空軍，抑亦有海軍以佔世界第二位！使德國亦有日本之海軍，而加以固有之武力，抑何至頓兵以佔加萊及克里地島而不進！吾人從日本之戰略，而以見海、陸、空三軍之聯合利用！日本藉海、陸、空三軍之聯合利用，而未得佔者，惟蘇聯之海參崴及印度之加爾各答耳！日本已盡占東亞之一切工業中心與原料中心；倘歲月之久，政權以固，則日本之强大，非舉全世界團而爲一以悉力相抗，未見其有幸也！今而後，可以攻日本者，惟有中國與西伯里亞！然中國以武器之配備不足，衹以困擾日本而已！蘇聯則以在西歐與德國作殊死戰，必不能有事西伯里亞以攻日本也！日軍據要害以控制海陸，而敵人之勢自瓦解！日本不必盡佔所有英屬各島也，衹佔新加坡及香港，足以瓦解英國東方屬地矣！不必佔夏威夷也，衹毀珍珠港，足矣！中國，則佔工業區以妨其生産；封鎖外國以斷其供應；而中國困不得振矣！日軍之戰略，在據要害之地以控制敵人不得攻，而不必殲滅敵人以不反攻；在蹈敵人之瑕，而不蹈敵人之堅！兵力節約之一原則，實爲日軍所以制勝之定律。日人能以適如其量之兵力，而左宜右有，投之無不利！吾人往往估計其兵力過低；而不知其善運用，少而見多，善爲機動，出以奇襲！奇襲爲日人所喜之戰略！一五九八年，豐臣秀吉用之；而一八九四年之對中國，一九①〇五年之對俄國，無不以奇襲勝！今日之役，以奇襲珍珠港，而美國之海空軍幾燼；尤驚心動魄者也！美國克里爾中校嘗著《論步兵雜誌》，而以證明日本之士兵，能以七十二小時，而爲一百二十二英里之機動行軍！觀其負

---

① “九”原作“八”，今改正。

步槍與一百五十發之子彈以及四十磅之背包，日夜不休，兼程而進；及其既也，休眠四小時，而疲勞以復！惟其善走與耐勞，此所以隨地機動，能無虞山川之阻，而以出人不意也！然而德國則何如？十九世紀，普魯士佔據大陸中心位置之戰略，菲烈德立用之於七年戰爭而有成功！觀其以希特勒摧破波蘭之姿勢，突襲薩克遜，不數星期而亡之；遂以犯天下之不韙，而法、奥、俄，與瑞典以及其他日爾曼諸小國，聯軍聲討；將以四面合圍。顧菲烈德立則利用其中心地位，而各個擊破之以不得協同作戰。及今日之大戰，而希特勒第三帝國有同一之中心地位，以及内線交通之便利；顧有鑒於上次歐洲大戰，而以知二十世紀之大軍團，有强大之防禦力；殊有妨於菲烈德立迅速決勝之遺教！至一九一七年，協商同盟，苦戰不休，欲以突破二十五哩之一防禦地帶，不可不集中七十師之兵力，計一百二十萬人；易爲守而難爲攻，頓兵挫鋭，相持不決，而師以老！南征北討，各方受敵，而力以分！情見勢絀，遂以潰敗！蓋一中心地位之作戰，須不斷進攻以保持主動；其爲攻也，尤必在同一之時間，取同一之方嚮以集中絶大兵力，並心一向而進攻若干敵人之一以速決之！如不速決其一，則必兩面作戰，而一九一八年之覆轍重尋；此德國統帥部之所大患也！欲以恢復迅速決勝之傳統，必先建立迅速決勝之戰術；於是以西班牙參戰之歷練而有得焉！閃電戰者，機動戰術之極度也！第三帝國兵力，以極度機動而節約。

“大戰之初，置少兵西線以牽制英法；而集中七十師人以閃擊波蘭，纔十六日而波蘭以潰！則留少兵以掩護東線，而轉鋒西向以厚集其力；法以世界最大之陸軍國，一挫於愛登愛麥爾，再挫三挫於色當、敦刻爾克，而大敗不支！法人慴於第三帝國兵力之雄厚，戰術之機動，鋭不可當，遂以解甲！一時聲威所播，示人以抗必無幸！匈牙利、羅馬尼亞、保加利亞，不戰而屈；而希臘、南斯拉夫，一戰而潰；則機動戰術之明效大驗也！然第三帝國乘勝遠鬥以掩有巴爾幹半島，兵鋒所極，蘇聯不能無戒心；而英人狼顧於西，思湔前敗；然英人以第三帝國之夜間空襲及潛艇攻擊，瘡痍之餘，猝不自振，可以無虞也！於是摧鋒而進以大舉侵蘇矣！第三帝國有軍三百師，而侵法一役，衹用七十六師；以視一九一七年之用七十師而以進攻二十五哩之一防禦地帶者，其兵力之節約爲何如也！每一役之兵力，絶不超出所需；而曾未有一役使用其全部兵力四分之一以上者！及其大舉以侵蘇聯也，最高估計用三百師；而希特勒宣言：‘此一戰線，蜿蜒兩千哩！’則是平均六十六哩有一師；而其閃擊荷蘭、比利時以侵法也，戰線之長，未嘗過四百哩；而用七十六師，則是平均五. 三六哩有一師；而知第三帝國之侵蘇聯，以視侵法一役，兵力尤大節約；而所以失敗，則由於低估蘇聯之力！比利時、荷蘭之猝不足以當一擊，實以其幅員褊狹，無地迴旋，閃電戰戰術之奇襲，一變而爲戰略之奇襲，此第三帝國之所以成功也！至蘇聯則幅員數萬哩，泱泱大國；而利用邊區之深廣以緩和閃電戰之震動力；戰術之奇襲，衹成戰術之奇襲而已！第三帝國爲機動之怪物；亦以恪守機動之原則而戰無不勝！然蘇聯之地形與氣候，非機動之戰術所能推行盡利！北部之沼澤森林，既以妨礙機械化戰鬬之不易進行；而一九四一年秋季，大雨連綿，尤以延緩德軍之前進！德軍機動之成功，衹限於烏克蘭及南俄；而蘇聯則避不交綏，一任德軍之縱横馳突；顧再衰三竭，至史丹林格勒而勢以蓄縮，頓兵挫鋭，不能增援，衹有退却；而以掩護退却之後衛，無不被紅軍包圍而殲滅矣！戰鬥力之集中，抑以輔兵力之節約；然第三帝國侵法一役，能以戰鬥力之集中，而輔兵力之節約；而侵蘇，則以兵力之節約，而妨戰鬬力之集中！第三帝國在蘇聯前線，每一哩之兵力，比之侵法一役，少百分之二十七！倘德軍能閃擊紅軍以迂迴，亦或以寡勝衆；顧紅軍則善用空間以避免德軍之閃擊與迂迴！方德軍以一鼓作氣，推鋒而前以抵伏爾加河與高加索，列城風靡；然史丹林格勒與巴庫之不下，師老力竭，則其最初之勝利，何當最後之成功！有美國新聞記者，問紅軍第六十二軍軍長朱可夫將軍，謂：‘德軍戰術之失敗何在?’朱可夫將軍曰：‘德軍之失敗，在戰略，不在戰術！所以戰術之勝利，無補戰略之成功也！’殲滅戰，爲德國戰略類型之主旨；今希特勒第三帝國，不能佔領莫斯科以殲滅紅軍，則以迅速決勝之戰術，而不能以達迅速決勝之戰略，左顧右盼，介於英俄兩大之間，而不能速決其一以陷於兩面作戰；倉皇失措，第三帝國無倖矣！”觀於孫子論勢，而歸之“攻其無備”、“出其不意”；尼古爾遜氏、古柏氏論戰略戰術，而特重“奇襲”、“機動”；異詞同趣，所以爲迅速決勝一也！然迅速決勝而不得，則如何?尼古爾遜氏、古柏氏之所不言矣！孫子則預慮於未發而先之曰“能而示之不能”、“用而示之不用”；曰“實而備之’、“强而避之”；先爲不可勝以待敵之可勝；知柔知剛，其惟孫子乎！

此兵家之勝，不可先傳也！

（訓義）杜牧曰："傳，言也；此言上之所陳，悉用兵取勝之策，固非一定之制；見敵之形，始可施爲；不可先事而言也。"基博按"計"者先事而慮。"勢"者臨敵以施。自"勢者因利而制權"至此，而卒言之曰："兵家之勝，不可先傳"；蓋必臨敵而制變，不可以此爲先務之急；而先務之急，衹在"計"爾。

右第四節，論勢。

夫未戰而廟算勝者，得算多也。未戰而廟算不勝者，得算少也。多算勝，少算不勝；而況於無算乎！吾以此觀之，勝負見矣。

（訓義）王皙曰："此懼學者惑不可先傳之説，故復言《計篇》義也。"鄭友賢曰："或問得算之多，得算之少，況於無算，何以是多少無之義？曰：武之文固不汗漫而無據也；蓋經之以五事，校之以七計，彼我之算，盡於此矣。五事之經，得三四者爲多，得一二者爲少。七計之校，得四五者爲多，得二三者爲少。五七俱得者，爲全勝；不得者，爲無算。所謂冥冥而決事，先戰而求勝，圖乾没之利，出浪戰之師者也。"基博按"算"，即"計"也。上文所謂"經之以五事"，知己也。"校之以計而索其情"，知彼也。知己知彼，度德量力，乃所謂"多算"；非指兵家詭道也。

右第五節，論多算少算以分勝負，爲一篇結穴。基博按德國克老山維茲著《兵法》第二卷，論戰之原理，有曰："兵之爲法，作戰之法；所以兵法之爲學，作戰之學也。惟戰，有一時一地之交戰；有不一時不一地，數次以至數十次數百次之交戰，而成一大戰。然戰必爲數十百次交戰之所積累；而未有以一時一地之交戰決勝負者。是故兵法有二：殺敵致果，用兵以爲一時一地之交戰者，謂之戰術。而料敵制勝，計險阨遠近，調節空間時間以運用各地之交戰，而蘄以達最後之勝利者，謂之戰略。易言之：蓋用兵以求交戰之勝利者，戰術也。用交戰以達征戰之主旨者，戰略也。"觀其論兵有戰略、戰術之分。而《漢書·藝文志》載：漢興，張良、韓信序次兵法，凡百八十二家，删取要用，定著三十五家。諸吕用事而盜取之，武帝時，軍政楊僕捃摭遺逸，紀奏兵録，猶未能備。至於孝成，詔步兵校尉任宏論次兵書爲四種，曰權謀、形勢、陰陽、伎巧。其稱："權謀者，以正守國，以奇用兵，先計而後戰，兼形勢，包陰陽，用伎巧。"是則克氏之所謂："戰略。"而謂："形勢者，雷動風舉，後發而先至，離合背鄉，變化無常，以輕疾制敵。"則克氏之所謂“戰術”也。《孫子》書以《計篇》挈十三篇之綱，而究其所以爲論者，曰“計”曰“勢”。“勢”者，兵家之詭道；“計”者，廟算之先勝。必先校之以計而索其情，乃爲之勢以佐其外。“勢”者，因利制權，施之臨戰。“計”者，量敵審己，慮於未戰。自《計篇》以下《作戰》、《謀攻》及《形篇》三篇，反覆丁寧於“先勝而後求戰”；“不盡知用兵之害，則不盡知用兵之利”；“知彼知己，百戰不殆”；皆闡發《計篇》未盡之蘊。孫子之所謂“計”，任宏謂之“權謀”；而克氏之所謂“戰略”者也。《勢篇》以下，《虛實》、《軍争》、《九變》、《行軍》、《地形》、《九地》、《火攻》八篇，皆論勢；其大指不外言“戰者以正合，以奇勝”；“後人發，先人至”；“以詐立，以利動，以分合爲變”；“由不虞之道，攻其所不戒也”。此則任宏之所謂“形勢”，而克氏謂之“戰術”者矣。惟孫子之意，重“計”而不重“勢”；則是戰略重於戰術。而欲爲計，必先知彼；苟不知敵之情，安能校之以計而索其情乎？用間者，所以知敵之情也；故以《用間》要其終焉。

作戰篇第二

（解題）李筌曰："先定計，然後修戰具，是以《戰》次《計》之篇也。"張預曰："計算已定，然後完車馬，利器械，運糧草，約費用以作戰備，故次《計》。"陳啓天曰："作，有興起造作之意。作戰，謂發動侵略戰争也；與現代所謂作戰有别。"基博按《作戰》以次《計》之後者，以必計定而後作戰，作戰不過以驗計之得失耳。而作戰之道，必速戰速決，必在敵國境内。"兵貴勝不貴久"，所以不可不速戰速決。而"務食於敵"，所以必在敵國境内。此爲作戰之兩大原則，而德國兵家奉之爲金科玉律者也；不意孫子著書於數千年以前，已先發其義於此！

孫子曰：凡用兵之法；馳車千駟，革車千乘，帶甲十萬。

（訓義）曹操曰："馳車，輕車也；革車，重車也。"杜牧曰："輕車乃戰車也；古者車戰。革車，輜車，重車也；載貨財、器械、衣裝也。《司馬法》曰：'一車甲士三人，步卒七十二人，炊家子十人，固守衣裝五人，廐養五人，樵汲五人。'輕車七十五人，重車二十五人，故二乘兼一百人爲一隊。舉十萬之衆，革車千乘，校其費用度計，則百萬之衆皆可知也。"王皙曰："井田之法：甸出兵車一乘，甲士三人，步卒七十二人，千乘總七萬五千人。此言帶甲十萬，豈當時權制歟？”何氏曰：“十萬，舉成數也。”張預曰：“馳車，即攻車也。革車，即守車也。按曹公《新書》云：‘攻車一乘，前拒一隊，左右角二隊，共七十五人。守車一乘，炊卒十人，守裝五人，廄養五人，樵汲五人，共二十五人。攻守二乘，凡一百人。’興師十萬，則用車二千，輕重各半，與此同矣。”

千里饋糧；

（訓義）李筌曰：“道里縣遠，千里之外贏糧，則二十人奉一人也。”

則內外之費，賓客之用，膠漆之材，車甲之奉，日費千金，然後十萬之師舉矣。

（訓義）賈林曰：“計費不足，未可以興師動衆。故李太尉曰：‘三軍之門必論’，有賓客論議。”王皙曰：“內，謂國中；外，謂軍所也。賓客，若諸侯之使，及軍中宴饗吏士也。膠漆、車甲，舉細與大也。”張預曰：“去國千里，即當因糧；若須供餉，則內外騷動，疲困於路，蠹耗無極也。賓客者，使命與遊士也。膠漆者，修飾器械之物。車甲者，膏轄金革之類也。約其所費，日用千金，然後興十萬之師。千金，言費重也。”基博按此以物力之消耗言之也。《用間篇》曰：“凡興師十萬，出兵千里，百姓之費，公家之奉，日費千金，內外騷動，怠於道路，不得操事者七十萬家。”則兼人力言之也。然今日之戰，前線之一戰士，一日之所消耗，必有十七人在後方一日之所生產，始能足給；而生產之範圍，乃包工廠、農村及其他一切而言。前線一自動火器，後方必有七八人之合作，乃得。一輛兩人駕之小型戰車，必有四十六人於後方支持。一飛機，則必六十人。假如有二百萬兵作戰，至少非有二千萬人在後方努力以事生產，不可也！然壯丁必徵調以作戰，惟有婦女及其他成年人事生產耳！顧戰爭之既烈，而生產之量，必須擴大；日夜開工以增多生產，則勞動力之需要，尤較太平無事之日爲多！經濟動員之範圍，愈擴愈大，而戰時生產之效率，乃愈提愈高；何止“日費千金”、“不得操事者七十萬家”乎！

其用戰也，勝久，則鈍兵挫鋭；攻城，則力屈；

（訓義）賈林曰：“戰雖勝人，久則無利。兵貴全勝；鈍兵挫鋭，士傷馬疲，則屈。”梅堯臣曰：“攻城而久，則力必殫屈。”

久暴師，則國用不足。

（訓義）張預曰：“日費千金，師久暴，則國用豈能給？若漢武帝窮征深討，久而不解，及其國用空虛，乃下哀痛之詔，是也。”

夫鈍兵挫鋭，屈力殫貨，則諸侯乘其弊而起；雖有智者，不能善其後矣！

（訓義）李筌曰：“十萬衆舉，日費千金，非惟頓挫於外，亦財殫於内；是以聖人無暴師也。隋大業初，煬帝重兵好征，力屈雁門之下，兵挫遼水之上，疏河引淮，轉輸彌廣，出師萬里，國用不足；於是楊玄感、李密乘其弊而起；縱蘇威、高熲，豈能爲之謀也！”張預曰：“兵已疲矣，力已困矣，財已匱矣，鄰國因其罷弊，起兵以襲之；則縱有智能之人，亦不能防其後患。若吴代楚，入郢，久而不歸，越兵遂入；當是時，雖有伍員、孫武之徒，何嘗能爲善謀於後乎！”基博按孫武十三篇，爲列國交兵説法；而註釋諸家，生秦漢以後，習於内戰，多不得其解。如“鈍兵挫鋭，屈力殫貨，則諸侯乘其弊而起”。張預之説，是也。而李筌乃以隋之楊玄感、李密爲説，此叛徒耳，安得爲諸侯！惟鈍兵挫鋭，屈力殫貨之大患有二：諸侯乘其弊而起；如吴伐楚，入郢，久而不歸，越遂入吴。一也。民窮財盡而起内亂；如隋煬帝久勞師於外，民不聊生，而羣盜四起。即如一九一四年歐洲大戰，聯兵不解；而俄、德、奥三大帝國，先後革命，一時瓦解，尤爲明效大驗。二也。孫子僅以諸侯究其弊，未免漏義。

故兵聞拙速，未睹巧之久也！

（訓義）曹操曰：“雖拙，有以速勝。未睹者，言其無也。”杜牧曰：“攻取之間，雖拙於機智，然以神速爲上。蓋無老師費財鈍兵之患，則爲巧矣。”何氏曰：“速雖拙，不費財力也。久雖巧，恐生後患也。”基博按戰，非勝之難，勝而不久之難。德國克老山維茲著書論兵，每謂“戰爭之道，尤貴迅速決勝”；而毛奇將軍以來，傳授心法，奉以周旋。歐洲第一次大戰，自一九一四年，奥、塞開釁，至一九一九年，巴黎議和，前後亘五年。大抵德人利在速戰，英、法困以持久。然在德人開戰之初，本確有迅速制勝之具，其計畫有略可推見者。蓋俄軍動員之遲滯，遠非德比；俄全軍集於西境，須在二十日以上。德人當此期間，暫可無東顧之憂，則注全力以西征法。德、法境上，堡壘羅列，不易攻堅；而法、比境上，守備空焉，越比以襲法之不備，如是則不待旬日而巴黎可下。義大利同盟之國，如能守約勿渝，相與戮力，而掎法之南。以柔靡淫佚之法人，其非德敵也明矣。德則據法全境以因其資力，而與他敵國相持；其時俄軍方始集中耳，然後回師東指以與俄角。英陸軍之不武，天下所共聞，德人未嘗以爲意也，惟謀所以制其海軍。而海軍戰略，則將主力要艦，皆蟄伏於北海軍港及基羅大運河内，毋使致於敵；而惟用舊艦、小艦、魚雷、潛水艇等以擾敵師，次第減少其戰鬬力，使與我等，然後一舉而決戰。夫既破法，則英人膽落矣！先聲所奪，英之殖民地，必將紛紛叛亂；英之海軍以捍衛各地，不能集中，則可以一擊而殪之；海軍殪，則不得不乞和；不乞和，則以德陸軍入三島，如虎入羊羣耳；即英之海軍未能遽殲，而既撫有法境，則可以復行拿破崙封鎖大陸之政策，而英亦將坐困；如是，則所敵者惟一俄耳。德人固不肯蹈拿破崙覆轍，深入俄境以取敗；而距俄軍使不得入德境，其力自恢恢有餘。然後轉戰於波蘭、芬蘭之野，徐俟俄之疲敝，或更以術煽其内亂，使之狼顧。夫德既撫有全法，而因法資以與俄相持，俄之不敵明矣。如是，則俄亦服。德人自始所以策戰略者大略如此。顧自開戰後形勢觀之，其海戰計畫，與東部陸戰計畫，皆未嘗誤也；獨至西部陸戰，則大反其所期。其一義大利宣告中立，法人無南顧之憂，得併力相拒；然義之同盟，本不足恃，德人固已料及，不必恃爲援也。其二乃爲德人所萬不及料，則比利時抵抗力之强，足使全世界瞠目結舌！德人竭獅子搏兔之力，廑乃克之；所死傷已數萬人，而坐此停頓軍勢十餘日。一面則法人守備之具已完，英之援師亦至，非增加倍蓰之兵力，不能決勝。一面則俄軍已集於東，不能不分軍力以禦之；巴黎屹不能下，而德人之奔命則已罷矣。夫德人而欲迅奏膚功，必以先服法爲第一義；法既未服，則無先聲以震悚英之殖民地，故彼等猶慑於英之積威以爲之守；而海軍最後制勝之數，未敢知矣。法既未服，則不能因其資以與俄相持；而陸軍最後制勝之數，未敢知矣。夫“勝久，則鈍兵挫鋭；攻堅，則力屈；久暴師，則國用不足”。方其時，吾國嚴復與友人論，以爲：“英法之海軍未熸，而財力猶足以相持。軍興費重，日七八兆鎊，久之，德必不支。要而言之，德之霸權，終當屈於財權之下。”美乃徐起以承其弊而制全勝。故曰：“速雖拙，不費財力。巧雖久，恐生後患。”觀於德而可知也！今希特勒挾其閃電戰以縱横歐洲，滅國十四，雷擊霆震，所當者破；然而西不能直搗英倫三島以擒賊擒王；東又勞師以襲遠而連兵蘇聯；武器漸耗，精卒盡喪，戰勝而不能決勝，速戰而不能速決，頓兵挫鋭而師以老，屈力殫貨而民多飢；久而無功，叛者四起；有承其弊，何以善後！覆轍重尋，殷監不遠；“未睹巧之久”，蓋可斷言！

夫兵久而國利者，未之有也；

（訓義）賈林曰：“兵久無功，諸侯生心。”梅堯臣曰：“力屈貨殫，何利之有！”基博按一九一四年歐洲大戰，協約同盟，苦戰不解，伏尸千萬，交困俱弊；不惟俄與德、奥三大帝國，先後瓦解；而英、法亦屈力殫貨。英爲海軍一等國，世界貿易一等國之地位，亦以低落。乃知“兵久而國利”爲“未之有”之無與於勝負；“勝久則鈍兵挫鋭”，“屈力殫貨”，曠日持久，敗固可危，勝亦不利，乃爲“未之有”三字真實解詁，故以上專就勝爲勘發以徵“兵久”之不利，而“未之有”三字，兼該勝負而言。然而希特勒其知之矣！方其一舉而殲波蘭也，嘗欲脅英、法媾和，以收速戰速決之利，而保波蘭之勝，與人言：“今西線戰局之苦相持，我所未喻！苟其連兵不解，而德、法之間，必重分疆以劃一新界線焉！然大兵之後，莽莽大地，豈復樓臺莊嚴之世界，而爲破瓦頽垣之一片焦土；是誠何心！從古歷史，幾見有戰勝之事，而常兩敗以俱傷！”豈得謂之言不由衷也！然我欲保其勝，而人孰安於敗！速戰速決，我之願然；再接再厲，人亦自衛；欲速之不達，必久相持。及相持之日久，則先發制人，而欲乘人於猝者，用之既暴，力亦先竭；而後起以應者，能留有餘，以相周旋，情見勢絀，豈有倖乎！然則我欲決而人不與我決，速戰速決，有其略而不必有其事也！如其有之，不出二端：其（一）小國失援以遇大國，如摧枯拉朽之不足以當一擊；如義之於阿比西亞、阿爾巴尼亞，德之於波蘭，是也。其（二）見可而進，知難而退，速戰速和；如一八六六年，普奥之戰，普軍一戰而勝，而俾斯麥介法皇拿破崙第三以媾和於奥，不索償，不割地。一九〇五年，日俄之戰，日本海陸軍大勝，而明治天皇介美總統羅斯福以媾和於俄，雖以和議之失敗，而犧牲戰勝之所欲得，以拂輿情，召衆怒，而有不恤；然而勝則保矣！則是以速和勝，而非以速戰勝也！一九一四年，德人之戰英、法、俄，幾乎無役不勝；而一九一五年以後，每勝之後，必示意欲和；而英、法莫之許也！今我國以二十六年抗戰而迄於今，蹙地數萬里，幾乎無戰不敗；而每敗之後，日人必示意欲和，而我國人亦莫之許！蓋德與日欲以和而保戰之勝；而英、法與我，何可以和而成德、日之勝也！而於是速戰速決之志荒矣！然則希特勒之所爲恫於西線戰局之苦相持者，非誠悲天憫人而於心有戚戚焉；特以英、法之不即和以成其速決，而心所謂危以爲呻吟焉爾！是故波蘭滅而欲媾和於英、法，法國降而又欲媾和於英；蓋非和不足以保戰之勝也；乃欲和而人不之許，於是戰勝而不得決勝，速戰而不得速決，而於是希特勒之計窮矣！

故不盡知用兵之害者，則不能盡知用兵之利也。

（訓義）張預曰："先知老師殫貨之害，然後能知擒敵制勝之利。"

右第一節論兵久而國不利，在軍則鈍兵挫鋭，在國則屈力殫貨，蓋深戒之也。

善用兵者，役不再籍，糧不三載。**（一本作再載**。**）**

（訓義）曹操曰："籍，猶賦也；言初賦民便取勝，不復歸國發兵也。始載糧，後遂因食於敵，還兵入國，不復以糧迎之也。"李筌曰："軍出，度遠近饋之；軍入，載糧迎之；謂之再載。越境，則館穀於敵，無三載之義也。"杜牧曰："審敵可攻，審我可戰，然後起兵，便能勝敵而還。鄭司農《周禮註》曰：'役，謂發兵起役；籍，乃伍籍也；比参爲伍。'因内政，寄軍令，以伍籍發軍起役也。"張預曰："此言兵不可久暴也。"基博按"糧不三載"，曹操註似作再載解。

取用於國，因糧於敵，故軍食可足也。

（訓義）曹操曰："兵甲戰具，取用國中。糧食，因敵也。"何氏曰："因，謂兵出境，鈔聚掠野，至於克敵拔城，得其儲積也。"鄭友賢曰："或問因糧於敵者，無遠輸之費也；取用必於國者，何也？曰：兵械之用，不可假人，亦不可假於人；器之於人，固在積習便熟而適其長短重輕之宜，與夫手足不相鉏鋙，而後可以濟用而害敵矣。吾之器，敵不便於用；敵之器，吾不習其利。非國中自備而習慣於三軍，則安可一旦倉卒假人之兵而給己之用哉。《易》曰：'萃，除戎器以戒不虞。'太公曰：'慮不先設，器械不備。'此皆言取用於國，不可因於人也。"基博按克老山維茲《兵法》第五卷論戰鬬力，有曰："凡軍隊，不論以攻人之國，抑或以自衛其國，無不依賴於供給！蓋以軍隊之存亡，依於供給之有無也；供給充裕，則戰鬬力强！而軍隊供給之所需，不出二者：其一爲凡屬在農産之地，無不能供給者，則不必取用於國，而以糧食用品爲主。其他則爲本國以外，不能取得；如兵器、彈藥、被服、裝具等，謂之補充用品。”則亦與孫子“取用於國，因糧於敵”之説同。

國之貧於師者遠輸；遠輸，則百姓貧。

（訓義）賈林曰：“遠輸，則財耗於道路，弊於轉運，百姓日貧。”張預曰：“以七十萬家之力，供餉十萬之師於千里之外，則百姓不得不貧。”

近於師者貴賣；貴賣，則百姓財竭。

（訓義）賈林曰：“師徒所聚，物皆暴貴，人貪非常之利，竭財物以賣之；初雖獲利殊多，終當力疲貨竭。”又曰：“既有非常之歛，故賣者求價無厭；百姓竭力買之，自然家國虛盡也。”王晳曰：“夫遠輸，則人勞費；近市，則物騰貴；是故久師則爲國患也。”張預曰：“近師之民，必貪利而貴貨其物於遠來輸餉之人，則財不得不竭。”基博按國之所以貧於師者有二：其一“遠輸；遠輸，則百姓貧”；言遠於軍事區域之後方，以徵集物資，遠輸以供軍，而後方之物資缺乏，故百姓貧。其二“近於師者貴賣；貴賣，則百姓財竭”；言近於軍事區域，則大軍雲集，以消費者增多，而物價騰貴，故百姓財竭。物資缺乏，消費增多，兩者互爲因果，而“力屈財殫”之害，無救矣！

財竭，則急於丘役，力屈財殫，中原内虛於家；百姓之費，十去其七。

（訓義）杜牧曰：“《司馬法》曰：‘六尺爲步，步百爲畝，畝百爲夫，夫三爲屋，屋三爲井，四井爲邑，四邑爲丘，四丘爲甸。’丘，蓋十六井也。丘有戎馬一匹，牛四頭；甸有戎馬四匹，牛十六頭。丘，車一乘，甲士三人，步卒七十二人。”王晳曰：“急者，暴於常賦也。”張預曰：“丘役，謂如魯成公作丘甲也；國用急迫，乃使丘出甸賦，違常制也。運糧，則力屈；輸餉，則財殫；原野之民，家産内虛，度其所費，十無其七也。”

公車之費，破車罷馬，甲冑矢弩，戟楯蔽櫓，丘牛大車，十去其六。

（訓義）梅堯臣曰：“百姓以財糧力役奉軍之費，其資十損乎七；公家以牛馬器仗奉軍之費，其資十損乎六；是以竭賦窮兵，百姓弊矣。役急民貧，國家虛矣。”王晳曰：“楯，干也。蔽，可以屏蔽。櫓，大楯也。丘牛，古所謂匹馬丘牛也。大車，牛車也；《易》曰：‘大車以載。’”張預曰：“兵以車馬爲本，故先言車馬疲敝也。蔽櫓，楯也，今謂之彭排。丘牛，大牛也。大車必革車。始言破車疲馬者，謂攻戰之馳車也。次言丘牛大車者，即輜重之革車也。公家車馬器械，亦十損其六。”

故智將務食於敵，食敵一鍾，當吾二十鍾；萁秆一石，當吾二十石。

(訓義)曹操曰："六斛四斗爲鍾，計千里轉運，二十鍾而致一鍾於軍中也。萁，豆稭也。秆，禾藁也。石者，一百二十斤也。轉輸之法，費二十石，得一石。一云：萁，音忌，豆也。七十斤爲一石，當吾二十石，言遠費也。"李筌曰："遠師轉一鍾之粟，費二十鍾，方可達軍。將之智也，務食於敵以省己之費也。"杜牧曰："秦攻匈奴，使天下運糧，起於黄腄瑯琊負海之郡，轉輸北河，率三十鍾而致一石。漢武建元中，通西南夷，作者數萬人，千里負擔饋糧，率十鍾餘致一石。今校孫子之言，食敵一鍾，當吾二十鍾，蓋約平地千里轉輸之法，費二十石，得一石。不約道里，蓋漏闕也。"張預曰："千里饋糧，則費二十鍾石，而得一鍾石到軍所；若越險阻，則猶不啻。故秦征匈奴，率三十鍾而致一石，此言能將必因糧於敵也。"

右第二節論因糧於敵，或以紓屈力殫貨之害。基博按孫子之所謂"因糧於敵"，今日則謂之"以戰養戰"；如希特勒吞捷克，而因其軍需工業以爲資；佔丹麥，而因其農產品以爲資；降法國，而因其軍械，因其生鐵以爲資；服羅馬尼亞，而因其汽油以爲資；其他物資，亦多因征服國之所有，予取予求。日本亦欲以戰養戰，而攫取我淪陷各地之物資。今日之戰爭，其大欲在經濟之掠奪，物資之侵佔。孫子言"因糧於敵"，今日則無所不因；所因者廣，疑若戰亦可以自養，而不必取用於國；此"以戰養戰"之説也。然希特勒以經濟参謀部之計畫，於一九四一年，每月得自征服國之物資，估值美金四萬萬元，而揆之其時德國每月軍費二十萬萬元，纔五分之一耳；仍無救於屈力殫貨也！至一九四二年，日人既以奇襲挫英敗美，陷香港、新加坡，取荷印，佔緬甸，而逞志於南洋；然日本經濟學者石濱知行著論以謂："日人雖佔南洋之土地，而無法以取南洋之資源。其一戰事方亟，日本現時僅有之生産力，不能集中以開發資源。其二以敵人之採焦土戰術，生産工具，無不破壞，非技術建設，不能開發！其三新佔之地，人民仇視，而富有敵性，非政治善其措施，則技術無從進行！"以戰養戰，譚何容易！

故殺敵者，怒也。

(訓義)賈林曰："人而無怒，則不肯殺。"張預曰："激吾士卒，使上下同怒，則敵可殺。尉繚子曰：'民之所以戰者，氣也。'謂氣怒，則人人自戰。"

取敵之利者，貨也。

（訓義）杜牧曰：“使士見取敵之利者，貨財也；謂得敵之貨財，必以賞之，使人皆有欲，各自爲戰。後漢荊州刺史度尚討桂州賊帥卜陽潘鴻等，入南海，破其三屯，多獲珍寶；而鴻等黨聚猶衆。士卒驕富，莫有鬬志。尚曰：‘卜陽潘鴻作賊十年，皆習於攻守，當須諸郡併力以攻之。’令軍恣聽射獵。兵士喜悅，大小相與從禽。尚乃密使人潛焚其營，珍積皆盡。獵者來還，莫不泣涕。尚曰：‘卜陽等財貨，足富數世，諸卿但不併力耳；所亡少少，何足介意！’衆聞，咸憤踊願戰。尚令秣馬蓐食，明晨，徑赴賊屯，陽鴻不設備，吏士乘鋭，遂破之。此乃是也。”梅堯臣曰：“殺敵，則激吾人以怒。取敵，則利吾人以貨。”

故車戰，得車十乘已上，賞其先得者，

（訓義）杜牧曰：“夫得車十乘已上，蓋衆人用命之所致也，若徧賞之，則力不足；與其所獲之車，公家仍自以財貨賞其唱謀先登者，此所以勸勵士卒。故上文云：‘取敵之利者，貨也。’言十乘者，舉其綱目也。”梅堯臣曰：“徧賞則難周，故獎一而勵百也。”張預曰：“車一乘，凡七十五人，以車與敵戰，吾士卒能獲敵車十乘已上者，吾士卒必不下千餘人也；以其人衆，故不能徧賞，但以厚利賞其陷陣先獲者，以勸餘衆。”

而更其旌旗。

（訓義）賈林曰：“令不識也。”張預曰：“變敵之色，令與己同。”

車，雜而乘之；

（訓義）梅堯臣曰：“車許雜乘，旗無因故。”張預曰：“己車與敵車參雜而用之，不可獨任也。”

卒，善而養之；

（訓義）王晳曰：“得敵卒，則養之與吾卒同；善者，謂勿侵辱之也；若厚撫初附，或失人心。”張預曰：“所獲之卒，必以恩心撫養之，俾爲我用。”基博按所獲之卒，養之善，則爲我用；養之不善，亦爲我虞！然或虞其不我用而以阬降，則敵之降者可阬，而敵之未降者不能阬，必以堅其力戰之心而致死於我，終難以得志於天下矣！戰國之世，秦昭王使武安君白起爲上將軍，伐趙，而王自之河内，賜民爵各一級，發年十五以上，悉詣長平；大破趙軍於長平；趙卒四十萬人降武安君。武安君計曰：“趙卒反覆，非盡殺之恐爲亂！”乃挾詐而盡阬殺之，遺其小者二百四十人歸趙；趙人大震！

其後秦復發兵攻趙邯鄲，少利，秦王欲使武安君將。武安君言曰："邯鄲實未易攻也！且諸侯救日至；彼諸侯怨秦之日久矣！今秦雖破長平軍，而秦卒死者過半，國內空，遠絶河山，而争人國都；趙應其內，諸侯攻其外，破秦軍必矣！不可！"秦王自命不行；遂稱病。秦王怒，賜之劍自裁。武安君引劍曰："我固當死！長平之戰，趙卒降者數十萬人，我詐而盡阬之，是足以死！"遂自殺！其後何晏論之曰："白起之降趙卒，詐而阬其四十萬，豈特酷暴之謂乎！後亦難以重得志矣！向使衆人皆豫知降之必死，則張虛拳猶可畏也！況於四十萬披堅執鋭哉！天下見降秦之將，頭顱似山；歸秦之衆，骸積似丘；則後日之戰，死當死耳；何衆肯服，何城肯下乎！是爲雖能裁四十萬之命而適足以彊天下之戰；欲以要一朝之功，而乃更堅諸侯之守；故兵進而自伐其勢，軍勝而還喪其計！何者？設使趙衆復合，馬服更生，則後日之戰，必非前日之對也；況今皆使天下爲後日乎！其所以終不敢復加兵於邯鄲者，非但憂平原之補袒；患諸侯之救至也；徒諱之而不言耳！可謂善戰而拙勝！長平之事，秦民之十五以上者，皆荷戟而向趙矣；秦王又親自賜民爵於河內。夫以秦强而十五以上者死傷過半；此爲破趙之功小，傷秦之敗大；又何以稱奇哉！若趙之降卒，善而養之者，則秦衆多矣；降者可致也；必不可致者，本自當戰殺，不當受降詐也！戰殺雖難，降殺雖易；然降殺之爲害，禍大於劇戰也！"語見《史記集解》引。孫子言"卒善而養之，是謂勝敵而益强"；今武安君不善而阬之，所以勝敵而轉弱；可不熟圖而審處之乎！一九四四年一月，美國陸海軍兩部聯合公布，稱："日軍虐殺在菲律賓所俘之美國將士五千二百人。"全美人士無不震憤以矢必報！古之阬降，今之虐待敵俘，皆無裨於耗敵之力，而適以增敵之怒！敵知降與俘之無倖，則必之死靡他以致怒於我，人懷必死，我寧有倖乎！

是謂勝敵而益强。

（訓義）杜牧曰："因敵之資，益己之强。"張預曰："勝其敵而獲其車與卒，既爲我用，則是增己之强。"

右第三節論勝敵益强，則可免鈍兵挫鋭之禍。

故兵貴勝不貴久。

（訓義）梅堯臣曰："上所言皆貴速也；速，則省財用，息民力也。"張預曰："久，則師老財竭，易以生變。"基博按戰無常法，兵無定勢，"貴勝不貴久”，固理之自然；能久乃能勝，亦勢有相因。大抵小國而暴强，可以乘人於猝，而憑藉不厚者，貴勝不貴久，久則師老而財竭；如德國、義國、日本，是也。大國而積弛，未虞受人之攻，而倉猝以應者，能久乃能勝，久乃力厚而氣足；如中國、蘇聯、英、美，是也。貴勝不貴久，於是乎有殲滅戰；而希特勒所呼之閃電戰，乃殲滅戰之極詣也。能久乃能勝，於是乎有消耗戰，而蔣委員長所倡之磁鐵戰，亦消耗戰之大成也。殲滅戰者，在厚蓄其力，乘人之不虞，而用之於最初之一擊，及鋒而試，速決戰速勝。消耗戰者，則厚蓄其力，待敵之既衰，而用之於最後之一擊，相機以動，不決勝不戰。殲滅戰者，電發霆震，開戰之初，亟求敵之主力以快心於一決。消耗戰者，好整以暇，開戰之初，强而避之，不與決戰，使不得逞志於我，以保我之主力，而徐起以承其弊。《兵志》曰：“先人有奪人之心”；此殲滅戰之旨也。揭暄曰：“我處其縮，以盡彼盈；既舒吾盈，還乘彼縮”；此消耗戰之意也。惟勝負之分，必以決戰；而決戰之法，祇有攻擊。殲滅戰以進攻爲決戰。消耗戰以反攻爲決戰。而所以爲決戰者有三：曰備戰。曰集團。曰突擊。所謂備戰者，未戰之前，明恥教戰，整軍經武，繕完器械，鼓勵士氣，而精神之振奮，物質之充裕，皆屬焉。所謂集團者，兵力宜集中，不宜分散；集中，則威力大；分散，則力量薄；宜厚蓄其力而集中之，悉力殫鋭以用之於決戰之時與地；至於地之非我所欲決戰，則不宜置兵無用之地，而少置之以疑敵人而分其勢，僅足自衛，可爾。所謂突擊者，集我之兵，攻敵之瑕，彼竭我盈，而予以不可禦之突擊，以殲滅敵軍，而潰其武力也。特消耗戰之反攻，用之於最後之一刹那；然以消耗戰始者，仍不得不以殲滅戰終，而收功於攻擊；反守爲攻，乃能戰敗爲勝；無攻擊，則無決勝，固與殲滅戰殊途而同歸也！考之歐洲戰史：普魯士菲烈德立大王用消耗戰；而法帝拿破崙，則以殲滅戰。蓋菲烈德立大王之戰，以横隊而用傭兵；横隊，則兵勢散而不能集中以突擊；傭兵，則兵力耗而不易徵募以繼戰；主力必求保持，攻擊以伺時機；此所以爲消耗戰也。至拿破崙，則變横隊爲縱隊以利突擊；而其兵制，又爲志願兵與徵兵，徵募既易，補充不難，而又同仇敵愾，有愛國之熱情，有決戰之勇氣，可以一鼓作氣，而爲殲滅戰也。然普魯士菲烈德立大王之消耗戰，所謂“君以此始”，而不必以此終；包圍殲滅之戰術，由菲烈德立大王開其先河；而繼繼繩繩以有老毛奇將軍，導揚神武；而迄史梯芬元帥蒐集古今之殲滅戰例，著爲一書以申儆所部；而手定德軍速戰速決之作戰計畫，即所謂史梯芬計畫以成典型，而集其大成者也。一九一四年，大戰開始，小毛奇傳授史梯芬之心法，迂迴包圍以入法之北疆，而用殲滅戰；一擊不中，而法大將霞飛、福煦，乃用消耗戰以承其弊而制全勝。然而此一役也，德人創鉅痛深，不以殲滅戰之不可用，而用之不得其道也；於是焦心苦思，以求貫澈"兵貴勝不貴久"之旨；塞克特將軍主其計，白魯希茲將軍措諸事，二人者，皆受學於魯登道夫者也；一本史梯芬之傳授心法，極深研幾，而採義大利杜黑將軍制空權之論，以建設空軍；採英國飛勒將軍坦克車集團軍用之論，以創新機械化部隊；而勝之以蘇聯所倡降落傘部隊之運用，乘間抵巇，以配合陸軍之步、騎、炮兵，相與僇力，然後可以爲突擊者，加猛加速，敵人不知所措手。此閃電戰之術，所以盛倡於德國；而所以爲閃電戰之具，則非創自德人；所以試閃電戰之用，亦非始於德人也！閃電戰之具：曰飛機。曰坦克車。曰降落傘。坦克車之用於作戰，起自英人，而坦克車之製造，英法兩國，早久開始；惟用之於戰，則英法兩國兵家之議論，微有不同。法人以爲坦克車者，不過一種隨從之武器，可以輔步兵推進，而制壓敵人之機關槍火力耳！非協步兵以俱進，不可也！英人則不然！謂"坦克車，可以利用所有之速度與火力，縱横馳突，不必偕步兵以協進。苟用坦克車羣，而作集體之進攻，無堅不摧，理有可信，敵陣雖堅，亦復何用！"而首倡其說者，飛勒將軍也！乃以一九一八年八月八日，用飛勒將軍之說，而試之於西戰場之佩綸。德軍瞠目不知所爲，大潰不止，而陣地喪失。魯登道夫將軍亦爲太息曰："自開戰以來，未有如此之黯澹喪氣也！"士氣大挫，一蹶不振！於是飛勒將軍欣喜欲狂；益信坦克車者，不僅以輔步兵作戰，抑亦可以獨力作戰者也！大戰既終，而飛勒將軍，孜孜矻矻，夙夜弗懈，以研究坦克車、裝甲車及其他自動車輛協同猛進之法。二十年來，其思想之傳播，而爲塞克特將軍之所採用者不少焉！此閃電戰之具一也。顧飛勒將軍欲以坦克車圖集團之作戰；而義大利杜黑將軍，則倡以飛機爲集團之作戰，於一九二一年，刊行一書，曰《制空權》，其大旨謂："今後戰爭，如有一國焉，於開戰之初，能以大隊之飛機，乘敵軍之未及集中，而深入敵境，握制空權，集團轟炸，以潰其軍，耗其資者，必無不勝！"墨索里尼採其議，而德國空軍統帥戈林將軍，則尤杜黑之信徒云！此閃電戰之具二也。然空軍可以制空，而不能掠地；可横空以轟炸敵後，而無法落地以扼吭拊背；於是蘇聯訓練降落傘部隊，設計以飛機運載步兵及小炮坦克；飛將軍可以從天而下，批吭擣虛！此閃電戰之具三也。有其具矣，墨索里尼初試新鉶，以一九三五年十月，襲阿比西尼亞；此閃電戰之破題兒第一次試用也！特閃電戰之名未定耳！方其開戰之初，列國兵家懲前毖後，而推測勝負以斷言者有三：一曰："壕溝制度，不論發展如何；而强大之炮兵與步兵以聯合之襲擊戰術，未嘗無效；徵之上次大戰而可知也。"二曰："如用大隊之坦克車，集中以猛攻敵陣之一點，必可摧堅以制勝！"三曰："制勝之要素爲時間。縱實行徵兵之國，一旦開戰，動員之時間，必以十天；而集中之時間，尚在外。當今之世，未有國焉，太平無事之日，而動員集中一國之軍隊，以時時戒備於不虞者也！徒以一國之財力有限；未有和戰未定之際，而遽動員以圖集中者也！方敵國欲動員以圖集中之時間，則是予我以襲擊之機；而襲擊之不可缺者，厥爲汽油機械之武器，即飛機與坦克車，是也。"墨索里尼有其武器以襲擊矣，而乘軍備落後之阿比西尼亞，以攻其不備；固不足以當一擊也！然兵家因以知飛勒將軍坦克車獨立作戰，杜黑將軍制空權之論，有未盡善，而待斟酌者四焉：（一）大炮射程以外之敵軍後方，如以飛機空襲，而予以猛烈之轟炸；雖不能決勝，可以耗敵之物資，挫敵之士氣。（二）陸軍必以飛機佐戰，乃可制勝。（三）坦克車如獨力作戰，而不得步兵護持以鋭進，必爲敵之步兵所圍殲。（四）坦克車如參加步、騎、炮、空等軍以協同作戰，斯無不勝之戰。此阿比西尼亞一役之所啓示也。於是白魯希兹將軍究極利病，而不爲拘虚，斟酌損益，以得結論者有三：其（一）空軍之大用，可以炸襲敵後之軍需工業，與交通要道，而斷其接濟，阻其運輸；然不能決勝；可以耗毁敵力，而無法佔領敵土；可以暫時制空，而無法永久佔空；如無陸軍以相協力，雖猛烈之空襲，亦無成功；不如協同陸軍以作戰之威力爲大；而追擊尤猛迅！其（二）陸軍之坦克車隊，如以獨立進攻，鮮不爲敵之步兵包圍而俘獲，此危道也！如協同步、騎、炮兵及空軍以進攻，則威力之發揮極大！而進攻敵之堅壘要塞，尤非飛機及炮兵之僇力，不能相與以有功也！其（三）敵人之飛機、坦克車及炮兵，不如我之猛而多；我進攻而敵敗退，機械化部隊，如與空軍協力，而急起直追，不予敵軍以喘息之機，務殲滅之爲快；斯可以一戰而定，以貫澈"兵貴勝不貴久"之旨矣！顧猶未以自信，益遣諸將，赴西班牙，指導佛朗哥將軍内戰，助以空軍與機械化部隊，而爲實地之演習；乃知用重轟炸機以轟炸敵之防禦陣地，而以佛朗哥將軍之證明，不如用炮兵集中射擊之收效大；而用輕轟炸機以輕磅炸彈，與機關槍射擊以嚮敵陣作俯衝攻擊，則成功出於意外！當坦克車衝鋒時，如不得炮兵與空軍以掩護，則人員車輛之犧牲不可計！佛朗哥將軍之步兵，每於臨陣之際，以火焚其協同作戰之坦克車；蓋戰之方酣，而汽油不繼，無法以動；不焚，則爲敵之戰利品矣！益以證空軍與機械化部隊，不能以代步兵、炮兵之用；而惟與步兵、炮兵相輔以進，乃可摧堅破鋭以制勝爾！墨索里尼亦以阿比西尼亞一役之有成功，而以再試於阿爾巴尼亞；戰事將起，海、陸、空軍，傾國以赴，予之猛襲；阿國之軍未及動員；而已控制其要害焉！此閃電戰之第二次試用以有成功也！然而閃電戰之名猶未立；衹稱曰“時間之奇襲”而已！於是白魯希茲將軍，相觀而善，變通以盡利，申儆於國，而務以爲不宣而戰，乘人之不虞，厚蓄其勢於開戰之初，悉力殫鋭，予敵以當頭之猛擊；而不零星增援，與敵爲動員競賽於開戰以後。其爲戰也，施之有序。大抵先集中所有之空軍，以殲滅敵之空軍及其根據地，而握制空權。其次則以大隊之轟炸機，蠭起雲集，而轟炸敵之兵營、彈藥庫及軍需工業，以損耗敵人作戰之資力；轟炸敵國之汽車路、鐵路、橋梁、車站，及其運輸車輛，阻絶交通，不予敵人以行軍之利，於是敵人不得動員集中以增援前方。又其次以空軍指導炮兵，集中火力，以猛烈轟炸敵要塞陣地之堡壘、壕塹，及一切防禦工程，務盡摧毁之以毋爲我障。又其次以飛機運輸降落傘部隊，降落敵後；據其要害，以阻其前線之增援；襲其司令部，以摧其中權之指揮，使之前後不能相顧，左右失其連繫。又其次以坦克車隊，在空軍掩護之下，衝入敵陣，而繼之以裝甲車隊、摩托脚踏車隊組合之輕機械化部隊，如潮之湧，汩汩而來，以猛烈之突擊，而薄敵軍以全線之崩潰。又其次以卡車運輸大隊之步兵與炮兵，佔守敵人要塞；而以大隊中型坦克車及機械步炮工兵組合之重機械化部隊，與空軍協力以猛迅追擊，毋予敵以蒐乘補卒、捲土重來之機。於是兵之“貴勝不貴久”，乃在機械工業發達之德國，實事求是，代有生動力以無生動力，而以猛鋭無前之勢，縱横馳突於一九三九年以後之歐洲大陸；一戰而滅波蘭，再戰而殲英法聯軍，其間下丹、挪，徇荷、比，不出兩月，所當者破，近古以來，未嘗有也！於是英法之人，震驚相告，曰：“何其神也！此閃電矣！”而希特勒亦掠人之美，以爲大言誇耀，喻如閃電之目不及瞬，疾雷之耳不及掩，言其猛而加疾，亦以疾而加猛也！然而閃電戰，德行之而有功；而他國效之，未必有成功。同一德也，用之於波蘭，於丹、挪，於荷、比，於法，乃至南斯拉夫、希臘，無不有功；而用之於蘇聯，亦無成功。此其故何也？蓋閃電戰，亦必知彼知己，而後可以推行盡利，左宜右有；非能戰必勝，攻必取也，而所以行閃電戰而有功者，有二端焉：一曰在我者有其能。二曰在敵者有其可。何謂在我者有其能？國家以工業立國，而機械工業日以精進；然後鋼鐵器材及發動機、摩托，於太平無事之日，製造日多；而可資以建設大隊之空軍及機械化部隊。至於交通與農業，亦必機械化，然後人民日習於摩托；一旦有事，可以徵役而爲摩托之士兵。一也。戰之所以爲閃電，在空軍與機械化部隊之猛速運用；而空軍與機械化部隊，無汽油，則不能運用；尤必一國汽油之生産，足以自給。二也。國家之政治爲極權；而社會之組織，敵涣散而我嚴整，令出惟行，可以猛速行動而制機先。三也。外交之運用，間諜之宣傳，可以摇惑視聽，擾亂人心，而莫知我之所欲攻；然後乘人之不虞。四也。四者具，而後在我者有其能也。何謂在敵者有其可？交戰之國，壤土相接，而汽車之路，六通四闢，平原大野，而後機械化部隊，可以縱横馳突；空中陸戰隊，便於降落集中。一也。敵之人民財産、物資、工業，皆集中於都市，而不能以疏散；可以一舉而摧毁之，不能自振以無力再戰。二也。敵之國小而力薄，可以摧之於一擊。三也。三者具，而後在敵者有其可也。豈有無施不可之閃電戰哉！惟德爲能閃電戰，以其工業發達，政制極權，而外交之運用靈活，間諜之發縱神祕也。然而汽油之生産，每年不過六十萬噸，而空軍及機械化部隊之猛速運用，久必不繼。惟波蘭、丹麥、挪威、荷蘭、比利時，及法國，乃至南斯拉夫、希臘，可以用德之閃電戰而有功；以其與德接壤，交通便利，空軍及機械化部隊，運用自如；而又波蘭、丹麥、挪威、荷蘭、比利時，乃至南斯拉夫、希臘，小國不足當一擊；法國之人心涣散，而爲民主政體，不如德之社會嚴整，而統以極權也。然中國、蘇聯，不能以閃電戰勝；而日本，則雖欲爲閃電戰而不能！何者？蓋日本之機械工業不發達，不能自造飛機與坦克；又汽油百分之九十，不得不資之國外輸入；則所以爲閃電戰者無其具。而日本之爲君主立憲國，議會雖不必有力，而亦有權能，足以掣軍閥之肘；軍閥干政而未能柄政，意見亦極紛歧，而莫適爲政；不如德之爲極權國，則所以運用閃電者無其體。故曰："日本雖欲爲閃電戰而不能"也。至於中國，地大物博，人民財産，尚未集中都市；而山嶺川澤，地形叢複，交通不便；閃電戰縱横馳突以掠我邊，而不能長驅直入，潰我腹心，及其再衰三竭，而我進退綽有餘裕，徐起以承其敝。此日本之所以頓兵挫鋭，而心所謂危者也！蘇聯則又大國而極權，社會有嚴整之組織，略同德國，而不如法之涣散；廣土衆民，而加之以高山疊嶺，間以川澤，機械化部隊之猛速運用，有其限度，則又同於中國；而機械工業之發達，飛機坦克之能自造，以有大隊之空軍與機械化部隊，皆中國所不如，而力足以與希特勒之德國相周旋，德國閃電，蘇聯亦電閃，此僵彼仆，未知鹿死誰手？顧希特勒欲施故技以摧之一擊，亦多見其不自量已！夫侵略者，貴於速戰速決以宜殲滅戰；而被侵者，則宜穩紮穩打以用消耗戰。日本、德國，不能速決，已無勝算；而中國、蘇聯，苟能持久，即已不敗。蓋爲殲滅戰者，張脈僨興而力先耗竭；而用消耗戰者，故事蓄縮而力留剩餘；彼竭我盈，而勝負可知也。然惟大國之如中國、蘇聯者，可以用消耗戰，而持久於不弊；而小國則不能！蓋欲消耗敵，亦必自消耗；小國寡民，敵未耗而我先消。惟廣土衆民，憑藉既厚，强而避之，則退有餘地；再接再厲，則兵有餘衆；待敵勢之已衰，而我力之未盡，然後以我之盈，乘彼之竭，此所以勝也！夫殲滅戰之衍變爲閃電戰，在加速，加猛，予敵以不可抗之攻擊。而消耗戰之衍變爲磁鐵戰，尤貴忍，貴緩，予敵以不可耐之遲延。非敵勢之已衰，不爲反攻；而未反攻之前，我則故控其力。敵人長驅以來，大兵緩退以持其前，而散兵狙敵以伺於後，化整爲零，側擊横襲，亟肄以疲之，多方以誤之，且戰且退，亦愈退愈戰，與敵相戰而不與會戰，予敵以勝而不予以決勝；敵欲進則散兵後掣，欲退則大兵反追，決戰不得，而又欲罷不能；如鐵之爲磁所吸，進退失據，此磁鐵戰之所由稱也。然則閃電亦成虚語，而速戰速決，豈能盡如人意！一九三八年，希特勒之將侵捷克也，其軍部參謀部，固嘗懷疑速戰速決之未易，而以鄭重相告矣！使速戰速決之計不遂，然希特勒亦預有以善其後乎？曰："有！用戰求其速決；經濟爲其持久；兩者相反，而以相成。"蓋用兵之道，在以最小限度之犧牲與消耗，而得最大之勝利；莫如制人機先以破壞敵之勝利，而後成我之勝利；其最高之效率，厥惟速決！如戰而不能速決，曠日持久，而乖經濟之原則，消耗日多，必有“屈力殫貨”之患；此用戰之所以求速決也。然經濟不預爲持久；萬一速戰而不能速決，則軍未敗而財先匱，必爲敵人所乘，而無以善其後！一七五六年，普魯士菲烈德立大王與奥戰，連兵七年。奥聯俄、法，而普勢孤；大王以小敵大，以寡戰衆，而操勝算者，則以開戰之初，經濟爲其持久也。大王以普之國小而民寡也，人口衹二百五十萬，而養兵八萬；顧大王不欲普之人，舍生産以事於戰；八萬之兵，傭自外國；而開倉濟民，獎勵生産；人皆知奮，力耕勤穫，雖七年苦戰，而民不飢；此所以勝也。一九一四年，歐洲第一次大戰開戰之初，威廉二世，以德國精鋭久練之陸軍，而用老毛奇之速決戰略，緟以史梯芬之計畫縝密，何難一戰而定！孰知速戰而不能速決，及曠日之既久，所失敗者，不在軍事而在經濟；後方經濟，不能支持，民不聊生，而士亦投戈，前方以潰；則以過信速戰之能速決，而經濟未爲持久之圖也！希特勒其知之矣；所以戰略雖求速決，而經濟預圖持久；設經濟參謀部，以懲前敗；而厲行菲烈德立促生産以利戰争之策；所異者，不傭兵於外國以事戰争；而傭工於外國以督生産。外國之土地已被德所佔領而尚未兼併者，有人口一萬四千八百萬；其中荷蘭、比利時與法，久擅工業，尤多熟練之機械技工。此外尚有二千四百餘萬人，在德之勢力範圍之内，而受其控制；其中亦有自由國家，如瑞典、瑞士；亦有國家潰敗而土地尚未佔領者，如法之未淪陷區；莫不擁有近代之工業設備。一九四一年，歐洲淪陷區，有三百五十萬人，爲德人所雇以作工；其中一百五十萬人，爲戰時俘虜；二百萬人，爲淪陷區政府所遣致。而波蘭軍火工人之爲德雇者，予以雙薪。假使勞工之不給而爲數量，則以德所俘虜之衆，何難取之左右逢其源耶！或者慮俘虜之怠工罷工；苟管理之嚴，而證之上次大戰，可以明其無慮！所困難者，不在俘虜之怠工罷工，而在其技術太差，不諳近代工業之生産方法；抑以不習德語而談話隔閡，訓練亦難！所以雇用俘虜，實不得已而非德人之所欲；觀於一九四二年八月十一日，賴伐爾與德人祕密協定，載德人願釋放五萬法國俘虜，以交换一萬五千法國技術工人而服務於德之工廠，可以知其故已！德之勞工部長蘇克爾及其前任曼斯菲德博士無不知工作須出自願，强徵或以僨事。自願工人，無論外籍或本國，其效能比之工人徵調或强迫而來者爲佳也！所以德之外籍自願工人，備受優待，工資高，膳食高，而可匯款以濟家用；尚有其他種種優待辦法，以鼓勵外籍工人之投効；而在其佔領國内，則拒絶供給工人糧食券，拒絶發給工作證，强迫當地工廠主開除工人，不供給工廠原料以促工廠之倒閉；工人無工可作，無食可謀，不得不散而之四方；而德人勞來以優待；或推之，或挽之，而德之外籍自願工人，予取予求，至一九四一年九月，而達二百萬人矣；其中二萬九千丹麥人，九萬三千荷蘭人，十二萬二千比利時人，十四萬九千法人，二十二萬波希米亞、斯洛伐克與麻拉菲亞人，二十七萬二千義大利人，三萬五千匈牙利人，十萬九千巨哥斯拉夫人；而來自荷蘭、法之北部、義大利及捷克斯洛伐克之機械工人與鑛冶工人，技術甚佳！此外尚有俘虜一百五十萬人以彌縫其缺。假使曼斯菲德徵調百餘萬蘇俄工人及增雇其他各國工人之計畫而有成功，則德之外籍工人，可增至五百五十萬而或過之；則德國工人二千五百萬之中，百分之二十二爲外國人。然而勞工問題之嚴重不解，所以然者，與其謂德缺不熟練、半熟練之工人，不如謂德國今日工鑛業之高級技術人員及其他各部門管理之專門人才需要益大！蓋德國國内人力之蓄備已竭，而不得不多雇國外之技工；苟非有相當之專門人才，而爲有效之管理；則工作之效率與生產量必減！然則如之何？曰：其他利用外國勞力之有效方法，則爲德人與國外工廠訂約以代製造軍事物資；使原料之供應無缺，而廠址隱藏以不受空襲，因利乘便，而廠屋、給養、工人之管理及軍需之供應，咸得以解決焉！此其有事於工業生產者也。一九四二年春，德國二百一十三萬農民之中，有一百二十萬爲外國人；而一廣大之農場，場長及其家庭，祗雇一德人以爲助手，而督七八外籍工人以事耕植。此國内勞農之不得不用外國人也。然而因利乘便之有效方法，亦如工業，莫如利用佔領國之土地，使之農業德國化；而撫定佔領國之勞農以事耕作，促進其生產。希特勒滅國者十四，奄有歐陸；而經濟參謀部之設計，採德國工業及農業之計畫，而施之於淪陷諸國，以促進其農業現代化；撫定農民，以安耕作。巴爾幹農民，以其穀物、烟草及大豆，全部出賣，而按期予以貸款。荷蘭之植菓蔬者，慶其豐穫，而祝以來歲。波蘭之栽甜菜者，以德人之取求，而廣其面積至一倍；馬鈴薯之收成，增加百分之十六以至二十；而油田之面積，亦被擴充。此其有事於農業生產者也。皆淪陷區人民也。蓋淪陷區人民力穡勤工以事生產，而供德人之戰；猶之七國之秦，以秦人戰，而誘三晉之民以耕矣！至德國軍費之匀攤於征服諸國者，大抵歐洲受德國保護或佔領之國，歲繳德軍之防費，佔其全部支出百分之二十；而波蘭與挪威，至三分之一。挪威每年每人繳德軍防費三百七十五馬克爲最多。波蘭每人三百馬克。丹麥人一百二十馬克。比利時人二百馬克。荷蘭人九十馬克爲最少矣！法則每月繳德國軍費四萬萬法郎；其中一萬二千萬法郎，爲德軍維持之費；而其餘則爲企業維持費，以收買法國之股票。蓋德國人民之軍費負擔，漸以不支，而轉嫁於諸國也。昔商鞅教秦，耕戰並重；而希特勒，則經濟設計之持久，與戰略之速決，雙管齊下，而圖有以善其後；所以虞殲滅戰之窮也。然德之陸軍，由殲滅戰而演變爲閃電戰以加猛加速；而德之海軍，則不得不紆徐爲妍以用消耗戰。蓋消耗戰者，弱之所以制强。一九一四年，第一次歐洲大戰開始，德人自知海軍之不足以抗英也，於是以主力艦蟄伏北海軍港及基羅大運河内，而避不與英交綏；惟用小型艦之魚雷、潛水艇等以爲遊擊，巡弋英吉利海峽及愛爾蘭海附近；截掠商船，封鎖英倫，斷其給養；而遇英之主力艦，則狙擊而沈之，蕲於漸消漸耗，而英之主力艦日減，及我之力足以相勝，然後一舉而殲之。特以英之海軍，遠過於德，而德未獲逞其志；然英之商船，損失一千一百萬噸，英倫三島，瀕於飢餓；則德海軍之消耗戰，有以致之也！於時德潛艇祇有一百四十艘，而協約國之船隻被擊沉者有二千艘！魯登道夫在其大戰回憶録中，言："海軍大臣，爲帝國總理之友，而建議無限制潛艇戰之策；預計半年之内，必可制勝；而船舶之損失，海上貿易之阻害，已斷英國之命脈，而使之不能繼續作戰。"故以潛艇戰而論，不得不謂德人之成功！迄於希特勒得政，德之海軍，創制袖珍主力艦以游擊英商船，廣造大中小各型潛艇以狙沈英軍艦，欲以消耗英之海軍，而處心積慮，尤注意於潛艇閃擊戰！蓋潛艇閃擊戰者，爲海軍以弱制强之惟一戰法，德國海軍，纔當英百分之三十五；而以大戰，寡不敵衆，勢必無幸！惟有以潛艇爲游擊；吾寧鬬智，不能鬬力；出没無常，潛行海底！乘間抵巇，予以突擊，聲東擊西，莫可測識；英之海軍，罷於奔命，時有狙沈，而以大困！然開戰之初，德人祇有潛艇六十五艘；特以製造之積極，每月可得新潛艇十五艘乃至三十艘，而倍於每月作戰之所損失；至一九四三年春，而德有潛艇五百艘以上，以視上次大戰之潛艇，乃爲三倍半；而荷蘭、比利時及法國之地，咸爲德所佔領，潛艇活動之範圍亦廣！上次大戰之時，德人潛艇根據地，僅限於德、比兩國海岸；而欲出海襲擊，非繞道蘇格蘭北岸，而涉險以經英之封鎖線不可；此危道也！

而今何如？北起挪威之拿維克，南迄法國海岸之巴央納，延亘之大西洋東岸，無不在德人控制之下；而挪威之德倫的英以及法之布勒斯特與羅利翁，皆潛艇活動之優良港灣也！方英美盟軍未在西北非登陸以前，而達喀爾與卡薩布朗卡都，亦爲德潛艇在南大西洋活動之根據地。從前威廉二世之潛艇隊，出海襲擊，需時四五日。而今希特勒之潛艇隊，則僅一日或一日半，可以駛入大西洋。潛艇之活動既廣，而潛艇之製造亦改進，迥非威廉二世所用可比！第一結構之强固。今日德國潛艇，可以悠閑自在，在六七百呎之水深下潛行；抑亦能在海底停泊以節省燃料；於是驅逐艦之深水爆炸彈，可以無虞！深水爆炸彈，誠爲潛艇之大敵；然可以在水深三十六呎至三百呎深度爆發，而不能達三百呎以下！第二航速之突進。每小時能行海面二十哩至二十四哩；盟國非改裝驅逐之引擎，不能追蹤！第三武器之威猛。潛艇之主要武器，依舊魚雷；然以視昔日，發射準確，而射程益遠，爆力益大！英相邱吉爾以一九四三年一月二十六日，與美總統羅斯福會於西非卡薩布朗卡都，商討作戰計畫；而回國以後，向下院報告，中謂："潛艇戰之足以制我死命，無待深論；英美政府之作戰計畫，莫急於戰勝潛艇！惟潛艇爲足以稽遲吾人之行動，而妨害吾人以全力作戰！然吾人之反潛艇戰已有進展，而潛艇之偵察力亦漸減！開戰之第一年，每潛艇一艘，沈我船十九艘；第二年，減爲十二艘；第三年，則七艘半；我沈没之船艘愈減，則我英美兩國之作戰努力當必大增！惟希特勒必加緊潛艇戰以阻害美國大量之供應品運抵所指定之目的地，而消耗吾作戰之努力以不得開闢第二戰場。"於是海軍之消耗戰，不妨與陸軍之閃電戰，雙管齊下；亦實以海軍之不足以與英度長挈短，自知之明，不得不出此也。是故德之建艦政策及其艦隊設計，與英美大海軍國不同。英美艦隊之設計，在千浬遠鬬以渡洋作戰，而有巨量之排水，有遠伸之航力，有堅厚之護甲。德之艦隊設計，則以襲擊爲主旨；其主力艦之特點，在速力大，火力猛，則以便於襲擊之故；而輔以重潛艇之製造，欲以潛艇戰術，擾敵之航運，截敵之物資，而以封鎖制勝焉！義之建艦政策媲於德；而日則以攻爲守，折衷二者之間；其造艦也，速力之大，火力之猛，同於德；而巨量之排水，遠伸之航力，則比肩歐美！德之造艦，以小型爲主，而日則大小兼騖，不以小型艦之匠心，而忽略大型之主力艦！然主力艦之造，費用不貲；雖以海軍大國之美，亦重難用之，而不欲孤注一擲。一九四〇年，美海軍少將施德霖嘗論：“美如與日戰，將留駐主力艦隊於日本海軍力所不能及之夏威夷羣島；而用潛艇、驅逐艦及輕巡洋艦以游弋海洋，封鎖日本艦隊之運輸與交通；而戰鬬艦則避不交綏。”日本伊藤正德亦言：“美如以海軍與日相角太平洋，必不以主力艦隊，而出二策：一曰分散分擊戰；所謂分散分擊戰者，蓋不以主力爲決戰，而以分隊爲游擊，分散敵之兵力以不得集中，相機狙襲而逐一殲滅之；所殲滅者，不必敵主力之一部也；苟敵之軍艦，狙襲而日以少；即我之海軍，相形而日以强。白奈特提以此而創制空軍巡洋艦。空軍巡洋艦者，有六寸口徑炮八門，有飛機二十四架，而後有甲板，以爲機之起飛與降落，迴翔綽有餘地；蓋以巡洋艦而兼有航空母艦之用者也；有八千噸至一萬噸之排水量，速力三十五節，續航力一萬二千浬，航程遠而駛進速，可以偵察，可以狙襲，亦可以遠航而單獨作戰，美人稱之曰攻勢母艦羣；而以其敏於應戰，亦可稱之爲海上閃電部隊。蓋爲分散分擊戰之理想艦型，而知美國海戰之必出乎此也。其次爲封鎖戰。美人嘗坦白而言曰：‘以美國一國，可以擊敗日本；然而日本一國，則不能封鎖美國。’前説固失之誇；而後説則余日人不能不承！何者？太平、大西兩洋，浩渺無際，而美人夾兩大洋以立國，縱以英日兩國之連合艦隊，亦不能全面封鎖；縱能封鎖，而以美之地大物博，閉關可以自給，則封鎖亦有何用！況以日本一國之海軍爲封鎖，則大西洋門户大開，運輸自如；而東南太平洋，力亦有所未逮；此日本一國所以不能封鎖美國也。然而美國之封鎖日本，則異是矣！日本之所以不如美國者，壤土狹而資源薄，所產者寡，不能自給也。美如封鎖日本，則可以大隊之潛艇，航行一萬八千浬，狙刼運輸，斷絕給養；而麻六甲海峽、中國海、對馬海峽，皆爲封鎖之海面矣。”曰分散分擊，曰封鎖，亦德之海軍所以制英之戰略，而欲收功於消耗者也。而究其所以匠心經營，而善消耗戰之用者有三，而主力艦不與焉！其一曰空軍巡洋艦。其一曰潛艇。而更益之以蚊式魚雷艇。蚊式魚雷艇之視主力艦，雖若渺小不足道；然能以小制大而出奇制勝！以其有遠伸之航力，追風破浪，在我可用以遠征！以其爲神速之駛行，左縈右拂，在敵不易於描準！而尤以其艦身小，吃水淺，可以潛入敵人之海口，而不爲覺察，不虞擱淺！縱或爲敵人所覺察焉；則以其引擎之强有力，艦身之渺小，駛行固速，擺動尤大；不論空中之掃射，陸上之射擊，描準皆難，命中不易！人莫之毒而能毒人，裝有重魚雷，以制大型艦之死命而無堅不摧；特以蚊形爲標識，喻其小也！然則日人不以小型艦之匠心而忽略大型之主力艦；美人亦豈以主力艦之偉大，而漠視小型艦之運用；此美之所以備戰也！然而日本海軍則何如？日本海軍之不敵美，猶之德之海軍之不足以與英度長挈短也；於是廣製驅逐艦、小型航空母艦、大型潛水艇以爲游擊狙襲之用。蓋日本海軍欲以稱雄於太平洋者，不在主力艦，在小型艦；先是元世祖之征日本也，常造大艦，出雄師，以佔對馬羣島，而在九州登陸；方其交綏於海上，元艦大而日艦小，小固不可以敵大，屢以挫敗！然元以艦大而運掉濡遲；而日以艦小而駛轉輕疾，久之所以乘間抵巇而出奇制勝！此爲日人小型艦之原始認識，而應用之於新海軍建設者有二：一爲驅逐艦之多與其炮力之强。一爲潛水艇之多與其艇型之大。方太平洋未開戰以前，日本最傑出之艦型，無過於驅逐艦！日本擁有百數十艘之驅逐艦與二十餘艘之大魚雷艇，雖在魚雷管方面，不及美國，而速力亦少遜；然火力則遠優於美國；蓋日本之驅逐艦，裝有多數之炮位，火力務求迅速，而利用直接統制以使一切炮火同時開放也。日本海戰體系，在艦隊動作之前，及其後，尤致力於强烈之魚雷攻襲；日俄之役，嘗以致勝；殆不欲以主力艦作孤注之擲，而圖以小制大，先消耗敵之主力艦爾！然以魚雷制人，則亦防人之以魚雷制我；所以造艦不重裝甲而重速度，然必力圖艦艘之堅，足以耐魚雷之射襲而無虞也！日本海軍以側嚮潛艇政策著。一九四一年五月二十四日，其退休海軍中將和渡聲稱："日本海軍，不論時代及人事變遷如何，必堅持潛艇政策而不怠！且以華盛頓海約之規定，日本之製造主力艦受限制；何可不以潛艇之優勢，補其不足！"太平洋戰爭之未發生，已擁有潛艇七十餘艘；其中二千噸者有二十艘，裝有五.五吋之炮五門，而航距在一萬六千英里以上，能横渡太平洋以進擾美領海。猶以爲未足，而有超級運貨潛艇之設計，其數爲二十八艘；而海面航速每小時二十四浬，水底航速十浬，載有可以折卸之飛機兩架，六吋炮四門；能裝大量之貨物以運輸。傳者言嘗有一艘試航於德，而越過英美之封鎖線，運載德國之飛機及造船專家三百人以返三島云？又設計一萬五千噸之劫掠巡洋艦二艘，其速力超過德國袖珍艦之德意志號，而裝有十二吋之大炮與二十餘飛機。方其經營之始，美國海軍專家莫測何用，以爲糜費鉅而效能小，疑爲不可信？不知今日之海戰，與昔日不同。第一次歐戰之時，有白晝之海戰；而英倫海軍家，無不以夜戰爲冒險而出於不得已；且射擊之效力不佳！今則以空軍之發展，而艦隊不能爲晝戰！蓋晝戰，則無不有空軍以進行長距離之空中襲擊，而爲艦隊之前茅；艦隊，則以避免敵艦俯衝轟炸機及魚雷之襲擊，而不敢駛近敵艦以在我射程之内！惟有伺夜以乘敵不虞，乃能駛近敵艦以發炮射擊。所以今日之争海權，不復如往古之以大艦隊控制海面爲戰争；而聲東擊西，化整爲零，不會戰而狙襲，以小勝爲大勝，德如此，日美亦將如此！日本之創制劫掠巡洋艦，猶美之創制空軍巡洋艦，皆原於德之袖珍主力艦而加改良，可以偵察，可以狙襲，亦可以遠征而單獨作戰，以巡洋艦而兼資航空母艦之用者也。德義兩國，領海淺狹，而用如此之劫掠巡洋艦，易被搜捕！惟日本在水天相接之太平洋，可以縱横四出，用此一萬五千噸之劫掠巡洋艦而無虞爾！日本雖不能封鎖美國，而海戰準備之爲分隊狙襲，以蘄收功於消耗，而不爲殲滅戰；一也。蘇聯，大陸之國，出海無口，而海軍無用武之地，則亦側重潛艇戰以夾輔陸軍。一九〇四年，日俄之役，帝俄之海軍殲焉；而潛艇則出没對馬海峽以狙沈日本之運輸艦，而消耗其人力物力以不得集中用於遼東戰場；蓋對馬海峽之海水極深，潛行不易發見；而水温亦和，可以不設暖房，尤便於潛艇之寒季也。上次歐洲大戰，希俄潛艇之狼號，尤予德國海上運輸以慘烈之沈没。及希特勒肆志於蘇，紅色潛艇，屢襲德沿海港口；一九四一年冬季，嘗潛航凍結之芬蘭灣冰面下，以至芬蘭灣海岸，狙沈德艦，而潛航以歸焉！德之攻蘇以陸軍，而軍需供應，亦資海運，循挪威海濱以抵芬蘭北端之貝柴摩港口而登陸。惟紅色潛艇之狙擊有成功，而德人大量用以進攻蘇聯之坦克車、大炮及軍火燃料，無不沈没海底矣！蘇聯以潛艇狙襲海運，而消耗德之軍資，以不得供應大陸戰場；猶之德人以潛艇狙襲海運，而消耗英美之軍資，以不得開闢歐陸第二戰場。然則潛艇者，匪惟可以消耗敵人海軍艦隊之主力；抑亦可以消耗敵人陸軍供應之物資；此潛艇戰之又一作用也。自德人新主力艦俾斯麥號之沈没也，美記者阿本德著論以謂："近代空軍發展，大軍艦如無空軍之保護，即無以自存！若駛入敵人陸上空軍根據地之活動範圍以内，尤無不爲所摧毁！歷史上大規模之艦隊作戰，將不可再見；而易以零星片段之戰鬭。惟潛水艇能潛入深海，以避空軍之攻擊，而成游擊奇襲之功。"蓋潛水艇之所以有利於海戰之奇襲者，第（一）可以隱而不見。英國海軍大學教官克雷上校稱："攻潛水艇之法，研討之成功極微！而最有效者，爲施放水中爆雷；然潛水艇非發射魚雷以襲我艦；我則無法以察識其所在，而予以反擊也！”美國美捷爾將軍亦謂：“潛水艇雖在水上，亦非飛機所能偵伺而得！蓋在今日所有之水陸戰具，未有如潛水艇之不能以飛機發現者也！若深潛入海，則更無法以轟擊矣！”其（次）無所往而不可。汪洋大海，隨地潛伏，而敵人莫測！一九四一年，柔德蘭之海戰，以英國艦隊之强大，而不敢追奔逐北，以殲滅德國艦隊者，則以吉利珂提督虞德國潛水艇之襲擊；而實無之，遂以縱敵也！然潛水艇之於海洋，亦非無往不利！何者？蓋地中海海水澄清，潛水艇雖入水三十呎以下，亦或爲飛機所發見！而北海，則以水之混濁，流之争湧；飛機偵伺，驟難發見矣！太平洋水流混濁，波濤洶湧，殆有甚焉；此利於潛水艇之伏航者也。然以太平洋之水深，而現代潛水艇之潛入深度，自一百呎以進展至六七百呎；但以海水之壓力，尚不能超過七百呎；而潛水艇駛離根據地以後，不能定泊海底以休息也！地中海之深處亦然！而北海作戰之潛水艇，則可以泊於淺水之沙底，悠然自在，以聽音機聽察敵艦之行動，伺其至，而徐起以襲擊焉！至於襲擊之法：阻撓運輸，狙襲商船，以封鎖敵海，斷其接濟；一也。潛水艇縱横海底，出没無常，或襲敵人海岸之漁村商港，或騷擾其偏僻航線，雖不足以制敵死命；而足以疑誤敵人爲警備，以牽制其艦艇，東西聲援，罷於奔命；二也。潛水艇以配屬主力艦，或爲前進時搜索敵潛水艇之用；或爲作戰時殲襲敵主力艦之用；三也。單獨潛駛，以狙襲敵人行進或巡邏之艦隊；四也。潛伏敵人海軍根據地附近，時時加以狙襲；五也。潛伏敵人海軍根據地，或敵人艦隊之航程附近，伺敵艦之行動以隨時通報，如日人潛水艇之潛伏新加坡，而威爾斯基親王號及却敵號兩主力艦之行動，皆爲探知，而以告其空軍來轟炸，六也。惟驅逐艦，搜索潛水艇，而以保護主力艦、運輸艦，不受潛水艇之進攻！然一九四二年，美國輸英之物資，百分之四十，爲德潛水艇所擊沈；於是英海軍横跨大西洋以聯成驅逐艦帶，十浬八浬，置一驅逐艦，巡視護航；而德潛水艇之肆暴如故！惟潛水艇亦有其短：潛行速度極低，而耐力亦不高！德潛水艇，在海面航行之時，用内燃引擎以推動，而潛行，則恃蓄電池之電力以發動引擎，而一天半之時間内，衹能走三浬至四浬；倘潛行之速度超越，則蓄電池之電力不給；一也。潛水艇潛行幾小時以後，而蓄電池之電力以罄；則不能不浮水面以裝電，而亦須幾小時之時間；於時，則轟炸機之最好目標也！潛水艇之潛望鏡，不能瞭望天空；而一架轟炸機，則在幾哩之外，可以見潛水艇之出浮，投以炸彈而使之不及避；二也。潛水艇如以出浮而中彈，則不能再潛入水底；使其離根據地太遠，則必有沈没之虞；三也。英海軍之驅逐艦帶，既不能以戢德潛水艇之暴，於是以美之空軍，輔英之海軍，從天空偵視潛水艇之出没，而以革新護艦之組織；其組織，以飛機及小型航空母艦爲主力，而配合驅逐艦及其他護送船艘，組成護航隊。當護航時，將艦隊組成輪形，而以所護之運輸艦、軍艦，置於核心，環以小型航空母艦，而以驅逐艦及其他護航艦組成外圍，又分内外兩層，包於航空母艦圈之外側。其航行也，不時以母艦起飛之飛機，巡邏偵視；而德潛水艇，則以欲避飛機之偵視，而潛入水中，速率鋭減，不能追蹤；於是英國之運輸大暢以無虞於德潛水艇，而美國則廣播潛水艇於太平洋以狙襲日海運，消耗日海軍矣！夫以潛水艇之製造，而消耗戰之奇襲，必盛行於海，猶之坦克車之製造，而殲滅戰之奇襲，必盛行於陸。惟坦克車以速力之猛，而能協同空軍轟炸以爲奇襲；潛水艇則以潛形之隱，而務避免空軍轟炸以爲奇襲。陸軍以空軍之轟炸，而以成大會戰之殲滅；海軍則以空軍之轟炸，而以避大會戰之殲滅。其間勝負得失之故，所貴好學深思，心知其意；固難爲淺見寡聞道也！

故知兵之將，民之司命，國家安危之主也。

（訓義）梅堯臣曰："此言任將之重。"基博按"知兵之將"之"知"何知也？曰：知兵之"貴勝不貴久"也。不盡知用兵之害者，則不能盡知用兵之利。故曰："民之司命"，曰"國家安危之主"，蓋反覆丁寧而鄭重言之也。正與上《計篇》起語"兵者，國之大事，死生之地，存亡之道"云云，一脈相承，倘但知"勝"之利，而不睹"久"之害，屈力殫貨，鈍兵挫鋭，則失於所以爲計，而不可謂"知"；民以之死，國以之亡矣。可不慎其所爲"知"哉！

右第四節歸束到"貴勝不貴久"；鄭重以丁寧之。

謀攻篇第三

（解題）曹操曰："欲攻敵，必先謀。"李筌曰："合陣爲戰，圍城曰攻，故以次《戰》之下。"基博按"謀"與"計"不同："計"者兼政略而言，籌之於未戰之先；"謀"者指戰略而言，決之於臨戰之日。"謀攻"以次"作戰"之後者，一以戰勝而後攻取，攻乃繼戰而起。二以"伐兵"已非上兵，"攻城"又其下者。題曰"謀攻"，而旨在非攻；以"下政攻城，攻城之法爲不得已"兩語爲結穴；蘄於"伐謀"、"伐交"，不以力征經營，而以謀制全勝，故以"謀攻"題篇。《三國志・馬良傳》裴松之注引《襄陽記》載：諸葛亮征南中，問計馬謖？應曰："用兵之道，攻心爲上，攻城爲下；心戰爲上，兵戰爲下。"所謂"謀攻"，此物此志也。

孫子曰：凡用兵之法，全國爲上，破國次之。

（訓義）杜佑曰："敵國來服爲上，以兵擊破爲次。"張預曰："《尉繚子》曰：'講武料敵，使敵氣喪失而師散，雖形全而不爲之用，此道勝也；破軍殺將，乘堙發機，會衆奪地，此力勝也。'然則所謂道勝力勝者，即全國破國之謂也。夫吊民伐罪，全勝爲上；爲不得已而至於破，則其次也。"

全軍爲上，破軍次之。全旅爲上，破旅次之。全卒爲上，破卒次之。全伍爲上，破伍次之。

（訓義）張預曰："周制：萬二千五百人爲軍，五百人爲旅，百人爲卒，五人爲伍，自軍至伍，皆以不戰而勝之爲上。"

是故百戰百勝，非善之善者也。

（訓義）張預曰："戰而能勝，必多殺傷；故曰'非善之善'。"

不戰而屈人之兵，善之善者也。

（訓義）孟氏曰："重廟勝也。"杜牧曰："以計勝敵。"王晳曰："兵貴伐謀，不務戰也。"基博按"不戰而屈人之兵"，斯能"全國"；蓋不欲"百戰百勝"以破人之國也。而今希特勒之用兵，則"全國"與"破國"，肆其兼併以錯綜爲用；有"百戰百勝"之閃電戰，亦有"不戰而屈人之兵"之心理戰、間諜戰與外交戰。滅波蘭，下丹、挪，徇荷、比，降法，乃至摧南斯拉夫及希臘，皆用閃電戰以"破國"而有成功者也。至於併奥吞捷，而開戰以來，亦既敗英降法，而轉兵東嚮，挾戰勝之餘威，利誘威脅，懾匈牙利、羅馬尼亞、保加利亞三國以爲之用；是則間諜戰、外交戰之成功，而有全國以不戰屈者也。空軍、機械化部隊以及陸軍之炮、工、步兵，乃至降落傘部隊，皆所以爲閃電戰之具；而宣傳部、情報部、外交部以及駐外使節領署、政治警察、第五縱隊，乃至男女德僑，形形色色，則無不爲間諜戰、外交戰之具；而神明其用以心理戰，發蹤指示自參謀部。希特勒之下丹、挪，徇荷、比，而降法也，非惟爲閃電戰之成功，抑亦爲間諜戰之妙用！而間諜戰與外交戰亦有種種；其詳不可得聞，而要不外宣傳戰、思想戰、恫嚇戰、神經戰之迭相爲用，以變通盡利而已！夫閃電戰，無堅不摧；而間諜戰與外交戰，則無孔不入。以間諜戰與外交戰爲前茅，以閃電戰爲後盾，而以心理戰綰中權。心理戰、間諜戰與外交戰，已有效而不獲竟全功，則繼之以閃電戰而要其終。閃電戰有成功而聲威赫奕，又繼之以心理戰、間諜戰與外交戰而大其用。蓋在我戰勝之威，先聲可以奪；而人則驚弓之鳥，虛弦可以下，如匈、羅、保之於希特勒，其可見者也。以閃電戰收間諜戰與外交戰之功，亦以心理戰、間諜戰與外交戰而免閃電戰之用。然則"全國"者，"破國"之餘威；而"破國"者，"全國"之先聲；參伍錯綜，而希特勒之所以遂其兼併者也。然希特勒之法，一本於克老山維茲，而自爲神明變化。克氏之書，其指要可得而論者有三：一曰“戰之爲道，尤貴迅速決勝，而必以殲滅敵國之軍隊及其戰鬬力。”二曰“戰略無妨政略，外交以輔軍事，斯其戰勝不忒；如恃勝好戰，而外交因應無方，則未有能終保其勝！”三曰“操縱敵國之輿論，以煽誘敵國之人心，使之厭戰而自爲瓦解，夫如是其孰能禦我！”要之以攻心爲破國，以先發爲制勝而已！斯希特勒之閃電戰、心理戰、間諜戰與外交戰，錯綜爲用之所由昉也。前但澤議會主席羅許尼格博士言：“閃電戰之襲擊，聲東擊西之佯攻，不過希特勒公開之戰術；而潛以分散敵國之團結，消殺抗戰之心理，所以攻心也！希特勒嘗語我曰：‘我欲摧敗敵人於未戰之前；而決不如一九一四年之役，用步兵死守壕溝以罷於相持也！開戰之前，造謠暗殺，先用宣傳以把握敵人之心理；及敵國之起而欲戰，而敵國之民心已摇，敵軍之士氣早竭！當我之進兵敵國，有歡迎而無抵抗；軍至如歸，浩蕩直入以佔參謀部，佔各部院；而其國之行政首長、負責官吏，或俘或遁，莫知所爲計；其軍隊無人指揮，其政治無人領導，而與我素有默契之人，乃從中起而代之，組織政府以相僇力。我欲得其人而用之，亦復何國蔑有；而所得者，必爲一國之秀；政治之野心，政争之失意，不得志於當國，而欲資我以爲用，皆足以範我馳驅，而不必以賄致也！倘我無把握以使軍心涣喪之敵人立即降服，我不揭開戰幕也！我發蹤指示以領導敵國人民之革命，斯可以不戰而自服；蓋得之蘇俄共産黨，而我行我法者也；世界最精之拳擊，祇有在敵手之下，可以學到耳！夫宣傳世界革命，豈非蘇俄之拿手好戲乎！我恨之，何恤學之，我之能策動法國革命，與把握德國之不革命，同一確定！法國之軍隊雖强大，而以國内之騷動，羣衆意志之紛歧，必不能發揚威力以僇力同仇，可斷言者！總之，敵人精神之混亂，情感之矛盾，意志之猶豫，與思想之麻痺，皆我不戰而屈人之武器！當敵軍之精神已摇動，敵國之革命已藴釀，而社會不安，黨派互鬩，時乎時乎不可失，而董之以武師，有不戰，戰必勝矣！’”嗚呼！此希特勒所欲以“不戰而屈人之兵”者也！知此者，而後可與言希特勒之戰勝攻取！

故上兵伐謀，

（訓義）杜佑曰：“敵方設計，欲舉衆師，伐而抑之，是其上。故太公云：‘善除患者，理於未生，善勝敵者，勝於無形。’”張預曰：“伐謀者，用謀以伐人也；言以奇策祕算，取勝於不戰，兵之上也。”

其次伐交，

（訓義）王晳曰：“謂未能全屈敵謀，當且間其交，使之解散。彼交，則事鉅敵堅；彼不交，則事小敵脆也。”張預曰：“或曰：‘伐交者，用交以伐人也；言欲舉兵伐敵，先結鄰國爲犄角之勢，則我强而敵弱。’”鄭友賢曰：“或問兵以伐謀爲上者，以其有屈人之易，而無血刃之難；伐兵攻城爲之次下，明矣。伐交之智，何異於伐謀之工而又次之？曰：破謀者，不費而勝；破交者，未勝而費。帷幄樽俎之間，而揣摩折衝，心戰計勝其未形已成之策，不煩毫氂之費，而彼奔北降服之不暇者，伐謀之義也。或遣使介，約車乘聘幣之奏；或使間諜，出土地金玉之資。張儀散六國之從，陰厚者數年；尉繚子破諸侯之援，出金三十萬。如此之類，費已廣而敵未服，非加以征伐之勞，則未見全勝之功；宜乎次於晏嬰、子房、寇恂、荀彧之智也。”基博按“伐交”之策，盛於七國；一縱一横，抵巇捭闔，鈎心鬬角，具著《戰國策》一書。昔康有爲、梁啓超，論李鴻章之辦外交，以謂：“不知《萬國公法》，而徒襲戰國縱横之餘智，捭闔抵巇，卒無當焉而以速尤召侮！”一時以爲名論！其實自輕家丘，而以成敗論英雄耳！德國鐵血宰相俾斯麥有言：“國際無公道；强權即公理也！”彼心目中何嘗知有《萬國公法》哉！觀於上次歐洲大戰，協約同盟，鈎心鬬角；以迄於今，同盟軸心，捭闔抵巇，彼之所謂外交家者，何嘗不襲戰國縱横之餘智，而别有奇謀乎！所貴好學深思，心知其意！謂李鴻章不善承縱横之餘智，可也，謂李鴻章承戰國縱横之餘智而以僨事，不可也！何謂縱？何謂横？縱亦作從。《韓非子・五蠹篇》言：“從者，合衆弱以攻一强也。横者，事一强以攻衆弱也。”吾則謂從有羣從之義；横有横恣之意。恣一强以兼併曰横。羣衆弱以抵抗曰縱。觀於七國，秦爲横；齊、楚、燕、趙、韓、魏六國爲縱；而按當今，德、日爲横；中、蘇、英、美爲縱。秦之得肆其志，在六國之縱不合；而德、日之不免於敗，在中、蘇、英、美之縱不散也！何以言其然？夫秦之所以謀六國者，遠交而近攻；而秦之所虞於六國者，畏秦而合縱；此何也？則以遠交而近攻，斯可以各個擊破而六國以次併；畏秦而合縱，則無法各個擊破而六國難卒勝也！是故六國之所利者，合縱也；而秦之所爲計，在離六國之縱以相與；挑六國之争以相弱；恫嚇以脅之爲與，離間以挑之使鬬，然後乘間抵巇，而徐起以承其弊！然六國之弱而逼於秦，不敢不事秦者惟韓、魏；秦之所能以兵相加而無虞於敗者亦惟韓、魏；此可以秦之下兵、下甲恫嚇也！至燕弱而遠於秦；齊强而遠於秦；楚與趙，則强而接於秦；皆非可以秦之下兵、下甲恫嚇也！觀張儀説楚，則挾“韓魏攻其北”以相脅；説齊，則云“驅韓魏”，“悉趙”以相攻；説趙，則云“告齊”，“驅韓、魏”以相攻；説燕，則云“驅趙”以相攻；然則秦之所以殘六國者，仍以六國之力而驅之相攻，脅以爲用；非能以寡敵衆也！蓋以六國之力相爲殘，而善蓄我有餘不用之力，以承其敝；彼竭我盈，必大克也！吾讀《戰國策·燕策》：秦召燕王；燕王欲往。蘇代約燕王，論秦之於六國，虚聲恫嚇以脅相事；多方離間以絶其援；戰不利，則以和爲誑；稍利，則又以攻爲取；曲盡情僞，如見肺肝！勢異事遷，古今代易；然希特勒之所以縱横歐陸，亦豈能外於秦之所以謀六國，而别有錦囊妙計哉！吾恨張伯倫、史丹林之不讀蘇代此論耳！苟其讀之，則張伯倫必不爲《慕尼黑協定》；史丹林必不訂《蘇德互不侵犯條約》矣！張伯倫之爲《慕尼黑協定》，希特勒之虚聲恫嚇以脅英爲與也！史丹林之訂蘇德互不侵犯協定，希特勒之多方離間以絶英之援也！然六國不悟，而英蘇卒悟！邱吉爾不受赫斯之奔，而史丹林亦聲明不與德爲媾；德之和平攻勢無效，則德不得以和爲誑而圖紓喘息；既罷於西，又騖於東，連兵不解，樹敵日衆，資源漸竭，鋭卒以盡，情見勢絀，而英美徐起以承其敝，德無倖矣！是何也？則皆知德之無饜也；非盡亡環球之國而奴役世界之民，必不休也！秦人伐韓，而魏不救；朱已謂魏王曰：“韓受兵三年矣，秦撓之以講。韓知亡，猶弗聽；投質於趙而請爲天下雁行頓兵。以臣之觀之，則楚、趙必與之攻矣；此何也？則皆知秦之無窮也；非盡亡天下之兵而臣海内之民，必不休矣！”希特勒傾國殫鋭以圖逞志於蘇；蘇知亡而投質於英，請爲世界雁行頓刃！英美固與之攻以爲楚趙；而以德之頓兵挫鋭，欲罷不能，其勢必無倖於爲秦！是何也？蓋秦之所以利於六國者，畏而受和；秦之所以虞於六國者，大畏而知亡；畏而受和，則可以休兵而再舉；大畏而知亡，則必出合縱以僇力！今英、美、蘇大畏而知亡矣，其交益親，其約益固；而德張脈僨興以日競於戰，撓蘇以講而不得；此固秦之所爲虞，而希特勒之心爲危也！希特勒之所畏者莫如蘇，以其大國而接境；而秦之所畏者莫如楚，亦以大國而接境！秦人欲伐楚。楚人有黄歇者，游學博聞；襄王以爲辯，故使於秦，説昭王，止毋伐楚；其辭以謂：“善楚，則可以併韓魏而接地於齊；伐楚，斯徒以肥韓魏而歸重於齊！”然暫爲楚緩兵，而深爲秦伐交！秦楚合而爲一以臨韓魏，韓魏亡而楚豈有幸！此何也？蓋秦無形格勢禁之慮，楚有勢孤失援之害；此猶一九三九年，蘇德訂互不侵犯之約；而德無虞於蘇，以東肆志於波蘭，西逞兵於法國；波潰法亡而蘇亦受兵；以德無形格勢禁之慮也！嗚呼！紓伐楚之患於一日，而貽亡國之禍於不復，誰則謂黄歇智足以謀國者乎！然後知羅斯福之援英，邱吉爾之援蘇，皆智於謀國，而不予希特勒狡焉啓疆以遠交近攻也！蓋蘇屈，則希特勒可專志於英而無後顧之憂；猶之楚親，則秦可以肆志於韓魏而無後顧之憂。英亡，則希特勒可以移兵臨美而亡屏障之限；猶之韓魏亡，則秦可以移兵齊、趙而亡韓魏之隔！黄歇告秦，謂：“一善楚，而關内兩萬乘之韓魏，注地於齊，是王之地一經兩海，要絶天下也！是燕趙無齊楚，齊楚無燕趙也！然後危動燕趙，直搖齊楚！”使以今日之蘇，而況當日之楚；秦一善楚，而戍韓得魏，注地於齊；德一與蘇約不互犯，而潰波取法，注地於英！使希特勒得逞其狡而終善蘇，如秦之善楚；是德之地一經兩洋而要絶全球也！是英美無蘇聯，蘇聯無英美也！然後劫持蘇聯，直搖英、美；則六國兼併之勢成，而希特勒爲秦始皇矣！觀范睢之所以説秦昭王，而爲秦畫兼併者，不出二端：外則遠交而近攻。内則壹權以擅國。此何也？蓋遠交而近攻，則可以各個擊破；而國際反抗之力，以分散而弱！壹權以擅國，斯可以政令出一；而國内涣散之勢，以集中而强！然後以我之聚，乘人之散；以我之强，摧人之弱；斯秦之所以虜使其民而並六國；抑亦希特勒之專政於德而縱横歐陸者也！惟范睢以謂：“秦之國，四塞以爲固，北有甘泉谷口，南帶涇渭，右隴蜀，左關阪；奮擊百萬，戰車千乘，利則出攻，不利則守；此王者之地也！民怯於私鬬而勇於公戰；此王者之民也！王并此二者而有之，以治諸侯，霸王之業可致也！”今德之人，怯私鬬而勇於公戰，希特勒有其民矣！然希特勒有王者之民，而無王者之地！德，四戰之國，條達輻奏，其形勢頗似六國之韓魏，而不如秦之四塞以爲固！顧德人則以韓魏之形勢，而欲爲秦之兼併；利則出攻，而不利，則無所入以自守；此威廉二世之所以百戰百勝而不振於一蹶；而希特勒亦必無倖於今日者也！方今之建國，四塞以爲固；而能整齊其民人以怯私鬬，勇公戰者，其惟蘇聯乎！蓋所謂“并此二者而有之”，而接境於中國，自西北而東迤，地形犬牙相錯；而今而後，天下無變則已；天下有變，實逼處此，而爲中國患者，蓋莫大於蘇聯也！然英美亦不能無虞心於蘇聯，交不待伐而其勢孤！英美亦非扶植中國，不能以維持世界之均勢；親仁善鄰，國之寶也！夫伐交固以先於伐兵；而亟戰亦不能廢外交。國際戰爭之外交運用，新戰國之與舊戰國，一也！而驗之當今，按於《國策》，籀爲大例，可得而論者有六策焉：

（一）戰略可以運用外交，而不可以外交操縱戰略！以和輔戰，而毋以和妨戰；以戰得和，而毋以和爲媾！《秦策》：張儀説秦王曰："秦與荆人戰，大破荆，襲郢，取洞庭五都江南；荆王亡，奔走東伏於陳。當是時，隨荆以兵，則荆可舉；舉荆，則其民足貪也，地足利也；東以威齊燕，中陵三晉；然則是一舉而霸王之名可成，四鄰諸侯可朝也；而謀臣不爲，引軍而退，與荆人和；令荆人收亡國，聚散民，立社主，置宗廟，令帥天下西面以與秦爲難；此固無霸王之道一矣！天下有比志而軍華下；大王以詐破之，兵至梁郭；圍梁數旬，則梁可拔；拔梁，則魏可舉；舉魏，則荆趙之志絶；荆趙之志絶，則趙危；趙危而荆孤，東以威齊燕，中陵三晉；則是一舉而霸王之名可成，四鄰諸侯可朝，而謀臣不爲，引軍而退，與魏氏和；令魏氏收亡國，聚散民，立社主，置宗廟，此固已無霸王之道二矣！趙氏，中央之國，雜民之所居也；其民輕而難用，號令不治，賞罰不信，地形不便；上非能盡其民力！彼固亡國之形也，而不憂民氓，悉其士民，軍於長平之下，以争韓之上黨。大王以詐破之，拔武安。當是時，趙氏上下不相親，貴賤不相信；然則是邯鄲不守！拔邯鄲，完河間，引軍而去，西攻修武，踰羊腸，降代上黨；代三十六縣，上黨十七縣，不用一領甲，不苦一民，皆秦之有也！然則是舉趙，則韓必亡；韓亡則荆魏不能獨立；則是一舉而壞韓，蠹魏，挾荆以東弱齊燕，決白馬之口以流魏氏，一舉而三晉亡，縱者敗！大王拱手以須，天下徧隨而伏，霸王之名可成也！而謀臣不爲，引軍而退，與趙氏爲和，乃取欺於亡國！趙當亡不亡，秦當霸不霸，天下固量秦之謀臣一矣！乃復悉兵以攻邯鄲，不能拔也；棄甲兵，怒戰慄而却，天下固量秦之力二矣！軍乃引退，并於李下，大王又并軍而致與戰，非能厚勝之也，又交罷却，天下固量秦之力三矣！"此秦以和失勝，而荆、魏、趙則以和捄敗；秦以和妨戰，而荆、魏、趙以和備戰也！《趙策》：秦攻趙於長平，大破之，引兵而歸，因使人索六城於趙而講；趙計未定，王以告虞卿。虞卿曰："不如無媾！秦雖善攻，不能取六城！趙雖不守，而不至失六城！秦倦而歸，兵必罷！秦索六城於王，王以五城賂齊！齊，秦之深仇也，得王五城，并力而西擊秦！”趙王曰：“善！”因發虞卿東見齊王，與之謀秦。虞卿未反，秦之使者已在趙矣！秦亟勝而以媾趙和；趙不和而以來秦使；此趙以戰得和，而秦以和爲媾也。

（二）勿以驟敗而過估敵國之力，自餒以媾和；須知我敗而兵固挫，敵勝而力亦罷；我苟不和，敵亦無力！《趙策》：秦之大破趙於長平以索六城而講也，虞卿謂趙王曰：“秦之攻趙也，倦而歸乎？王以其力尚能進，愛王而不攻乎？”王曰：“秦之攻我也，不遺餘力矣！必以倦而歸也！”虞卿曰：“秦以其力攻所不能取，倦而歸；王又以其力之所不能攻以資之，是助秦自攻也！來年秦復攻王，王無以救矣！”《齊策》：蘇秦説齊閔王曰：“今世之所謂善用兵者，終戰比勝，則非國之利也！臣聞戰大勝者，其士多死而兵益弱！今夫鵠的，非咎罪於人也，便弓引弩而射之，中者則善，不中則愧；少長貴賤，則同心於貫之者；何也？惡其示人以難也！今窮戰比勝，則是非徒示人以難也；又且害人者也！然則天下仇之，必矣！”今之希特勒，亦世之所謂善用兵，終戰比勝者也；然而無一大勝，不呼籲和！吾讀《秦策》，張儀説秦王，以爲六國賞罰不行而民不能死！秦則政令嚴而民斷死；斷死與斷生也不同，一可以勝十，十可以勝百，百可以勝千，千可以勝萬，萬可以勝天下矣；然勝而無成功者，則以秦勝而不能乘勝以并力一決，與敗者爲和；而敗者得以其間收亡國，聚散民以重振，與秦爲難，秦失兼弱攻昧之道也！夫秦有勝而不知乘勝，則六國雖敗而不終底敗，轉以量秦之謀，量秦之力，而繕甲兵，補卒乘，再接再厲以乘秦於計窮力竭之餘；此吴之所以破趙而卒爲越破；齊之所以五戰五勝而無救於亡也！儀爲秦慮之熟矣！然秦有勝而不知乘勝以失計於和，此儀所以謂“謀臣之拙”也！希特勒則欲乘勝以無力乘而苦不得和，此謀臣之所無如何也！一九三九年以來，希特勒無戰不勝，而每勝必媾言和；始也波蘭亡而呼籲英法和；法潰而脅法爲和；將圖蘇而餌英以和；及破蘇而又餌蘇爲和。然德之爲勝，在速戰速決，而無力以持久；蓋勢使然，史實具在，天下固量德之謀臣一矣！乃復殫鋭以攻英倫，不能拔也；無所逞其怒，望洋興歎，天下固量德之力二矣！既不得志於英，又肆其東封而欲逞兵於蘇，非能厚勝之也，又交罷却，天下固量德之力三矣！内者量德爲謀，外者極德兵力，由是觀之；英、美、蘇之合縱而圖德，何所憚矣！内者德甲兵頓，士民病，蓄積索，田疇荒，困倉虚；外者英、蘇、美比志甚固而以僇力相圖；此儀之所以爲秦慮，仰亦希特勒之心爲危也！嗚呼！希特勒不云乎！“英國人自誇戰必勝，何嘗如此！然英人不戰則已；戰必到底，愈敗愈戰；則非虚語！”然則秦人之所以勝而卒無有成功者，則以秦人之戰不到底，故勝不到底也！於荆然；於魏然；於趙無不然！英人之所以敗而無害爲强國者，則以英人之戰必到底，斯敗不到底也！於法皇拿破崙然，於德帝威廉二世然；於希特勒亦將然！何可以驟敗而過估敵國之力，自餒以媾和耶！顧目論者，徒拘拘於勝敗之迹，强弱之勢，氣以驟敗而遽餒，勢以相形而益絀；或一蹶以不振；或始奮而終躓；蓄縮自沮，非善於謀國者也。

（三）列國兵争，不能先人以制人於猝，莫若後人以承人之敝！大國後起而重伐不義，則與多而兵勁；後起而承人之敝，則力少而獲多；後起而扶弱於危，則恩深而德大！《齊策》：蘇秦説齊閔王曰：“臣聞用兵而喜先天下者憂！大國之計，莫若後起而重伐不義！夫後起之藉，與多而兵勁，則是以衆强敵罷寡也！《語》曰：‘騏驥之衰，駑馬先之！孟賁之倦也，女子勝之！’夫駑馬女子，筋骨力勁，非賢於騏驥孟賁也；何則？後起之藉也！今天下之相與也不並滅；有能按兵而後起，寄怨而誅不直，微用兵而寄於義，則不約親，不相質而固；不趨而疾；衆事而不反，交割而不相憎，俱强而加以親，何則？形同憂而兵趨利也！由此觀之，後起，則諸侯可趨役也！”此大國後起而重伐不義，則與多而兵勁也！《齊策》：齊欲伐魏；淳于髡謂齊王曰：“韓子盧者，天下之疾犬也！東郭逡者，海内之狡兔也！韓子盧逐東郭逡，環山者三，騰山者五，兔極於前，犬廢於後；犬兔俱罷，各死其處；田父見之，無勞倦之苦而擅其功！今齊魏久相持以頓其兵，弊其衆；臣恐强秦大楚承其後，有田父之功！”齊王懼，謝將休士也！《燕策》：趙且伐燕；蘇代爲燕謂惠王曰：“今者臣來過易水；蚌方出曝，而鷸啄其肉；蚌合而拑其喙。鷸曰：‘今日不雨，明日不雨，即有死蚌！’蚌亦謂鷸曰：‘今日不出，明日不出，即有死鷸！’兩者不肯相舍；漁者得而并禽之！今趙且伐燕，燕趙久相攻以弊大衆；臣恐强秦之爲漁父也！”惠王曰：“善！”乃止。《秦策》：齊舉兵伐楚。陳軫之秦；秦王謂曰：“齊楚相伐；或謂救之便；或謂不救便？”陳軫曰：“有兩虎争人而鬭；卞莊子將刺之。管與止之曰：‘兩虎争人而鬭，小者必死；大者必傷！子待傷虎而刺之；則是一舉而兼兩虎也；無刺一虎之勞，而有刺兩虎之名！’齊楚今戰，戰必敗；王起兵救之，有救齊之利，而無伐楚之害!”此謂後起而承人之弊，則力少而獲多也。

（四）兩國交兵，而弱者乞援，不可不許而不可急救！不許，則弱者知無救，必折而入於强以致怨於我，兵必及我；則是結弱之怨於此日，而承强之兵於日後也！急救，則弱之力未罷，而强之勢方張；弱者未罷而禍紓，則德我不深；强者方張而與戰，則耗我必多；則是代人受兵，而大耗於我，無德於人也！不如急許救以繫弱之望；緩出兵以伺强之弊！《齊策》：南梁之難，韓氏請救於齊。田侯召大臣而謀曰：“早救之孰與晚救之便!”張丐對曰：“晚救之，韓且折而入於魏，不如早救之!”田臣思曰：“不可！夫韓魏之兵未弊，而我救之；我代韓而受魏之兵，顧反聽命於韓也！且夫魏有破韓之志；韓見且亡，必東愬於齊。我因陰結韓之親，而晚承魏之弊，則國可重，利可得，名可尊矣!”田侯曰：“善!”乃陰告韓使者而遣之。韓自以專有齊國，五戰五不勝，東愬於齊；齊因起兵擊魏，大破之馬陵；魏破韓弱！韓魏之君，因田嬰北面而朝田侯。《楚策》：邯鄲之難，昭奚恤謂楚王曰：“王不如無救趙而以强魏；魏强，其割趙必深矣！趙不能聽，則必堅守，是兩弊也!”景舍曰：“不然！魏之攻趙也，恐楚之攻其後！今不救趙；趙有亡形，而魏無楚憂，是楚魏共趙也，害必深矣；何以兩弊也？且魏盛兵以深割趙；趙見亡形，而知楚之不救己也，必與魏合而以謀楚！故王不如少出兵以爲趙援；趙恃楚勁，必與魏戰。魏怒於趙之勁，而見楚救之不足畏也，必不釋趙！趙魏相弊而齊秦應楚，則魏可破也！趙得救以不亡，趙之德我深矣!”故曰：“後起而扶弱於危，則恩深而德大”也。

（五）救人者，毋代人受兵，而自蹈瑕以攻！《齊策》：邯鄲之難，趙求救於齊，田侯召大臣而謀：“救趙孰與勿救？”段干綸曰：“魏氏兼邯鄲，其於齊何利焉？”田侯乃起兵曰：“軍於邯鄲之郊!”段干綸曰：“救邯鄲，軍於其郊；是趙不拔而魏全也；故不如南攻襄陵以弊魏！邯鄲拔而承魏之弊，是趙破而魏弱也!”田侯曰：“善!”乃引兵南攻襄陵。七月，邯鄲拔；齊因承魏之弊，大破之桂陵。蓋救邯鄲，則與魏争鋒而代趙戰；攻襄陵，則衝魏之虚以承其弊！魏空國以争趙邯鄲，而亦不得不亟自救；及邯鄲拔而力亦弊，遂爲齊所大破！

（六）兩國交兵，中立觀變，而蓄鋭養士以兼弱弊强而制其全勝！《齊策》：權之戰，齊使魏冉之趙出兵助燕擊齊。薛公使魏處之趙謂李向曰：

“君助燕擊齊，齊必急；急必以地和於燕而身與趙戰矣！則是君自爲燕東兵，爲燕取地也！故爲君計者，不如按兵勿出；齊必緩，緩必復與燕戰；戰而勝，兵罷弊，趙可取燕唐曲逆；戰而不勝，命懸於趙！然則吾中立而割窮齊與疲燕也！兩國之權歸於君矣！”《魏策》：徐州之役，犀首謂梁王曰：“何不陽與齊而陰結於楚？二國恃王，齊楚必戰！齊戰勝楚而與乘之，必取方城之外！楚戰勝齊而與乘之，是太子之讎報矣！”此中立以制全勝也。

綜上六策，而按之今日之大戰：日之侵我，德之侵蘇侵英，常欲以戰媾和，以和輔戰；而中、英、蘇，則不肯以和爲媾，以和妨戰；則明乎第一策也！日人屢勝而亟和；我亟敗而勿許；日欲速戰速和以保勝；我則愈敗愈不和以圖振；則明乎第二策也！反之而希特勒大敗法人，遽以榮譽之和平爲餌；而法人棄甲則那，遂爲奴役以一蹶不振；則失乎第二策也！德人先有事於波蘭以戰英法；蘇聯則與德訂約互不侵犯以嗾之戰英法，而己按兵以徐圖其後；則欲用第三策也！日之逞兵於我也，蘇聯顯以兵械資我，又以航空軍人參戰，若欲與我爲援；而我國人以爲日蘇必不免於交綏也，則恃以與日戰；而蘇虚相委蛇！日人怒於我之勁，而見蘇之救不足畏也，與我相持；而蘇按兵以虎視，陰以罷日之力，而顯以示我爲援；則明乎第四策也！日與我連兵，德與蘇亟戰；而英美亟聲援以鼓中蘇之抗戰；徐應戰以罷日德之兵力；則欲用第四策也！英美不直以兵援蘇，而亟闢歐洲第二第三戰場以承德人之弊；則欲用第五策也。鄉者希特勒東出兵以攻波蘭，而英法爲之聲援，不亟出兵擣德人之虚而拊德人之背；則欲用第四策而失於第五策，希特勒遂反兵而不可制也！列國紛爭，而土耳其堅持中立以西不失驩於德，東修睦於蘇，北結盟於英；英供飛機，德亦資以大炮；則欲用第六策也！成敗利鈍，雖非逆睹，神而明之，存乎其人！凡今之人，必明乎此，而後生列國交兵之世，不震不戁，從戎者以再接再厲；宴處者以有識有力，敗勿餒，勝勿矜也！書生而不能執兵以戰，可也；書生而爲庸人之自擾以不能策戰，吾恨之，吾尤恥之！

其次伐兵，

（訓義）梅堯臣曰：“以戰勝。”基博按之於史，列國兼併，伐兵必先伐交；交伐則兵亦伐。戰國之世，秦欲伐齊，齊楚從親，於是張儀往相楚，説楚王閉關絶約於齊，請獻商於之地六百里。楚王大悦而許之。陳軫諫曰：

“秦之所以重楚者，以其有齊也；今閉關絶約於齊，則楚孤！秦奚貪夫孤國，而與之商於之地六百里？張儀至秦，必負王；是北絶齊交，西生息於秦也；而兩國之兵必俱至！楚王曰：“陳子閉口！”於是遂閉關絶約於齊；而秦齊之交合，共攻楚，斬首八萬，遂取丹陽、漢中之地。蘇秦既一六國從親以擯秦，要約曰：“秦攻楚，齊魏各出鋭師以佐之，韓絶其糧道，趙涉河漳，燕守常水之北。秦攻韓魏，則楚絶其後，齊出鋭師而佐之，趙涉河漳，燕守雲中。秦攻齊，則楚絶其後，韓守成皋，魏塞其道，趙涉河博闕，燕出鋭師以佐之。秦攻燕，則趙守常山，楚軍武關，齊涉渤海，韓魏各出鋭師以佐之。秦攻趙，則韓軍宜陽，楚軍武關，魏軍河外，齊涉清河，燕出鋭師以佐之。”六國從親以擯秦。秦兵不敢闚函谷關十五年；其後秦使犀首欺齊魏，與共伐趙；從散約解以自相屠滅，至使秦人得伺其隙以取其國。秦欲攻安邑，恐齊救之，則以宋委於齊曰：“宋王無道，爲木人以寫寡人，射其面。寡人地絶兵遠，不能攻也。王茍能破宋有之，寡人如自得之！”已得安邑，塞女戟，因以破宋爲齊罪。秦欲攻韓，恐天下救之，則以齊委於天下曰：“齊王四與寡人約，四欺寡人；必率天下以攻寡人者三；有齊無秦，有秦無齊，必伐之，必亡之！”已得宜陽少曲，致藺石，因以破齊爲天下罪。秦欲攻魏重楚，則以南陽委於楚曰：“寡人固與韓且絶矣！殘均陵，塞鄳阸，茍利於楚，寡人如自有之？”魏棄與國而入於秦，因以塞鄳阸爲楚罪。齊東邊海上；秦日夜攻三晉、燕、楚，五國各自救；以故齊王建立四十餘年，不受兵。及后勝相齊，與賓客多受秦間金，觀王朝秦，不修戰備，不助五國攻秦。秦以故得滅五國；及滅燕而南攻齊，猝入臨淄；民莫敢格者，遂降。則是先伐交以孤其勢，繼伐兵以破其國也。自古而然，於今爲烈！方十九世紀之下半期，德意志大宰相俾斯麥縱橫捭闔，睥睨歐陸，而意念之所經營，在德意志之統一也；如有國焉，而足以妨德意志之統一者，其勢不得不戰；然必伐交以使之孤立，而後動於兵。羅馬人有古訓曰：“一時之間，勿戰兩面。”於是俾斯麥奉以周旋，安法聯義以孤奥，而普奥之戰勝；間英以孤法，而普法之戰勝；豈徒毛奇伐兵之能以制勝；抑亦俾斯麥伐交之先有成功！然而勝敗何常，無德不報，尤必伐交之善圖後，而後伐兵之能保勝！普方新與奥戰而大創之，奪德意志霸權於其手；奥人憤恥未蠲，而普旋結深仇於法；以新造之德，而法奥二憾日伺乎其傍，欲求一夕高枕而卧，何可得者！俾斯麥知法仇之不可解，而奧恨之可以消也，則先釋憾於奧，而徐以圖法。普法和約之既畫諾也，康必達集國人而申儆之曰："嗚呼！願我子孫勿忘今日！"復仇雪恥，固已銘心刻骨於法人，而誓之以世世；俾斯麥之所熟知也！孫子不云乎！"太上伐謀，其次伐交。"而俾斯麥則伐交以伐謀，孤法之援，而莫余毒！奧新敗於普，義素親於法，而俄亦懼德之逼，皆法之可以爲援者也。初奧相貝士，常不慊於俾斯麥，雖德秋波頻轉，而奧終不爲動。貝士去位，安德拉西繼之；於是奧帝佛蘭約瑟，以一八七二年與新相同朝於柏林，是爲德奧交驩之始。俾斯麥慮俄人之見猜也，以皇室姻婭爲口實，勸俄帝來朝；俄相俄查哥夫從焉。三帝相會於柏林；遂以九月五日，締結新神聖同盟；蓋五十年以前，維也納會議之後，俄、普、奧三國，嘗締神聖同盟；俾斯麥遂因之以温舊盟而敦新好焉。明年，德帝復率俾斯麥朝於俄奧，所以報也。於是德得兩强爲與國，而稍即安矣！然俄查哥夫，嘗嫉德之浡興，憂俄之見逼，其與德常貌合神離，固俾斯麥之所稔知也。所謂新神聖同盟者，一旦有事，未可恃以爲援，又俾斯麥所能預慮也；必圖所以固奧之心。於是俄帝亞歷山大第二，以援助塞爾維亞獨立，會師以伐土耳其，而敗之，脅之以成一八七八年三月聖士的夫之約，承認門的内哥、羅馬尼亞、塞爾維亞獨立；而割亞爾米尼亞州北部，德布的亞州全部及小亞細亞之一部以予俄。初俄人之將戰也，嘗以告於列國；而其首先宣言爲善意之中立者，德人也。戰之既起，奧人欲有所抗議，謀之於德。俾斯麥曰："東方之戰，吾儕何與焉；幸毋以一彈加遺也！"奧人遂止。及土之敗而俄以張，英人出艦隊以蹶起執言；奧亦嚴兵從其後；而德若不聞也者，方假嚴鎮無政府黨以爲名，日與俄、奧酬酢，而尋所謂新神聖同盟者。當此之時，俄人以爲舉一世之惠而好我者，莫德若也！聖士的夫之約之既締也，英奧大國，固不甘俄之高名厚實，一手把持；而巴爾幹諸邦，亦以俄之分配不均，專斷一切，嘖有煩言；而俄之虚無黨蠢動，勢不能以再戰。於是俾斯麥以爲時乎時乎，投袂而起，合俄、奧、英、法、義、土以及巴爾幹諸邦，大會於柏林，而爲之平亭，矢言曰："吾爲諸公作一最公平之經紀人而已！"蓋自況於司市者爲人諧價，而己無所利於其間也。俄人方以得德爲强援，而厚於我者將無量！而孰知俾斯麥包藏禍心，一手遮天，陽示親於俄，而陰市恩於奧，割羅馬尼亞所欲得之伯沙比亞州以予俄；而割塞爾維亞、門的内哥兩國所欲得之坡士尼亞、赫斯戈維納二州以委統治於奧，慷他人之概，在德爲不費，而在奧爲大穫。於是奧之感刺骨，而俄之怨毒亦甚；遂以明年十月訂立德奧同盟，相與約曰：“兩同盟國，無論何國，如爲俄攻，必出兵以相援。若受攻於俄以外之國，則互爲善意之中立。惟俄若出兵以援其國，兩同盟國，亦必以軍相援。”近世所謂攻守同盟條約者，此其嚆矢也。土以數百年世守之地，供人宰割，而以柏林會議，嚮之所失於聖士的夫之約者，得俾斯麥之力以收復不少；此又俾斯麥之所以市惠於土，而爲威廉二世近東政策，下一閒著，布一遠勢者也。然俄則聖士的夫之約之所穫，剥奪殆盡；僅得小亞細亞之片土，既無當於歐洲大勢之輕重；而割伯沙比亞州以市怨於羅馬尼亞；羅馬尼亞，以非斯拉夫人，而不睦於俄，今殆甚焉；俄之得不償失明矣！緇衣宰相俄查哥夫，俄之政雄也；不自意見賣於俾斯麥，而又與會各國，自英、俄、法、奧、意乃至巴爾幹之塞爾維亞、門的内哥、羅馬尼亞、保加利亞、希臘諸小邦，罔不有所獲；而德無染指焉以明示大公；噤不得有所言；縱有言也，夫亦口衆我寡，而喪氣以歸，則怨德甚至，乃通殷勤於法。法人頷之。俄募外債於巴黎，不數日而應募者三倍焉！俄帝親致書於德帝，謂：“德若長相厄，則兩國之交將不保！”德帝憂之，躬詣聖彼得堡以朝俄皇，而有所協議；非俾斯麥意也！俾斯麥則以其間與奧訂德奧同盟；方議之定，而德帝在巴典，俾斯麥遣人賫約稿馳奏；德帝以憚俄之故，沈吟久之；而俾斯麥以去就力争，始畫諾焉。夫奧之所畏者俄也，而德之所患者，法也；據此盟約，俄若攻奧，德即助之，奧人其可以即安矣！法以獨力攻德，斯德足以禦之，無虞也；祇求奧人中立而已足；特俄如援法以攻德，則德之腹背受敵，國必不堪；必藉援於奧焉，而後劫俄莫敢動；此德奧同盟之旨也。猶曰未已，而義者，法之所素親也；俾斯麥必思有以間之，而後法之交真伐，法之勢日孤。時則法在阿非利加洲之北部，有殖民地曰阿西里；而阿西里之接壤；有地曰突尼斯。突尼斯者，上古迦太基之國都也；當是時，其地屬土耳其，而法人、意人移植其間者略相埒，兩國皆欲乘間攫取而莫敢先發難也。俾斯麥因以間法、義之交而市惠焉。柏林會議之將開也，德外相彪羅與義全權哥忒言：“將以突尼斯予義。”義相海羅士知其隱而使哥忒謝焉，曰：“德人之言甘，何其殷勤導我以與法鬩也！”奧國駐義公使海彌勒亦以此議告於義廷。海羅士曰：“吾義人之赴會也，載名譽之自由以往；及其既也，將載名譽之廉潔以歸！”於是俾斯麥之計不得逞，乃轉而市之法。於是法人以一八八一年，派兵襲突尼斯，而據之以爲保護國焉。夫突尼斯者，與義之西昔里島，隔海相望，國之所以爲屏也。建國三傑之一加里波的者，埋骨於茲焉！今法人掩而有之；義人大憤曰："吾誼不能忍與終古，不如聯德、奧以擯法！"其年九月，義王朝奧，明年朝德；遂以一八八三年，德與義，義與奧，互爲同盟。德人與義人約曰："兩國之一，無論何國，爲法所攻，必相爲援。"義人與奧人約曰："義與法戰，俄與奧戰，則奧、義各爲善意之中立。"於是德、奧、義三國同盟以成，而法之勢真孤，法之交真伐！夫法義，本同種之國也；義之建國，法實助之；講信修睦，於事爲順；而俾斯麥間之以使暱於我，慘淡經營，用心亦良苦矣！三國同盟既成，自南暨北，貫注一氣，而德人坐中樞以綰轂之，莫余毒也已！然俾斯麥猶以爲未足，復謀所以間英法之好而温德俄之交者。其時英人方投鉅貲以收蘇彝士運河股票，而英法以埃及有違言。俾斯麥從而搆煽之，説法之康必達，願相與提攜以共圖拓境於非洲及太平洋羣島。德實未嘗進取也；而法人所至，見厄於英；於是法之怨英，乃甚於德；俾斯麥之術售矣！前此俄查哥夫，恨俾斯麥刺骨，德俄之交，斯爲大梗！俄氏既以憤死；基羅繼爲俄外相，俾斯麥復好言誘之，以一八八四年，結一約曰："俄德兩國，無論何國，爲敵所攻時，彼此互守善意之中立。"世稱爲兩重保險政策。一言蔽之，則操縱羣雄，使皆暱我以陷法於孤立而已；則是伐交以繼伐兵之後，而善圖之以保其勝也。昊天不吊！一八八八年，德意志之開國大帝威廉一世，溘焉崩殂。儲皇繼之，而威廉二世以大孫紹統，年少氣盛，不復能委國於元輔；於是佐命勛臣之俾斯麥，怏怏罷就第；實一八九〇年三月也。俾斯麥罷政之數月，德俄之一八八四年密約滿期，漸冷之交，勢難温續；而俄人正以其時兩度募債於法。法人力爲之援。一八九一年七月，法艦隊聘於俄。俄人掬誠迎之。越八月二十二日，而所謂俄法同盟者遂成立。俾斯麥方棲隱家園，年七十有六矣，聞之搏床而呼曰："嗚呼！今而往，吾德人其不安枕矣！"自俄法同盟之成，而法爲之介，以合英於俄，而成三國協商之局者，是則法外相狄爾喀西之力也！英與法、俄，積不相能，匪伊朝夕，俄人所懷抱之遠東近東政策，殆無不爲英人所破壞；百年來，英人之外交方略，什九皆爲防俄而設。而英法之爲世仇，亦既百年矣；逮十九世紀之末，法人爲俾斯麥之奇計所中以馳騖於殖民政策，而賈怨於英也滋甚；其在東亞，在太平洋上之島嶼，在非洲之馬達加斯加，無在不與英犯。一八九八年，法之馬西耶將軍，乃至在尼羅河上流之法梭達，逼英埃及統監吉青納將軍撤退；英法國交，不絶如縷！至英德人種相近，而又甥舅之邦也！柏林會議之際，德之所以助英者至厚，兩國睦誼，自昔最稱洽焉！然而間德以合英與法者，則狄爾喀西之爲也！其時年少氣盛之威廉二世，高掌遠蹠，威震全歐。巴黎政家，畏其逼也，競倡聯德以冀苟安；而狄爾喀西獨深非之，常以聯英爲法國百年大計，危言激論，指陳利害；值白里安内閣成，狄爾喀西入爲外相。初法前外相阿耶特，排英尤力；嘗倡言於衆曰："吾法無論如何，終與英不共戴天！英之視法，當亦有然！"及狄爾喀西繼之，而日俄之戰將起；狄爾喀西私憂竊計，以謂："日之同盟，英也；而俄之同盟，法也；使日、俄鬩於東，而延及同盟以鬩於西；於英法何利焉！"於是開心見誠，舉凡積年與英糾紛之宿案，務一舉而掃之；蓋七閲月間，而所解決者，大小共三十有二案焉；而其尤要者，則爲埃及、摩洛哥之權利交换。法人承認英人在埃及有最高主權；英人承認法人在摩洛哥得自由行動；質言之，則前此英法兩國，共有埃摩，共争埃摩；今則交易而退，各得其所焉；於是一九〇四年四月，英法協約成。然摩洛哥者，則固德人所久耽耽而視也；英法躡足耳語而處分之，是蔑德也，德之見侮至矣！在常人猶不能忍，况霸氣瀰滿如威廉二世者，乃以一九〇五年三月，輕身往朝於摩，謂摩王曰："朕認蘇丹爲獨立國之主權者而來朝焉！朕望蘇丹所統治之摩洛哥國，自由獨立，勿爲豪强所兼併，所獨占；開放門户，萬邦同休而利賴焉！"四月，倡議開列國會議公決摩洛哥問題。法人開閣議以決從違。狄爾喀西曰："拒之便！"首相羅威顧陸相曰："陸軍何如?"對曰："未有備也！"顧海相曰："何如?"對亦如之。狄爾喀西以辭職，而徇德請。以一九〇六年，大會於地中海岸西班牙境内之阿支士拉；英、法、德、奥、俄、義、美、比、荷、瑞、班、葡及摩洛哥十三國，皆遣使焉。開議之前，德人之於列國，百計游説，而迄反其所期以失據敗績，憚於違衆，隱忍而已！雖以德人同盟之義，猶袒英法焉；則狄爾喀西之先有以得義之心也！狄爾喀西雖以此去位，然其用意，在聯英也；英既聯矣，特以威廉二世之抗議，而英法之交親愈固；威廉二世所以成狄爾喀西之志者，其勤至矣！於是狄爾喀西退爲議員以演説於議會曰："德固我友邦也，而比年頻欲以我所難堪者加諸我！彼曷爲爾爾？彼其自一八七一年以來所得之勝利，特以吾法人之力征經營，而憑藉之基礎已動摇；窮無復之，乃至以開戰相恫喝。吾儕愛和平之法人，不忍言戰也；姑徇其請以開會議；而今何如？益使彼孤立寡助之情狀，暴白於天下耳！余之政策，在持歐洲之均勢，以不受三國同盟之逼。然則如何而可？余先調和法、義兩國之争以各償所願；次則鞏固法、班兩國之交以無或我虞；更進而與英結協約，以余所見英國之大陸政策，亦欲以保歐洲之均勢也；英法協約之職志，亦即在此。吾望此協約鞏固之後，更介紹吾新交，以與吾同盟之舊友握手，共言誓之！”所謂同盟之舊友者誰歟？蓋俄也。日俄戰役之將終也，俄外相槐忒銜全權大臣之命以議和於美之朴斯茅，歸及巴黎，而俄駐英參贊哥緇兒突往訪焉，出英皇愛德華親翰，則招槐忒一遊倫敦也。問所以？哥緇兒以欲解決兩國懸案對。槐忒謝焉，以受命議和，他非所聞，不敢專也！槐忒歸而執政；哥緇兒復以斯策進；卒不之許。槐忒之意，以謂：“國軍新敗，瘡痍未復，當務之急，莫如弭内亂，蘇民生，未遑遠略。”其時德亦以神聖同盟之舊誼，屢託微波，思與俄别結密約，以規復俾斯麥之二重保險政策；俄人亦莫應也！而當時執英政者，爲巴爾福之統一黨内閣；統一黨數十年來，以排俄爲職志；而於愛德華親俄之策，蓋微有所不慊焉！一九〇五年，巴拿門之自由内閣成，格黎入爲外相，以謂：“俄方汲汲於内治，且海軍熸焉，已無力以擾英屬地。而威廉二世即位之初，宣言：‘德國之將來，在於海上。’咄咄逼人！而整軍經武，海陸並進，異日必爲英患！英陸軍不足恃也，舍俄，無可與當德者！”以詔於國人，而暱俄之意漸切！時則俄之司徒列賓内閣成，伊士倭士奇入爲外相。伊士倭士奇者，緇衣宰相俄查哥夫之記室也；俄查哥夫切齒於柏林會議之役，賫志以歿；伊士倭士奇傳其衣鉢，視德如仇；又有憾於德奥相厄以阻俄人之近東發展；目挑心許，亦與英通秋波。而狄爾喀西之徒，闞其隱，殷斯勤斯以爲之媒焉；於是一九〇七年八月三十一日，英俄協約成，而英俄積年之糾紛胥泯！俄之暱英，其藉以捍德者，不過十之一二，而藉以控奥者乃十之七八；然德自兹乃益孤立矣！則狄爾喀西之以也！嗚呼！狄爾喀西，其法蘭西之俾斯麥乎！俾斯麥出全力以伐法交，而使法國孤立以不敢動。狄爾喀西還推其矛以陷之，亦出全力以伐德交，而使德國孤立以莫之助。狄爾喀西之伐德交也，其最末一著，在特親英而更牽俄以漸合於英；其最初一著，在特親義而先間義使漸疏於德。故就任之第一事，即訂法義協約，求義人承認法人在摩洛哥自由行動；而法人亦承認義人在德里波利及西里尼卡之自由行動以爲代償；於是法義之民大和！及一九〇二年六月二十八日，德、奥、義三國同盟期滿，賡續訂約，而義人則以告於法曰："吾同盟國之一國，而爲他國所侵時，吾義大利人誼之所當援也！如其侵襲他國，吾義寧助虐焉；誼之所不敢出也！”夫義之與德奥，本爲防禦同盟，而非攻擊同盟，載在約章，其義人人所知；而義人獨齗齗向法言之，所以慰藉法人者至矣！義與法既日親，而奥人以一九〇八年十月，宣布兼併坡士尼亞、赫斯戈維納二州，而駸駸以與義人爭長於愛琴海；奥義之相猜乃日甚！故三國同盟之貌合神離，非一日矣！迄一九一四年六月二十八日，正三國同盟第四次續約期滿之時也；奥皇儲菲的南適以其日遇刺於坡士尼亞州，而滔天之戰以起！三國同盟之約未續，本無效力之可言；然德人既向俄法宣戰，奥亦向俄宣戰；獨法之與奥，則相持不發。奥使狄克森，泰然留於巴黎，如無事焉！既而法人藉詞奥軍之進逼法境而宣戰。蓋奥人欲俟法人先發難，而因以解除義人防禦同盟之職責也。然而義人遂袖手不起，既則倒戈以攻；於是奥爲俄厄，又虞於義！蓋三十餘年之同盟，一旦有急，卒不可恃，而俾斯麥之志荒矣！是則狄爾喀西伐交之成功也！於是威廉二世，猰狳鋒協，而東援奥以抗俄，西伐法以戰英，既疲於西，又鶩於東，罷於奔命，卒以不振，非戰之罪也！然狄爾喀西伐德之交，而孤威廉二世以傾覆；亦以英人之自伐其交，而援希特勒以再雄。威廉二世之既蹶，而於是有一九一九年凡爾賽之和會，以英、美、法爲主盟，而以禍首懲德。法人議分德爲七十二小州，衆建而分其力，以弱之無力再振；而英人不許也！然《凡爾賽和約》，四百四十餘條，繁細苛刻，所以箝制德國，而羈其手足以不許動者，亦既無所不用其極；而法人一意孤德，環德境之列國，無不與法從親爲一以包圍德國；四面環堵，而德孤立其間，欲動不得，亦何能爲！然法人欲孤德以自保，而英人又虞法以扶德，德人之所以得脱重圍如不羈之馬者，則英人之以也！蓋英人之於歐陸，常欲保持均勢，而以己得爲輕重；意在扶弱以鋤强，豈欲樹强以敵己！嚮援法以攻德者，蓋德强欲以相圖，而法弱不妨相援也。法則强矣，而德日削；法既無虞於德，而或逞志於英，則是樹强以自爲敵，非英之利也！及德既弱矣，又轉虞法；虞法如何，又轉扶德，狐埋狐搰，情豈得已！蓋法既强而德又弱也；於是以一九二四年，援德財政。希特勒闚其隱也，凡不得志於法者，而以嘗試於英，得寸進尺，至一九三三年，而退出裁軍會議，公開擴軍，一九三五年，宣布重行徵兵制；而於是《凡爾賽條約》之所以箝德者，破壞無餘！英人不惟不申明約束以禁制之，而又助長其勢以與訂《海軍協定》。所以然者，英人之用心，不惟虞法以扶德，抑欲强德以抗蘇。蘇聯以工農共産新造之邦，而日以傾覆資本主義爲天下號；此英人之所大不安也！而機警之希特勒，高張反共之幟，以容説於英人；若曰："我之整軍，爲防共也；爾無我虞！"於是英人大悦，以謂："我扶一德，而可以制法之强，可以防蘇之共，一舉而兩善備焉，夫何憚而不爲也！"而於是希特勒得肆其計！然英雖惡蘇以樹德；法則抗德以聯蘇，而有法蘇協定。蘇聯，天府之國，而史丹林得政以摶一民志，整軍經武；繕完器甲，降低人民入伍年齡，眈眈虎視，足以拊德人之背，而制希特勒不敢動；此則法人之成功，而希特勒之所大懼也！於是藉口以申儆於國人，而改爲兩年服兵役；則是軍額加倍！英人亦以德之浸不可制，而有戒心，於是有四年整軍計劃，而又傾心於法。顧德之孤自若也！不有幫兇，未敢肆志！而有一國焉，以一九一五年四月，參戰以助英法，而不得志於凡爾賽和會以飲恨者，則義也！義首相墨索里尼恣肆咆哮之所以擅義政，東縛馳驟之所以用義民者，則尤希特勒之所師承，而亦步亦趨以用於德者也；同惡足以相濟，藉口防共，以一九三六年十月，與義結成軸心。既而與日亦成防共協定，則爲一九三六年之十一月。而於是德有與國，東海西海，心同理同，沆瀣一氣，而德不孤，羽翼已成，横絶四海矣！然德雖得義、日以爲助，而英、法之與不少！蘇聯尤以德與義、日成防共協定，而四面楚歌，相煎太迫；於是李維諾夫主張參加國聯，參加集體安全，以向英人送秋波，而圖與之修好以敵德；然而英人不理也！及希特勒乘間抵巇以圖併捷克；而法、蘇咸與捷克有盟約，蘇聯欲合英、法以聯中東歐小協約諸國，援捷克而制德。假令英人仗義執言，起而爲之主盟，以聲罪致討於德；而法對捷，有條約之義務；小協約諸國對捷，有條約之義務；蘇聯對捷，有條約之義務；以此而戰也，法助之，南斯拉夫助之，羅馬尼亞助之，波蘭助之，蘇聯亦助之；此外愛好和平之國家，當無不嚮風慕義，而從英人之後矣！義問昭宣，天下歸心，高名厚實，孰有大於此者乎！顧英相張伯倫尸居餘氣，謂實力不足也。且曰："捷克，乃遠方不知誰何之小國耳！"於是協商於法，以有一九三九年慕尼黑之會議，而委捷克於德！然德之大欲未饜，而蘇聯之心大傷！英以此失列國之心，而背盟棄信以拆散集體安全，英之交盡伐，而德之勢益張！蘇聯以捷克爲西門，而英嗾法以賣同盟，此蘇聯之所以深怨極恫也！蘇既傷心怨英，德遂乘機媾蘇，而柏林報紙無不載威廉一世之遺言曰："勿與俄失和！"所以爲秋波之送也。未幾而蘇聯大使至柏林。繼之里賓特洛甫赴蘇報聘，將行，希特勒送之曰："此一行也，豈特公政治生命之榮替攸關，抑亦德意志國命之所繫焉！"鄭重詔告。而英法亦悔禍於厥衷；苟德不得解於蘇以紓東顧之憂，必不敢逞兵以肆志英法；此英法之所熟知也，亦遣使焉。蘇亦有虞於德，而不能忘情英法；乃英、法、蘇談判四十五日，而不得要領。莫洛託夫曰："英法之來，其果出於誠耶！事未可知！"迄七十日而依然如故；而求癥結所在：一爲波羅的海諸小國保障問題。一爲遠東問題。波羅的海諸小國之有繫於蘇聯國防，猶荷蘭、比利時之於英倫三島。拿破崙嘗言："比利時者，針對英國之一利劍也。"則波羅的海諸小國與奧蘭島之形勢，亦無異於針對蘇聯之兩柄霜刃矣！米美爾港，已爲德有；而但澤港，旦暮歸德；德之海軍，如占奧蘭島；則波羅的海，爲德國之內湖；而蘇聯爲所封鎖，雖有雄偉之克隆斯達軍港，將何所用之！德人之國際信義，久已掃地；雖與波羅的海小國，訂互不侵犯之約，寧足以保障蘇聯西北之安全！蘇聯對於羅馬尼亞、土耳其及波蘭等東南歐洲國家之安全，既予英法以支援之諾言；則英法對於波羅的海之安全，獨不予蘇聯以保障乎！然波羅的海小國及芬蘭，亦自矜重其國家之獨立；一九三四年，締結《波羅的海協約》，雖無大效；而兩大國之間，事齊事楚，煞費平章，小國亦圖所以自全；德之兼併，固所寒心；而遽犧牲獨立，以受蘇聯之保護，亦豈所甘！英如貿應蘇聯之求，制德之功未見，而先失諸國之心；此英人之所躊躇也！德之與日，協定防共，以爲蘇聯也；今蘇聯合英法以有事於德，而不能無虞於日人之拊其背！德人之所大患，在英法與蘇聯攜手，而西戰英法，東戰蘇聯，以陷於兩面夾攻；得日與協定，則蘇聯虞日人之拊其背，而不能有事於德。日人之所大患，在中國與蘇聯攜手，而東侵中國，西防蘇聯，以陷於兩面夾攻；與德爲協定，則蘇聯虞德人之伺其後，而可以肆志於我。形格勢禁，而蘇聯之所大患，則在德與日協定，而西抗德，東虞日，以陷於兩面夾攻；聲請與英訂約："如日人一旦開戰，則英必出兵援蘇。"英諾其請，惟不欲以明文訂約。顧蘇聯則以口頭之保證爲不可恃！於是李維諾夫曰："英蘇談判之不得當而遲延，我不能無疑於英人之用心，果爲保障和平來也，抑別有所圖?”顧張伯倫之所以策蘇者曰：“希特勒以反共渙然大號，而德、蘇之仇隙已深；苟蘇不聯英、法，抑亦無路可走；何患不得當也!”蓋所以授使指者如此！使者奉以周旋，多方遲難。然蘇聯未得當於英，亦不遽絶德；而英人欲得蘇以禦德；顧不欲以重傷日人之心！談判至百有四日而蘇人大怒！十二年以前，史丹林嘗言：“英國資産階級，不愛出身犯難以與人戰，往往假手於人!”及是而回憶一九一四年七月，英人嘗告於德曰：“如不攻法，而移兵東嚮；英人願守中立!”懼英之相賣也，於是進德使而訂互不侵犯之約！英、法使者失色而歸！希特勒亦既無虞於俄，則亦何憚英、法；進兵波蘭，而歐洲第二次大戰軒波起矣！則是希特勒之“伐交”有成功，而後動於“伐兵”；抑亦英、法之自伐其交，而後來希特勒之“伐兵”也！苟英人而不虞法以扶德，斯德亦無力以自振！使法蘇協定而有效，形格勢禁，而捷克不亡，斯希特勒亦不敢動於惡；何來此後之“伐兵”以僨軍覆國乎！希特勒以間諜戰“伐謀”，以外交戰“伐交”，以閃電戰“伐兵”，而以心理戰彌縫其闕，神明其用，喑嗚叱咤，求所大欲；是則慕尼黑德意志地理政治學院院長霍斯浩佛有以教之也！希特勒之有霍斯浩佛，猶漢高祖之有張良！史稱良多病，未嘗獨將，常爲畫策臣，時時從漢王；而霍斯浩佛姓名不見於報紙，紐綸堡每年一次之國社黨年會，亦未見其出席，從未公開演説，然而無一日不與希特勒以電話接談，無一星期不赴希特勒勃許塔斯伽登山居别墅以盤桓作座上賓；希特勒所著之《我之奮鬬》一書，無一言一行不根據霍斯浩佛之著書！史又稱張良貌如婦人女子，不稱其志氣；而霍斯浩佛亦身長不逾中人，舉止安詳，皤然一老儒，髮已斑白！霍斯浩佛爲一退職之少將，三十餘年前，任德國駐日使館隨從武官，嘗建議聯日以抗盎格羅撒遜民族，而力斥不可一世之威廉皇帝“黄禍論”；德國陸軍參謀本部傳爲笑柄，使館同寮目爲瘋人；而孰知希特勒身體力行，以傳授心法於三十年後之今日也！希特勒之未得志也，嘗以霍斯浩佛之介，而得見德之軍閥財閥，資多金以支國社黨。霍斯浩佛嘗倡地理政治學而闡論地理政治之演進，以謂：“合小以成大，兼弱而爲强，蓋世界政治之加速度前進；而《凡爾賽和約》，用民族自決以成立諸小國，衹開倒車而已！諸小國之獨立。衹有求助於大國，屈服於大國；而在大國領導之下，以協約聯盟，合而爲一；何嘗爲世界政治之真實獨立國！蓋小國之所願欲者有二；小國固欲保其獨立；而尤願得所依附；必覓取較强之國家，而依託所缺之力量，然後可以自保；其爲獨立也僅矣！民族自決之運動，其初不過造謠撒謊以瓦解德意志帝國；今則儼成真理，而英法所屬領土之民族，迅速宣傳，洋洋盈耳，而摧毁其殖民地之統治權矣！英國之統治本能，已退化而成又老又鈍之器官。一九二六年，英國規定帝國之與屬地，以平等爲基礎；此不過統治者之降服，而以放棄世界權威之地位爾！世界莫不以極權鞏固其領土及人口之時，而不列顛帝國之體制，日鬆日弛，而漸成聯合之王國！年邁之帝國，老至耄及，而無力以自運其肢體矣！精疲力盡，而無法以自振其意志矣！英國之自動裁軍，是則意志衰弱之表現！在新興之强國方振軍經武之時，而自動放棄其强國之具；則是願甘伏輸，而强國之意志已熄；尚望其發憤爲雄以與我作殊死戰乎！何難取而代也！法亦垂死之民族也！其人妖嬈而頗得人驩；然好樂不事事，政弛民散，精神委靡，已無從前法國人之野心與莊嚴，閉户自守，亦何能爲！吾人不可不堅强有統治外國領土及外國人民之意志！世界使命之神祕信仰，時斷時續，而鍛鍊吾德人內在之力量，以臻空前之强勁，應運而起以建蓋世之功！民主國家，如一盤散沙，無一定之信念，無真實之信念，可以使人民爲國捨身！而無信念之人民，必爲失敗主義者，彼以抵抗爲無用也！如欲在民主國家，而欲發展德國政治之運動，人才不難物色，而各階層、各級教育程度之人，應有盡有；多多少少，惟吾所欲！東歐與西歐之别，衹是西歐不能不多用錢而已！然所用之錢，真可謂一文不落虚空地；異日可以少派幾軍團之兵也，民主國家之破殘，亦何待於用兵；苟引誘其官吏腐化，促成其政治分裂，而鼓動不逞，煽惑內戰，衆志既涣，其何能國！民主國家，於此無措！而欲摶壹其民以不分化，衹有國家專制之一法；政制苟能獨裁，人民何法分化！兵力可以威脅，而戰端不可輕開；慎毋以所有争取前途之大計，孤注一擲！在各國和平鬬争之中，自政治運動以迄武力解決，吾德有嶄新之方式；而擾亂民心之道德戰，亦有嶄新之武器與前人夢想不得之宣傳方法；然後相機而動，出人不意以爲襲擊！”其論具見所著《地理政治學》、《德國之未來道路》、《太平洋之地理政治》、《世界列强以外》、《解放之掙扎》等書；蓋始於攻心，而終以“伐兵”，無不與希特勒之國際行動符合！然希特勒大放厥辭以詆共産主義，而罵蘇聯領袖爲浸透血液之亞洲蠻人；霍斯浩佛著書，曾無片語隻字以指斥蘇聯，而於希特勒之狂言醜詆，則亦任之！霍斯浩佛明知希特勒之衷心反蘇，而意則別有作用，陽以斥蘇聯之悖，而陰以安英美之心，若曰："德之擴軍，爲蘇聯耳。"而英美可以不戒備！方希特勒咆哮謾罵之時，而霍斯浩佛則在地理政治學院，與其徒從容講論，以計議德蘇條約之簽訂；以謂："蘇聯共産主義，足以傾覆世界之自由資本主義經濟；而尤以英美爲甚；苟有可以覆滅盎格魯撒克遜之世界强國者，何憚不用也！"然而聯蘇，霍斯浩佛之意也；用兵波蘭，非霍斯浩佛之意也！霍斯浩佛嘗嚮希特勒建議，謂："波蘭之施壓力也以漸，剛柔迭用，必有低頭之一日！可忍耐而不可暴躁！戰争必須避免！"而希特勒則以一九三九年三月，向波蘭提出條件時，波外長柏克不予考量，斷然拒絶；以爲蔑我甚矣！忿不思難，而滔天之戰禍以起！然張伯倫誤估蘇聯之必不合德，而不虞蘇聯之挺而走險！希特勒誤估英法之必不用兵，而不圖英法之窮而挺刃！陰差陽錯，天開殺劫！希特勒之意，以謂："德既得蘇，英法失措，志沮氣喪，必不敢戰；而坐視德之進兵，充極其量，不過抗議而已；併奥吞捷，已成事實，無不承認；波蘭如爲德併，而得承認於英法，亦何難焉！假令英法今日，能於波蘭問題而開戰，曷不於捷克問題而開戰！"此所以不憚傾國之師以東嚮，而無虞於西境之法，衹留少兵以相持也！英法宣戰，已非所料；而蘇聯與德互約不犯；然不犯德而犯波蘭以進兵，脅波羅的海諸國以訂約互助；此亦希特勒之所不意！蝮蛇螫手，壯士斷腕，不得不放棄波羅的海諸國，以安蘇聯之心；而波蘭之攻，德人徒受首禍之名，蘇聯乃享分利之實，得不償失，已以隱恫；而闚蘇聯之用心，又不止此！蘇聯當日必以爲德軍攻波，英法將搗其後；英法出兵以東，德必回師迎戰；然後蘇軍乘虚以入波，不獨囊括波蘭以爲已有；而伺德人之不虞，以拊其背；德必不支，所穫益大！幸也英法倉卒宣戰，而未成軍，日望德軍之東，以争波蘭而與蘇聯衝突，冀收漁人之利，而按兵不動以觀其後；於是希特勒得收波蘭之功；而覩蘇聯之雄師乘邊，虎視眈眈；乃有虞心而大不安！計西不得英法之諒解，而東何以解蘇聯之威脅，於是思霍斯浩佛之言而呼籲和平！英法不理；引爲大恨，以爲蔑我甚也；於是廣播演講，大放厥辭，抒其忿鬱；然而不即肆毒於法以逞兵者，蓋欲以心理戰救其窮，而霍斯浩佛亦自有法教希特勒以"不戰而屈人之兵"也！德國魯許尼格博士者，嘗任但澤會議主席，而國社黨要人之一也，既意有不慊，而脱黨焉；

嘗著《德國之虛無主義革命》一書，而於一九四〇年三月再版，緟以弁言，中謂：“波蘭之亡，亦且半年；何以英法不攻希特勒，而希特勒亦不進攻英法歟？蓋在不和平之和平狀態，而出以心理戰焉；何必塹濠戰，而後爲戰乎！鈎心鬬角，破壞國内政治之團結，摧毀人民抵抗之意志，陰陽捭闔，所以爲心理戰也！戰爭已採取一種消耗戰略之特殊形式，舊日之軍事理論，不適於用；而封鎖戰，亦不如心理戰之有效也！有人言：‘大戰方在準備之時，而大戰之至，將出雙方意料之外！現代之戰爭機械，極深研幾，幾乎傾一國所有之人材物質，以罷精竭力於此；苟無絶對勝利之把握，而貿然一戰，危孰大焉！’然一戰而勝，又將何如！戰爭之結局，非可以戰爭決之！蓋審己而量敵，於我乎，於彼乎，曾無一焉以躋於絶對之優勢；此希特勒之所知也！希特勒之意，假定以爲我不進攻西歐；西歐列强，決不進而相攻；而在西線相持之下，繼續進行全民動員，人力物力，予取予求。於是西歐列强，亦予取予求以動員其人力物力，廣土衆民，源源不竭，德固相形以或絀；然而不能躋絶對之優勢，則亦無絶對勝利之把握，而不敢貿然以相攻；祇有繼續不斷以擴張軍備，迄至精疲力盡而止耳！然而德則何如？相持之日久，以物力言，或德更不給；而在心理論，則德爲有利！夫以德意志帝國之統治，人民久習於鐵之紀律，唯命是聽，予言莫違；以視民主國人民，平日之安於社會自由，欲爭政治自由，而不慣拘管者，孰能堪全民動員之負擔，而以久不敝乎！人民不慣拘管而厭兵，謡言、煽動、恐嚇、引誘，在此戰而不戰之日，而以施之習於太平佚樂之英法人民，豈不足以摇動鬬志，而思家回鄉乎！德國人民，如從西線歸家，將何得哉！紀律、命令、拘管、不自由，豈有異於從軍乎！不過由排長拘管，而易之以地方黨部行政官而已！德國人可静守西線以至髮白，而自由國家之人民則不能！自由、歡笑，祇有在家；而以前線之生活相較，何能忍此終古，而不叛亂乎！抑自由國家以全民動員，而不得不放棄其以往之社會秩序，與經濟秩序，由自由而集體化。然集體化者，德國極權之政制也；徒以德國之全民動員，而迫使民主國家，亦步亦趨，以追隨集體化之政制；嚮也反對集體化，仇視德國，而卒不得不集體化其機構，以自動摧毁其自由組織，狐埋狐搰，獨立之工商業，無不隸中央統制之下，此尤自由人民之所不慣與不解者也！然則德國之物力，即或支絀；而英法之心力，必先秏竭，久之又久，人民畔渙，然後大舉而乘之以閃電戰。”此希特勒之所處心積慮，而欲以不戰而屈英法之兵者也！然而可以潰自由國家之法，而不能以遽破自由國家之英；則亦有效有不效也！嗚呼！“國必自伐，而後人伐”；孟子之論，豈欺我哉！

下政攻城。

（訓義）李筌曰：“若頓兵堅城之下，師老卒惰，攻守勢殊，客主力倍，攻之爲下也。”基博按“攻城”者，求戰而不得也；敵堅壁以老我師，頓兵挫鋭，而力屈矣！故曰“下政”。古之“伐兵”者，以“攻城”爲“下政”；今之爲閃電戰者，以陣地戰爲大戒！蓋閃電戰之所長，在速，在動；動則我之兵力得展而極其用；速則乘人之不備，而敵之兵力，不得施展；如遇陣地戰，而相持不動，頓兵挫鋭，以失閃電之用；斯敵之備禦有所施，而予我以反攻矣！希特勒之攻蘇聯，亶不然乎！

攻城之法，爲不得已！

（訓義）張預曰：“攻城，則力屈。所以必攻者，蓋不獲已耳！”

修櫓轒轀，具器械，三月而後成；距闉，又三月而後已。

（訓義）曹操曰：“修，治也。櫓，大楯也。轒轀者，轒牀也；轒床，其下四輪，從中推之，至城下也。具，備也。器械者，機關攻守之總名，蜚樓雲梯之屬。距闉者，踊土積高而前，以附其城也。”杜佑曰：“轒轀，上汾下温。修櫓，長櫓也。轒轀，四輪車，皆可推而往來，冒以攻城。器械，謂雲梯、浮格衝、飛石、連弩之屬，攻城總名；言修此攻具，經一時乃成也。距闉者，壅土積高而前，以附於城也。積土爲山曰闉，以距敵城，觀其虚實。《春秋傳》曰：‘楚司馬子反，乘堙而窺宋城’也。”陳皡曰：“蓋言候器械全具，須三月，距闉又三月，已計六月；將若不待此而生忿速，必須殺士卒；故下云‘將不勝其忿而蟻附之，災’也。”張預曰：“三月者，約經時成也。器械言成者，取其久而成就也。距闉言已者，以其經時而畢工也。皆不得已之謂。”

將不勝其忿而蟻附之，殺士三分之一，而城不拔者，此攻之災。

（訓義）曹操曰：“將忿不待攻城器械，而使士卒緣城而上，如蟻之緣牆，殺傷士卒也。”張預曰：“攻逾二時，敵猶不服，將心忿躁，不能持久，使戰士蟻緣而登城，則其士卒爲敵人所殺三分之一，而堅城終不可拔，茲攻城之害也已！或曰：‘將心忿速，不俟六月之久，而亟攻之，則其害如此。’”

故善用兵者，屈人之兵而非戰也；

（訓義）杜佑曰：“言伐謀伐交，不至於戰。故《司馬法》曰：‘上謀不鬬。’”

拔人之城而非攻也；

（訓義）張預曰：“或攻其所必救，使敵棄城而來援，則設伏取之；若耿弇攻臨淄而撓西安，脅巨里而斬費邑，是也。或外絶其强援，以久持之，坐俟其斃；若楚師築室反耕以服宋，是也。玆皆不攻而拔城之義也。”

毁人之國而非久也；

（訓義）杜牧曰：“因敵有可乘之勢，不失其機，如摧枯朽。”賈林曰：“兵不可久，久則生變。”

必以全爭於天下，故兵不頓而利可全。此謀攻之法也。

（訓義）梅堯臣曰：“全爭者，兵不戰，城不攻，毁不久，皆以謀而屈敵，是曰謀攻；故不頓兵，利自完。”張預曰：“不戰，則士不傷；不攻，則力不屈；不久，則財不費；以完全立勝於天下，故無頓兵血刃之害，而有國富兵强之利，斯良將計攻之術也。”

右第一節論攻之不可不出以謀，而謀之不可不蘄以全爲《謀攻》正文。基博按孫子之所謂“謀攻”者，非“謀攻”也，謀不攻也。攻城則力屈，斯“下政”矣！豈惟謀不攻，抑且謀不戰！蓋“全國爲上”；“不戰而屈人之兵，善之善”；“故上兵伐謀”。讀近代戰史，而知孫子老謀勝算之爲不可及也！何以言之？（一）近代戰役之決勝日以少！蓋一戰之爲勝，而不必即以決勝；自十七世紀三十年戰爭以後，此義漸爲人知；而迄一九一四年，第一次歐洲大戰，而益以徵信！試思德人之戰，幾乎無役不勝；此德軍人之所自豪，而英大將海格亦以承認者也；然而無救於德之敗！日本之攻我也，亦幾無役不勝；然勝而未能決勝，連兵不解以有今日，我之力未屈而彼之師已老矣！（二）戰術之勝利，轉而變爲戰略之勝利，迄近代而日以難！此以法國革命戰爭之戰線，變而爲長方形始；而至第一次歐戰之變戰線爲戰面及戰體，乃以大定！觀於德奥同盟，與英法協商，殫精竭鋭以出奇制勝，不下數十百戰；曾無有一焉戰術之勝利，可以轉而變爲戰略之勝利者也！況以戰略之勝利，而欲成爲政略之勝利，得乎！蓋政略可以主持戰略之勝利，而戰略不能支配政略之成功；此“百戰百勝”，所以“非善之善”，而“上兵”之爲“伐謀”也！孫子之所謂“伐謀”者，蓋欲善吾政略之運用，“不戰而屈人之兵”以免於“伐兵”耳！然而德大將魯登道夫著《全民戰争論》一書，乃謂：“政略不過戰略之侍婢，而備戰之外無政略。”其然，豈其然，抑亦異於孫子已！亦以見糾糾武夫之鹵莽滅裂耳！近世之所謂“制空權”、“閃電戰”，皆戰術之奇，可以爲一戰之烈，而無當於戰略之決勝者也！

故用兵之法：十則圍之；

（訓義）曹操曰：“以十敵一，則圍之，是將智勇等而兵利鈍均也。若主弱客强，不用十也；操所以倍兵圍下邳，生擒吕布也。”杜牧曰：“圍者，謂四面壘合，使敵不得逃逸。凡圍四合，必須去敵城稍遠，佔地既廣，守備須嚴；若非兵多，則有闕漏，故用兵有十倍也。吕布敗，是上下相疑，侯成報陳宫，委布降，所以能擒，非曹公力能取之。若上下相疑，政令不一，設使不圍，自當潰叛，何況圍之，固須破滅。孫子所言‘十則圍之’，是將勇智等而兵利鈍均，不言敵人自有離叛。曹公稱倍兵降布，蓋非圍之力窮也；此不可以訓也。”王晳曰：“此以下，亦謂智勇利鈍均耳。”

五則攻之；

（訓義）曹操曰：“以五敵一，則三術爲正，二術爲奇。”杜牧曰：“術，猶道也。言以五敵一，則當取己之三，分爲三道，以攻敵之一面；留己之二，候其無備之處，出奇而乘之。西魏末，梁州刺史宇文仲和據州不受代，魏將獨孤信率兵討之，仲和嬰城固守；信夜令諸將以衝梯攻其城東北，信親帥將士襲其西南，遂克之也。”張預曰：“吾之衆五倍於敵，則當驚前掩後，聲東擊西，無五倍之衆，則不能爲此計。曹公謂‘三術爲正，二術爲奇’，不其然乎！若敵無外援，我有内應，則不須五倍，然後攻之。”

倍則分之；

（訓義）曹操曰：“以二敵一，則一術爲正，一術爲奇。”李筌曰：“夫兵者，倍於敵，則分半爲奇。我衆彼寡，動而難制；符堅至淝水，不分而敗；王僧辯至張公洲，分而勝也。”杜牧曰：“此言非也，此言以二敵一，則當取己之一，或趣敵之要害，或攻敵之必救，使敵一分之中，復須分減相救，因以一分而擊之。夫戰法非論衆寡，每陣皆有奇正；非待人衆，然後能設奇。項羽於烏江，二十八騎，尚不聚之；猶設奇正，循環相救；況於其他哉！”張預曰：“吾之衆，一倍於敵，則當分爲二部，一以當其前，一以衝其後；彼應前，則後擊之；應後，則前擊之；茲所謂‘一術爲正，一術爲奇’也。”

敵則能戰之；

（訓義）曹操曰：“己與敵人衆等，善者猶當設伏，奇以勝之。”杜牧曰：“此説非也，凡己與敵人兵衆多少，智勇利鈍，一旦相敵，則可以戰。夫伏兵之設，或在敵前，或在敵後，或因深林叢薄，或因暮夜昏晦，或因隘阨山阪，擊敵不備，自名伏兵，非奇兵也。”梅堯臣曰：“勢力均則戰。”王皙曰：“若設奇伏以取勝，是謂智優，不在兵敵也。”張預曰：“彼我相敵，則以正爲奇，以奇爲正，變化紛紜，使敵莫測，以與之戰，茲所謂設奇伏以勝之也。杜氏不曉凡置陣皆有揚奇備伏，而云伏兵當在山林，非也。”

少則能逃之；不若則能避之。

（訓義）杜牧曰：“兵不敵，且避其鋒，當俟隙，便奮決求勝。”基博按“能”字須注意；不惟“戰”不易，須有本領“能戰”；即“逃”與“避”，亦須有本領“能逃”、“能避”也。然亦有不逃不避，而眎敵人以不測，轉敗爲勝者！拿破崙大帝言：“我之進攻蘭茲胡特也，道遇柏舍耳，方率兵退。我命之曰：‘進！’柏不可，曰：‘敵軍甚盛！’我固命之曰：‘進！’於是柏返兵以進。敵見其退而驟進，以爲柏之兵必增强，未易以敵；乃遁也。戰之爲術，就是如此！凡戰之制勝，往往在刹那間一念之一閃！方開戰之初，聚精會神，無論何事，慎不可忽！及臨陣之時，因利乘便，如有機會，亟勿放失！機會，即好運也；好運如好女，汝今日追逐而不見，慎毋以爲來日有再見之緣也！戰之爲術，在乎見之明，而審慎以自守；又必勇於決，而迅速以進攻！”運用之妙，在乎一心！凡事有宜，不得盡言！

故小敵之堅，大敵之擒也！

（訓義）曹操曰：“小不能當大也。”杜牧曰：“言堅者，將性堅忍，不能逃，不能避，故爲大者之所擒也。”基博按漢李陵答蘇武書，自稱：“先帝授陵步卒五千，出征絶域，五將失道，陵獨遇戰，而裹萬里之糧，帥徒步之師，出天漢之外，入强胡之域；以五千之衆，對十萬之軍；策疲乏之兵，當新羈之馬，然猶斬將搴旗，追奔逐北，滅跡掃塵，斬其梟帥，使三軍之士，視死如歸。陵也不才，希當大任，意謂此時功難堪矣！匈奴既敗，舉國興師，更練精兵，强踰十萬，單于臨陣，親自合圍，客主之形，既不相如；步馬之勢，又甚懸絶；疲兵再戰，一以當千；然猶扶乘創痛，決命争首；死傷積野，餘不滿百，而皆扶病，不任干戈；然陵振臂一呼，創病皆起，舉刃指虜，胡馬奔走；兵盡矢窮，人無尺鐵，猶復徒首奮呼，争爲先登。”可謂“小敵之堅”矣；然而軍殲身降，卒以不免，則“大敵之擒”也！一九一四年十月，德大將興登堡以第九路軍軍長，率德軍十八師以進攻波蘭，欲渡外悉塞爾河。俄尼古拉夫大公方駐波蘭之首都華沙，以俄兵六十師迎戰，分爲兩軍，以一軍緣外悉塞爾河，與德人相持；而大兵從華沙側出，突擊以襲其後；欲圖圍而殲之也。興登堡曰：“不如戰也！我坐而待困，將先發制之！”於是乞奥匈同盟軍以固守外悉塞爾河，而集中德軍，欲乘俄之大軍未集，殲集華沙南方之俄軍以挫其鋭。不意奥匈敗退，外悉塞爾河不守，而俄軍大至，向西延展，以包德之左翼。興登堡曰：“彼衆我寡，而我兩翼，已爲所扼，不退，必爲所圍!”引兵疾退，毁道路以阻俄兵之進；僅乃得免！不退，則“小敵之堅”矣！此所謂“少則能逃之，不若則能避之”也。然興登堡之進兵波蘭也，奉詔以解波、匈之危；興登堡退，而俄軍四面至，長驅深入以攻細勒西亞；是則第九路軍司令部之所在也。於是興登堡曰：“惟反攻可以阻俄軍之勢。然俄軍數倍於我；如推鋒而進，以寡擊衆，徒爲擒耳，不如蹈俄軍之瑕以包其北翼，而横擊以出其後；俄人勢必反顧，則我無虞矣!”乃廣布疑陣以與俄人相持，而引大軍北出。俄人亦引兵北以禦興登堡；而細勒西亞之圍以解！則知“少”與“不若”，亦非“逃”與“避”之爲能，杜牧所謂：“兵不敵，且避其鋒，當俟隙，便奮決求勝”；正謂此也。興登堡善以寡擊衆，往往不“逃”不“避”而以“攻”。先是一九一四年八月，俄大將三索諾夫，驅八十萬人，大炮一千七百尊以進攻東普魯士；而興登堡將德兵二十一萬人，持炮六百尊以拒之；知寡之不可以敵衆也，然而不“逃”不“避”；則以疑兵當中堅，而厚集其勢於兩側以抄俄軍之左右翼，而直出其後，反擊之。俄軍不知所爲，遂大敗，俘虜者六萬人；所謂泰倫堡之役也。一九一六年三月，德軍之攻凡爾登也，方傾全力以猛攻掠取陣地。法軍惟取“能逃”、“能避”之原則，決不耗其主力以求原陣線之維持；而故控其力，取攻勢於敵人既得陣地以後，以我之力有餘裕，乘彼之攻堅力屈，則是非以“逃”與“避”爲“能”；而暫“逃”暫“避”，“俟隙便奮”之爲“能”。以“逃”與“避”始者，何可以“逃”與“避”終也！抑亦有“逃”

與“避”不足以自全，而惟攻爲能自全者，如興登堡之在波蘭退兵是也。兵無常勢，惟不可爲“小敵之堅”耳！堅者，祇是蠻打而已；如李陵之於匈奴，是也，卒爲“大敵之擒”耳！

右第二節，承上節謀攻，申言“五則攻之”，而因詳論衆寡之用。

夫將者，國之輔也。輔周，則國必强；

（訓義）李筌曰：“輔，猶助也。”何氏曰：“周，謂才智具也；得才智周備之將，國乃安强也。”

輔隙，則國必弱。

（訓義）李筌曰：“隙，缺也。”杜牧曰：“才不周也。”何氏曰：“言其才不可不周用，事不可不周知也。故將在軍，必先知五事六行五權之用，與夫九變四機之説，然後可以内御士衆，外料戰形。苟昧於茲，雖一日，不可居三軍之上矣。”

故君之所以患於軍者三：

（訓義）張預曰：“下三事也。”基博按所患三事，只是一事，曰：“君從中御，將無專任。”蓋“君”者，謂一國之最高政治當局；可以領導軍事，而不可以干擾作戰。作戰者，將帥之職也。説具《計篇》按語。

不知軍之不可以進，而謂之進；不知軍之不可以退，而謂之退；是謂縻軍。

（訓義）曹操曰：“縻，御也。”李筌曰：“縻，絆也。如絆驥足，無馳驟也。”杜牧曰：“猶駕御縻絆，使不自由也。”賈林曰：“軍之進退，將可臨時制變，君命内御，患莫大焉！故太公曰：‘國不可以從外治。軍不可以從中御。’”基博按軍之從中御者，無不覆！戰國之世，秦使左庶長王齕攻韓取上黨。上黨民走趙。趙軍長平以按據上黨民。齕因攻趙。趙使廉頗將趙軍，數戰不利；廉頗堅壁以待秦；秦數挑戰；趙兵不出。趙王數以爲讓，而使趙括代將。秦聞括將，乃陰起武安君白起爲上將軍；射殺趙括，前後斬首虜四十五萬人；趙人大震！秦復發兵，使五大夫王陵攻趙邯鄲，少利。秦王欲使武安君代陵將。武安君言曰：“邯鄲未易攻也；且諸侯救日至。彼諸侯怨秦之日久矣！今秦雖破長平軍，而秦卒死者過半，國内空虚，絶河山而争人國都；趙應其内，諸侯攻其外，破秦軍必矣！不可！”秦王自命；不行，遂稱病。秦王使王齕代陵將，八九月圍邯鄲，不能拔。楚使春申君及魏公子將兵數十萬攻秦軍；秦軍多失亡。武安君曰："不聽臣，今如何矣！"其他如唐明皇時，安禄山反，長驅河、洛；而哥舒翰以賊鋭難與争鋒，嚴兵守潼關。賊不得逞，而羸兵以誘其出戰。哥舒翰不應也。明皇不察，亟令進兵，督戰急；不得已涕泣而後出，一蹶不振，潼關失守，而長安陷矣！明崇禎帝時，李自成以劇寇縱横豫、鄂，欲闚關中；而孫傳庭力主固守潼關，控扼上流，繕器積粟以蓄士氣，伺賊間而擊之。崇禎亦屢詔趣戰。傳庭不得已率師東出，先勝而後敗。自成遂入關以據長安，而勢不可制矣！凡此皆"不知軍之不可以進而謂之進"也。一九〇四年，日俄之戰，俄皇尼古拉二世以陸軍大臣苦魯伯堅爲滿洲軍總指揮。及苦魯伯堅以四月一日至營口；而俄國駐在滿洲之海陸軍，一再挫敗；旅順勢已坐困。苦魯伯堅知日軍之及鋒而試，未可以犯其鋭也；欲以旅順委日本，而厚蓄其勢以集大軍數十萬於遼瀋，以俄兵之運調較遲，非更數月，不能大集；而數月之後，日兵必已再衰三竭，欲徐起而承其弊以轉敗爲勝也，不肯浪戰。而旅順告急，朝議多主速援；其參謀部爲所動，請俄皇電命出師。苦魯伯堅不得已而出，再戰再北，於是營口、海城、牛莊皆不守；遼陽亦陷。然苦魯伯堅，良將也；度遼陽之不可守也，則下令進攻，而於攻勢之中，下退却之令，嚴陣以退；日軍不敢逼；雖挫退而主力未損也，抑亦可謂"能逃"、"能避"者矣！法大將霞飛之寓攻於守，苦魯伯堅之以進爲退，皆善用兵，而盡"逃"與"避"之能者也。然苦魯伯堅自始不主戰，方其爲陸軍大臣，据所估計，若滿洲用兵，日本可調兵四十萬人，以旬日之内，渡海作戰；而俄國遠東駐軍，不過八萬人；國内軍隊雖多，然以西伯利亞鐵路未成，運兵遠東，曠日持久，遠水不救近火，必爲日本所乘，而無以自振。卒如其言！是亦"縻軍"之咎也！

不知三軍之事，而同三軍之政，則軍士惑矣！

（訓義）梅堯臣曰："不知治軍之務，而參其政，則衆惑亂也。"基博按"同"與墨子"尚同"之"同"同，有統制之意焉；不僅如梅氏之所云"參其政"也。下倣此。

不知三軍之權，而同三軍之任，則軍士疑矣！

（訓義）陳皞曰："將在軍，權不專制，任不自由，三軍之士，自然疑也。"梅堯臣曰："不知權謀之道，而參其任用，其衆疑貳也。"基博按"權"當作"權謀"解，非權柄也。"任"作"責任"解，非任用也。"三軍之權"，與“三軍之政”不同。“三軍之政”，屬於軍政；“三軍之權”，屬於戰略戰術。

三軍既惑且疑，則諸侯之難至矣；是謂亂軍引勝！

（訓義）曹操曰：“引，奪也。”孟氏曰：“三軍之衆，疑其所任，惑其所爲，則鄰國諸侯因其乖錯，作難而至也。太公曰：‘疑志不可以應敵。’”杜牧曰：“言我軍疑惑，自致擾亂，如引敵人使勝我也。”梅堯臣曰：“君徒知制其將，不能用其人，而乃同其政任，俾衆疑惑，故諸侯之難作；是自亂其軍，自去其勝。”

故知勝有五：

（訓義）李筌曰：“謂下五事也。”

知可以戰與不可以戰者勝。

（訓義）杜牧曰：“下文所謂‘知彼知己’是也。”王晳曰：“可則進，否則止，保勝之道也。”基博按可以戰與不可以戰之所以知者有二：一曰知可以戰與不可以戰之計；《計篇》所云“校之以計而索其情”，是也。一曰知可以戰與不可以戰之機。戰之爲事，須有計，尤須得機！苟得機以決戰，斯力全而不耗！方當列國爭雄之日，勢已不能免於一戰；得可以戰之機而善爲之計，斯可以不勞而定！蓋歐陸之大患在德；而自第一次歐戰以來，英法有可以戰之機者三，而不戰；希特勒遂以坐大，而成滔天之禍！方一九三三年，希特勒挾國社黨以篡政，然民未親附，得政而未得勢；於是爲德人之所欲爲而未敢爲者以得其民而嘗於英法，退出裁軍會議，宣告退出國聯。而英法瞠目相視；波蘭執政畢蘇資基向法建議，請聯兵以伐德。使法人而從其言，波蘭攻其東，法軍攻其西。於時德之軍備未實，而人民之操兵者寡，勢必不支，而希特勒之政權必以仆，而國社黨亦以瓦解！此可以戰之機也；而法人不應！波蘭疑其欲相賣；乃與德訂十年友好協定；而希特勒公開擴軍！及一九三六年三月，下令進兵萊因；德軍人嘗以警告希特勒曰：“如法亦進兵，則德亡無日！”然而希特勒不顧！使英法果執《凡爾賽和約》以聲罪致討，予以當頭之擊；德亦必敗！此可以戰之機也；而英法不爲！於是一九三六年，第二次世界大戰必發之預言，居然無驗！語曰：“爲虺勿摧，爲蛇奈何！”於是希特勒之雄心勃發，睥睨四海！及一九三八年而進軍蘇台以欲肆志於捷克，陸軍總司令白魯希茲告之曰：“元首！如欲用武，吾軍人責無旁貸！

而今尚非其時！軍實未充，計劃未就，不敢不告！”然希特勒一意孤行！於時，英法亦知德之未可以再姑息，而苦於整軍經武之落德後；然使英法果聯兵援捷以聲罪致討於希特勒；而蘇聯及其他中東歐小協約國，無不與捷有相援之約，義聲所播，必起相應；四面楚歌，德勢甚孤，既鶩於東，又罷於西；而希特勒之德國，必蹈威廉二世之覆轍，而同其傾覆！此可以戰之機也；而英法又不爲！於戲！方其初，德人無可以戰之力而欲戰，英法有可以戰之機而不戰；及其既也，德人有可以戰之機而亟戰，英法失可以戰之機而亟敗！時乎時乎不再來！可不爲之大哀乎！然一九三九年九月，歐洲大戰之既起也，法人猶有可以戰之機者一，而不戰；於是兵敗焉，國降焉，蹶以不振！蘇聯有可以戰之機者一，而不戰，於是國破焉，民殲焉，危而僅存！方希特勒之攻波蘭也，傾國殫鋭以事東征；而守西境者，衹三師耳！或曰十一師焉！而法大將甘末林以三十五師之兵，雄踞德邊，使其推鋒直入，批亢擣虛，以拊德軍之背，而與東方之波蘭軍相應；東西夾攻，德何以支！此可以戰之機也；而甘末林不爲，波蘭不救，法亦以敗！此甘末林之失機也！希特勒雖與史丹林成互不侵犯之約，而不能無虞於蘇。史丹林亦以申儆於國曰：“吾人宜時戒備以防不虞！狡焉啓疆，何國蔑有！毋俾逞志於我也！”弦外之音，人皆知其虞德！然當希特勒騁兵東南歐，進佔羅馬尼亞、保加利亞；殫鋭竭力以攻英、希及南斯拉夫聯軍，而深入阿爾巴尼亞、馬其頓，連兵不解之時；使史丹林挾其久蓄不用之威，而以雷霆萬鈞之勢，進兵波蘭，批亢擣虛以直趨柏林；則英、希兩軍，堵擊正面；南斯拉夫及土耳其之軍，夾攻兩旁；而蘇聯之軍，以拊其背；則丹、挪、荷、比、法、盧以及其他諸征服國，叛者四起，乘勢響應，有可必勝之勢！此可以戰之機也；而史丹林不爲！南、英、希聯軍潰敗；希特勒反兵以東，乘勝遠鬬；而史丹林亦猝不知措手足，損軍折將，蹙地數萬里！此史丹林之失機也！夫失機者失勢，而得機者得勢。然希特勒獨往獨來，縱横歐陸，而能得機以得勢者，皆英、法、蘇三國之當國者，不能當機立斷，而遲迴周章以成之也！嗚呼！《傳》不云乎！“需者，事之賊也！”昔唐甄論兵，嘗妙設一喻；以謂：“鼠之出也，左顧者三，右顧者再，進寸而反者三，進尺而反者再，吾笑拙兵之智類出穴之鼠也！人之情，始則驚，久則定；驚者可撓，定者不可犯。善用兵者，乘驚爲先。敵之方驚，千里非遠，重關非阻，百里非衆；人懷乾麵，馬囊蒸菽，倍道而進，兼夜而趨，如飄風，如疾雷。當是之時，敵之主臣失措，人民逃散，將士無固；乘其一而九自潰，乘其東而西自潰，乘其南而北自潰；兵刃未加，已壞裂而不可收矣！凡用兵之道，莫神於得機！離朱之未燭，孟賁之甘枕，此機之時也。伺射驚隼，伺射突兔，先後不容瞬，遠近不容分，此機之形也。機者，一日不再，一月不再，一年不再，十年不再，百年不再；是故智者惜之！古之能者，陰謀十年，不十年也；轉戰千里，不千里也；時當食時，投箸而起，食畢則失；時當卧時，披衣而起，結襪則失；時當進時，棄家而進，反顧則失。不得機者，雖有智主良將，如利劍之擊空；雖有累世之重，百萬之衆，如巨人之痿處；雖有屢戰屢勝之利，如刺虎而傷其皮毛。機者，天人之會，成敗之決也。唐子之少也，從舅飲酒，坐有壯士秦斯，力舉千斤，戰必陷陣，嘗獨行山澤間，手格執杖者數十人。舅指一客，戲之曰：‘客雖羸也，然好拳技，嘗欲勝君。君其較之！’斯笑曰：‘來！’遂舍巵離席，方顧左右語而立未定也；客遽前擊之，觸手而倒。坐客皆大笑！夫以客之當斯，雖百不敵也；然能勝之者，乘其未定也！善用兵者，如客之擊秦斯，可謂智矣！”嗚呼！希特勒其知之矣！而惜乎英、法、蘇三國之當國者，周章瞻顧，不爲擊斯之客，而類出穴之鼠也！可不爲大戒乎！特是日人之於我也，知可以戰之機，而未嘗爲可以戰之計！蓋日人之所虞於我者，我之軍備日以擴，軍實日以充也；蘇聯與我爲援以相犄角也；英、美之仗義執言也！及一九三七年七月，而蘇聯史丹林清黨肅軍，自杜嘉契夫斯基元帥以下，大將誅戮者八人；方虞内難，奚暇外略！英相張伯倫有虞於德之希特勒，日事綏靖，又汲西憂，不遑東顧！我則軍備甫擴而未充，軍實亟籌而未足；失此不圖，日且旰食，此可以戰之機也；顧輕心以掉，欲以摧我於一擊，而未能悉力以赴，知我之援寡力薄，可以亟勝；而未虞我之地廣民衆，能爲持久；一發不中，兵頓鋭挫，而又欲罷不能，師老財匱；此知可以戰之機，而失之於可以戰之計也！然而能制機者，必佔先著。既失機先，而挽頹勢，惟有相機，以争主動。蘇聯駐英大使邁斯基，以一九四二年三月，在倫敦呼籲，謂：“應早取決定性之行動！吾人縱有預定之方略；然吾人非能得預期之情勢以作戰，而常迫我以不得不戰之勢；吾人亟宜變計，因時因地，而求所以決勝之方策。一九四二年，必可以見戰局之轉捩；而戰局之轉捩，在吾人有決定性之行動！凡我同盟，尤當深知：（一）今日之戰，乃高速度之機器戰，利於攻而不利於守。現代化坦克車之進攻，飛行絶迹，普通炮兵之力，固不足以制止；而其爲守者，縱有多數之坦克車，亦無以禦敵人之坦克車；蘇德之役，亦有明證。（二）人口、土地、自然富源及工業資源之數字對比，未能以保勝利之必然！蓋資源之雄厚，無預於勝負之數；而應以其實際動員之程度爲準也。夫不動員，不能成力量；而制勝之訣，乃在決勝之時機，決勝之地點，而有決勝之力量，以壓倒敵人也。（三）孰能掌握主動，孰即決勝！（四）時間爲吾人之友，非其實也！今敵我兩方之時間，莫非競賽；惟勇決，惟迅速，乃可以勝！而今機已至矣，何可不急起直追！”失之東隅，而欲收之桑榆，亦以明無失可以戰之機而已矣！

識衆寡之用者勝。

（訓義）梅堯臣曰：“量力而動。”王皙曰：“謂我對敵兵之衆寡，圍、攻、分、戰，是也。”

上下同欲者勝。

（訓義）張預曰：“百將一心，三軍同力，人人欲戰，則所嚮無前矣！”

以虞待不虞者勝。

（訓義）孟氏曰：“虞，度也。《左傳》曰：‘不備不虞，不可以師！’待敵之可勝也。”陳皥曰：“謂先爲不可勝之師，待敵之可勝也。”基博按備預不虞，軍之善政；而“以虞待不虞者勝”，徵之甲午中日之戰而可知也！方事之起，直隸總督兼北洋大臣李鴻章實主軍事外交之全局；乃日本盛兵渡朝鮮；而我則始請英使調停，後請俄使勸阻，其間復邀英艦以制日，又虞英、俄之互忌，終且倚英、俄合力以言和，而專制於英；俄以外，更告法，告德，告美以求息肩；轉以兵備爲大忌。而日使之駐朝鮮者，亦時時示我以可和之情以愚我耳目。我乃一誤再誤，游移前卻，入其彀中而不之覺也！我方以口舌文告，敝精神於英、俄、德、法、美五國之交，垂五十日，不得要領；而日本則乘其間以渡兵朝鮮，争我先著，欲以戰乘我，而姑以和餌我。雖以牙山諸將之乞援，駐朝道員袁世凱之告急；而鴻章答之，輒曰：“静守勿動”也，“已付各國公論”也，“英法刻已出場”也；雖奉嚴旨備戰，而鴻章仍固持和局，直於言款之外無措置。而日本遂攻我之無備，薄陸師於成歡，襲海軍於豐島。我始倉卒以應戰；然而師徒不戒，士氣已墮！太公曰：“疑志不可以應敵”，我之所以大敗也！孫子曰：“以虞待不虞者勝”，日之所以制勝也！日本之攻俄也亦然！兩國既絶交，其聯合艦隊司令東鄉平八郎即率艦隊出發，以一九〇四年二月八日，襲擊俄艦於旅順口外，敗之；俄艦悉走港内，自是不敢出；明日，其所分遣之艦隊又擊敗俄艦於仁川；日本之陸軍，遂得安渡朝鮮以進兵滿洲矣！是故日之制勝，在於神速；而俄則失於遲滯！宣戰後七日，乃以馬哥羅夫爲東洋艦隊司令；又四日，以苦魯伯堅爲滿洲軍總指揮。馬哥羅夫以三月一日至旅順；苦魯伯堅以四月十一日至營口；而駐滿洲之海陸軍，一再挫敗；旅順勢已坐困。方日軍之陸續運朝鮮也，而俄之陸軍在滿洲者已四萬五千人，何難先發制人，乘日軍之未集，取平壤以與相持於朝鮮境内！乃日軍從容盡渡，進兵義州；而鴨緑江西岸之俄軍，尚未大集；而予日軍以先發制人之機；正與我甲午之戰，同一覆轍！《軍志》曰："先人有奪人之志，薄之也！"日人之善爲薄，一施於我，再施於俄，無不争先著而以制勝！我與俄之不虞，乃以成日人之虞！今日人又以施之於英、美而争先著，陰備戰以欲乘人於卒，陽媾和以姑餌之於先；野村來栖，連翩使美，虚與委蛇；赫爾之聲明未復，羅斯福之書墨未乾，而夏威夷之空襲，菲律賓、馬來亞半島之登陸，如晴天霹靂；英、美措手不及，毁艦折將，師徒撓敗，墮軍實而長寇仇；亦"以虞待不虞者勝"，而與我甲午之戰，同一覆轍也！嗚呼！史例俱在，殷監不遠，而世多善忘，不知監觀，故技不妨屢肆，覆轍依舊相仍！以美總統羅斯福、英相邱吉爾之高掌遠蹠，而爲日人所餌，所乘以不及措手，則與老至耄及之李鴻章同其不智，狡謀得逞，歷史緟演；使李鴻章地下有知，當掀髯而以自解嘲矣！推之而希特勒之縱横歐陸，敗英降法，豈必閃電戰之奏奇績；毋亦以德之虞，而乘英法之不虞爾！有國者可不戒哉！

將能而君不御者勝。

（訓義）張預曰："將有智勇之能，則當專任以責成功，不可從中御也。故曰：'閫外之事，將軍裁之。'"鄭友賢曰："或問將能而君不御者勝，後魏太武命將出師，從命者無不制勝，違教者率多敗失。齊神武任用將帥出討，奉行方便，罔不克捷；違失指教，多致奔亡。二者不幾於御之而後勝哉？曰：知此而後可以用武之意。既曰：'將能而君不御者勝'，則其意固謂將不能而君御之，則勝也。夫將帥之列，才不一概，智愚勇怯，隨器而任。能者，付之以閫寄。不能者，授之以成算。亦猶後世責曹公使諸將以

《新書》從事；殊不識公之御將，因其才之大小而縱抑之。張遼樂進，守闕之偏才也；合淝之戰，封以函書，節宣其用。夏侯惇兄弟，有大帥之略，假以節度，便宜從事，不拘科制，何嘗一概而御之也耶！《傳》曰：‘將能而君御之，則爲縻軍。’將不能而君委之，則爲覆軍。惟公得武之法深，而後太武神武，庶幾公之英略耳！”基博按將能而君不御，則君之所以患於軍者去矣。然所謂“君不御”者，不過政治不得干擾作戰而已！非謂放棄一切軍事領導之權任也！

此五者，知勝之道也。

（訓義）曹操曰：“此上五事也。”

故曰：知彼知己，百戰不殆。

（訓義）王晳曰：“殆，危也；謂校盡彼我之情，知勝而後戰，則百戰不危。”基博按“校之以計而索其情”，“知彼知己”，則知可以戰與可以不戰。見可而進，則必勝。知難而退，夫何殆！

不知彼而知己，一勝一負。

（訓義）梅堯臣曰：“自知己者，勝負半也。”張預曰：“唐太宗曰：‘今之將臣，雖未能知彼；苟能知己，則安有不利乎！’所謂知己者，守吾氣而有待焉者也。故知守而不知攻，則勝負之半。”

不知彼，不知己，每戰必殆。

（訓義）王晳曰：“全昧於計也。”基博按“知彼知己”云云，仍是推闡《計篇》之意，鄭重以丁寧之。

右第三節承上節論衆寡之用，申言“識衆寡之用者勝”，而因詳論任將制勝之宜。

形篇第四

（解題）王晳曰："形者，定形也；謂兩敵強弱有定形也。善用兵者，能變化其形，因敵以制勝。"張預曰："兩軍攻守之形也。隱於中，則人不可得而知；見於外，則敵乘隙而至。形因攻守而顯，故次《謀攻》。"基博按形者，形敵之可勝不可勝，而無失敵之敗；即《計篇》所謂"校之以計而索其情"也。蘄於先勝而後求戰，與《計篇》"未戰而廟算勝"之義相發。惟校之而索其情之謂"計"；形之而著其驗之謂"形"。《計篇》所以校之而索其情者，一曰"道"，二曰"天"，三曰"地"，四曰"將"，五曰"法"；五者之中，以"道"爲主。而此之所以形敵之可勝不可勝者，一曰"度"，二曰"量"，三曰"數"，四曰"稱"，五曰"勝"；五者所云，詳"地"之計。然未形敵之可勝，先爲己之不可勝，然後可以自立於不敗，而不失敵之敗；故曰："勝可知而不可爲。""可知"之"知"，承上篇"知可以戰與不可以戰"，"知彼知己"，一脈相生。

孫子曰：昔之善戰者，先爲不可勝，以待敵之可勝。

（訓義）杜牧曰："自整軍事，長有待敵之備；閉跡藏形，使敵人不能測度；因伺敵人有可乘之便，然後出而攻之。”基博按現代列强戰略與戰術之大别，德制“先”而英欲“待”；英爲守而德欲攻。“兵貴勝不貴久”者，此德國戰略戰術思想之原於歷史者也。“昔之善戰，先爲不可勝以待敵之可勝”，此英國戰略戰術思想之原於歷史者也。顧自第一次歐戰以來，法國兵家，多與英同。福煦將軍嘗在巴黎軍官大學演説，謂：“自來名將，無不先取守勢，俟敵軍疲怠，然後反攻；以我之奮，乘彼之衰。”其説蓋遠原拿破崙，嘗言：“戰争之技術無他，不過先取合理審慎之守勢，而後繼以迅速大膽之突擊。”福煦蓋衍其緒論也；及以勝德，而先守後攻之論，幾爲典型。貝當將軍曰：“守則立於不敗之地；攻則以克敵致勝；必先防敵之能勝我，乃可攻敵以制勝。吾人不可不自審四境之國防，果能堅而無虞敵之我攻歟？然後乃能轉而攻敵以致勝。”達拉第、甘末林，咸同此論！獨魏剛將軍議以機械化部隊，爲運動戰，施行攻擊，以殲滅敵人。然亦言：“法國無侵略之圖，而軍事配備，祇以防禦爲目的。”雖尼山爾極力抨擊，謂：“若曰保護法國，吾人異日之戰，必在敵國境内。”而衆議院軍事委員會主席蓋拉香白言：“戰之初起，如以陸戰而論，祇有堅决採取守勢，此無可疑者！”幾百口一辭！此馬奇諾防線之苦心經營也！不意一九四〇年，希特勒閃電戰之摧鋒而前，遽以挫退，遂貽口實，此亦成敗論人！然希特勒蹈瑕抵隙，以襲法之北疆，而擣虚以入；則是法之敗，仍是敗於國防之不能無虞，而予希特勒以可乘。蘇聯史丹林防線，與魏剛防線，同一基本於縱深戰術，而勝敗異勢！蘇聯大將相語，謂：“德人突破馬奇諾防線，特以迂迴戰略，避堅攻瑕而成功；而非正面之突破！”其他法人致敗之端不一，而不必軍事理論之有漏義也！至一九四二年十一月六日，波蘭總理兼陸軍總司令西考爾基之在英國利物浦大學波蘭建築學院之開學典禮，受名譽法學博士學位，而演説也，以謂：“時至今日，而謂法國人業已證明馬奇諾防線不過虚誕之神話，固爲大謬！若謂法國人之防禦，尚未經試驗，而所設計經營全歐之大堡壘，不堪一擊；亦未爲當！最近之戰術，日進無疆。防禦戰之價值，雖曾損失，而已有恢復之勢”云！

不可勝在己，可勝在敵；故善戰者，能爲不可勝，不能使敵必可勝。

（訓義）杜牧曰：“不可勝者，上文註解所謂修整軍事，閉形藏跡，是也；此事在己，故曰‘能爲’。敵若無形可窺，無虚懈可乘；則我雖操可勝之具，亦安能取勝敵乎！”梅堯臣曰：“在己，故能爲；在敵，故無必。”基博按第一次歐戰，德人務欲傾全力以使法之必可勝；而法人則故控吾力以爲德之不可勝；其間成敗得失之故，固有可資法戒者！法人蒲哈德者，裨將也；久經行陣；與德人大小數十戰，而知其情僞以著《德大將興登堡歐戰成敗鑑》一書，以謂：“興登堡嘗言：‘作戰之法，第一尚勇；果有剛毅强悍之氣，一往無前；較諸老謀壯事者之成功爲易！臨戰時，宜以威力馭其衆於必死，不必以沈幾觀變爲長！’不知剛毅强悍，當規其成；不當以剛毅强悍，用爲孤注之一擲！興登堡之意，則見敵必搏；至兵力之厚薄，形勢之緩急，皆所不計！縱有機倪以明知不必勝，然亦進撲，爲先發制人之計；雖嘗以此成功；然而物極必反；席長勝之勢，所往無前，一經挫敗，士氣即不可復振！平心論之：其計非不周也，其氣非不鋭也，顧耗其炮力以一鼓作氣，及遇大敵而彈以不繼，再衰三竭，此正其所短，無可諱者！夫殫鋭竭力，而不圖後繼，一擊不中，亦以一蹶不振！何如我福煦元帥老謀壯事，一九一七年，已爲不可勝之術，而力故控其有餘；以迄一九一八年，七月一日之役，法國後備軍，可一百九十二師，其在前敵者，凡六十五師；七月十五日之役，後備軍可一百九十四師，其在前敵者，凡七十師；十月十五日之役，後備軍可二百零五師，其在前敵者，八十八師；十一月十一日，後備軍之數如前，而在前敵者一百零三師。且以最新之戰術迎敵，以輕兵列前線，爲數至稀；至第二線，則厚集兵力，去前線不妨遠；蓋兵數密集，易爲敵人之炮火聚殲；前線兵稀而散，則敵人之炮火雖密而無大傷害；而兵力厚集於第二線，以乘德軍炮火之衰；疏密相間，縱德之炮火，其烈甲於全球；然爲我軍所勝！大凡用兵，有能守之力者，必再接再厲，而皆抵禦不使之隳突，始爲勝算！蓋兵分前後兩線，第一線作戰，第二線爲後備之援軍；前線之軍宜疏，用以老敵軍之氣，耗其炮火；然後後線之軍，以全力捲陣而進，破之必矣！且第二線之後軍，見前線之不振，亦不必盡師以出；而留半以觀撲敵者之勝負；宜分爲兩隊，第一隊進撲，第二隊聽令而前。故善治兵者，不主前線之密集；而主後線之堅厚；果後線之軍脆薄，則前線一衂，全軍潰不可支！德人之用兵，如烈火撲人，一爲水滅，則後撲無人，遂以不振！興登堡非見不及此，顧合前後爲一線以厚其力而直撲我軍，自以爲變通戰法，不難一舉而遏平我；不意前線一敗，後難爲繼；而我長驅，勢成破竹；其弊在顧前不留後；此所以一擊不中，而無以善其後也！”豈非法能爲不可勝，而德不能使法必可勝耶！孰爲善戰，亦可不言而喻已！

故曰：勝可知而不可爲。

（訓義）杜佑曰：“已料敵，見敵形者，則勝負可知。若敵密而無形，亦不可强使爲敗。故范蠡曰：‘時不至，不可强生，事不究，不可强成。’”梅堯臣曰：“敵有闕，則可知；敵無闕，則不可爲。”鄭友賢曰：“或問勝可知而不可爲者，以其在彼者也；佚而勞之，親而離之，佚與親在敵，而吾能勞且離之。豈非可爲歟？曰：傳稱用師，‘觀釁而動’；‘敵有釁，不可失’。蓋吾觀敵人無可乘之釁，不能彊使爲吾可勝之資者，不可爲之義也。敵人既有可乘之隙，吾能置術於其間，而不失敵之敗者，可知之義也。使敵人主明而賢，將智而忠，不信小説而疑，不見小利而動，其佚也，安能勞之！其親也，安能離之！有楚子之暗，與囊瓦之貪，而後吴人亟肄以疲之。有項王之暴，與范增之隘，而後陳平以反間疏之。夫釁隙之端，隱於佚親之前；勞離之策，發於釁隙之後者，乃所謂可知也。則惟無釁隙者，乃不可爲也。”

不可勝者，守也，

（訓義）杜牧曰：“言未見敵人有可勝之形，己則藏形，爲不勝之備以自守也。”梅堯臣曰：“且有待也。”基博按此句承上“不可勝在己”一氣説下，當是説“我之不可勝者，我有以自守也”。意相貫注而義了當；諸家不免過求深解。

可勝者，攻也。

（訓義）杜牧曰：“敵人有可勝之形，則當出而攻之。”梅堯臣曰：“見其闕也。”基博按德之兵家，不知勝之“可知而不可爲”，而早夜以思，務爲“可勝”以欲攻人之國，而不能自爲“不可勝”；及其曠日持久，再衰三竭，勢絀而情見，匪惟不能保其勝，抑且無以守其國；威廉二世既以一蹶不振矣！希特勒曾不之悛，覆轍相尋，而日本且效尤焉！然後知孫子鄭重丁寧，以謂“不能使敵必可勝，故曰勝可知而不可爲”，有旨哉！

守則不足，攻則有餘。

（訓義）曹操曰：“吾所以守者，力不足也。所以攻者，力有餘也。”李筌曰：“力不足者，可以守。力有餘者，可以攻也。”張預曰：“吾所以守者，謂取勝之道，有所不足，故且待之；吾所以攻者，謂勝敵之事，已有其餘，故出擊之。言非百勝不戰，非萬全不鬭也。後人謂不足爲弱，有餘爲强者非也。”鄭友賢曰：“或問守則不足，攻則有餘，其義安在？曰：謂‘吾所以守者力不足，所以攻者力有餘’者，曹操也；謂‘力不足者可以守，力有餘者可以攻’者，李筌也；謂‘非强弱爲辭’者，衛公也；謂‘守之法，要在示敵以不足，攻之法，要在示敵以有餘’者，太宗也。夫攻守之法，固非己實强弱，亦非虛形視敵也；蓋正用其有餘不足之形勢以固己勝敵也。所謂不足者，吾隱形於微，而敵不能窺也。有餘者，吾乘勢於盛，而敵不能支也。不足者，微之稱也；當吾之守也，滅跡於不可見，韜聲於不可聞，藏形於微妙不足之際，而使敵不知其所攻矣；所謂藏於九地之下者是也。有餘者，盛之稱也；當吾之攻也，若迅雷驚電，壞山決塘，作勢於盛强有餘之極，而使敵不知其所守矣；所謂動於九天之上者是也。此有餘不足之義也。”基博按諸家紛紜，未爲得解，夫攻者先發制人，力見有餘；而守者後發制於人，勢處不及。又守則備多而力分，故曰“不足”；攻以力專而勢猛，則形“有餘”。兩語蓋以誡守者，觀下《虛實篇》而義自明；以上文反覆丁寧於“不可勝”之“先爲”、“能爲”，而明“不可勝”之亦“未易爲”也；然德國克老山維茲著書論兵，力主進攻，以創德國兵學之體系；而謂：“守禦之目的雖消極，惟其戰鬭形態，則比攻擊爲有力，攻擊之目的雖積極，惟其戰鬭形態，則比防禦爲無力！”則“有餘”未能終保，而不足亦有可爲！然小國常以“不足”之勢，而爲攻以眡“有餘”；大國則以有餘之力，而坐守以成“不足”；如英蘇之爲德所挫，中美之爲日所攻，是也。宋蘇軾著《策斷》，嘗切論之，以謂：“鄒與魯戰，則天下莫不以爲魯勝，大小之勢異也！然而勢有所激，則大者失其所以爲大，而小者忘其所以爲小，故有以鄒勝魯者矣！夫大有所短，小有所長。地廣而備多，備多而力分，小國聚而大國分，則强弱之勢，將有所反！大國之人，譬如千金之子，自重而多疑；小國之人，計窮而無所恃，則致死而不顧；是以小國常勇，而大國常怯，恃大而不戒，則輕戰而屢敗；知小而自畏，則深謀而必克；此又其理然也！然而大國則固有所長矣；長於戰而不長於守！夫守者，出於不足而已；譬之於物，大而不用，則易以腐敗；故凡擊搏進取，所以用大也！孫武之法：‘十則圍之，五則攻之，倍則分之，敵則能戰之，少則能逃之，不若則能避之。’自敵以上者，未嘗有不戰也！自敵以上而不戰，則是以有餘而用不足之計，固已失其所長矣！凡大國之所恃，吾能分兵而彼不能分；吾能數出而彼不能應；譬如千金之家，日出其財以罔市利，而販夫小民，終莫能與之競者，非智不若，其財少也！是故販夫小民，雖有桀黠之才，過人之智，而其勢不得不折而入於千金之家；何則？其所長者，不可以與較也！”嗚呼！此英蘇之所以爲德攻，而轉以攻德；日之所以先發制美，而卒爲美制也！夫攻之有餘，難於慮終！克老山維茲不云乎：“凡攻擊隨其前進而力弱！”蓋戰線漸長，兵力漸弱；故攻擊而前進，常深入以不繼也！所以攻於人者，毋以敵之前進而氣沮！而攻人者，勿以人之後退而僨盈，第一次歐戰，威廉二世惟不知此，所以戰勝攻取而無成功！此次大戰，希特勒亦昧於此，亦必戰勝攻取而無成功！則德以陸軍攻人，既有然矣；而日以海軍攻美，又將何如？日本之海軍，例不作閃電戰之進擊以渡洋作戰；而惟邀敵艦於日本近海以採取穩紮穩打之防禦主義。試以日俄之戰爲例：於時，舞鶴鎮守府司令官東鄉平八郎，以薩閥首領山本權兵衛之不次拔擢，超其先輩於柴田矢八，日高壯之丞等宿將，一躍而爲聯合艦隊司令長官；然實未饜人望，而指揮對馬一戰，則資首席參謀秋山真之中佐之力！秋山留美多年，私淑美海軍大佐麥罕之海軍理論；歸國以後，在海軍大學特設戰略戰術講座，而創立日本海軍之兵學體系；就戰略戰術之研究與素養言，日本海軍將領，無出其右者！而秋山之計劃對俄作戰，即爲邀擊於日本近海之穩紮穩打主義；先邀擊俄大西洋艦隊於朝鮮海峽之西，繼之以夜襲，又次則在海峽中攻擊。然穩紮穩打之日本艦隊，竟不敢出朝鮮海峽一步；而對馬之戰，乃以第三著作第一著！方俄之大西洋艦隊，萬里長征，而道出印度洋以進入遠東海面之際，日本艦隊不能沿途截擊，而靜待其開入日本海。使俄之大西洋艦隊，不入朝鮮海峽，而繞日本東海以道海參崴，與其遠東艦隊聯合；天下事未可知也！自第一次歐戰以來，日本之海上假想敵爲美；所有海軍將校，二十餘年之處心積慮，而以極深研幾者，厥爲對美戰略，而要其歸，不出守勢之穩紮穩打主義！伊藤正德，以著《對美作戰論》有名，而其一九三七年秋季，將旅行利比亞之前，嘗與義總督巴爾波討論日本海軍戰略。巴爾波問：“聞日本造大戰艦，可幾萬噸？”伊藤對：“二十年以前，即設計造四萬二千噸；自今日言之，可以造四萬四千噸左右。”巴爾波曰：“如噸數減半，造二萬二千噸之快速艦二艘，不視四萬四千噸之一巨型艦，更有效能乎？”伊藤對：“太平洋作戰，與地中海不同，係以遠距離決戰爲主，非巨艦巨炮不可！”巴爾波曰：“然！惟鄙意以爲日本似未將空軍之轟炸力列算在内！”伊藤對：“否！空軍實在考慮之中。因之防禦力加重，艦型不大，而排水量則增大！”巴爾波曰：“日本戰艦之在太平洋，將駛行千哩以作戰乎?”伊藤對：“日本以防禦作戰爲主，而進攻戰略，非所置慮也！”語次，巴爾波拊伊藤肩，笑曰：“先生欺予哉！”而伊藤則堅持暢發日本之守勢戰略論。巴爾波終不謂可也！然伊藤於一九四○年一月，刊布其對美作戰論，中言：“日本海軍，向不考慮越過東經百八十度，而嘗試主力艦隊之作戰；日本之戰略與造艦政策，在於截擊來襲西太平洋日本近海之强大海軍。”蓋守勢戰略之傳統則然也！然自太平洋之戰起，聯合艦隊司令山本五十六指揮作戰，則一反守勢之傳統戰略，而以閃電之進擊，渡洋作戰，半年以内，不特席捲巽他海峽諸島嶼及菲律賓，而海軍行動半徑，且北至荷蘭港，南至所羅門，西至安達曼，縱横軼蕩，不僅强襲中渡島，横渡珊瑚港也！於是平出英夫大佐發表談話以闡明海軍新戰略，謂：“山本司令長官以斷然之決心與勇氣，實行一艦一殺主義，以我一艦，對彼一艦，欲打擊彼艦，則我艦亦預備損失；如畏損失而不敢出，危莫大焉！”然勞師以襲遠，乘美之不備，始見爲有餘，終形其不足，而海軍行動之半徑愈廣，一艦一殺之艦數日少！至一九四三年二月，《東洋經濟新報》社論，警告軍事當局，“毋殫鋭竭力以死守瓜達康納爾而成爲凡爾登第二，不如作戰略之撤退！”而山本亦以是年五月戰死；佔領之島嶼，無法增援，不得不逐次撤退；而阿圖島之守軍殲焉！一九四一年之日海軍，無役不勝；而一九四三年之日海軍，無戰不北；亦既情見勢絀，而美人則欲迫日海軍以全力應戰，而殲之於太平洋，然後長驅直入以攻日本本部，勢成破竹！日本知其然也，則匿其主力，而伺美海軍之前進，以圖邀擊美艦隊於近海；於是以前之所佔領，不得不逐島撤退，而前功盡棄矣！豈非“攻擊隨前進而力弱”之徵於日海軍而益信者耶！“攻則有餘”云乎哉！

善守者，藏於九地之下；善攻者，動於九天之上；故能自保而全勝也。

（訓義）杜牧曰：“守者，韜聲滅跡，幽比鬼神，在於地下，不可得而見之。攻者，勢迅聲烈，疾若雷電，如來天上，不可得而備也。”梅堯臣曰：“九地，言深不可知；九天，言高不可測；蓋守備密而攻取迅也。”王皙曰：“守者，爲未見可攻之利，當潛藏其形，沈静幽默，不使敵人窺測之也。攻者，爲見可攻之利，當高遠神速，乘其不意，懼敵人覺我而爲之備也。九者，極言之耳。”張預曰：“藏於九地之下，喻幽而不可知也；動於九天之上，喻來而不可備也。”基博按敵之可勝不可勝，惟恐其不形；而我之可勝不可勝，則又惟恐其形，故以“九地”、“九天”爲喻。“藏於九地”，則敵不知所攻，而可以自保，所以爲不可勝也。“動於九天”，則敵不知所守，而可以全勝，所以爲可勝也。

右第一節論勝可知而不可爲。形者，所以爲可知也。

見勝不過衆人之所知，非善之善者也。

（訓義）杜牧曰：“衆人之所見，破軍殺將，然後知勝。我之所見，廟堂之上，罇俎之間，已知勝負矣！”賈林曰：“勝見未然之勝，善知將然之敗，謂實微妙通玄，非衆人之所見也。”

戰勝而天下曰善，非善之善者也。

（訓義）陳皥曰：“潛運其智，專伐其謀，未戰而屈人之兵，乃是善之善者也。”張預曰：“戰而後能勝，衆人稱之曰善，是有智名勇功也；故云非善。若見微察隱，取勝於無形，則真善者也。”

故舉秋毫，不爲多力；見日月，不爲明目；聞雷霆，不爲聰耳。**古之所謂善戰者勝，勝於易勝者也**。**故善戰者之勝也，無智名，無勇功**。

（訓義）曹操曰：“攻其可勝，不攻其不可勝也。”張預曰：“善戰者常攻其易勝，而不攻其難勝也。”基博按“故舉秋毫不爲多力”云云三語，蓋以喻“勝於易勝”之“易”；若曰：“舉秋毫，不爲多力；見日月，不爲明目；聞雷霆，不爲聰耳。然則勝易勝，何有智名勇功！”此古之所謂“善戰者勝”之所以異於“戰勝而天下曰善”者也。乃諸家解多以“故舉秋毫不爲多力”云云三語，以喻“見勝不過衆人之所知”；殊未的也。且“勝於易勝”，“無智名，無勇功”，易言之曰：“戰勝而天下不曰善”而已。正與“戰勝而天下曰善，非善之善”上下文反正相生，一意貫注，無待深解；而諸家必以攻心伐謀，不戰而屈人之兵爲“非善之善”作深解，亦爲失之；何也？以上文辭意扞格也。

故其戰勝不忒；不忒者，其所措必勝，勝已敗者也。

（訓義）李筌曰：“置勝於已敗之師，何忒焉！”杜牧曰：“措，措置也。忒，差忒也。我能置勝不忒者，何也？蓋先見敵人已敗之形，然後攻之，故能置必勝之功，不差忒也。”

故善戰者，立於不敗之地，而不失敵之敗也。

（訓義）杜牧曰：“不敗之地者，爲不可勝之計，使敵人必不能敗我也。不失敵人之敗者，言窺伺敵人可敗之形，不失毫髪也。”

是故勝兵先勝而後求戰；敗兵先戰而後求勝。

（訓義）李筌曰：“計與不計也。”杜牧曰：“管子曰：‘天時地利，其數多少，其要領出於計數。故凡攻伐之道，計必先定於内，然後兵出乎境。不明敵人之政，不能加也；不明敵人之積，不能約也；不明敵人之將，不見先軍；不明敵人之士，不見先陣。故以衆擊寡，以理擊亂，以富擊貧，以能擊不能，以教士練卒擊毆衆百徒，故能百戰百勝。’此則先勝而後求戰之義也。衛公李靖曰：‘夫將之上務，在於明察而衆和，謀深而慮遠，審於天時，稽乎人理。若不料其能，不達權變，及臨機赴敵，方始趦趄，左顧右盼，計無所出，信任游説，一彼一此，進退狐疑，部伍狼藉，何異趣蒼生而赴湯火，驅牛羊而陷虎狼者乎！’此則先戰而後求勝之義也。”張預曰：“計謀先勝，然後興師，故以戰則克。尉繚子曰：‘兵不必勝，不可以言戰；攻不必拔，不可以言攻。’謂危事不可輕舉也。又曰：‘兵貴先勝於此，則勝於彼矣。弗勝於此，則弗勝於彼矣。’此之謂也。若趙充國常先計而後戰，亦是也。不謀而進，欲幸其成功，故以戰則敗。”

善用兵者，修道而保法，故能爲勝敗之政。

（訓義）杜牧曰：“道者，仁義也；法者，法制也；善用兵者，先修理仁義，保守法制，自爲不可勝之政，伺敵有可敗之隙，則攻能勝之。”基博按“道”，即《計篇》所謂“令民與上同意”之道；“法”者，“曲制、官道、主用”也；“勝敗之政”之“勝敗”二字，非對舉也，當串講，上文所謂“勝已敗”者也。

右第二節論先勝而後求戰。夫未求戰而先知勝，此“計”之後，所爲重有事於“形”也。

兵法：一曰度，

（訓義）賈林曰：“度土地也。”

二曰量，

（訓義）賈林曰：“量人力多少，倉廪虚實。”

三曰數，

（訓義）賈林曰："算數也，以數推之，則衆寡可知，虚實可見。"

四曰稱，

（訓義）曹操曰："稱量敵孰愈也。"

五曰勝。

（訓義）基博按以上四者，有數可度，則有形可見；有形可見，而勝可知也；故終之以"五曰勝"焉。

地生度。度生量。量生數。

（訓義）杜牧曰："度者，計也；言度我國土大小，人户多少，征賦所入，兵車所籍，山河險易，道里迂直，自度此事與敵人如何，然後起兵。夫小不能謀大，弱不能擊强，近不能襲遠，夷不能攻險，此皆生於地，故先度也。"何氏曰："地者，遠近險易也；度，計也；然後興師動衆，可以成功。"張預曰："地有遠近廣狹之形，必先度知之，然後量其容人多少之數也。"

數生稱。

（訓義）王晳曰："稱，所以知輕重，喻强弱之形勢也。能盡知遠近之計，大小之度，多少之數，以與敵相形，則知輕重所在。"張預曰："稱，宜也；地形與人數相稱，則疏密得宜。尉繚子曰：'無過在於度數。'度，謂尺寸；數，謂什五；度以量地，數以量兵。"

稱生勝。

（訓義）杜牧曰："稱校既熟，我勝敵敗，分明見也。"何氏曰："上五事，未戰先計，必勝之法，故孫子引古法，以疏勝敗之要也。"基博按拿破崙曰："人欲爲將，必知數學；而我之所以戰必勝，由於我之數學概念。"所謂"數學概念"者，殆即"度生量，量生數，數生稱，稱生勝"之意乎？然而德將魯登道夫則曰："世人往往信以爲戰之爲事，有一定數目之數學例題；凡事莫不如此，惟有作戰不然！作戰者，乃敵之與我，以一偉大而不可思議之物質與精神之力，相摩相盪，紛紜萬變，事亂如麻，情幻如鬼，而指揮官之意志，則如地球不動之兩極，持之以静，非有健全之神經不可也！"與拿破崙之説，相反而實相成。

故勝兵若以鎰稱銖，

（訓義）梅堯臣曰："力易舉也。"

敗兵若以銖稱鎰。

（訓義）曹操曰：“輕不能舉重也。”張預曰：“二十兩爲鎰，二十四銖爲兩；此言有制之兵，對無制之兵，輕重不侔也。”

勝者之戰民也，若決積水於千仞之谿者，形也。

（訓義）曹操曰：“八尺曰仞；決水千仞，其勢疾也。”王晳曰：“千仞之谿，至陗絶也，喻不可勝對可勝之形，乘機攻之，決水是也。”基博按上文第二節言“勝於易勝”，言“勝已敗”，而此言“勝者之戰民”云云，極喻“勝於易勝”之“易”；而曰“形也”者，見敵有易勝之形，而後戰之，故若是其易也。蓋以“度”、“量”、“數”、“稱”、“勝”五者彼此相形，確知敵之易勝，敵之已敗，而後決勝一戰，沛然莫之能禦，若決積水於千仞之谿耳！

右第三節論勝之可知在於形，以終於篇。基博按兵無常勢，國有定“形”。孫子之所謂“形”者，蓋度國土之大小，而量人力多少，物産豐耗之數，稱量以出而知敵之“可勝”、“不可勝”。而近代國家之所爲“形”者，則度國土之大小而量人力多少，物産豐耗之數，稱量以出而知戰之可久不可久。大抵廣土衆民而天府之國，可以久戰。小國寡民而瘠土之國，不能久戰。可以久戰者，常欲“先爲不可勝，以待敵之可勝”；而所懼“先”之未或“能”；苟“先”能有以自持，則“敵之可勝”可待矣；中、英、美、蘇是也。不可以久戰者，“能使敵必可勝”，而不“能爲不可勝”；然卒亦未見其“可”；苟“敵之可勝”失其“必”，而我之覆亡隨之矣；德、義、日，是也。德爲資源不足之國，而不能以久戰；故其戰略以速戰速決爲主；於是有史梯芬計劃，而第一次歐戰以後，陸軍總司令白魯希茲，稱：“史氏之所以遺吾人者，蓋詔吾人以戰略要點，而迅速決勝之途也。”所謂戰略要點者，柏林大學教授愛爾茲爲之詮釋而申言之曰：（一）戰争不可不速決。（二）西境須用奇襲以制勝，而包圍以殲滅之。而苦爾將軍者，第一次歐戰馬蘭之役之軍長也；更緟言以申之，謂：“如速決之戰略失其用，而連兵不解，必有覆亡之虞！蓋以吾德人之敵衆而援寡，苟曠日持久，必罷於奔命以不支。”則其所以“爲不可勝”者，乃在“敵之可勝”；及敵不可勝，而我無以自立，則爲敵所勝矣！危孰大焉！然而無道以易之者，亦量其國之人力物力之無法以持久也！至英則海王之國，領土亘日所出入處，取精用宏，量其國之人力物力，足以持久；而第一次歐戰，又以持久制德而承其弊，以爲勝算之所在焉！英兵家哈德著有《第二次大戰之英國戰略與其戰術》一書，謂："觀於第一次大戰，而西戰場之所謂會戰，在攻者，徒以損兵折將而自貽毁滅耳！將來之戰争，必以人力物力，孰能持久而制勝。人力物力，孰先耗以盡者，孰先毁滅。現代防禦戰術之遠勝攻擊，固已徵而可信；而軍隊之攻堅，既以軍火之消耗無度，而生産因以不繼，原料亦以日乏！至士卒亦以犧牲太多，目擊心傷而有厭戰之心；士氣沮喪。是故守禦之堅，足以挫猛攻者之士氣，而奪其心以不敢攻，不欲攻。自古迄今，吾英無不用海上塹壕與海軍以限制消耗，而控其餘力以持久取勝。蓋戰之所以敗，由於人力物力之已盡；而攻者不得不傾全力以消耗；苟守者能限制消耗，而留其有餘，用之於最後，彼竭我盈，無不克也！"蘇聯兵家亦不欲孤注一擲，而傾國力以快心於一決！以謂："現代戰術，非如賽拳家之可以乘人於猝，突擊一拳而仆之地也！須防一擊不中而圖有以善其後，則必兵力物力，源源不絶以相接濟，乃足以制勝而屈敵也。"此則"先爲不可勝以待敵之可勝"，孫子以爲"昔之善戰者"如此；今豈異於古所云！然非廣土衆民而天府之國，人力物力，安能以持久，源源接濟乎！此則"地生度，度生量，量生數，數生稱，稱生勝"之今義也。

勢篇第五

（解題）曹操曰："用兵任勢也。"王晳曰："勢者，積勢之變也；善戰者，能任勢以取勝，不勞力也。"基博按"勢"與"形"不同："形"者量敵而審己，籌之於未戰之先。"勢"者因利而制權，決於臨敵之日。

孫子曰：凡治衆如治寡，分數是也。

（訓義）杜牧曰："分者，分別也；數者，人數也；言部曲行伍，皆分別人數多少各任偏裨長伍，訓練昇降，皆責成之，故我所治者寡也。"陳皥曰："若聚兵既衆，即須多爲部伍；部伍之内，各有小吏以主之，故分其人數，使之訓齊決斷，遇敵臨陣，授以方略，則我統之雖衆，治之益寡。"張預曰："統衆既多，必先分偏裨之任，定行伍之數，使不相亂，然後可用。故治兵之法：一人曰獨，二人曰比，三人曰參，比參爲伍，五人爲列，二列爲火，五火爲隊，二隊爲官，二官爲曲，二曲爲部，二部爲校，二校爲裨，二裨爲軍；遞相統屬，各加訓練，雖治百萬之衆，如治寡也。"基博按明戚繼光撰《紀效新書》十八卷，《練兵實紀》九卷，《雜集》六卷，專明束伍練陣之法；以爲："束伍之令，號令之宜，鼓舞之機，賞罰之信，不惟無南北水陸，更無古今；其節制、分數、形名，萬世一道，南北可通也。若夫陣勢之制，隨敵轉化。或曰：君用兵酷嗜節制，節制工夫從何下手？曰：束伍爲始，教號令次之，器械次之；微權重焉，不能傳也。”所著《紀效新書》十八卷，以一卷爲一篇；曰束伍，曰操令，曰陣令，曰諭兵，曰法禁，曰比較，曰行營，曰操練，曰出征，曰長兵，曰牌筅，曰短兵，曰射法，曰拳經，曰諸器，曰旌旗，曰守哨，曰水兵，各繫以圖而爲之説；皆閲歷有驗之言。而《練兵實紀》，則在薊門練兵之作；一練伍法，二練膽氣，三練耳目，四練手足，五練營陣，六練將；以爲：“教兵之法，美觀則不實用，實用則不美觀。”曰實紀者，徵實用也。至清代，上高李祖陶所著《邁堂文略》，中有《讀戚武毅〈紀效新書〉〈練兵實紀〉有述》之作，稱：“採六經之腴，拔百家之萃，精微廣大，兼而有之；而總歸到節制上去。節制者何？如竹之有節，節節制之，雖筍抽丈餘而不傾欹。又如木之有幹，幹上報節，節上生枝，枝上生葉，節節固之，雖千花萬蕊而不紊亂。無節制，則雖李廣才氣無雙而戰輒敗北；有節制，則以孔明將略非所長，而司馬仲達亦不敢與戰。夫節制工夫，始於士伍以至隊哨，隊哨而至步曲，步曲而至營陣，營陣而至大將，一節相制一節，節節分明，毫不可幹。金鼓各有所用，音不相雜，旗麾各有所用，色不相雜；人人明習，人人恪守，寧使此身可棄，此令不可不守；此命可拌，此節不可不重；視死爲易，視令爲尊；如此，必收萬人一心之效，必爲堂堂無敵之師。而萬人所以爲一心，只是以一管十，以十管百，以百管千，以千管萬。兵退走，則斬將；將敗死，則斬兵；一節一節，互相瞻顧，有欲走而不能走，欲走而不敢走者！孫子之書，形而上者也；戚氏之書，形而下者也；然形而上者之道，即寓於形而下者之器之中。倘兵無節制，則雖有權謀，無所可用，用亦不能成矣。”孫子之謂“分數”，戚繼光謂之“節制”；以將校之統御言，曰“節制”；以部伍之分編言，則曰“分數”；既而洪秀全、楊秀清起於廣西，走湘破鄂以撫有南京，號太平天國；清兵屢敗而不可振，則有丹徒戴楫汝舟撰《算兵》一文，見所著《純甫古文鈔》；其辭曰：“古之善言兵者，莫如孫子；近世則推戚氏繼光爲最。孫子曰：‘治衆如治寡，分數是也。’戚氏本其意以治兵；其《紀效新書》首以束伍立説。其《操練篇》所言結隊法，雖與所用鴛鴦陣法，人數不同，然會通全書之説而爲之詳其法；大約五人爲伍，伍有伍長；五伍爲隊，隊有隊長；四隊爲哨，哨有哨長；四哨爲一官，官有哨官；四哨官爲一總，總有把總；五總以上有中軍，爲主將。其軍法、禁令等篇所載軍法，皆責成於其長，而治之以連坐之法。其臨陣退縮也，令甲長管兵，隊長管甲長，哨官、哨長管隊長，把總管哨官、哨長；若故縱，罪坐其長。其當先不救也，一人當先，八人不救，致令陣亡，八人俱治罪；一甲當先，二甲不救，一隊被圍，本哨各隊不救；一哨被圍，别哨不救；失陷者，皆罪其哨隊甲長。其對敵先退也，兵退，治甲長罪；甲長與各甲俱退，治隊長罪；一哨各隊長兵俱退，治哨長罪；一哨官之兵與哨官俱退，治哨官罪。其隊長、哨長、哨官不退陣亡，而甲下之兵、隊兵，哨長以下甲兵退者，皆罪其屬下之甲長與各哨隊長。其平時兵丁逃走，罪其同隊兵。愚嘗反覆其書而知其立法之善也！蓋主將一人至寡，而三軍至衆，以主將將三軍而無法，則無以制其衆，而爲衆所制；無以制其衆而爲衆所制，則兵不畏將而畏賊；兵不畏將而畏賊，則逃。今若如戚氏所言隊伍之法，主帥所將，除中軍未明言其數外，爲兵者八千人，爲把總者五人，爲哨官者二十，爲哨長者八十，爲隊長者，三百有二十，爲伍長者一千六百，凡把總、哨官、哨隊伍長，共二千二十有五人。夫以八千人計之，則不如一千六百人之少而易治焉！以一千六百人計之，則又不如三百二十人之少而易治焉！八十人又少而易治焉！二十人比之八十人，又少不如五人之治二十人；一人治八十人，又不如二十人之治八十人；一人治三百二十人，又不如八十人之治三百二十人；一人治一千六百人，又不如三百二十人之治一千六百人；一人治八千人，又不如一千六百人之治八千人爲治之者之多而易治焉！且使甲長治兵，其不治兵也，斯隊長治之矣；使隊長治甲長，其不治甲長也，斯哨長治之矣；使哨長治隊長，其不治隊長也，斯哨官治之矣，使哨官治哨長，其不治哨長也，斯把總治之矣。彼甲長焉得不治兵，隊長焉得不治甲長，哨官、哨長焉得不治哨長、隊長耶！且兵各有長，長各有屬；犯法者各治其長與其屬，則功罪不相及；功罪不相及，則賞罰行。何者？主將法令雖嚴，在下之兵，雖或有怨其主將者；而各有部伍統屬而不能一，則軍士之驕横者，無自而爲變。且同隊同伍，有連坐之法；同隊同伍者，懼法之連及，則互相管束，不使一人恣行，得以累及於衆人，而不容其犯法。此《周禮》所言伍兩卒旅師軍之遺制，而孫子之所謂‘治衆如治寡’也。由此而推，雖將十萬之衆，無難焉！乃今之制軍則不然！各路調發之兵，領兵官或一人領數百人，多者或至千人；又或數人領之，而部伍不分，兵士衆多，漫無統紀。且兵既未經選練，又自他處調發而至，與主將素不相習；各路之兵，勇怯不齊，心迹各異；是以兵勇雖多，有如烏合，數里之外，望氣奔潰。嗟乎！兵無隊伍，主將其能與士卒親乎？士卒遂畏主將而奉其命令乎？且主將即欲賞罰其衆而部伍不分，遂能行其賞罰乎？則兵衆之卒然逃散，主將其遂能禁之乎？蓋惟有制軍之法，而後軍法可以明；惟軍法明，而後軍法可以行；惟軍法行，而後可以行軍；可以行軍，斯可以滅賊！可以守土地，保人民，安國家；成法具在，主將有欲殺賊立功名者，胡不講求其法而行之也?”其後曾國藩、左宗棠、李鴻章，治湘淮軍，皆用戚繼光束伍之法以有成功；則信乎“分數”之以“治衆如治寡”矣！然“分數”之用，不惟節制以治軍，抑亦戰鬬以應敵！而孫子以治軍之節制言，故謂之“分數”；克老山維兹兵法以應敵之戰鬬言，則謂之“戰鬬序列”。特克氏之言“戰鬬序列”，有足以補孫子之所未及者，不惟論列軍、師、旅、團、營，各隊級之節制；抑亦兼及步、騎、炮各兵種之混成；見所著書第五卷“論戰鬬力”，中有專章論軍隊之戰鬬序列，其持論以謂：“戰鬬序列者，乃將各兵種部分編制以爲全體之一肢節，而配備於空間，以形成爾後戰鬬之基本形式者也。故戰鬬序列之涵義有二：一曰部分，以算術之要素而成立者也。一曰配備，以幾何學之要素而成立者也。其以算術之要素而成立者，爲由平時固定之軍隊所編成，以步兵營、騎兵連或團及炮兵連等一定之部分爲單位；自此而上以形成更大之肢部，漸次成爲全體配備，乃將軍隊爲戰鬬而行之配備以預爲規定者也。是故戰鬬序列，乃十七世紀以後戰鬬之所有！蓋戰線之廣袤以無限延長，而軍之全正面，無不爲類似之肢節所成立，而可以分割爲任意之斷片；凡斷片，不但互相類似，且有全軍所縮小同一之組織；所以今日之軍，非單一不可分離之全體，而爲多肢節之一全體，有極大之伸縮性，因敵制勝，散全體以成部分，合部分以成全體，可分可合，而戰鬬序列不以紊亂；是故部分之爲貴也！夫軍之所以不可不有部分者，不論軍之如何小，而欲爲獨立之全體以行動時，至少必三分其軍；蓋一置前方，一置後方，而其一爲中央部隊以成縱隊；縱隊者，由一路線而繼續前進之兵團也。然以中央部隊爲軍之主力，不可不較前軍、後軍爲强大；則四分其軍，而以全軍四分之二爲中央部隊；以視三分其軍者爲實用；然尤不如八分其軍；蓋先以一隊爲前衛，而以三隊爲中央部隊，横延左右成兩翼以成軍之主力；以二隊爲後衛；而其餘兩隊，則分置於左右翼外若干之距離，以掩護縱隊之側面也！然總司令官之直接命令者，不過三四人，則指揮易；而經三四人以轉達其下部隊，其中亦有不利！第一，命令所經過之階級愈長，則失去其迅速、力量與精確之程度愈大；如總司令官與師長之間，介有軍長，是也。第二，總司令官直屬各指揮官之活動圈愈大，則總司令官之威力與權勢以減殺；蓋各指揮官之於所屬部隊，皆有其自身之威望與權力；而至於脱離總司令官之指揮時，殆常有拒絶之傾嚮也！此部分之所以多階段，不如多分支！然分支過多，亦以徒招混亂！吾人試思以一軍司令部指揮所部之八分隊，已爲不易；何況欲指揮十以上之分隊耶！今以二十萬之軍分爲十師，一師分爲五旅，則一旅之兵，得四千人，此一法也。然吾人亦可以二十萬之軍分爲五軍團，一軍團分爲四師，一師分爲四旅，則一旅之兵爲二千五百人；兩者相衡，孰爲得失？則分五團，不如分十師！何者？第一，以軍團介於師與軍之間，而總司令官命令傳達之階梯，有過長之缺陷！其次，二千五百人之一旅，兵力可謂劣弱；而一軍之旅得八十，以視分十師之得五十旅者，又太煩複；則兵力以寡而見薄，指揮以多而不易！此分五軍團之所以爲失；而總司令官之所得者，不過直接命令指揮官之數減半耳！至一旅之兵，二千五百人，固形太少；而五千人，亦不可過！何者？第一，旅者，乃以一指揮官直接之口令所能指揮之部隊，而視人聲所能達之範圍，爲其兵數之最高限度。其次，步兵集團至五千人以上時，則必有炮兵附屬，而混合有異種兵者，無不視爲特別之一部隊，未可漫以旅呼之也！戰略上之所需以求各種兵之混成者，爲軍團；若無軍團，則以師爲限；師以下之肢節，則不過以應乎一時之必要，而得許可爲一時之混成而已！是故部分之不可不知者有三焉：第一，全軍之肢節少，則失去其伸縮性。其次，肢節失之過大，則最高意志之威力薄弱。其三，命令經過之階梯複雜，則力量以殺，而失其精確與迅速。所以階段不宜多，而分支不可少也！至戰鬬序列之必涉及各兵種之混成，則以近代之兵學，不以各部隊全體集合爲目標；而以肢分節解，爲通力合作，蘄於互相隔離之行軍，得爲各自獨立之戰鬬；顧非各兵種之混成，不能爲獨立之戰鬬！蓋戰鬬，不外二者所構成；一爲射擊之殲滅；而一則爲白兵戰，即個人之戰鬬，是也。炮兵有效於射擊之殲滅；騎兵特利於個人之戰鬬；步兵則兩者兼有之！又防禦以固著於陣地而抵抗；而攻擊，則以敏捷活潑之運動爲第一義。騎兵缺固著之性能，而運動，則保持有優秀之力；故騎兵可專爲攻擊之用。步兵能固著以行抵抗，而亦不缺運動之性能也。戰鬬以殲滅爲主，而炮兵有效於射擊之殲滅，厥爲各兵種中之最可畏者！然缺乏運動之性能而固著於静止，以致軍隊之運動，亦因而遲鈍；此其所短！儻炮兵無掩護之部隊，往往有爲敵軍襲擊而以委炮於敵手者，蓋炮兵無個人戰鬬之能力也。然敵軍得我之炮，而射擊我以爲殲滅，則害莫大焉！騎兵以增加軍隊之運動力；若騎兵過少，則失軍事動作之迅速性！無炮兵，則以減殺軍隊之殲滅力；無騎兵，則以減殺軍隊之運動力！蓋步兵雖能運動而不如騎兵之迅速；無騎兵，則不能以追奔逐北，殺敵致果，而勝利之收穫不大矣！自十八世紀中葉，非烈德立大王視運動爲軍事成功之惟一原理，而欲以出乎敵人意表之運動力，風發電邁以争勝利；所以拿破崙之用騎兵，比率大於尋常；蓋騎兵以敏活運動而爲決大勝之武器也！然以火器之進步，而騎兵失其重要性；仰亦自然之理也！然而炮兵無步兵，則不能掩護；步兵無炮兵，則不能殲滅！步兵爲全軍之主兵，其他騎炮二種兵，則從屬之；大抵騎兵之於步兵，以比率五分之一爲最適；而炮兵，則千人之兵，炮兵則爲三門或四門，乃至五門之比率；過此以往，是否有害作戰，而非委之於經驗，無以知也！所以於全部無障害之炮兵最大數，與全部能滿足之騎兵最小限，如何適當，不可不熟慮也！"然則克氏之所謂戰鬬序列，蓋師以上之編制；而孫子之所謂"分數"，則相當於師以下之編制；衆寡不同，而義相發也！

鬬衆如鬬寡，形名是也。

（訓義）曹操曰："旌旗曰形；金鼓曰名。"張預曰："《軍政》曰：'言不相聞，故爲鼓鐸；視不相見，故爲旌旗。'今用兵既衆，相去必遠，耳目之力所不聞見，故令士卒望旌旗之形而前卻，聽金鼓之號而行止；則勇者不得獨進，怯者不得獨退。故曰此用衆之法也。"基博按"形名"者，軍隊作戰之所以指揮也。古人以旌旗爲"形"，金鼓爲"名"；而今軍中所用之手旗、烟火、手電筒、信號彈、光號彈，皆以爲"形"之指揮也；軍號、口笛、鑼、鼓，則以爲"名"之指揮也。然古之戰場小，軍隊之組織簡單，故"形"、"名"足以指揮；而今之戰場廣，軍隊之組織煩複，僅"形"、"名"不足指揮；而指揮之權，操於將校；指揮之事，筦以通信。德國軍事家嘗謂：

“通信部隊，即指揮部隊；無通信，即無指揮!”而世界各國，行軍通信機構之最先進者，莫如德國；當一九一七年攻俄時，其通信機構，即從步兵連著手；而俄軍之所以此進彼退，指揮無方者，祇以通信之不靈活耳！及大戰以後，英、法諸國之建軍，無不擴充通信部隊以至步兵連、通信班爲止！蓋連爲戰鬭單位，其指揮聯絡之靈活，往往決勝利於俄頃；其野戰電話線，無不架至連；而背囊式無線電之使用，甚而下達第一線班及最小搜索單位者！誠以部隊之指揮運用，非出以機動突擊，不能制勝；而部隊之協同聯繫，又非有賴於通信靈活，不能“鬭衆如鬭寡”也！我國以科學不競，而電氣通信器材之缺乏，僅團以上有配屬；而營、連之指揮，不廢“形”、“名”！“形”、“名”之用，在營以下，始特顯著，多使用於近距離，小部隊；蓋耳力體力之範圍，不能超過一千米也。然以兵器之進步，摧毁與破壞之力日大，電話通信，亦虞或斷；而山地戰鬭之電話架拆，尤爲困難；則以“形”、“名”之器材輕易，手續簡單；而緊急之情報，無不以密約信號，靈活傳遞，抑亦以發揮最大效能也！形名之中，以手旗及軍號、口笛爲最普通使用而各有攸宜。蓋手旗爲前線部隊之用；不論行軍駐軍戰鬭間小部隊之指揮聯絡，船舶鐵道等運輸間之聯繫，無不左宜右有；尤以搜索警戒部隊與後方之隔離，或湖沼地敵前架橋作業之聯絡，最爲有效。至於軍號、口笛，不惟爲軍隊作息時間及行動之信號；而臨陣之際，尤可以預約之信號，達緊急之命令以指揮一切，實爲營、連、排長指揮之利器也！惟我軍之用手旗，多依據通範三部，用數字符號以行通信；特以軍語繁複，記誦翻譯困難；而通信勤務，尤多沿用電報收發規則辦理，手續繁瑣，費時太久，亦失手旗通信簡單之初意；當以依據步兵操典，射擊教範，而改用簡明易記且易想像之記號通信爲宜！至於軍號、口笛，我軍雖早使用；然亦固執一定之形式，拘泥舊法，而爲敵人所熟知，往往模效以誤我！除用之爲各種警報外；尤應在平時加以特種訓練，以適應臨陣之實況，而規定各種簡明易記之信號，隨時變換以自由運用；此之不可不察也！

三軍之衆，可使必受敵而無敗者，奇正是也。

（訓義）曹操曰：“先出合戰爲正，後出爲奇。”李筌曰：“當敵爲正，傍出爲奇。”何氏曰：“兵體萬變，紛紜混沌，無不是正，無不是奇。若兵以義舉者，正也。臨敵合變者，奇也。我之正，使敵視之爲奇；我之奇，使敵視之爲正；正亦爲奇，奇亦爲正。大抵用兵皆有奇正，無奇正而勝者，幸勝也，浪戰也。”張預曰：“三軍雖衆，使人人皆受敵而不敗者，在乎奇正也。奇正之説，諸家不同。尉繚子則曰：‘正兵貴先，奇兵貴後。’曹公則曰：‘先出合戰爲正，後出爲奇。’李衛公則曰：‘兵以前向爲正，後却爲奇。’此皆以正爲正，以奇爲奇，曾不説相變循環之義。唯唐太宗則曰：‘以奇爲正，使敵視以爲正；則吾以奇擊之。以正爲奇，使敵視以爲奇；則吾以正擊之。’混爲一法，使敵莫測，兹最詳矣。”鄭友賢曰：“或問：‘三軍之衆，可使必受敵而無敗者，奇正是也。’受敵，無敗，二義也；其於奇正有所主乎？曰：武論分數、形名、奇正、虛實四者，獨於奇正云云者，知其法之深而二義所主之要也。復曰：‘凡戰，以正合，以奇勝。’正合者，正主於受敵也；奇勝者，奇主於無敗也；以合爲受敵，以勝爲無敗，不其明哉！”基博按鄭氏之説，苦心分明而未得其指。夫“以奇勝”，豈止“無敗”；“以正合”，不限“受敵”。“受敵而無敗”，一意相貫，非二義也。其曰：“三軍之衆，可使必受敵而無敗者，奇正是也。”蓋意在爲不可勝，而自立於不敗之地；所謂“奇正”者，不必指我之“以正合，以奇勝”；乃謂識奇正之用，而以測敵軍之孰爲正孰爲奇，而後可以“受敵而無敗”也！一九一七年，法國赴美軍事委員奧維埃詔美人以取守勢之作戰法曰：“總司令部參謀中人，知敵人之將大舉也，聚而測以三事：（一）敵軍之真正意嚮。（二）敵軍將在何處前敵之何段進攻。（三）敵軍人數。然而有未易者！蓋敵人每出種種狡謀，以愚吾之耳目。或則於前敵各處悉立有取攻勢性質之建築工程，以爲疑兵之計。或其可用之軍，本在後方休息，突運往某處前敵；顧非自其地進攻；特以處心積慮，欲愚其所占地内法、比居民及我軍間諜。若同時由數地進攻，必係疑兵之計以分吾軍兵力。如敵人於攻擊凡爾登前，先攻其北諸地暨香檳、業羅拉納二地。吾人雖知其志在凡爾登，然軍隊不能集中。吾人又稔知敵人必先由數處進攻，然又不敢斷其皆無重要關係；我以備多而力分，疲於奔命，敵遂搗虛而入。”易言之，即必先測識敵軍之孰爲奇正，而後可以受敵而無敗也。既而又曰：“我既推測敵軍之意念所欲矣，苟我確知敵軍將由前敵之某地進攻，必須厚集兵力於後方；不獨防誤計敵軍進攻地點，且以第一道防線濠溝爲敵軍炮彈之點，勢必全被毁壞，密集其中，反多所犧牲；宜擇一適中地點，屯兵策應；其地各道濠溝之聯絡，機關槍之炮位，炮壘之地點，皆須用掩飾術種種方法，使敵人對於我軍主力所在之地點，茫然不知，而長慮却顧，如骨鯁在喉，不除不快；苟非盡毀地上各物，其顧慮之心，永不能消滅，若全力攻未陷各段，轉予我以反攻之機；蓋其密集之點，既足引我步軍注目，又爲我軍炮隊之的。”此又我軍之奇正。故曰：“三軍之衆，可使必受敵而無敗者，奇正是也。”

兵之所加，如以碫擊卵者，虛實是也。

（訓義）曹操曰：“以至實擊至虛。”李筌曰：“碫實卵虛。”梅堯臣曰：“碫，石也，音遐，以實擊虛，猶以堅破脆也。”張預曰：“夫合軍聚衆，先定分數；分數明，然後習形名，形名正，然後分奇正；奇正審，然後虛實可見矣。四事，所以次序也。”基博按四事承上篇而備陳其目。分數、形名、奇正三者，所以自立於不敗之地；而虛實，則所以不失敵之敗也。虛實云者，謂避實擊虛，避堅擊瑕，不虛耗吾力以攻敵之堅；以碫投卵，喻其易耳！夫用兵之法，貴於明奇正，識虛實，而攻守相兼，奇正爲用。甲午中日之戰，我之所以敗，兵力非甚薄也，軍械非不足也，乃不爲攻而爲守，而守又不布遠勢而局一隅！方直隸提督葉志超、太原鎮總兵聶士成之護諸將以自牙山敗退也，日人遲回王京，未敢薄我，蓋大兵未集，孤軍無繼也。葉志超護大同鎮總兵衛汝貴、高州鎮總兵左寶貴、奉天府都統豐陞阿、提督馬玉崑諸將兵三十五營以屯平壤；而聶士成與四川提督宋慶、黑龍江將軍依克唐阿及其他諸將以所部七十餘營聯屯鴨綠江上，如荼如火，既不知分道爭利，直趨王京以攻敵人之虛；又不能扼險屯兵，互爲策應，而予敵人以瑕。葉志超在平壤置酒高會，而日軍源源而至，遂成坐困。既而三戰三北，日軍渡鴨綠江，連陷九連、安東、鳳凰諸城。而安東之敵，分兵西陷岫巖，入海城；且將東窺遼陽，西瞰營口、牛莊，於是關外寧遠、錦州諸城大震！宋慶帥所部自蓋平北援。然是時，海城之日軍以孤軍懸入；蓋平既未失守，惟析木城一線爲其後路；而日軍之入海城者，僅六千人；大小礮才二十門，糧械不繼；而宋慶所部倍之，苟以全力分布，絶其歸路，固可聚而殲焉！乃以全軍二十餘營，屯距海城二十餘里之缸瓦寨，逍遥容與；而海城之敵，從容布置，乃避實擊虛以先發制我矣！於是聶士成大憤，以謂：“戰事之起，止聞敵來，未聞我往，故敵得前進無忌！”乃電請於諸帥：“願得精卒數千人，直出敵後，往來游擊，截饟道，焚積聚，多方擾之，時聚時散，不予敵人以可測；

及其罷於奔命，而後以大軍蹙之，必大克之!”此蹈敵之瑕，以成我之奇，兵家之制勝也！然諸將尼之不果行焉！此不爲攻而爲守之失也！及其守也，則又不識奇正之用；敵布遠勢以攻我，我局一隅以應敵，而以我之株守，成敵之用奇。牙山之戰，聶士成駐成歡，扼兩山間之大道；戰方酣，而不虞敵之出奇兵，繞登東山以襲我側也；勢不支，遂敗，而就葉志超合軍以趨平壤。既而日軍分四道來攻，志超乃大嚴諸軍，附郭而屯，祇防東南一路以悉力當敵衝；而莫虞彼狡之自西北分道以議我後也！馬玉崑方大捷於東南，而日軍則襲城北以破玄武門矣！至於守旅順，不固守金州；防威海，不兼防成山；我悉全力以當敵衝，敵出奇兵以議我後，屢敗而不之悛！孫子曰：“三軍之衆，可使必受敵而無敗者，奇正是也。”然則三軍之衆，可使必受敵而敗者，則以昧奇正之用，而不虞敵之出奇以制勝也。用兵者可以知所監矣！

凡戰者，以正合，以奇勝。

（訓義）曹操曰：“正者，當敵；奇兵，從傍擊不備也。”杜牧曰：“以正道合戰；以奇變取勝也。”張預曰：“兩軍相臨，先以正兵與之合戰；徐發奇兵，或擣其旁，或擊其後以勝之。若鄭伯禦燕師，以三軍軍其前，以潛軍軍其後，是也。”基博按戰之爲道，在殲滅敵之主力；而殲滅敵之主力，則必“以正合，以奇勝”；雖在今日，不能例外！然而議論紛紜，亦各不一：或主側翼包圍，則有當於“以正合，以奇勝”者也。或持中央突破，則不必“以奇勝”，而蘄決勝於“以正合”者也。在一九一四年，歐洲上次大戰未起之前，法國兵家曾以此諍議甚烈。萊格里爲包圍論之領袖；朗格羅爲突破論之領袖；而朗格羅以一九〇二年，著《最近二次戰爭之教訓》一文，則以一八七八年之俄土戰爭，與一八九九——一九〇〇年之南非戰爭爲論據，而發凡起例，以謂：“作戰者，必在敵人之戰線，得其可突破之一點，而集中可用之兵力以爲攻擊，則戰必勝！拿破崙之作戰原則，至於今不廢；然側翼突破之戰術，不得不受限制於現代武器之發展而無成功!”持之有故，爲當日作戰部長所贊許，而採用於軍隊！及大戰之起以延一九一七年，法軍未嘗不以中央突破之戰術，施之於德，而屢試無效！福煦元帥乃以證明殺敵致果之必假途於側襲，而拿破崙爲不可易也已！其後參謀次長羅亞楚廣蒐史例，而著《戰略之成功與戰術之成功》一書，其結論以謂：“綜世界戰史以觀，大戰争之決勝，無不在敵人之後方或側翼！拿破崙之用兵也，必盡力之所能及，而以猛攻敵軍之側翼及後方；一八〇五年之戰奥於烏爾穆然，一八〇六年之戰普於耶拿及澳尼斯特無不然。老毛奇則學拿破崙而未至！普奥之役，老毛奇以兵力三分之一，牽制正面；而用三分之二兵力以側重右翼，迅速決勝；則固然矣！及一八七〇年之普法戰争，初意亦欲猛攻法軍之側翼以前進，而以指揮之無力不澈底，以無成功；及其成功，則以法軍指揮之更不如；所以學拿破崙而未至也！拿破崙亦有例外，而用中央突破以制勝！然側翼作戰之利，中央突破之不利，利害較然，可得而言：中央突破以正面作戰而相持不決；側翼作戰以蹈瑕抵巇而迅速決勝；一也。中央突破，必遇敵人之强力抵抗；雖可以優勢之兵力，壓迫敵人以不得不退却，而決勝不易；兩軍相對，我勝而力亦疲；不如側翼攻擊之避去正面，而有自由活動之區域；假我以祕密而能迅速，彼以無備而出不虞，則彼不及增援以失聯繫，而我可以猛進而無抵抗；二也。”則是中央突破，“以正合”之未易以決勝；不如側翼襲擊，“以奇勝”之可以速決勝；孰爲得失，羅亞楚論之甚析！然而譚何容易！“以奇勝”之未必勝，羅亞楚亦未嘗不鄭重申論！羅亞楚以謂：“側翼襲擊之以迅速決勝，固矣！然而兵力之配備，殊費經營！不知吾人當以少數兵力配備正面以牽制敵人正面；而集中主力以迅嚮決戰之側翼耶？抑集中主力以對待敵人正面；而用兵力之一部份以抄其側翼耶？抑側翼之兵力，以與正面平均分配耶？三者之中，自以集中主力於側翼襲擊之爲大膽而有效；惟施之於善運動戰之敵人，而勝負利鈍，在不可知之數矣！假令吾人集中主力以襲擊敵人之側翼，而預測敵人之所以應，不出四端：其（一）敵人倉猝不及調大兵以延長正面，而對吾集中主力之襲擊，無法抵抗，則吾之側翼作戰勝利，而此之勝利，不可不善利用！然則如何而可？曰：宜推鋒而入以爲無前之猛進，而包圍敵後以絶其後方之增援與聯絡，與正面之吾軍相應，前後擊之，而敵軍可聚而殲旃！其（二）敵人有時間，有餘力以調兵增援，則吾軍之在正面者，宜盡力猛攻以牽制敵人，使不得移用兵力於側翼。側翼作戰，不可不利用最大之速率以佔敵人之先著，而尤不可不争先佔領側翼方面之重要地點；於是一彼一此以成競翼運動，相互展一翼以外延，而争取包圍之形勢，延向敵後以收前後夾擊之功；此德人之所慣用，而兩面夾擊之功。卒未見於上次歐洲大戰者，其大因在雙方聯絡之困難，一致行動之不易！如敵人以增援側翼而減殺正面，則以我正面軍之猛攻，而乘敵正面軍之移動，推鋒直入以戎突破，則以側翼之襲擊而成中央之突破者，亦往往有之！其（三）敵軍之側翼不增援以且戰且退；於是我側翼之襲擊，乖於所之而不得一當；則以敵側翼軍退却之速，而成我側翼軍追擊之迅；於是我側翼軍之前進方嚮，與我正面軍之前進方嚮，相牾以自衝突！其（四）敵人之兵力强大，不惟有力以固守正面，抑亦源源增援以加强其側翼，而反攻我側翼，以圖迂迴而包圍我後！然則側翼襲擊，譚何容易！假如我無力以牽制敵人正面，則側翼作戰，萬不能成功！雖側翼作戰，業已開始；而正面作戰，仍須進行；如不進行，則敵人得移正面軍以增援側翼！然我即有力以牽制敵人正面軍；而敵人未必不有後方之預備隊以源源增援，加强側翼；如欲牽制敵人之預備隊，非猛攻不可；惟猛攻，而後可以迫敵人之預備隊，不得不增援正面，而不能用於側翼；是故我正面之兵力，亦非强大不可；而强大之度，必以能牽制敵人之主力，不得移動；然後悉我力之有餘以加强側翼之襲擊；則是'以奇勝'者，不得無藉於'以正合'；此'以正合'之所以必與'以奇勝'相輔而行也！"羅亞楚又言："側翼作戰，非攻擊敵人之翼端所能有功；蓋敵人有縱長配備之預備隊以爲保護，可以延長正面之抵抗而圖以反包圍我軍，此則可憂也！所以側翼運動，非集中兵力以嚮敵人側翼之後方攻擊不可！惟我側翼軍之攻擊方嚮，不可與正面軍之攻擊方嚮，過早會合而不布遠勢；所以側翼軍，不可不遠離本軍集中；如不布遠勢而過早會合，往往有自相衝突之虞！此側翼軍之集中，不可不知者一也。側翼軍之集中，尤必出其不意！所謂出其不意云者，即在敵人陣線之要點，驟有强大之我軍出現；而敵人倉皇失措，不及調集相當之軍隊以爲抵抗也！出其不意之前提，在全體軍力之深廣配備；配備之時，當即審慎考量，而預爲之地以對敵人之側翼或後方，得迅速集中必要之軍力；尤以我軍力配備之深廣，而疑誤敵人以不測我軍何嚮而集中；拿破崙之用兵，無不如此，往往自寬廣之集中，或行軍之正面，突嚮決戰之側翼以襲擊，而敵人不知所爲焉！此側翼軍之集中，不可不知者二也。側翼軍之何嚮以集中，不可不慎圖於其始！何者？近代戰争，雖以一軍之兵力，而已選定之攻擊方嚮，欲驟改變，已不可能；況又加而上之！然又不可以改變方嚮爲不可能，而局促一隅以自坐困！此側翼軍之集中，不可不知者三也。"由羅亞楚之言，而後措施之有方，"以奇勝"之可以勝；余故要删以著於篇。

故善出奇者，無窮如天地；不竭如江河；

（訓義）杜佑曰："言應變出奇無窮竭。"鄭友賢曰："或問武論奇正之變，二者相依而生，何獨曰'善出奇者？'曰：闕文也；凡所謂如天地、江河、日月、四時、五色、五味，皆取無窮無竭，相生相變之義。故首論以正合奇勝，終之以奇正之變不可勝窮，相生如循環之無端；豈以一奇而能生變，交相無已哉！宜曰：'善出奇正者，無窮如天地'也。"

終而復始，日月是也；死而復生，四時是也。

（訓義）張預曰："日月運行，入而復出；四時更互，盛而復衰；喻奇正相變，紛紜渾沌，終始無窮也。"

聲不過五；五聲之變，不可勝聽也！

（訓義）李筌曰："宮、商、角、徵、羽也。"

色不過五；五色之變，不可勝觀也！

（訓義）李筌曰："青、黄、赤、白、黑也。"

味不過五；五味之變，不可勝嘗也！

（訓義）曹操曰："自'無窮如天地'已下，皆以喻奇正之無窮也。"李筌曰："酸、辛、鹹、甘、苦五味。"張預曰："引五聲五色五味之變，以喻奇正相生之無窮。"

戰勢不過奇正；奇正之變，不可勝窮也！

（訓義）梅堯臣曰："奇正之變，猶五聲五色五味之變無盡也。"

奇正相生，如循環之無端，孰能窮之！

（訓義）何氏曰："奇正生而轉相爲變，如循歷其環，求首尾之莫窮也。"張預曰："奇亦爲正，正亦爲奇，變化相生，若循環之無本末，誰能窮詰！"

右第一節論奇正之變。基博按起歷舉分數、形名、奇正、虛實四者，而側重奇正；以戰勢不過奇正；而奇正者，則勢之所以因利而制權也。"奇正之變"，"變"字尤宜注意。如果執"以正合，以奇勝"，而不知所爲變，則敵有以測吾之奇正；而吾因利制權之勢有所窮！唐太宗曰："以奇爲正，使敵視以爲正，則吾以奇擊之。以正爲奇，使敵視以爲奇，則吾以正擊之。"張預曰："奇亦爲正，正亦爲奇。""奇正相生，若循環之無端"，斯以盡"奇正之變"。蓋惟變乃能因利制權也。

激水之疾，至於漂石者，勢也；

（訓義）孟氏曰：“勢峻，則巨石雖重，不能止。”

鷙鳥之擊，至於毀折者，節也。

（訓義）杜牧曰：“勢者，自高注下，得險疾之勢，故能漂石也。節者，節量遠近，則攫之，故能毀折物也。”張預曰：“鷹鸇之擒鳥雀，必節量遠近，伺候審而後擊，故能折物。尉繚子曰：‘便吾器用，養吾武勇，發之如鳥擊。’李靖曰：‘鷙鳥如擊，卑飛欲斂翼。’皆言待之而後發也。”

是故善戰者：其勢險，

（訓義）王晳曰：“險者所以致其疾也，如水得險隘而成勢。”

其節短；

（訓義）曹操曰：“短，近也。”杜佑曰：“言以近節也；如鷙鳥之發，近則搏之，力全志專，則必獲也。”梅堯臣曰：“險則迅，短則勁，故戰之勢，當險疾而短近也。”鄭友賢曰：“或問其勢險者，其義易明；其節短者，其旨安在？曰：力雖甚勁者，非節量短近而適其宜，則不能害物。魯縞之脆也，强弩之末不能穿；毫末之輕也，衝風之衰不能起；鷙鳥雖疾也，高下而遠來，至於竭羽翼之力，安能擊搏而毀折哉！嘗以遠形爲難戰者，此也。是故麴義破公孫瓚也，發伏於數十步之內；周訪敗杜曾也，奔赴於三十步之外；得節短之義也。”基博按下《軍争篇》稱：“卷甲而趨，日夜不處，倍道兼行，百里而争利”，其勢非不險也；然而“勁者先，罷者後，其法十一而至”，“則擒三將軍”者，失節短之義也。魏武逐劉備，一日一夜，行三百里；諸葛亮以爲“彊弩之末，不能穿魯縞”；失節短之義也。即如一九一四年，歐洲大戰開始，德皇以二十年之整軍經武，挾其久蓄不用之威，飈發電征，如迅雷不及掩耳，席卷比利時而掩有焉，其勢非不險也；浸淫而及於法之北疆，顧咫尺巴黎，經百日而不能破，東不能入俄境，南不能庇奥鄰，卒以釀馬蘭之挫衄者，失節短之義也。法人蒲哈德著《德大將興登堡歐戰成敗鑑》一書，其中盛稱魯登道夫，以謂：“胸有成算，陣無虛設，分兵四出，所當者破；惟進而不已，不自斂戢，其戰線日益延長，而力挫士疲，遂以大敗！”失節短之義也。方吾抗戰之初，日人挾其飛機大炮，佐之坦克車，北則縱横河洛，南則馳驟京杭，揮霍如志；我以備多而力分，彼則“節短”而“勢險”，我之所以敗，彼之所以勝也！然而孟賁烏獲，力有所底！敵之佔地日廣，敵之兵勢漸分而見薄。我之壤土日蹙，我之兵力以集而益厚。敵之戰線，愈延愈長；我之陣地，愈蹙愈短；及是時，“勢險”、“節短”之效，將在我而不在彼！以希特勒閃電戰之陵厲無前，而咫尺不得窺英倫；勞師以襲遠，而東頓兵於墨斯科；失節短之義也！況日人乎！克老山維茲言：“凡攻擊乃隨其前進而力弱！”愈深入，愈阻滯，吾久知其頓兵不得進也！

勢如彍弩，節如發機；

（訓義）李筌曰：“弩不疾，則不遠；矢不近，則不中。”梅堯臣曰：“彍，音霍，彍張也；如弩之張，勢不逡巡；如機之發，節近易中也。”張預曰：“言趨利尚疾，奮擊貴近也。”

右第二節論用奇宜乎勢險而節短。基博按出奇制勝，攻其無備，出其不意，非勢險節短不爲功。勢險，則敵不及虞；節短，則力無虛耗。激水、彍弩，皆以喻疾擊之迅；鷙鳥、發機，皆以喻用力之迫。

紛紛紜紜，鬬亂而不可亂也！渾渾沌沌，形圓而不可敗也！

（訓義）李筌曰：“紛紜而鬬，示如可亂；旌旗有部，鳴金有節，是以不可亂也。渾沌，合雜也；形圓，無嚮背也。”杜牧曰：“此言陣法也。風后握奇文曰：‘四爲正，四爲奇，餘奇爲握。’奇，音機，或總稱之。先出遊軍定兩端，此之是也。奇者，零也；陣數有九，中心有零者，大將握之不動，以制四面八陣，而取準則焉。其人之列，面面相嚮，背背相承也。《軍志》曰：‘陣間容陣，足曳白刃；隊間容隊，可與敵對。前禦其前，後當其後。左防其左，右防其右。行必魚貫，立必雁行。長以參短，短以參長。回軍轉陣，以前爲後，以後爲前。進無奔迸，退無遽走。四頭八尾，觸處爲首。敵衝其中，兩頭俱救。’彼此相用，循環無窮也。”梅堯臣曰：“分數已定，形名已立，離合散聚，似亂而不能亂；形無首尾，應無前後，陽旋陰轉，欲敗而不能敗。”何氏曰：“此言鬬勢也。善將兵者，進退紛紛似亂，然士馬素習，旌旗有節，非亂也！渾沌，形勢乍離乍合，人以爲敗；而號令素明，離合有勢，非可敗也！”

亂生於治。怯生於勇。弱生於强。

（訓義）曹操曰：“皆毀形匿情也。”杜牧曰：“言欲僞爲亂形以誘敵人，先須至治，然後能爲僞亂也。欲僞爲怯形以伺敵人，先須至勇，然後能爲僞怯也。欲僞爲弱形以驕敵人，先須至强，然後能爲僞弱也。”何氏曰：“言戰時爲奇正形勢以破敵也。我兵素治矣，我士素勇矣，我勢素强矣，若不匿治勇强之勢，何以致敵！須張似亂、似怯似弱之形以誘敵人，彼惑我誘之之狀，破之必矣！”基博按諸家解多主曹公“毁形匿情”之意，此乃不得其説而强爲之辭也。“亂生於治”，承上“鬭亂而不可亂”，申論之；若曰：“鬭亂而不可亂者，以亂生於治也。”“怯生於勇，弱生於强”，則因“亂生於治”而連類及之。夫“生於勇”之怯，乃天下之大勇；而“生於强”之弱，乃天下之至强也！蘇軾《留侯論》曰：“古之所謂豪傑之士者，必有過人之節！人情有所不能忍者；匹夫見辱，拔劍而起，挺身而鬬，此不足爲勇也！天下有大勇者，卒然臨之而不驚，無故加之而不怒；此其所挾持者甚大，而其志甚遠也！其能有所忍也，然後可以就大事。觀夫高帝之所以勝，而項籍之所以敗者，在能忍不能忍之間而已矣！項籍惟不能忍，是以百戰百勝而輕用其鋒；高祖忍之，養其全鋒而待其弊。”此所謂“生於勇”之怯，“生於强”之弱也。自來論兵者，惟益陽胡林翼最能暢發此意，每曰：“戰，勇氣也，當以節宣蓄養提振爲先；又陰事也，當以固塞堅忍蟄伏爲本。昔條侯之破七國，堅壁三月，以太后梁王之故而不受詔，故曰：‘亞夫真可任使也。’秦王之破宋金剛，亦堅壁年餘，俟其糧盡遁走，則一日夜追勦二百餘里；秦王非天錫智勇者哉！使今人當之，則疑其怯矣！嘗論孺子之戲豬脬，貫以氣而縛以繩；當其盛時，千錘不破；一針之隙，全脬皆消。兵事以氣爲主，兵勇之氣，殆如孺子豬脬之氣；此中盈虚消息之故，及蓄養之法，節宣之法，提倡之法，忍耐之法，惟大將能知之！彼營哨各官，賊未來，則欲攻，勇氣不可遏；賊果來，則殊不能戰，勇氣又減去大半；此積年之通弊也。軍事，何常之有！以爲兵力厚；而勝負之數，又不繫乎厚薄！以爲將才勇；而勝負之事，又不盡繫乎勇怯！凡事當有遠謀，有深識；堅忍於一時，則保全必多；一慚之不忍，而終身慚乎！爲小將，須立功以争勝；爲大將，戒一勝之功而誤大局。蓋僥倖而圖難成之功，不如堅忍以規遠大之謀。兵事不在性急於一時，惟在審察乎全局。全局得勝，譬之破竹，數節之後，迎刃而解。軍事到緊要之時，静者勝，躁者敗；後動者易，先動者難；能忍者必利，不能忍者必鈍。嚴密堅忍以待之；蓋本有破釜沉舟之志，却以攬轡安閒出之。王翦用六十萬人，日以美飲食撫循其士，而不遽戰。李牧治邊，日以市租椎牛饗士，而不欲戰。養之久，而氣勢之蓄，鬱於中乃愈厚。不貪小利，不圖近功，示弱以懈賊之心，堅忍以養我之氣；俟審察賊情，並力大戰，則我軍之氣，愈遏而愈盛；伺其瑕而蹈之，一發即破矣！兵事貴乎審機以待戰，尤貴蓄鋭以待時！兵事以夸大矜張騖遠爲忌，收斂固嗇切近爲實。”語見《胡文忠公集》中書牘。夫戰，危事也，非勇不能戰；然非“生乎勇”之怯，則不能“收斂固嗇”，“審機以待戰”，“蓄鋭以待時”也。胡林翼，字潤之，於清咸同間，累官湖北巡撫。方太平軍之起粤西，長驅以北，無不破滅。惟林翼率勵諸將，戡定湘鄂以力扼太平軍不得逞；卒謚文忠，刊有《胡文忠公全集》。其論兵多出於動心忍性，體驗有得；操心危，慮患深，語無泛設，事皆親歷；每語人曰：“弟之軍事，精神思慮，多注於往返書札之中，其公牘不多見也。”

一九一四年，歐洲大戰開始，德人襲比以入法，長驅而前，五道並進，以八月二十四、二十五、二十六三日，破英法聯軍第一陣線；二十八、二十九、三十日三日，壘破第二陣線。當是時，德人氣吞巴黎，法人大震；而法統帥霞飛將軍，知德之志在消滅我主力精鋭也，乘勝而去國遠鬬，其鋒不可當；於是親切體認兵法所謂“全軍爲上”，所謂“避其鋭氣，擊其惰歸”，堅信而篤行之；力排羣議，不戰而退，率百餘萬大軍，連退九日。其將士不知所謂，方以爲吾人四十餘年之卧薪嘗膽，今日釁自敵開，人人同仇，何故不戰而退？屢請戰，然而霞飛不許也，惟命亟退。至九月三日之夜，望見巴黎燈火，將士痛哭曰：“祖國已矣！”方悽惶慘沮，無可如何；忽奉霞飛反攻之令，無不感極而泣，人願致死！而德人則以十日之乘勝追擊，如入無人之境；以爲今而後，法軍無能爲役矣；乃調二軍團東征以禦俄，而右翼空虛，爲法之第六軍所乘；而法全軍轉守爲攻，遂以大敗德師。乃知胡林翼所謂“示弱以懈賊之心，堅忍以養我之氣；俟審察賊情，迸力大戰，則我軍之氣，愈遏而愈盛；兵事貴乎審機以待戰，尤貴蓄鋭以待時。”誠有味乎其言之也！則其退也，乃其所以蓄鋭也！其怯也，斯其所以爲勇也！豈徒勇者而能之乎！此之謂“怯生於勇，弱生於强”也。

治亂，數也。

（訓義）杜牧曰：“言行伍各有分畫，部曲皆有名數。”梅堯臣曰：“以治爲亂，存之乎分數。”王晳曰：“治亂，數之變。”

勇怯，勢也。

（訓義）李筌曰：“兵得其勢，則怯者勇；失其勢，則勇者怯。”王晳曰：

“勇怯者，勢之變。”基博按隨勢爲勇怯者，三軍之勇怯也；怯生於勇者，大將之權謀也。明乎三軍之勇怯，則貴任勢以決勝；明乎生於勇之怯，則知蓄鋭以待戰。三軍之勇怯，決之於卒然者也；大將之權謀，豫之於素養者也。此之不可不察！

强弱，形也。

（訓義）王晳曰：“强弱者，形之變。”基博按强弱有定形，而勇怯無常勢。勇怯者，隨勢而爲變者也；强弱者，予人以可形者也。

故善動敵者，形之，敵必從之；

（訓義）曹操曰：“見羸形也。”杜牧曰：“非止於羸弱也；言我强敵弱，則示以羸形，動之使來；我弱敵强，則示之以强形，動之使去。敵之動作，皆須從我。孫臏曰：‘齊國號怯，三晉輕之。’令入魏境爲十萬竈；明日，爲五萬竈。魏龐涓逐之曰：‘齊虜何怯！入吾境，士亡者過半。’因急追之，至馬陵，道狹。臏乃砍木書之曰：‘龐涓死此樹下！’伏弩於側，令曰：‘見火始發。’涓至，鑽燧讀之，萬弩齊發，龐涓死。此乃示以羸形，能動龐涓，遂來從我而殺之也。隋煬帝於雁門，爲突厥始畢可汗所圍；太宗應募救援，隸將軍雲定興營。將行，謂定興曰：‘必多齎旗鼓以設疑兵；且始畢可汗敢圍天子，必以我倉卒無援；我張吾軍容，令數十里，晝則旌旗相續，夜則鉦鼓相應，虜必以爲救兵雲集，惶懼而遁；不然，彼衆我寡，不能久矣！’定興從之，師次崞縣，始畢遁去。此乃我弱敵强，示之以强，動之令去。故敵之來去，一皆從我之形也。”張預曰：“形之以羸弱，敵必來從。楚伐隨，羸師以張之。季良曰：‘楚之羸，誘我也！’”基博按杜牧解甚妙，足以補孫子之漏義。然就下文“予之，敵必取之”云云，自當依曹公、張預之解，上下文意思一貫。

予之，敵必取之；

（訓義）張預曰：“誘之以小利，敵必來取。”

以利動之，以卒待之。

（訓義）張預曰：“形之既從，予之又取，是能以利動之而來也。”陳啓天曰：“此卒字，當讀如猝；急也，突也，謂急突之戰勢也。上文云：‘其勢險。其節短。’以卒待之，即謂以勢險節短之戰法待敵也。”基博按《計篇》“能而示之不能，用而示之不用，利而誘之，卑而驕之”；正與此“善動敵者形之”云云意相發；此之所謂“形之”，《計篇》則謂之“示之”爾。

故善戰者，求之於勢，不責於人，故能擇人而任勢。

（訓義）李筌曰：“得勢而戰，人怯者能勇。”賈林曰：“所謂擇人而任勢，言示以必勝之勢，使人從之；豈更外責於人，求其勝敗。擇勇怯之人，任進退之勢。”梅堯臣曰：“用人以勢，則易；責人以力，則難；能者在擇人而任勢。”何氏曰：“得勢自勝，不專責人以力也。”基博按胡林翼嘗謂：“用兵之法，强弱均有用處。躁進之兵，可使誘賊，而以精騎伏於旁路，俟其站立不穩，横出截之，可大捷也！又難打之賊壘賊隊，亦可使之猛攻，取其冒勢有勁耳！”又曰：“東安勇丁，恐其勇而無剛；然使用以嘗寇，如公子突之謀，未必不可大捷。”此即“擇人而任勢”之意；所謂“擇勇怯之人，任進退之勢”者也。

任勢者，其使人也，如轉木石；木石之性，安則靜，危則動；方則止，圓則行。

（訓義）曹操曰：“任自然勢也。”杜佑曰：“言投之安地則安，投之危地則危，不知有所回避也，任勢自然也！”梅堯臣曰：“木石，重物也！易以勢動，難以力移；三軍，至衆也，可以勢轉，不可以力使；自然之道也！”

故善戰人之勢，如轉圓石於千仞之山者，勢也！

（訓義）杜牧曰：“轉石於千仞之山，不可止遏者，在山不在石也。戰人有百勝之勇，强弱一貫者，在勢不在人也。杜公元凱曰：‘昔樂毅藉濟西一戰，能并强齊。今兵威已成，如破竹，數節之後，迎刃而解，無復著手，此勢也；勢不可失！’乃東下建業，遂滅吳。此篇大抵言兵貴任勢，以險迅疾速爲本；故能用力少而得功多也！”

右第三節論任勢。基博按勢者，因利制權，而欲以出敵之不意，攻敵之無備，必毁形匿情，能而示之不能，用而示之不用，使敵人之不我虞，而後我可擇人任勢以攻敵之無備；則以我之節短勢險，而攻敵之不虞，如轉圓石於千仞之山，勝之易易耳！

虛實篇第六

（解題）李筌曰：“善用兵者，以虛爲實。善破敵者，以實爲虛。”杜牧曰：“夫兵者，避實擊虛，先須識彼我之虛實也。”張預曰：“《形篇》言攻守；《勢篇》説奇正。善用兵者，先知攻守兩齊之法，然後知奇正，先知奇正相變之術，然後知虛實。蓋奇正自攻守而用，虛實由奇正而見，故次《勢》。”基博按《計篇》曰：“勢者因利而制權也。”《勢篇》曰：“三軍之衆，可使必受敵而無敗者，奇正是也。兵之所加，如以碫投卵者，虛實是也。”虛實可以因利；奇正所以制權。而《虛實篇》者，所以盡《勢篇》之用；欲因利而制權，則不可不知敵之虛實；而欲知敵之虛實，故“形人而我無形”。張預言：“虛實由奇正而見”；吾則謂奇正由虛實而見；虛實所以立勢之體；奇正所以妙勢之用。“兵之形，避實而擊虛”，一語破的，可以揭近代戰術運動戰之要！運動戰之解釋不一；而法國陸軍總司令加曼林將軍乃爲明確之詮説，謂：“假定軍隊不足以控制戰略正面，則地域之空間自由必大；而一語自由之空間，斯可以明運動戰之定義。”篇中言“攻其所不守”，“守其所不攻”，“進而不可禦”，“退而不可追”，皆以明運動戰之必善用空間，而毋局於一隅以自坐困也！《虛實篇》爲運動戰之説明；而以下《軍争》、《九變》、《行軍》、《地形》、《九地》五篇，則以明運動戰不能不受兵情地勢之制限！惟明乎運動戰之義，而後盡奇正之變，不可勝窮也！

孫子曰：凡先處戰地而待敵者佚；

（訓義）張預曰："形勢之地，我先據之以待敵人之來，則士馬閒逸而力有餘。"

後處戰地而趨戰者勞；

（訓義）梅堯臣曰："先至待敵，則力完；後至趨戰，則力屈。"張預曰："便利之地，彼已據之；我方趨彼以戰，則士馬勞倦而力不足。"

故善戰者致人而不致於人。

（訓義）杜牧曰："致令敵來就我，我當蓄力待之；不就敵人，恐我勞也。"王晳曰："致人者，以逸乘其勞；致於人者，以勞乘其逸。"基博按孫子論兵，頗主主客之説，謂主致人，客致於人；客處勞而主處逸，守爲主而攻爲客；尤以攻爲大戒，曰"攻城則力屈"；曰"下政攻城，攻城之法爲不得已"！其説與英法兵家之論同，而與德則異！德之兵略，原於非烈德立大王，以謂："勝利者，前進也；使強有力而不乘人不虞以攻其無備者，其人則愚人也；爲國則愚國也！"於是一脈相承，謂："非攻不足以制勝！苟失時機以坐待敵攻，不啻自殺！"孫子言"善戰者致人而不致於人"；而德之兵家，則曰："善戰者攻人而不攻於人也！"自希特勒炫其閃電戰以來，環球耳目一新；進攻之勝利，昭然若揭！吾國談兵者頗炫其説而論攻之爲利；然言不可以若是其幾也！德國克老山維茲論兵主攻，而讀其著書，第六卷論守，未嘗不言守之致人，攻之致於人，而足以發孫子之義；其持論以謂："守之爲言拒敵之進攻也；而所以爲拒，在待敵之進攻耳！不明乎待，不足以言守；而守易於攻者，則以攻者所徒費之時間，無不資守者以便利也！抑攻之所以不如守者，尤在守者得地利以爲用也！夫戰之所以爲勝，不出三端：曰奇襲。曰地利。曰多面攻擊。攻者可以奇襲，亦可以多面攻擊，而地利，則爲守者所擅有！所謂地利者，非斷崖絶壁，廣谷大川，足以阻攻者前進，河山之險之謂；而用以隱蔽軍隊配備之土地，亦無不與焉！惟守者爲能利用土地以隱蔽軍隊配備，而攻者則不能！攻者之行軍也，不得不循測識，意擬之道路前進；而守者則以熟知當地之形勢，阨險阻，構陣地，不現其姿勢以行配備，而待敵之進攻。攻者未至決戰之時，則不知守者之如何利用地形以爲配備焉！此地利之所以爲守者所擅有也！至奇襲之有利攻者，惟以全軍當敵之全軍而限於戰略之奇襲；如戰略之奇襲無成功；而戰術之奇襲，則守者因地制宜之所優爲也！多面攻擊，攻者亦僅能以全軍行之；而就各個部隊之襲擊言；則多面攻擊之利，不得不讓於守者；以軍之展開及配備，守者得預爲之地也。當三十年戰爭及西班牙王位繼承戰爭之時，軍之展開及配備，已爲會戰計劃之主題，而戰術之利，遂以屬於守者；蓋以守者得預先展開其兵力以配備之也。其後軍隊之機動能力增加，而攻者以佔優勢！於是守者據大河、深谷乃至山岳以爭優勢之轉歸。顧攻者之運動益疾捷，而分割隊伍以行迂迴，則守者又失據矣！於是守者不得不伸張其戰線；而攻者則集中兵力，擇守線兵力稀薄之地，而攻其瑕以突破之；則守者不知所以爲守矣！於是守者集中兵力而不爲展開，以伺攻勢之開朗，然後揮兵應之，所謂内線作戰，是也。於是守之遠心性，以與攻之集中性，相對相殺！夫守者以待敵之攻，止而不動；而運動之自由，不得不讓於攻者！攻者之包圍及迂迴，隨時隨地，可集中兵力以爲多面攻擊，由圓周嚮圓心集中，而兵力隨前進以漸結合，則爲力益厚；此攻者之利也。然守者之結合兵力與運動而在内線行之；則所以强化兵力者，以視攻者之集中爲大！而攻者之數面進攻以嚮一部隊，大抵部隊愈小，則愈有效；而推極以施於一人，則無不效！假有一軍而受數方面之同時攻擊，亦得以抵抗之；一師，則抵抗力稍減；一營，則惟在集團時，聊可抵抗；至於個人，則無能爲力矣！然攻者集中之利，施之小部隊而有效；而守者内線之利，擴之大空間而增加！何以言之？蓋在數千步乃至半哩之内線而先敵所得之時間，未必較數日行程乃至二三十哩之内線上爲大！狹隘之内線，爲戰術之問題；廣大之内線，則戰略之問題；而完成戰略目的之時間，必較之達到戰術目的之時間爲大！抑又不僅此！戰術運用之空間較小，方其會戰，一方之派遣，無不在敵前行動；而立於外線者，無不即時警覺！若在戰略，則以關係之空間較大，而一方之運動，至少一日之間，不爲敵人所知；若以一部隊而被派遣於遠方，往往亘數日而敵人不知之；則以大地之隱蔽，而運用之有方，則内線之利守者，不待言矣！”然則孫子所謂“先處戰地而待敵者佚”，不以克氏之論，徵而可信乎！夫戰略戰術，須因時以制宜，審勢以求當。第一次歐洲大戰，法人以守爲戰，寓戰爲守，以制德軍之剽悍，而希特勒之閃電戰，亦未嘗不挫於攻蘇，而德速戰速決之計以墮！至在吾國言吾國，蔡鍔將軍有言："兵略之取攻勢，固也；必須兵力雄厚，士馬精練，軍資完善，交通利便，四者均有可恃，乃足以操勝算。普法戰役，法人國境之師，動員頗爲迅速，而以兵力未能集中，軍資亦虞缺乏，遂致著著落陷於防守之地位。日俄之役，俄軍以交通線僅一單軌鐵道，運輸不繼，遂屢爲優勢之日軍所制，雖迭取攻勢，終歸無效。吾國兵力決難如列强兵力之雄厚，能否説到精練二字，此稍知軍事者能辨之；至於軍資交通兩端，更瞠乎人後；如此而曰吾將取戰略戰術上最有利益之攻勢，烏可得耶！若與他邦以兵戎相見，與其爲孤注一擲之舉，不如據險以守，節節爲防，以全軍而老敵師爲主；俟其深入無繼，乃一舉而殲除之。昔俄人之蹴拿皇於境外，可師也！"誠哉是言，若爲今日之抗戰，燭照而數計也！日人之爲國也，固好大而喜功，善兼弱以攻昧；夷考其兵略，陸軍攻人而不攻於人；而海軍則致人而不致於人，往往以逸待勞，而邀擊敵艦於日本近海；觀於日俄之戰，不截擊俄大西洋艦隊於沿途，而伺之對馬海峽，可知也！及其有事太平洋以逞志於美，始爲勞師以襲遠；而以一九四三年大舉以進攻美之中途島而大敗！美國艦隊總司令金氏聲言："此之大捷，中途島陸上基地之飛機，殲敵炸艦之功爲大！於是知敵國領海之有陸上飛機基地者，我海軍亦不宜輕進以投死地！然美國一萬三千萬之業餘戰略家，持論以海軍直搗三島者，大有人在也！"既而，日海軍避不交綏，而美人則欲求一戰而不得！美國海軍觀察家，則以謂："日海軍非怯也！將伺我海軍深入，以運用陸上强大空軍，而支援其艦隊以殲我於一擊也！"日人欲致美海軍深入以殲之於日本海，而美人則欲致日海軍出戰以殲之於太平洋。蓋致人，則勢險而節短，而力有餘；致於人，則長駕而遠馭，以勢處不足；孰爲得失，必有能辨之者矣！

能使敵人自至者，利之也。

（訓義）曹操曰："誘之以利也。"梅堯臣曰："何能自來，示之以利。"張預曰："所以能致敵人之來者，誘之以利耳。"

能使敵人不得至者，害之也。

（訓義）王晳曰："以害形之，敵患之而不至。"

故敵佚，能勞之。

（訓義）何氏曰："春秋時，吴王闔閭問於伍員曰：'伐楚如何？'對曰：

‘楚執政衆，莫適任患。若爲三師以肄焉；一師至，彼必皆出；彼出則歸，彼歸則出；彼必道弊。亟肄以疲之，多方以誤之，既罷而後以三軍繼之；必大克之！’闔閭從之，楚於是乎始病，吴遂入郢。”張預曰：“爲多方以誤之之術，使其不得休息。或曰：‘彼若先處戰地以待我，則是彼佚也，我不可趨而與之戰；我既不往，彼必自來，即是變佚爲勞也。’”

飽，能飢之；

（訓義）李筌曰：“焚其積聚，芟其禾苗，絶其糧道，俱能飢之。”杜牧曰：“我爲主，敵爲客，則可以絶糧道而飢之。如我爲客，敵爲主，則如之何？答曰：飢敵之術，非止絶糧道，但能飢之即是。隋高熲平陳之策曰：‘江南土薄，舍多茅屋，有積蓄，皆非地窖，密遣人因風縱火；待敵修立，更復燒之；不出數年，自可財力俱盡。’又曰：‘江北寒地，收差晚；江南土熱，水田早熟；量彼收穫之際，徵兵上馬，聲言掩襲；彼必屯兵禦守，足得廢其農時。彼既聚兵，我便解甲。’於是陳人始病。”張預曰：“我先舉兵，則我爲客，彼爲主；爲客，則食不足；爲主，則飽有餘；若奪其蓄積，因糧於彼，館穀於敵，則我反飽，彼反飢矣，則是變客爲主也；不必焚其積聚，廢其農時，然後能飢敵矣；或彼爲客，則絶其糧道。”

安，能動之。

（訓義）曹操曰：“攻其所必愛，出其所必趨，則使敵不得不相救也。”杜牧曰：“司馬宣王攻公孫文懿於遼東。文懿阻遼水以拒魏軍。宣王曰：‘賊堅營高壘以老我師，攻之正入其計。古人云：敵雖高壘，不得不與我戰者，攻其所必救也。我直指襄平，則人懷内懼；懼而求戰，破之必矣！’遂整陣而過。賊見兵出其後，果來邀之，乃縱擊，大破之，竟平遼東。”張預曰：“彼方安守以爲自固之術，不欲速戰；則當攻其所必救，使不得已而須出。”

右第一節論致人而不致於人。

出其所必趨，趨其所不意。

（訓義）基博按兩句承上開下。“出其所必趨”，承上致人；“趨其所不意”，開下擊虛。

行千里而不勞者，行於無人之地也。

（訓義）曹操曰：“出空擊虛，避其所守，擊其不意。”張預曰：“掩其空虛，攻其無備；雖千里之徵，人不疲勞。”

攻而必取者，攻其所不守也。

（訓義）王皙曰："攻其虚也。"張預曰："善攻者，動於九天之上，使敵人莫之能備；莫之能備，則吾之所攻，乃敵之所不守也。"

守而必固者，守其所不攻也。

（訓義）杜牧曰："不攻尚守，何況其所攻乎！漢太尉周亞夫擊七國於昌邑也，賊奔壁東南陬，亞夫使備其西北；俄而賊精鋭攻西北，不得入，因遁走；追破之。"梅堯臣曰："賊擊我西，亦備乎東。"張預曰："善守者藏於九地之下，使敵人莫之能測；莫之能測，則吾之所守者，乃敵之所不攻也。"基博按我攻敵之所不守以乘其虚，亦必防敵之攻我所不守以乘我虚也；守其所不攻，則守固矣！

故善攻者，敵不知其所守；善守者，敵不知其所攻。

（訓義）曹操曰："情不泄也。"梅堯臣曰："善攻者機密不泄；善守者周備不隙。"王皙曰："云不知者，攻守之計，不知所出耳。"

微乎微乎，至於無形；神乎神乎，至於無聲；故能爲敵之司命！

（訓義）王皙曰："微密則難窺；神速則難應。"何氏曰："武論虚實之法，至於神微，而後見成功之極也。吾之實，使敵視之爲虚；吾之虚，使敵視之爲實。敵之實，吾能使之爲虚；敵之虚，吾能知其非實。蓋敵不識吾虚實，而吾審敵之虚實也。吾欲攻敵也，知彼所守者爲實，而所不守者爲虚；吾將避其堅而攻其脆，批其亢而擣其虚。敵欲攻我也，知彼所攻者爲不急，而所不攻者爲要；吾將示敵之虚而鬭吾之實；彼示形在東，而吾設備於西；是故吾之攻也，彼不知其所當守；吾之守也，敵不料其所當攻。攻守之變，出於虚實之法；或藏九地之下以喻吾之守，或動九天之上以比吾之攻；滅跡而不可見，韜聲而不可聞，若從地出天下，倏入間出，星耀鬼行，入於無間之域，旋乎九泉之淵。微之微者，神之神者，至於天下之明目，不能窺其行之微；天下之聰耳，不能聽其聲之神；有形者至於無形，有聲者至於無聲；非無形也，敵人不能闚也；非無聲也，敵人不能聽也；虚實之變極也！善用兵者，通於虚實之變，遂可以入於神微之奧。不善者，雖欲尋微窮神，而泥其用兵之跡，不能泯其形聲，而至於聞見者，是不知神微之妙，固在虚實之變也。三軍之衆，百萬之師，安得無形與聲哉？但敵人不能窺聽耳！"

進而不可禦者，衝其虚也；退而不可追者，速而不可及也。

（訓義）曹操曰：“卒往進攻其虛懈，退又疾也。”何氏曰：“兵進則衝虛，兵退則利速；我能制敵，而敵不能制我也。”張預曰：“對壘相持之際，見彼之虛隙，則急進而擣之；敵若能禦我也！獲利而退，則速還壁以自守；敵豈能追我也！兵之情主速，風來電往，敵不能制。”基博按法人蒲哈德著《德大將興登堡歐戰成敗鑑》一書，以謂：“一九一四年，興登堡攻俄之役，而有成功者，皆魯登道夫之力；其不同於興登堡者，興登堡好攻堅；而魯登道夫勢取攻瑕而衝其虛，乘俄軍運輸應援之所不及而覆之；凡行軍之地，不惟無鐵道可通，亦無馬路足以並騎而進；以故俄軍不知其所守，而魯登道夫之出兵，往往在俄人所備之外！至於炮兵步兵爲梯隊之式，尤極精練，謂：‘欲戰之勝，當先發制人，以輕騎疾進，繼之以短徑之炮，而後步兵大隊繼之，如是，必無不勝！而他人所以不能制勝，在不能輕騎突陣，出人不意，乃以炮步兼行，臃腫不靈，惡能不敗！然輕騎疾進而或有阻，即須疾退；萬勿攻堅以頓兵挫鋭，不如退後分散其隊，疾繞出敵後，掩不備以攻不虞，最爲勝着！蓋輕騎一出，勢無反顧，不能待炮隊之援，衹有直突而前，死裏求生；若果止於半道，以待炮隊之援，而爲敵人所見，集中炮火，無不聚殲！’然魯登道夫知用輕騎之有資於炮隊；而輕騎時時後顧炮隊之來，以次且不前，亦往往爲敵所乘。魯登道夫漸悟其非，則布陣爲前稀後密，以輕疏列爲第一線，屯重兵於第二線，而力控其有餘，法人三爲所敗！既而法人知之，於是魯登道夫亦敗！”然魯登道夫之所以進而不可禦者，固以“衝其虛”也！

故我欲戰，敵雖高壘深溝，不得不與我戰者，攻其所必救也。

（訓義）何氏曰：“如魏將司馬宣王攻公孫懿，汎舟潛濟遼水作長圍，忽棄賊而嚮襄平。諸將言：‘不攻賊而作長圍，非所以示衆也。’宣王曰：‘賊堅營高壘，欲以老吾兵也。古人有言曰：敵雖高壘，不得不與我戰者，攻其所必救也。賊大衆在此，則窟穴虛矣！我直指襄平，必人懷内懼，懼而求戰，破之必矣！’遂整陣而過，賊見兵出其後，果邀之，宣王謂諸將曰：‘所以不攻其營，正欲致此，不可失也！’乃縱兵逆擊，大破之，三戰皆捷。”

我不欲戰，畫地而守之；敵不得與我戰者，乖其所之也。

（訓義）曹操曰：“乖，戾也，戾其道，示以利害，使敵疑也。”梅堯臣曰：“畫地，喻易也；乖其道而示以利，使其疑而不敢進也。”

故人形而我無形，則我專而敵分。

（訓義）張預曰："吾之正，使敵視以爲奇；吾之奇，使敵視以爲正；形人者也。以奇爲正，以正爲奇，變化紛紜，使敵莫測，無形者也！敵形既見，我乃合衆以臨之；我形不彰，彼必分勢以防備。"

我專爲一，敵分爲十，是以十共其一也，則我衆而敵寡；

（訓義）杜佑曰："我料見敵形，審其虛實，故所備者少，專爲一屯；以我之專，擊彼之散，卒爲十共擊一也。我專爲一，故衆；敵分爲十，故寡。"張預曰："見敵虛實，不勞多備，故專爲一屯。彼則不然，不見我形，故分爲十處；是以我之十分，擊敵之一分也；故我不得不衆，敵不得不寡。"陳啓天曰："共，如《左傳》'以什共車必克'之共，當也。'以十共其一'，謂以十當其一也。"

能以衆擊寡者，則吾之所與戰者約矣！

（訓義）杜牧曰："約，猶少也。"張預曰："夫勢聚則强，兵散則弱，以衆强之勢，擊寡弱之兵，則用力少而成功多矣！"基博按孫子之所謂"專"者，近世戰術之所謂"集中"也。拿破崙大帝有言："歐洲名將儘有，然注意之端不一，而思慮以紛！我獨注意一事，曰敵人之集中。"苟敵人集中，而我不及集中，以爲所乘；則敵專而我分，敵衆而我寡，而我敗矣！倘我集中，而敵人未集中，則我專而敵分，以衆擊寡，而吾之所與戰者約矣！法國卓萊少校者，歐洲第一次大戰時霞飛大將之裨將也，以凡爾登之役，斷腿而退休焉；及大戰之終，而卓萊獨居深念，以爲法之勝，幸也！德法之世仇永不解，德法之惡戰必再見。於是博學審問，請益宿將，以著一書曰《新軍論》。中引名將葉福德之言以論拿破崙曰："拿破崙之戰略戰術，常不爲守而爲攻；其爲攻也，必攻敵人之主力以擒賊擒王；而出以迅雷不及掩耳之行動，攻其不備。其行軍也，無論何時何地，必以迅速集合而集中吾之兵力以施突擊。而所以善其運用者，則恃乎意志之自由，獨來獨往，不泥成例。非烈德立大王，亦古之善用兵者，然其慣用迂迴側擊背擊之法，猶有一定之跡象可尋！若拿破崙者，變化不測，因敵制勝；其意志雖至剛；而戰略戰術則無伸縮不自如之硬性；而敵不知其所攻也！"然則拿破崙之用兵也，運用我之集中，而不忽人之集中；形人而我無形，所以我專而敵分也！一九〇四年，日俄之戰，日之所以勝，俄之所以敗，其因不一；而日海軍之集中，俄海軍之不集中，亦其一端！俄在東洋海軍之力，固較日本爲薄；然合東西洋海軍力之全體，則較日本爲優！方其先之脅日本以還我遼東，日之所以懾俄而降心相從者，海軍也！日俄之將戰也，俄之兵家，謂："調陸軍於遠東，不如日本之易！如日軍不絶增援，俄軍即不得不退；惟有增派東洋艦隊，阻日軍不得登岸；即登岸，亦可絶其後援。"日人亦惴惴焉！使俄能集中全國之海軍，遊弋太平洋；日海軍寡不敵衆，殊無用武之地；縱出奇制勝，而俄海軍力雄，必不致一蹶不振；則日本陸軍必不能源源濟師以增援遼東，而運用不能自如，勝負未可知矣！乃計不出此；而日人得集中其海軍以對旅順、海參崴及波羅的海之俄艦隊，各個擊破；於是陸軍之勢遂破！日濟師，而俄不能繼師，再戰再北！苦魯伯堅嘗太息於海軍之敗績，以爲最痛心之舉也！今英美之於遼東，未易以陸師增援；亦如當年日俄戰爭之俄，未易以陸師增援遼東。而日本乘英美之不虞，先發制人，集中空軍海軍，以襲美之夏威夷羣島、英之馬來亞半島，殲滅英美海軍之一部，而握太平洋之制海權；然後從容濟師以攻馬來亞，圍香港，掠荷蘭東印度；亦如日俄戰爭之時，日本不待宣戰，而海軍司令東鄉平八郎即集中艦隊，襲擊俄艦隊於旅順，於仁川；毁其海軍力，以握東洋之制海權；而後從容濟師以渡遼增援也。蓋其戰略之史例如此，無足怪也！如必執狙詐無信以爲譴責，衹可以爲外交之詞令耳！倘實信其然，不幾於癡人説夢乎！然吾知其無能爲也！日本有數千哩之海岸，已虞備多力分；而陸地戰線之延長，三倍於蘇聯西境之戰線；而又威脅蘇聯以遠東赤軍不許西移，而牽制日軍數十萬人以與相持；樹敵愈衆，兵力愈分，無法集中，予敵人以各個擊破耳！今而後，莫余毒也已！

吾所與戰之地不可知；不可知，則敵所備者多；敵所備者多，則吾所與戰者寡矣！

（訓義）曹操曰："形藏敵疑，則分離其衆備我也！言少而易擊也。"杜佑曰："言舉動微密，情不可見，使彼知所出而不知吾所舉；知所舉而不知吾所集。"梅堯臣曰："敵不知，則處處爲備。"王晳曰："與敵必戰之地，不可使敵知之，知則並力得拒於我；曹公曰：'形藏敵疑。'"基博按此近世戰術之所謂機動也。拿破崙之集中，無不以機動；而注意敵人之集中，即虞敵人之機動。法國步兵操典曾有明晰①之指示曰："機動者，蓋運用應有之

① "晰"原作"析"，今改正。

方法，而出其不意以對敵人集中之謂也。”使集中而不出以機動，則我集中，敵亦集中，而爲主力之對抗，安能“吾所與戰者寡”乎！惟出其不意而爲機動之集中，然後“吾所與戰之地不可知”，“敵所備者多”，而吾所與戰者寡耳！

故備前則後寡，備後則前寡；備左則右寡，備右則左寡；無所不備，則無所不寡。

（訓義）杜佑曰：“言敵之所備者多，則士卒無不分散而少。”

寡者，備人者也；衆者，使人備己者也。

（訓義）孟氏曰：“備人，則我散；備我，則彼分。”杜牧曰：“所戰之地，不可令敵人知之。我形不可測，左右前後，遠近險易，敵人不知；亦不知我何處來攻，何地會戰；故分兵徹衛，處處防備。形藏者衆，分多者寡，故衆者必勝，寡者必敗也。”張預曰：“左右前後，無處不備，則無處不兵寡也。所以寡者，爲分兵而廣備於人也；所以衆者，爲勢專而使人備己也。”基博按善攻者，敵不知其所守，善守者，敵不知其所攻，反覆推勘，其神微在“形人而我無形”；而其機括在虛實。明於虛實，則我可以專而攻敵之分；不明虛實，則敵得以專而攻我之分。就近代戰術而論，試仍以一九一七年法國赴美軍事委員奧維埃所陳取守勢之作戰法爲證，其說以謂：“敵人狡詐異常，每於將進攻前出種種奸謀以愚吾軍，或則於前敵各處，悉立有取攻勢性質之建築工程以爲疑兵之計。或其可用之軍，本在後方休息，突運往某處前敵，顧非自其地進攻，特以處心積慮，欲愚其所佔地內法、比居民及我軍間諜。至其果自何處進攻，主力軍何在，實不易捉摹；若同時數處進攻，則必係疑兵之計，以分吾軍兵力。如敵人於攻擊凡爾登前，先攻其北諸地暨香檳、業羅拉納二地；吾人雖明知其志在凡爾登，然軍隊不能集中。吾人又稔知敵人必先聲東擊西，多方以誤我；然又不敢斷其皆無重要關係。我以備多力分，敵遂搗虛而入。”則是攻者得以專而乘守者之分也。夫攻者易爲專，而守者難爲專；然則如之何而可也？曰：我無形而以形人而已。形人，則我知所爲守而易專矣！形人則如何？依取守勢之作戰法：“吾人如知敵人之將大舉進攻，參謀部中人聚而測以三事：（一）敵軍之真正意嚮。（二）敵軍將在何處前敵之某段進攻。（三）敵軍人數。然推測，必以事實爲根據。我軍各軍各處間諜，奉命分道偵察；飛機亦出動伺察，攝影參考，以證敵軍屯紮地點之變遷；並命前敵各段步軍前進挑戰，以試其主力何在，某地駐某師。而以所俘德國俘虜，隔别研詰。綜合各方報告，從事推測；審知敵軍確在前敵之某段，集中兵力，後方復有大軍接近進攻地點，或有鐵路相通，雖遠，瞬息可至，將由之進攻，即命其地之防守軍官警備。於是防守軍官復聚而推測，敵人如由某段進攻，必先佔某地，而於某地設種種障礙物以阻大隊敵軍之全面攻擊；於是敵軍以障礙而不能用衆，不能不化整爲零以分隊進攻；吾人又預築炮壘若干於其間，使分隊進攻之敵軍，不得互相顧助。我乃厚集兵力於後方，伺其深入無繼援，而突加反攻。”則守者又得以其專而反攻敵之分矣！方其未戰也，敵多爲形以亂我之耳目；我必形敵以窺敵之虛實。“形人而我無形”，則我之虛實不見，而敵之虛實盡知；守則運實於虛以守所不攻，攻則避實擊虛以攻所不守。此曰“趨其所不意”，又曰“攻其所不守”，是即《計篇》所謂“攻其無備，出其不意”也。倘敵已戒備於我，惟有形人而我無形，多方以誤，使敵不知所爲備，備多則力分，而後以我之專，乘彼之分。此則一九一四年歐洲大戰，德人之慣技，而法人之所虞者也！

故知戰之地，知戰之日，則可千里而會戰。

（訓義）杜佑曰：“夫善戰者，必知戰之日，知戰之地，度道設期，分軍雜卒，遠者先進，近者後發，千里之會，同時而合，若會都市。其會地之日，無令敵知；知之，則所備處少；不知，則所備處多；備寡則專，備多則分；分則力散，專則力全。”張預曰：“凡舉兵伐敵，所戰之地，必先知之。師至之日，能使人人如期而來以與我戰。知戰地日，則所備者專，所守者固，雖千里之遠，可以赴戰。”基博按“知戰之地”、“知戰之日”，兩“知”字，承上文“吾所與戰之地不可知，不可知，則敵所備者多”之“知”，乃指敵人知；謂未能“形人而我無形”也。正與下文“不知戰地”、“不知戰日”，兩“不知”語意反正相生。諸家註未能融貫上下文，殊穿鑿失其指也！

不知戰地，不知戰日，則左不能救右，右不能救左；前不能救後，後不能救前；而況遠者數十里，近者數里乎！

（訓義）張預曰：“不知敵人何地會兵，何日接戰，則所備者不專，所守者不固；忽遇勍敵，則倉遽而與之戰，左右前後，猶不相接；又況首尾相去之遼乎！”基博按“不知”，乃敵人不知，非張氏之謂也；説前見。

以吾度之，越人之兵雖多，亦奚益於勝敗哉！

（訓義）陳皥曰：“孫子爲吴王闔閭論兵，吴與越讎，故言越。”張預曰：“吴越鄰國，數相侵伐，故下文云‘吴人與越人相惡’也；言越國之兵，雖曰衆多，但不知戰地戰日，當分其勢而弱也。”

故曰勝可爲也。

（訓義）張預曰：“《形篇》云：‘勝可知而不可爲’；今言‘勝可爲’者，何也？蓋《形篇》論攻守之勢，言敵若有備，則不可必爲也。今則主以越兵而言，度越人必不能知所戰之地日，故云可爲也。”基博按戰略之勝不可爲；而戰術之勝可爲！《形篇》所謂勝，知之於未戰之先；知彼知己，敵未有隙，則不可勝；見可而進，知難則退，故曰：“勝可知而不可爲”也。此之曰勝，爲之於交戰之日；形人而我無形，虛虛實實，敵不知所爲備，而我得闞其隙，避實擊虛，則勝可爲矣！然則戰略之勝，可知而不可爲；戰術之勝，則可知而可爲也！

敵雖衆，可使無鬬。

（訓義）賈林曰：“敵雖衆多，不知己之兵情，常使急自備，不暇謀鬬。”張預曰：“分散其勢，不得齊力同進，則焉能與我爭！”

故策之而知得失之計；

（訓義）張預曰：“籌策敵情，知其計之得失。”

候之而知動静之理；

（訓義）陳啓天曰：“候，謂斥堠，偵察敵情也。或作‘作’，則與下文‘形之’或‘角之’之義相近矣。《通典》、《御覽》併作‘候’，鄭友賢《遺説》亦作‘候’。”

形之而知死生之地；

（訓義）杜牧曰：“死生之地，蓋戰地也。投之死地，必生；置之生地，必死。言我多方誤撓敵人以觀其應我之形，然後隨而知之；則死生之地可知也。”張預曰：“形之以弱，則彼必進；形之以强，則彼必退；因其進退之際，則知彼據之地，死與生也。上文云：‘善動敵者，形之，敵必從之，’是也。死地，謂傾覆之地；生地，謂便利之地。”

角之而知有餘不足之處；

（訓義）梅堯臣曰：“彼有餘不足之處，我以角量而審。”王晳曰：“角，謂相角也；角彼我之力，則知有餘不足之處，然後可以謀攻守之利也。此而上亦所以爲量敵知戰。”張預曰：“有餘，强也；不足，弱也；角量敵形，知彼强弱之所。唐太宗曰：‘凡臨陣，常以吾强對敵弱，常以吾弱對敵强。’苟非角量，安得知之！”基博按“策之”、“候之”、“形之”、“角之”四者，所以形人之法也。前引取守勢之作戰法所稱：“吾人如知敵人大舉進攻，總司令參謀部中人聚而測以三事”云云，“策之”之事也；“間諜分道偵察，飛機亦出動伺察”，“候之”之事也；“並命前敵各段步軍前進挑戰以試其主力何在，某地駐某師”，則“形之”、“角之”之事也。

故形兵之極，至於無形；無形，則深間不能窺，知者不能謀！

（訓義）李筌曰：“形敵之妙，入於無形。”梅堯臣曰：“兵本有形，虛實不測，是以無形，此極致也；雖使間者以情僞，智者以謀料，可得乎！”張預曰：“始以虛實形敵，敵不能測，故其極致卒歸於無形，既無形可覩，無跡可求，則間者不能窺其隙，智者無以運其計。”基博按“形兵”之“兵”，指敵兵而言；上文所云“候之”、“形之”、“角之”而知敵兵動静之理，死生之地，有餘不足之處；此之謂“形兵”也。所謂“形兵之極，至於無形”，是也。“無形，則深間不能窺，知者不能謀”；謂敵之虛虛實實，不示我以形，而非間諜之所能闚，知者之所能謀；此“形兵”之“至於無形”，而能以窺深間之所不窺，知知者之所不謀；所以爲“形兵之極”也。梅、張二氏未能融貫上下文，殊爲失解。

因形而錯勝於衆，衆不能知。

（訓義）李筌曰：“錯，置也。”杜牧曰：“窺形可置勝，是非智者不能；固非衆人所能知也。”

人皆知我所以勝之形，而莫知吾所以制勝之形！

（訓義）張預曰：“立勝之跡，人皆知之；但莫測吾因敵形而制此勝也。”基博按“因形而錯勝於衆”，“莫知吾之所以制勝之形”，承上文“形人”、“形兵”，一意相生，“人知我所以勝之形，而莫知吾之所以制勝之形”者；以“形兵之極，至於無形；無形，則深間不能窺，知者不能謀”也；而豈衆人之所能知耶！

故其戰勝不復而應形於無窮。

（訓義）李筌曰：“不復前謀以取勝，隨宜制變也。”張預曰：“已勝之後，不復更用前謀；但隨敵之形而應之，出奇無窮也。”

右第二節論形人而我無形，則我可以乘敵之虛，而敵不得窺我之間矣！

夫兵形象水，水之形，避高而趨下；兵之形，避實而擊虛。

（訓義）張預曰："水趨下而順；兵擊虛則利。"

水因地而制流；兵因敵而制勝。

（訓義）杜佑曰："言水因地之傾側，而制其流；兵因敵之虧闕，而取其勝者也。"

兵無常勢，

（訓義）梅堯臣曰："應敵爲勢。"張預曰："敵有變動，故無常勢。"

水無常形；

（訓義）梅堯臣曰："因地爲形。"張預曰："地有高下，故無常形。"

能因敵變化而取勝者謂之神。

（訓義）杜牧曰："兵之勢，因敵乃見，勢不在我，故無常勢；如水之形，因地乃有，形不在水，故無常形。水因地之下，則可漂石；兵因敵而應，則可變化如神也。"王晳曰："兵有常理而無常勢；水有常性而無常形。兵有常理者，擊虛是也；無常勢者，因敵以應之也。水有常性者，就下是也；無常形者，因地以制之也。夫兵勢有變，則雖敗卒，尚復可使擊勝兵；況精鋭乎！"基博按此易"形"，言"勢"。"勢"者，因利而制權，其制在我；"形"者，避實而擊虛，其虛在敵。敵之虛虛實實，變化莫定其形，而"能因敵變化以取勝者謂之神"；則以"形兵之極，至於無形"也。德國之陸軍，天下莫强焉！然而希特勒以一九四一年六月，殫鋭竭力，大舉以侵蘇聯，再進攻，再挫敗；而究其所以，則由於德人工於設計以取勝，而不"能因敵變化而取勝"！史丹林以一九四三年二月二十三日，大戒將士，中謂："希特勒之侵蘇聯也，方其初驅百戰百勝，能征慣戰之德軍，乘勝遠鬬，其鋒不可當；而我紅軍未經戰陣，更事既少，戰術自疏，此所以敗也！然兩年以來，再接再厲，德軍之情僞，盡知之矣！校量彼我，孰爲短長，蹈瑕抵巇，以用吾長；始之以認識，而終之於實施，此現代軍事科學之第一義諦也。今我幾十百萬之紅軍，善用其械，不論其爲手槍、步槍、佩刀、機關槍、大炮、坦克、飛機，所憑藉者不同，而人自爲戰以因利乘便，則一也；更戰既多，戰術自精，無不知昔日之直線形戰術爲愚不可及；而神明變化以從事機動戰術矣！顧德軍則何如？德人工於設計，事有定程；雖以行軍臨陣之隨地異勢，而預爲條規以事爲之制；苟其情勢無變，指揮若定，以德軍之有勇知方，各司其局，精密而正確，如山不摇，其孰能禦之！然或情隨事遷，出於度外，因應無方，衹有人自爲戰，則德軍束手無策，而爲我制矣！”然則紅軍之所以勝，抑即德人之所爲敗；一能“因敵變化”以爲機動，一不“因敵變化”以拘常勢也。

故五行無常勝；

（訓義）杜佑曰：“五行更王。”

四時無常位。

（訓義）杜佑曰：“四時迭用。”

日有長短，月有死生。

（訓義）曹操曰：“兵無常勢，盈縮隨敵。”王晳曰：“皆喻兵之變化，非一道也。”張預曰：“言五行之休王，四時之代謝，日月之盈昃，皆如兵勢之無定也。”基博按拿破崙大帝言：“無十年不變之戰術。”而福煦將軍則曰：“執舊有之智識，昧當前之事實，兵家之所大忌也！”昔日所以制勝，異日或以僨軍，此“戰勝”之所以“不復”，而非“應形於無窮”，不能以“因敵變化而取勝”也。夫昔日之勝，不能演爲後日之勝者，以後日之敵，不復同於昔日之敵也。後日之敵，不復同於昔日之敵者，其因不一；而兵器之演而日進，其大者也。所以因兵器變化而取勝者，亦爲“因敵變化而取勝”之一義。試思民生之初，徒手相搏，以人戰而不以器戰，人多爲王，力大者勝。既而削木以刺，拾石以投，則有持者之寡，可以勝徒手者之衆，徒手者之强，或斃於有持者之弱；知用器之利矣，而尚不成其爲兵器也！又進而弓矢戈矛，長短雜用，而兵器具焉。然而可以刺擊，而不能不圖所以防禦人之刺擊，於是乎披甲戴胄而乘車焉，其陳兵也，用一字式之横隊，什伍俱前，以便於展布。然適於防禦，滯於活動，而不能利衝擊！降而中古，騎兵以興，縱横馳驟，於是變横隊而爲縱隊，以盡衝擊之用。近代火器倡而槍炮興，摧堅破鋭；於是由縱隊之戰術變而爲散開，爲縱深配備之戰術；第一次歐戰，其大成也！及飛機出而空軍興，遂成立體之戰；於是由散開，由縱深配備之戰術，而變平面爲立體配備之戰術。然則戰術之變化，應於兵器演進之形，以遞嬗於無窮也。今日之兵器，方以演進；昔日之戰勝，惡可復乎！惟有“應形於無窮”。以演進戰術爾！戰術之制勝有三：曰活動。曰衝擊。曰防禦。三者具，然後可以殺敵致果而無虞也！然兵器之爲用，則不能三者兼具；或有其二而無其一；甚且具其一而缺其二焉！方其初也，戈矛以刺擊，弓矢以射擊，徒恃人力以爲用者也；雖活動而力有限，雖衝擊而用不猛；抑我擊人，而人亦擊我，不知所以自防禦；於是車戰興焉，可以防禦，亦可以衝突；而又滯於活動。春秋時，北戎侵鄭。鄭伯禦之，患戎師，曰："彼徒我車，懼其侵軼我也！"徒，謂步兵；蓋車之活動不如步，而懼爲侵軼也！及以騎兵代車戰，而運動加速，衝擊加猛。然制鋭以堅，以守爲攻，未嘗無方！後漢護羌校尉段熲以兵萬人討東羌先零諸種，以羌騎馳突，漢兵披靡，而令軍士長鏃、利刀、長矛三重，挾以强弩，列輕騎爲左右翼；始制疊陣以禦突騎，俟敵馳突不入，而大呼馳騎突擊，遂大破之；事在①靈帝建寧二年。

至宋徽欽之世，金人起於東北，尤善用騎；而兀术最稱驍將，以集團馳突之威猛遠勝於單騎也；又以騎兵之利衝擊而不利防禦也；於是披馬以甲，而兵皆重鎧，號鐵浮圖，戴鐵兜鍪，周帀綴長簷，三人爲伍，貫以韋索，每進一步，即以拒馬擁之，進一步，拒馬亦進，退不可却，而寓堅重於輕鋭，分左右翼，號拐子馬，皆女真爲之，號長勝軍，專以攻堅，戰酣然後用之，自用兵以來，破軍殺將，所向無前！於是宰相李綱奏教車戰，謂："以步兵戰者，不足以勝騎，以其善馳突也。以騎兵戰者，不足以勝車，以其善捍禦也。金人以鐵騎勝中國，其説有三；而非車不足以制之也！步兵不足以當其馳突，一也；用車，則馳突可禦。騎兵，馬弗如之，二也；用車，則騎兵在後，度便乃出。戰卒多怯，見敵輒潰，雖有長技，不得而施，三也；用車，則人有所依，可施其力，部伍有束，不得而逃。然則車之可以制鐵騎也審矣！"既而高宗南渡以立國，東扼荆襄，西守岷蜀，江淮千里，地多沼澤，丈五之溝，漸車之水，山林積石，經川邱阜，草木所生，此步兵之地，而車戰非所施也！於是吴璘變通車戰之意以用步兵而爲疊陣，略如段熲之戰先零而變通其意。每戰，以長槍居前，坐不得起；次最强弓，次輕弩，跪膝以俟；次神臂弓；約賊相搏至百步内，則神臂先發；七十步，强弓併發；次陣如之，而欲以静制動，以堅制鋭；其陣以拒馬爲限，鐵鈎相連，俟其傷，

① "事在"，原作"在事"，今改正。

則更代；代則以鼓爲節；騎兩翼以蔽於前，陣成而騎退；謂之疊陣。諸將疑焉，曰："吾軍其殲於此乎！"璘曉之曰："此古束伍令也，軍法有之，諸君不識耳！得車戰餘意，無出於此！戰士心定，則能持滿；敵雖鋭，不能當也！"遂大破金人於秦州。蓋以鐵騎之集團馳突，鋭不可當；而非創疊陣以爲平面縱深之配備，不足以當其鋒也！然吴璘爲疊陣以用步兵而善於禦；元成吉思汗則又爲疊陣以用騎兵而猛於攻。其人其馬，亦披鐵甲以寓堅於鋭，而運驥足以馳驟，揮矛劍以衝擊；以百二十五騎爲一中隊，三中隊爲一大隊，三大隊爲一縱隊；每戰，左右以數縱隊騈列，前後相重，縱横馳突，如層波疊浪，衍溢漂疾，波涌而濤起，奮猛陵厲，遇者死，當者壞，而歐亞兩洲，皆騁馬足焉！迨明中葉，而戚繼光稱名將，製鴛鴦陣，隊長執牌居前，軍士十人分翼於後，五兵長短相雜，略似吴璘疊陣之意，而變化之；璘則以守待攻，而繼光欲攻守兼施。既而總理薊昌保定練兵，更欲兼車、步、騎三者以疊相爲用，禦衝以車，衛車以步，車以步卒爲用，步卒以車而强；敵以數萬騎，勢如山崩河決，徑突我軍；我有車營，車有火器，發以擊敵，無不僵仆；其有不仆，冒死而前；然後步兵出戰以擊刺，依車爲衛，其遠者不離五步，倦則少休車内，而火器繼放，更番迭出，而騎爲奇兵，隨時策應，猶是吴璘疊陣之法，而少變焉！則是戰術之不能不"因敵變化而取勝"，自古而然也！近代兵器，演進而日新，然必相兼以爲用，不能獨用，則與古無異！如大炮之攻擊，猛烈無比；然滯於活動；及其短兵相接，又無以自防禦。坦克車之活動捷，防禦堅，然非裝置大炮，則無以爲攻擊。又如步兵便於佔領，而活動不如騎兵，攻擊不如炮兵。騎兵敏於活動，而攻擊不如炮兵，佔領不如步兵。炮兵猛於攻擊，而佔領不如步兵，活動不如騎兵。兵器之爲用攸别，而不可不錯綜以相輔，兼資以爲用也。歐洲戰争之用火槍，蓋在十七世紀之末。迄十八世紀之初，普魯士菲烈德立大王，作新戰術，略如吴璘疊陣之制；而以大炮代陣後之神臂弓。其法，横列步兵以置陣，憑險爲固，寓攻於防，而布精騎以張兩翼；步兵之後，則以大炮之炮兵，集團射擊，以爲猛烈之攻，無不摧破；戰勝攻取，莫之當也！降而十九世紀，法國拿破崙大帝出，則尤以攻爲戰，而不如菲烈德立之寓攻於防；以動爲進，而不如菲烈德立之以静待動；其戰，以步、騎、炮並用，直搗中堅以突破敵陣；而尤致力於炮火之猛烈運用；以炮六門乃至八門爲一中隊，而合數中隊之炮以成一大隊，而隸於師或軍團焉。又以百四十門乃至百八十門大炮隸所部爲預備隊；而集中炮火以猛攻敵陣，使不得立足；然後步騎並進，所向披靡。而與菲烈德立有異者，蓋由陣地戰之以静待動，一變而爲非陣地戰之以動爲進也。以至第一次歐洲大戰，德人喑嗚叱咤，以攻爲戰，而承拿破崙之雄略；法人發强剛毅，寓攻於守，以衍菲烈德立之餘緒。及其曠日持久，德人攻堅之力屈，以陷於塹壕之陣地戰，頓兵挫鋭，卒以不振！於是寓攻於守之戰術，極盛於英法兵家；而德人仍持其以攻爲戰，以動爲進，而專心致知以務爲可勝。一九一五年，范馬康參之突破俄國敦納河防線也，則用排炮連擊，以掩護步兵之進攻；厥爲大戰用排炮猛轟之權輿，而昔日拿破崙之所以摧堅破鋭也！其後德軍攻俄之里卡防線，亦有成功；則不先以炮攻，而於步兵推進之時，炮兵作有力之支持；步兵之推進也，不限以嚴格之時間，祇盡其所能，以可知之速率，疾馳而前；而炮兵則不可不嚴守時間，緊隨其後，以作掩護；火力尤不可不集中，以大量之重炮小炮，轟擊敵陣最厚最堅之處，使之駐足不得；而步兵則推鋒直入以抵其巇，貫陣而出，側面包抄，以截其後。既以收功於東線，乃更轉用之西線！魯登道夫一九一八年三四月之進攻英軍，五月之進攻法軍，皆用炮兵協進以作戰，如里卡之役而有成功。惟七月香賓之役，法人懲於前敗，僅置少兵前線以相持，而厚集步兵炮兵，深溝堅壘，以故控其力於陣後。德軍虚耗炮火而後以不繼，深入之步兵殲焉；遂以挫而不振！然而德人曰："此非以攻爲戰之不可能，而以動爲進之未疾捷也！"蒐卒補乘，積二十年之征繕，而閃電戰以興！其器，則以汽車飛機之機動，助長槍炮攻擊之威力，配合爲用，突飛猛進；其法，發揮拿破崙炮火集中之雄略，融合成吉思汗騎兵攻勢之疊波，而以機械化部隊代騎兵之衝擊，以空軍爲機械化部隊之前茅。騎兵雖以馳突，然力有所限！而機械化部隊之一輛重型坦克車，時速爲四十哩，重八十噸，厚裝鋼甲，而配以小口徑炮，重機關槍以及火焰噴射器，則嚮所謂活動、衝擊、防禦之三者無不畢具！二架重型機，可以戴數噸重之炸彈；而飛行時速爲四百五十哩，活動半徑爲二千哩；可以戴小口徑炮及輕型坦克車而起飛；一旅步兵，祇用百二十架重型機，可以一次載運，而降落敵人之後以爲襲擊。一尊大炮，可以一次發射八百噸之彈丸，射程爲五十哩以至八十哩；而炮火之猛，尤非拿破崙時代可比！於是塞克特、白魯希兹兩將軍得所憑藉以作新戰術，而貫徹以攻爲戰，以動爲進之旨；先握制空權，以大隊飛機，集團轟炸敵人之交道要道及據點，阻敵軍以不得增援而集中；又轟炸敵軍之陣地，以摧毀其防禦工程；然後以輕坦克車任偵察，以大隊之重坦克車推鋒而前，踏平敵軍之防禦陣地；而以大隊之中型戰車追隨掃蕩；以摩托化部隊之步兵，佔領陣地；如佐以降落傘部隊，襲敵陣之後，而佔其司令部，擒賊擒王，尤足以張軍威，喪敵膽；又次則以機械化部隊組成戰鬬縱隊；在第一線部隊佔領陣地之後，止不復進；而追奔逐北，則以委之第三線部隊；亦如層波疊浪，前後相緟，此涌彼伏，更休疊進，然後氣鋭而勢猛，縱橫歐陸，所當者破！而法人寓攻於防，欲以堅制鋭，而魏剛防線出焉，欲以陣厚而勢堅禦之，亦略如吴璘疊陣之意，而加厚，加深，陣地愈深入，兵力愈增强。不殫鋭竭力以堅持前哨防線；而前茅慮無，中權後勁，故控其大軍主力於後衛，以伺敵軍深入，而欲乘之於再衰三竭之餘，聚而殲旃！其陣線分爲四層：第一線爲斥候，其地勢，宜便瞭望，利聯絡；專任偵伺，而通訊聯絡以告警者也。第二線爲前茅，在斥候之後，十五哩以至二十哩，其間散布無數之地雷及陷阱；而廣築堡壘，置兵以守；如遇敵兵之選鋒，而立予以殲滅焉。第三線爲中堅，前置鹿角及鐵絲網，延深至二哩；稍後爲塹壕，廣八十呎以至百呎，深五呎以至八呎；而塹壕之後一哩，爲三角錐體之鋼骨水泥堡壘，高廣各一呎半，重重疊疊，前後相距各三呎，所以禦坦克車者也；其後又布電網；而後漸進以爲中堅陣地，乃以高十呎而深藏地下三層之多線式戰壕所構成。中堅陣地前之鋼骨水泥堡壘，星羅棋布，堡壘與堡壘之間，可以火力封鎖；而中堅陣地之後，則爲活動鋼塔，所以掩護野炮者也。凡一中堅陣地所控制之距離，爲十五哩以至二十哩，而有步兵一團，炮兵一團以上，工兵一營或一連以置守焉。第四線爲後勁，控制大隊之步兵及機械化部隊，以爲增援出擊及掩護退却之用，而亦構築堅强之後備陣地焉。凡中堅陣地與後備陣地之間，以及後方之交通壕，完全隱蔽，而不予敵人以可偵。自第一線陣地以迄第四線，深八十哩以至百哩。德人布疊陣以攻，而法人置疊陣以守，宜若旗鼓可以相當！假如德人用機械化部隊以進攻，方及斥候，而司令部已得警信。發號施令以備預不虞矣！漸進而犯前茅，不投陷阱，即觸地雷，而緟以大隊之重轟炸機出動，予以猛烈之炸擊，必無幸焉！萬一前茅不戒而爲所突破；而中堅陣地之塹壕，及三角錐體之鋼骨水泥堡壘，重門設險，必未易以超越；

而予坦克車防禦炮以揚威轟擊之機；以堅制鋭，以静待動。不意陣地構制，雖隱蔽深固；而德軍用飛機偵察以得！地雷之散布，雖廣雖多；而德軍用無線電以擊發於先而不爲患！堡壘雖堅；戰壕雖深；而德軍以飛機自空轟炸，以長射程炮自遠猛擊！塹壕雖廣，而德軍用八十噸之坦克車以超越！空軍雖可出動以轟炸坦克車；而制空權先爲德軍所握！炮塔雖鋼製；坦克車防禦炮雖多；而德軍用噴火器以高熱熔煅！於是寓攻於守之戰術以大敗；而德人之閃電戰，遂以震耀一世焉！或曰："寓攻於防，非不可爲；然人工之設險，不如天險之足恃！"於是希臘之役，英希聯軍憑藉希臘北境之高山，以亘延中部之班都斯山，而加强縱深之配備，天人相與，宜若可以無虞於德矣？然而閃電戰之縱横跳蕩如故也！英希聯軍之潰敗如故也！然而英之兵家，則曰："此非寓攻於防，以静待動之罪；蓋所以爲防者未極强，斯所以制鋭者不堅也！苟防禦之力，能增强以臻最高，而配備，由多線以臻全面；未嘗不可以持久耗敵人之兵力，消敵人之士氣，而乘之於再衰三竭之後也！"然微大國有衆多精强之兵力，憑藉深廣阻險之地勢，而用卓越之防禦武器，不足以語之；微蘇聯其誰與歸也！蘇聯睹閃電戰之縱横馳突，而希特勒逞兵東南歐之咄咄逼人，大戒於國，虞德人也舊矣！而蘇聯兵家之所以論戰術者有二：一曰集中猛攻之殲滅戰。二曰民衆散戰之消耗戰。集中猛攻之殲滅戰，乃前紅軍領袖希諾瓦斯及空軍參謀克瓦特所主張；其意在以動制動，謂："現代戰術，以坦克車裝甲代堅城，以機械化、摩托化代駛馬，以飛機轟炸代遠射程之大炮，陵厲無前；雖以魏剛防線之深且固，而不足以當一擊，如中古時代，弓矢戈矛之步兵，不足以當蒙古之裝甲鐵騎；而欲求制勝之方，亦惟有如中古時代之練鐵騎以禦鐵騎，而以坦克車戰坦克車，以飛機戰飛機。"而其作戰之程序，亦先以空軍握制空權，轟炸敵之空軍根據地，轟炸敵軍，而掩護我軍之進展；次則以大隊炮兵殲滅敵之炮兵，而後集中炮火以猛烈射擊敵之前線部隊，然後驅坦克兵團以疊波進展，第一波爲遠距離之搜索坦克隊，第二波爲遠距離之支援坦克隊，第三波爲直接支援坦克隊，番戰迭進，絡繹而前，追奔逐北，殲滅乃止；雖與德人閃電戰之程序，微有不同；而以攻爲戰，以動爲進，則一也！如德人閃電戰之來勢太猛，而集中猛攻之殲滅戰以敗；則繼之以民衆散戰，而蘇聯陸軍大學教官魯伊次之所主張者也，以謂"武裝民衆，人自爲戰，先分散敵勢，而消耗其兵力然後集中大軍；承其衰弊，而予以猛攻。”二者必有一當。究其極，情勢演變，而寓殲滅於防禦，以制希特勒之閃電戰而有成功！先是蘇聯之未爲希特勒所攻也，西歐則有史丹林防線以禦德，東亞則有遠東防線以禦日，亦如魏剛防線以複雜之兵器，布層疊之陣線；少者自第一線、第二線，以至預備線，三疊爲一陣線；多者自第一線、第二線、第三線，以至預備線，四疊爲一陣線；而第一陣線之後，又或有第二陣線，疊之外又有疊焉！法之未破也，希特勒亦於西境布齊格菲防線，自第一線、第二線、第三線以至最後一線，亦爲四疊。則知作戰謀攻之國，亦不能不經營設防以布陣線，而陣線必縱深。顧同一縱深也，而異於第一次歐戰者，則亦疊而成波，由定型以成不定型，由横方而散亂，由整齊而參差。蓋横方而整齊者，易示敵人以所攻；而參差而散亂者，則疑敵人以不知攻，僞裝以播疑，錯列以亂形。“因敵變化而取勝”，凡事有宜，不得逆料！以迄一九四二年，而德軍情見勢絀以無法猛攻，蘇聯推陳出新以制勝防禦！其年七月，庫爾茲克之戰，德人頓兵挫鋭以撓敗！其明年十二月，德人捲土重來，重整旗鼓以反攻基輔。德軍司令曼因斯坦將十二坦克師團每師有坦克二百輛，兩摩托步兵師，而輔以强大之步兵；而蘇聯則應以步、騎、炮兵十七師團，而輔以兩坦克軍團。德人以攻爲戰；而蘇聯則寓攻於防。德人以坦克師團爲前鋒，以步兵爲後衛；而蘇聯則以步炮相間爲前衛，以坦克爲後勁。開戰之始，德人以坦克師團，方陣而進；而方陣之前衛及兩翼，則爲六十噸重之老虎坦克；方陣之中，則爲中型坦克、輕型坦克，及七門一組之自動推進炮，而佐之以八十粍之加農炮一門，雁行以前，德人之攻庫爾茲克以此，而德人之反攻基輔仍以此！方陣之後，步兵繼之，持來福槍，刺刀與手榴彈，保持四百碼之距離，而衛坦克師團以前進。春秋之世，鄭莊公爲魚麗之陣，先偏後伍，伍承彌縫；蓋車戰二十五乘爲偏，徒卒五人爲伍；以車居前，以伍次之，承偏之闕而彌縫其不及也；正與德人之以坦克車爲前鋒，而以步兵爲後衛同。步兵之後，則爲後備隊，按而不動，而炮兵、步兵及坦克，無不配備，厚集其力；以承攻勢之竭，而爲防敵人反攻之用焉！此德人之所爲攻也；而蘇聯之禦則何如？蘇聯則布置深隱之防禦地帶以爲疊陣：其第一線爲步兵，伏匿於深而長之塹壕以爲隱蔽。次則一五二粍口徑之大炮三門，必據高地以控制敵人前進；又必僞裝陣地以隱匿不使敵人見；而三門之中，以二門相距一百碼而并力以對敵人之來路；其第三門，則置在二百碼之後；則三炮之地點，延線相結以成一三角形；而三角形之內，可以交叉火力而直射；而散布步兵小隊，從距離不及一百碼之陣地，以衛大炮而爲縱深之排列；各隊之間，以相距百碼爲度。最後，則自動推進炮與坦克車列陣以待；其中有僞裝之後，而藏在地穴以迎敵作當頭之擊者；亦有隱匿以伺敵軍之突進而迂迴出擊者。及德軍之裝甲師團，如牆而進，炮聲隆隆，電擊霆震以穿蘇軍第一線之塹壕；而蘇軍步兵，則堅伏不動，任德軍之坦克師團推鋒以前，而不之阻也！德軍之坦克師團前進之時，分成三列；而坦克之在兩翼者，則循曲線型以探防線之弱點而爲突破；自動推進炮，則隨坦克以爲後衛。於是蘇軍炮兵伺德軍坦克之相距五百碼也，乃瞄準老虎坦克裝甲脆薄之炮塔及側緣以射擊；而猛烈之炮戰以起！德軍之自動推進炮，則射擊蘇軍炮兵而欲殲滅之，以支持坦克之前進；蘇軍炮兵，原以毀滅坦克爲先務，而見德軍之自動推進炮一門兩側齊露時，則三角點之前二炮，齊嚮射擊；其後之一炮，則默不應以不予德炮射擊之目標，而伺德炮之轉身以回擊射擊之炮也，然後發炮射擊以攻其後也；而被回擊之前二炮，則停止射擊；及德炮又掉頭以瞄準後之一炮時，則後之一炮，停止射擊；而前之二炮，又齊射擊以攻其後。惟以德國自動推進炮護甲之厚，而以能深入蘇軍之三角炮組；坦克則藉之爲衛以前進，而步兵則保持四百碼之距離以循行而隨坦克方陣之後。然蘇軍伏匿戰壕之步兵，可以任坦克之突馳而過，而決不許步兵之隨護以進；伺其趨近戰壕，虎躍而出，蠭擁以前，短兵相接，持步槍、刺刀及手榴彈而與之肉搏，勝負之分，將自此決！於是德軍步兵，不能循隨坦克以鞏固突進之陣地；而坦克方陣無步兵以爲後衛，雖突進而深入無援以陷蘇軍之重圍，欲退，則爲蘇軍之三角炮火所阻；而蘇軍最後防線之自動推進炮及坦克車，風起雲湧，乘之於再衰三竭而一舉殲之！於是德人以動爲進之閃電戰敗，而攻堅之力屈；大懼蘇與英美聯軍之反攻也，而寓攻於防之塹壕戰，又爲德人之所極深研幾！其守南義大利也。陣線亘九十哩，而凱塞林元帥以十六萬五千人守之；其陣線中堅，爲重疊而連綿之塹壕線；其塹壕以四枚鋸齒形爲一線，而由交通壕前後聯繫，如環之無端。塹壕之前，爲鐵絲網，而成千之地雷及陷阱，密布如織；大炮，則可以直射火力，交織於敵軍步兵必攻之處；而尤注重於鐵絲網之外緣，以控制敵人不得越雷池一步。塹壕之周圍，則爲鋼骨水泥之稜堡，而配備以各種自動之武器；每一稜堡，爲島嶼式之十座，可以炮火支援鄰近之稜堡。惟塹壕之陣地，不以連續不斷，而以錯落相間，此所以與上次歐戰異；而控制塹壕及其要害，衹以小羣之戰鬭部隊；其他守兵，則散伏山洞及深蔽之塹壕内。縱英美聯軍以强大之炮隊及空軍，猛力攻擊，可以毁滅一塹壕，一稜堡；然死傷不多，而無當於勝負之數；於是聯軍頓兵久不進，而寓攻於防之塹壕戰，又以制勝！勝負之異宜，攻守之異勢，而相應無窮，姑以覘後也！凡事有宜，難以逆料！然而兵器萬變，原則不變；兼資爲用，配合以戰。《司馬法》曰："兵不雜，則不利！長兵以衛，短兵以守；太長則難犯，太短則不及。長以衛短，短以救長，迭戰則久，皆戰則强。"古之所謂長兵，弓矢也；短兵，刀矛也。今之所謂長兵，空軍也，炮兵也；短兵，坦克車也，步兵也。觀之上古，驗之當世，不過由刀矛、弓矢之兼資，擴展而爲近代步兵，炮兵之兼資，又擴展而爲現代步兵、炮兵、坦克車及空軍之兼資。蘇聯《紅星報》以一九四〇年五月，載有恊力之制勝一文，謂："戰之勝，非一種軍隊所能爲力也；必步、騎、炮、空、車各軍，同心僇力以調和時空，而後能決勝！"然則"長以衛短，短以救長，迭戰則久，皆戰則强"；古今之兵器雖變，而所以用器，豈有異乎！不可不察也！

右第三節論因敵而制勝，然後能避實擊虚，以卒於篇。鄭友賢曰："或問十三篇之法，各本於篇名乎？曰：其義各主於題篇之名，未曾泛濫而爲言也。如虛實者一篇之義，首尾次序，皆不離虛實之用，但文辭差異耳；其意所主，非實即虛，非虛即實；非我實而彼虛，則我虛而彼實；不然，則虛實在於彼此，而善者變實而爲虛，變虛而爲實也。雖周流萬變，而其要不出此二端而已。凡所謂'待敵者佚'者，力實也。'趨敵者勞'者，力虛也。'致人'者，虛在彼也。'不致於人'者，實在我也。'利之也'者，役彼於虛也。'實之也'者，養我之實也。'佚能勞之'，'飽能飢之'，'安能動之'者，'佚'、'飽'、'安'，實也；'勞'、'飢'、'動'，虛也。彼實而我能虛之也。'行於無人之地'者，趨彼之虛，而資我之實也。'攻其所不守'者，避實而擊虛也。'守其所不攻'者，措實而備虛也。'敵不知所守'者，鬭敵之虛也。'敵不知所攻'者，犯我之實也，'無形'、'無聲'者，虛實之極而入神微也。'不可禦'者，乘敵備之虛也。'不可追'者，蓄我力之實也。'攻所必救'者，乘虛則實者虛也。'乖其所之'者，能實則虛者實也。'形人'

而敵分者，見彼虛實之審也。‘無形’而我專者，示吾虛實之妙也。‘所與戰約’者，彼虛，無以當吾之實也。‘寡而備人’者，不識虛實之形也。‘衆而備己’者，能料虛實之情也。‘千里會戰’者，預見虛實也。‘左右不能救’者，信人之虛實也。‘越人無益於勝’者，越將不識吴之虛實也。‘策之’、‘候之’、‘形之’、‘角之’者，辨虛實之術也。‘得也’、‘動也’、‘生也’、‘有餘也’者，實也。‘失也’、‘静也’、‘死也’、‘不足也’者，虛也。‘不能窺’、‘不能謀’者，外以虛實之變惑敵人也。‘莫知吾制勝之形’者，内以虛實之法愚士衆也。‘水因地制流，兵因敵制勝’者，以水之高下，喻吾虛實變化不常之神也。五行勝者，實也；尅者，虛也。四時來者，實也；往者，虛也。日長者，實也；短者，虛也。月生者，實也；死者，虛也。皆虛實之類，不可拘也。以此推之，餘十二篇之義，皆倣此；但説者不能詳之耳！”

軍争篇第七

（解題）曹操曰："兩軍争勝。"李筌曰："争者，趨利也，虚實定，乃可與人争利。"張預曰："以軍争爲名者，謂兩軍相對而争利也；先知彼我之虚實，然後能與人争勝，故次《虚實》。"基博按形之而知虚實，則可舉軍可争利；故以《軍争》次《虚實》焉。

孫子曰：凡用兵之法，將受命於君，合軍聚衆，

（訓義）梅堯臣曰："聚國之衆，合以爲軍。"張預曰："合國人以爲軍；聚兵衆以爲陳。"

交和而舍，莫難於軍争！

（訓義）杜牧曰："周禮以旌爲左右和門。鄭司農曰：'軍門曰和，今謂之壘門，立兩旌旗表之，以叙和出入，明次第也。'交者，言與敵人對壘而舍，和門相交對也。"張預曰："軍門爲和門，言與敵對壘而舍，其門相交對也。或曰：與上下交相和睦，然後可以出兵爲營舍。故吴子曰：'不和於國，不可以出軍。不和於軍，不可以出陳。'"陳皥曰："言合軍聚衆，交和而舍，皆有舊制；惟軍争最難也！"基博按"軍争"非難；"交和"而舍於軍争之難！故曰："交和而舍，莫難於軍争！"諸家未爲得解也！下文言"軍争之難者，以迂爲直，以患爲利"；乃至云"倍道兼行，百里而争利"；安有如所謂"敵人對壘，和門相交"之逼處者耶！或以"交相和睦"爲説；似矣，而未盡也！"交和"之謂協同。"舍"非營舍之舍；當讀如《文選》張衡《西京賦》"矢不虚舍"之舍，"謂棄也。將受命於君，合軍聚衆"，所謂"兵者國之大事，死生之地，存亡之道"；苟不圖其"交和"而協同作戰，未可以舍之於軍争也！此進彼退，人自爲戰，不能不謂之"軍争"；然而不能謂之"交和而舍"！勝不相讓，敗不相救，人心不同，各如其面；軍争之難，莫難於此！孫子言："勇者不得獨進，怯者不得獨退；齊勇若一，政之道也。"亦此之謂"交和"矣！下文言"軍争之難者，以迂爲直，以患爲利"，蓋籌可勝於軍争之際，而此云"交和而舍，莫難於軍争"，則爲不可勝於軍争之先。有一兵種之軍争，有多兵種之軍争，有一國一軍之軍争，有聯盟國聯盟軍之軍争，皆非"交和"而協同，不能軍争以有功！今日之大戰，以空軍主宰戰場；然機之與機，"交和"爲難；而非"交和"，必以僨事！何以言之？歐洲上次大戰之空戰，不過爲單機之個别作戰；及大隊之飛機相遇，則立分散以互追逐；及今之大戰開始而有然！彼此機羣相遇，無不分散作戰；而各自爲謀，各逞其能。至一九四二年而戰術以革新；始有組織以計劃作戰而交相協力；不許任何之一機以單獨行動也！顧日人則不如此，依然故我，而以一九四三年，大創於太平洋之所羅門！日人燬飛機一百六十五架，而美則僅二十五架；美國空軍上尉多瑪斯實與於役，而申言所以，謂："日人零式機以一機一機自爲戰；而我美空軍則以一機一機協同作戰！如見我同隊之機爲敵機所攻；我之第一任務，在救同隊之機以突擊敵機！我救人，人亦救我！僇力同仇，勿自逞能；不惟空軍之基本原則，抑亦飛行員之救命要訣！好大喜功之飛行員，而欲以自顯好身手者，無不自誤以陷死亡！"此"交和"之難，徵於一兵種之軍争者也。方大戰之未起，空軍之獨立論，甚囂塵上；始倡於英國皇家空軍元帥託蘭查特；而義大利杜黑將軍，遂以制空權一論擅大名！使其説而信，則祇用空襲而無事乎海陸軍，可以潰人之國！然一九四〇年六月以後，英之所以未步法之後塵，而爲希特勒所潰者；則以希特勒之過信空中轟炸之足以潰英倫，而未以海陸軍協同進攻之故！軍事家有一格言，謂："在嚴重之地，在嚴重之時，必集中全力！"以此空中轟炸，亦必得海陸軍協同。反之而海陸軍不得空軍協同，則以制空權之爲敵有，鮮不摧破！觀於今日之大戰，而以徵空軍之不能獨立；惟與海陸軍協同，乃以制勝；徵之一九三九年，希特勒之摧破波蘭然；一九四〇年之摧荷蘭，摧比利時，以次摧法，無不然！於時德軍所到，戰勝攻取；世人每疑德軍之有神祕武器！而不知德軍陸、海、空三者驚人之協同；所難在各司其局，而不乖於“交和”以相爲用；則希特勒縱横歐陸之唯一武器！其他如炮兵之必以步兵協同，步兵之必以炮兵掩護；坦克車亦以不得步兵協同，而爲敵人所俘，往往有之！此“交和”之難，見於多兵種之軍争者也。抑吾人患日軍之空襲，而以無高射炮，無驅逐機之防空武器爲大恨！然蘇聯之禦德軍空襲也，有高射炮，有驅逐機，而苦於兩者之難以協同！蓋防空指揮部，分配空中區域以各有責成；驅逐機利用其活動半徑，而阻敵機於嚮目標飛行之時；待敵機竄入高射炮之射程内，則由高射炮轟擊。亦或按高度以分區域；敵機在七千呎以上，責之驅逐機之攻襲；至七千呎以下，則以委高射炮之轟擊。惟驅逐機追蹤敵機以迫近高射炮之射程内，時與敵機同被擊落；而敵機則以竄入高射炮之射程内，而無虞驅逐機之追蹤，往往集中轟炸以毁高射炮陣地！於是防空指揮部，嚴令驅逐機應不恤冒高射炮火，追蹤敵機以協同攻擊；寧偕敵機以俱毁，勿蹤敵機以遺患！猶之步兵衝鋒時，應不恤冒自己炮火以勇往無前也！抑爲無辦法之辦法！此“交和”之難，見於防空之軍争者也。至於歐洲上次大戰，英、法、俄協約，德、奥同盟，角力争雄以延五年，而苦戰久不解者，亦以英、法、俄聯軍之未能“交和而舍”也！大戰之起，英、法、俄聯軍作戰，而未有共同之作戰目標！德爲同盟之領袖，而協約國之敵對主體也；協約國不敗德國，不能以結束戰争！法國最初之主力指嚮德國，而進攻亞爾薩斯、羅林兩州，勢所當然！然西線之法國，既以主力指嚮德國；而東線之俄國，胡爲不急起直追，而以主力相應耶？俄國之用兵德奥兩軍，同時進攻；而以主力七軍進攻奥國；進攻東普者，僅有那流、尼門兩軍；雖一戰而勝奥，顧無補於戰局！而東普之那流一軍先殲，尼門一軍亦敗，士氣以喪而影響甚大！假使俄人反其道而施之，以少兵支拒奥軍之進攻，而傾國殫鋭，以主力指嚮德國。興登堡、魯登道夫，雖善用兵；而衆寡之殊過懸，又承喪敗之餘，抑亦何能爲役，亦有望風而靡已耳！俄軍以乘勝遠鬬，推鋒而前，直走柏林，潰其腹心；而與法軍之攻勢，東西相應；德人無所措手而一蹶不振矣！德敗，而奧之勢孤，亦奚以爲！然則俄人何爲而不然乎？説者曰：“俄之敵，以奧爲主，以德爲次；政略使然，不得不爾；亦猶奧之敵，俄爲主，英法爲次！俄主力不出於東普，亦猶奧主力不出於西線，揆情度勢，抑何足怪！”但就戰略而論：擒賊先擒王！對同盟軍作戰，必先擊破同盟國之主體；主體一破，而羣龍無首，其他自隨瓦解！當日之戰局，誰爲主體？而同盟爲德；協約則陸上爲法，海上爲英。陸上決戰，德法有一潰滅，而戰局結束矣！所以協同作戰，必先認識作戰之共同目標；而惜乎協約三國之昧於此也！曠日持久，而師以老，至一九一七年而協約聯軍勢不支！有人昌言：“聯軍作戰，非有統一之措置，無望於勝利也！”於是英國政府力圖“交和”，以英軍總司令海格爵士所部軍隊，交法國倪維爾將軍指揮以爲康邊之總攻擊；而兩國將士意見横生，不相僇力，以致大敗！英國將士則歸咎於倪將軍之指揮無方，而益以不“交和”！法軍創敗之餘，而叛變屢起；士無鬭志！貝當收拾殘局以圖再振，而虞德人之取亂侮亡以承其敝也，嗾英軍大舉進攻佛蘭德斯以分其勢，而亦大敗；死傷三十萬人！英軍總司令海格爵士聲言：“所部一年以内，不能再戰！”而貝當則以静待美之援兵！俄國則革命起而皇室傾仆；克倫斯基臨時政府亦欲奮起以與英、法攜手；顧一出兵而大敗！然所以大敗，則由於俄之缺乏軍火與配備，而英法之接濟無路！嘗圖突破他達尼爾海峽以與俄通道，供應軍火；顧無成功！又欲别出一道以通俄，屢爲之瀕成以屢敗；亦以英法政府及參謀部之築室道謀，不下決心，不派大兵，是用不規於成也！於是託洛斯基之軍事革命委員會，得彼得格勒防衛軍之擁護，以傾克倫斯基而與德、奥媾和！德、奥軍亦既東顧無虞，而轉兵西嚮以攻義大利；義幾不支！作戰不力，將士固不能辭其咎；而要由於無共同之作戰目標以知所僇力！英國首相勞合喬治以徵詢英國東線指揮威爾生將軍，問：“協約國何以不競？”威爾生則以書告曰：“無他，無最高指揮也！吾協約國之總司令、參謀長，祇專心致知於各自之戰區；推而大之，亦祇專心致知於本國之得失，而忘其爲協約國之一國，遂以七零八落而爲局部之戰；所謂聯盟，其實不過各自爲戰以對各自之敵人交綏而已！如英國戰場之戰，法國戰場之戰，義國戰場之戰，而非全局通籌之戰！其將帥愈有才，其作戰愈獨立，而愈不喜與聯軍協同；此實由於吾人不能高瞻遠矚，目光短淺之所致也！吾人之人員、軍火、大炮、飛機、糧食、金錢及海上運輸，無不超絕德奥以佔優勢；今日之難，乃在如何及何時集中協約國之所有，用之於當以通力合作；誠竊以爲非建立最高指揮，不能以通籌全局也！”勞合喬治大以爲然，乃以其年十月三十日，貽法國總理龐雷夫書曰："三年以來，軍事成功之屬於德，無可疑者！吾協約國則敗不一敗，而究其所以，則由於協約國之未能協同作戰也！吾協約國之所以爲德人所敗者，由於指揮作戰之無法統一！方戰之起也，德人於其盟邦，有絕對之統制權！德人不僅統治其盟邦之軍隊，有軍略上之指揮權；抑亦控制其盟邦之經濟與資源；所以德奥同盟之與土耳其，就其作戰之僇力同仇言，幾成整體之一軍事帝國；而諸盟邦之戰場如一戰場，諸盟邦之指揮爲一指揮！吾協約國則不然；作戰之指揮權，分掌於英、法、俄、義四國政府，四國參謀機構之手；而四國政府，四國參謀機構之所知者，祇有其各自之戰場，個別之國力；於是作戰計劃之所匠心經營，不過一國一戰場之成功，而無與於大局！亦有人倡協約國國際會議以欲補救人自爲戰，力量分散之弊；然會議雖然多次，而全局仍未通籌；充其量，不過求四國不同戰略之互相呼應而已！吾協約國無一機構能周知所有協約國之整個實力，而有全局通籌之戰略，着眼吾敵人之政治、經濟以及其軍事之弱點，而集中力量以爲決勝之猛攻；此進彼退，各不相謀，所以無成也！吾人試觀每年冬季，敵人必厚集其力以猛攻吾協約國中最弱之一國，而予以擊潰，翦我羽翼！顧吾協約國各不相顧以坐視德人之兼弱攻昧而不爲之所；抑亦不思厚集吾力以猛攻德奥同盟中較弱之一環，而翦其羽翼，長我聲勢，則是敵人處心積慮以漸剥吾協約國人力物力之優勢；而吾協約國一任所爲以同歸於敗，其弊不過各自爲謀以不顧大局！吾人如欲轉敗爲勝，惟有協約國家懸一最高之目標，而集中所有之力量，爲此最高之目標而合作！誠竊以爲協約國不可不有參謀本部性質之聯合會議，視協約國爲一體，通籌全局；然後集中協約國最大之軍事、經濟及政治力量，以最有效之方法，猛攻敵人，乃克有濟！”龐雷夫極贊其議。及是年十二月四日，勞合喬治、龐雷夫與義大利首相，會於義國列維耶拉區之一小城曰拉普羅，檢討戰局。法義兩相，蹙額相對；獨勞合喬治把握戰勝之決心，而建議協約國之指揮統一！幾經商討，而以決定成立最高作戰會議；由英、法、義三國首相或國務總理及其他重要閣員各一人組織之；各國並派軍事代表一人以提供專門軍事問題之意見。其後美國加入，而以霍荷斯上校代表威爾遜總統；以白立斯將軍爲美國軍事代表。然而最高指揮機構之成立，尚有待也！至一九一八年春，協約國在杜寧召開最高作戰會議以成立盟軍最高統帥部，而勝負之機以轉！法國雷光將軍嘗以著論，謂："聯盟國之聯合作戰，有兩基本原則：（一）統一指揮，即聯盟國須有總司號令之人，而在戰略上及政治上，須有統一之措置。（二）聯盟國如何摶而爲一集中所有之經濟資源，以發揮最高效率。"此"交和"之難，見於聯盟國聯盟軍之軍争者也。故曰："交和而舍，莫難於軍争！"昔胡林翼嘗論："軍旅之事，以一而成，以二三而敗！唐代九節度之師，潰於相州；其時名將如郭子儀、李光弼，亦所不免！蓋謀議可資於衆人，而決斷須歸於一將，此又軍事之大較矣！古來將帥不和，事權不一，以衆致敗者，不僅九節度相州一役！是故軍中之事，不患兵力之不雄，而患兵心之不齊；不患軍勢之不盛，而患軍令之不一！"嗚呼！自古以來，未有"交和而舍"而以軍争無功者也！及輓近世，戰局日以擴大，兵種日以複雜，益以徵"交和而舍"之莫難於軍争矣！

軍争之難，以迂爲直，以患爲利。

（訓義）杜牧曰："言欲争奪，先以迂遠爲近，以患爲利，誑紿敵人，使其慢易，然後急趨也。"張預曰："變迂曲爲近直，轉患害爲便利，此軍争之難也。"

故迂其途而誘之以利，後人發，先人至，此知迂直之計者也。

（訓義）杜牧曰："上解曰'以迂爲直'，是示敵人以迂遠；敵意已怠，復誘敵以利，使敵心不專；然後倍道兼行，出其不意；故能後發先至，而得所争之要也。秦伐韓，軍於閼與。趙王令趙奢往救之，去邯鄲三十里，而令軍中曰：'有以軍事諫者死。'秦軍武安西；秦軍鼓譟勒兵，武安屋瓦皆震。軍中候有一人言救武安；奢立斬之，堅壁留二十八日不行，復益增壘。秦間來，奢善食而遣之。間以報秦，秦將大喜曰：'夫去國三十里而軍不行，乃增壘；閼與非趙地也！'奢既遣秦間，乃卷甲而趨，二日一夜至，令善射者去閼與五十里而軍。秦人聞之，悉甲而至。有一卒曰：'先據北山者勝！'奢使萬人據之，秦人來争不得；奢因縱擊，大破之，閼與遂得解。"梅堯臣曰："遠其途，誘以利，款之也。後其發，先其至，争之也。能知此者，變迂轉害之謀也。"

故軍争爲利，軍争爲危。

（訓義）曹操曰："善者則以利；不善者則以危。"杜牧曰："善者，計度審也。"張預曰："智者争之則爲利，庸人争之則爲危；明者知迂直，愚者昧之故也。"鄭友賢曰："或問'軍争爲利，衆争爲危'；軍之與衆也，利之與危也，義果異乎？曰：武之辭未嘗妄發而無謂也！'軍争爲利'者，下所謂'軍争之法'也。夫惟所争而得此軍争之法，然後獲勝敵之利矣。'衆争爲危'者，下所謂'舉軍而争利'也。夫惟全舉三軍之衆而争，則不及於利，而反受其危矣！蓋軍争者，案法而争也；衆争者，舉軍而趨也。爲利者，後發而先至也；爲危者，擒三將軍也。"基博按"軍争爲危"之"軍"，鄭友賢作"衆"。

舉軍而争利，則不及；

（訓義）曹操曰："遲不及也。"賈林曰："舉軍往争其利，難以速至。"基博按自此以下承上"軍争爲危"，而專論軍争之危。

委軍而争利，而輜重捐。

（訓義）杜牧曰："舉一軍之物行，則重滯遲緩，不及於利；委棄輜重，輕兵前追，則恐輜重因此棄捐也。"張預曰："委置重滯，輕兵獨進，則恐輜重爲敵所掠。"

是故卷甲而趨，日夜不處，倍道兼行，百里而争利，則擒三將軍；勁者先，罷者後，其法十一而至。

（訓義）杜佑曰："强弱不復相持，率十有一人至軍也。罷，音疲。"杜牧曰："此説未盡也！凡軍一日行三十里，爲一舍；倍道兼行者再舍；晝夜不息，乃得百里，若如此争利；凡十人中，擇一人最勁者先往，其餘者則令繼後而往；萬人中先擇千人，平旦先至；其餘繼至，有巳午時至者，有未申時至者，各得不竭其力，相續而至；與先往者足得聲響相接。凡争利必是争奪要害。雖千人守之，亦足以拒抗敵人，以待繼至者。太宗以三千五百騎先據武牢，竇建德十八萬衆而不能前，此可知也。"陳皥曰："杜説别是用兵一途，非十一而至之義也；蓋言百里争利，勁者先，疲者後，十中得一而至；九者疲困，一則勁者也。"王皙曰："罷，羸也；此言争利之道，宜近不宜遠耳。夫衝風之衰，不能起毛羽；强弩之末，不能穿魯縞。苟日夜兼行，百里趨利；縱使一分勁者能至，固已困乏矣；即敵人以逸擊我之勞，自當不戰而敗。故司馬宣王曰：'吾倍道兼行，此曉兵者之所忌也。'或曰：趙奢亦卷甲而趨，二日一夜，卒勝秦者，何也。曰：奢久并氣積力，增壘遣間，示怯以驕之，使秦不意其至，兵又堅。奢去閼與五十里而軍，比秦聞之，及發兵至，非二三日不能也；能來，是彼有五十里趨敵之勞，而我固已二三日休息士卒，不勝其佚，且又投之險難，先據高陽，奇正相因，曷爲不勝哉!"張預曰："卷甲，猶悉甲也，悉甲而進，謂輕重俱行也。凡軍日行三十里，則止；過六十里已上，爲倍道；晝夜不息，爲兼行；言百里之遠，與人爭利，輕兵在前，輜重在後，人罷馬倦，渴者不得飲，飢者不得食；忽遇敵，則以勞對佚，以飢敵飽，又復首尾不相及；故三軍之帥，必皆爲敵所擒；若晉人獲秦三帥，是也。輕兵之中，十人得一人勁捷者先至，下九人，悉疲困而在後，況重兵乎！何以知輕重俱行？下文云'五十里而爭利，則半至'；若止是輕兵，則一日行五十里，不爲遠也；焉有半至之理！是必重兵偕行也。"基博按"倍道兼行，百里而爭利"；近代戰術之所謂强行軍也；孫子以"擒三將軍"明其爲軍爭之危；而近代則以强行軍爭戰術之機動，實自拿破崙創之！拿破崙之用兵也，編制之改革，軍隊之運動，無不創一新紀元；而多本於普魯士菲列德立大王；由軍至師以下逐次分爲小部隊以增縱隊之數，而四面八方，利用多數之道路以嚮戰場集中；欲增大軍隊之機動及行軍力，而以減少軍隊附屬之車輛；是即孫子所謂"委軍而爭利，則輜重捐"；而採用菲列德立編合戰術之大團隊，以及因糧於敵之法也。於時，英、普、奥諸大將頗以法軍之驅市人而戰，未經訓練，而致疑於其行軍力！不意一七九六年九月，芒德之役，法軍由德朗蒂以九月五日夜首途，行經叢山疊嶺，人馬不通之地，中途經勒里古及傑里梅落惱兩地，遇敵激戰；至八日午前，抵巴撒惱，午後大戰，至十日而敵潰追擊，十一日，渡耶休河，直薄芒德要塞；凡六日而行軍一百八十公里，且戰且前；敵人震驚；所以然者，固由拿破崙之責成下級指揮官以人自爲戰；抑亦下級指揮官之信賴拿破崙而絶對服從也！一七九七年之義大利戰役，拿破崙未嘗責將士以强行軍；然麥色納將軍率所部追敵，以三月十日至四月七日，四星期之間，而行軍五百公里；其一部竟超越積雪没脛之阿爾卑斯山。至一八〇五年，烏爾穆大戰，拿破崙以久練之師，而爲强行軍，歎曰："吾未見行軍之鋭有如此也!"蓋其一路，以四軍團及騎兵團，行五至六百公里以集中於萊因河畔，而爲日二十五乃至二十八，平均每日行程爲二十乃至二十五公里。又一路，以六軍團及騎兵團，行十三日而集中於多惱河畔；每日行程十六至二十公里。奥將麥克措手不及而被圍於烏爾穆，乃率六萬餘人以降；而法軍死傷數百人耳；則以拿破崙之能强行軍也！顧拿破崙以爲未足！至一八〇六年，普魯士之役，而以强行軍之失之過大，軍中謗讟煩興！及其大戰於耶拿也，自十月八日至十三日，而普軍大敗！方其時，拿破崙所將諸軍之强行軍，最大者近衛軍團，每日三十公里；最少者第一軍團，每日十六公里；其間第三軍團，每日二十二公里；第四軍團，二十三公里；第五軍團、第六軍團，每日皆平均二十四公里；而第七軍團，則每日二十五公里，次於近衛軍團。顧拿破崙意猶未慊；而第六軍團長奈將軍乃選拔鋭卒以編特别師；而於通過山地之時，則控置步兵於後方；而騎兵師推鋒直前，以二十四小時行軍六十公里，而赴耶拿之會戰。及普軍大敗而法軍追擊，拿破崙之以垂訓於吾人者，則曰："所謂追擊者，使敵無休食之暇，而陷之於潰亂！"益以發揮無上之强行軍力，追奔逐北，而普軍逃死不遑，全數乞降！於時，第一軍團及第五軍團士兵，落伍者五分之三；騎兵師之馬匹落伍者殆半！而第五軍團以三日行軍一百五十公里；米友拉騎兵團以四十二日行軍一千五百公里！第五軍團長蘭内司將軍歎曰：'普人欲以一日行軍二十五公里至三十公里制我機先，而不能者；蓋我軍團一日行軍五十至五十五公里，殆倍於普軍矣！"然"勁者先，罷者後"之兆已形！其後連兵不解，而精練之軍以耗，不能强行軍以逞拿破崙之大欲；拿破崙歎曰："軍紀日弛，落伍者多，犯法擾民之事百出；而行軍之時，不得不集結大兵力於指揮官監視之下；故其行軍力，僅及一八〇六年之半，而作戰不能應機以疾赴；可恨也！'然一八一三年八月中旬，拿破崙方追擊勃里慈爾將軍指揮之休勒金軍，而驟聞奥俄聯軍由白門以進逼薩克遜；乃以追擊委之大將，而親率近衛軍團及新編各軍團，向薩克遜之都城德勒斯登退却，以圖邀擊俄奥聯軍於德勒斯登之南；此日之强行軍，實拿破崙鼓最後之勇也！蓋洛温伯耳以至司德盆，爲百五十三公里；而拿破崙將十萬衆以行三日；其尤出人意表者，司德盆之至德勒司登，爲二十六公里；又暴風烈雨，道路泥濘，而拿破崙行以半日；俄奥聯軍不虞其至而以大敗；然輜重捐棄，給養困難；聯軍雖敗，而法亦疲於奔命矣！其裨將傑古寧著書稱之曰："皇帝之戰勝在於脚；一日行軍三十六公里，不惟接戰，而且宿營！"可謂有味乎其言之！傑古寧者，有名之軍事著述家也，以一八六八年卒於巴黎；而生於一七七九年，歷任奈將軍之副官參謀；以一八一一年進級少將；及拿破崙之敗，而俄皇亞力山大一世聘任爲俄軍將軍，以參加一八二八年土耳其之役；後爲聖彼得堡陸軍大學之創設者；於拿破崙之戰略戰術，耳目濡染，洞明得失，而言："用兵之法，何害於全戰役間實施强行軍；然强行軍而不審慎，無不陷於全軍覆滅；故戰之勝，不在脚，而在指揮脚之腦力也！"及上次歐戰之初，德人亦以擅强行軍而爲運動戰，法軍俄軍，屢爲所乘！如一九一四年八月，東戰場坦能堡之戰，其預備第一軍及第十七軍團，由盎格拉堡轉移奥倫斯登以攻擊俄軍，而四日之間，行二百餘公里；計一日平均行五十五公里也。其九月，駐巴黎北之德國第一軍，以法國第六軍之出擊，而轉用其兵力於巴黎東北；其第九軍團以七日之晨至八日夜半而行百二十公里；則一日行六十公里也。亦爲軍事家所驚歎！所以歐陸各國步兵，無不訓練强行軍於平日；而新兵入伍，必先荷槍負囊以習跑步；然後作戰無誤於應機也！

五十里而争利，則蹶上將軍；其法半至。

（訓義）曹操曰："蹶，猶挫也。"李筌曰："百里，則十人一人至；五十里，十人五人至，挫軍之威，不至擒也！"張預曰："路不甚遠，十中五至，猶挫軍威，況百里乎！蹶上將，謂前軍先行也。或問曰：唐太宗征宋金剛，一日一夜，行二百餘里，亦能克勝者，何也？答曰：此形同而勢異也。且金剛既敗，衆心已沮，迫而滅之，則河東立平；若其緩之，賊必生計；此太宗所以不計疲頓而力逐也！孫子所陳争利之法，蓋與此異矣！"

三十里而争利，則三分之二至。

（訓義）杜佑曰："道近，則至者多，故不言死敗；勝負未可知也。古者用師，日行三十里，步騎相須；今徒而趨利，三分之二至。"張預曰："路近不疲，至者大半，不失行列之政，不絶人馬之力，庶幾可以争勝。上三事，皆謂舉軍而争利也。"

是故軍無輜重，則亡；無糧食，則亡；無委積，則亡。

（訓義）杜牧曰："輜重者，器械及軍士衣裝；委積者，財貨也。"張預曰："無輜重，則器用不供；無糧食，則軍餉不足；無委積，則財貨不充；皆亡覆之道。此三者，謂委軍而争利也。"基博按以上言軍争之危；以下言軍争之法；軍争而有法，則"軍争爲利"矣。

故不知諸侯之謀者，不能豫交；

（訓義）曹操曰："不知敵情謀者，不能結交也。"杜牧曰："非也！豫，先也；交，交兵也；言諸侯之謀，先須知之，然後可交兵合戰。若不知其謀，固不可與交兵也。"陳皞曰："曹説以爲不先知敵人之作謀，即不能豫結外援；二説並通。"基博按此論軍争，上説軍争之危，下言軍争之法，何緣講到交鄰！當以杜説爲是。既知軍争之危，何可不出以審慎；非知敵謀，不與交兵耳。

不知山林險阻沮澤之形者，不能行軍；

（訓義）曹操曰："高而崇者爲山，衆樹所聚者爲林，坑塹者爲險，一高一下者爲阻，水草漸洳者爲沮，衆水所歸而不流者爲澤。"張預曰："凡比地形，悉能知之，然後可與人争利而行軍。"

不用鄉導者，不能得地利。

（訓義）杜佑曰："不任彼鄉人而導軍者，則不能得道路之便利也。"何氏曰："凡用鄉導，或軍行虜獲其人，須防賊謀，陰持奸計，爲其誘誤；必在鑒其色，宜其情，參驗數人之言，始終如一，乃可爲準；厚其頒賞，使之懷恩；豐其室家，使之係心；即爲吾人，當無翻覆。然不如素畜堪用者，但能諳練行途，不必土人，亦可任也。"張預曰："山川之夷險，道路之迂直，必用鄉人引而導之，乃可知其所利而争勝。吴伐魯，鄫人導之以克武城，是也。"基博按"地利"者，地之利於我行軍者也。上文所稱"山林險阻沮澤之形"，不利於行軍而利於阻隘。或我之所必争，而不必利我之行軍。"知山林險阻沮澤之形"之"知"，"知"之於行軍之前者也。"得地利"之"利"，"利"之於行軍之日者也。杜氏所謂"道路之便利"，而非"山林險阻沮澤之形"也。夫知敵謀以備交兵，知險阻以審行軍，用鄉導以得"地理"，三者皆軍争之必先有事；苟其不知不用，何能爲軍争！故論軍争之法以前，歷舉之以明先務之急云。

故兵以詐立；

（訓義）杜牧曰："詐敵人使不知我本情，然後能立勝也。"王晳曰："謂以迂爲直，以患爲利也。"

以利動；

（訓義）張預曰："見利乃動，不妄發也。傳曰：'三軍以利動。'"

以分合爲變者也。

（訓義）杜牧曰：“分合者，或分或合以惑敵人，觀其應我之形，然後能變化以取勝也。”張預曰：“或分散其形，或合聚其勢，皆因敵動静而爲變化也。或曰：變，謂奇正相變，使敵莫測；故《衛公兵法》云：‘兵散，則以合爲奇；兵合，則以散爲奇。’三令五申，三散五合，復歸於正焉。”鄭友賢曰：“或問：‘兵以詐立，以利動，以分合爲變’；立也，動也，變也，三者先後而用乎？曰：先王之道，兵家者流，所用皆有本末先後之次，而所尚不同耳。蓋先王之道，尚仁義而濟之以權；兵家者流，貴詐利而終之以變。《司馬法》以仁爲本，孫武以詐立；《司馬法》以義治之，孫武以利動；《司馬法》以正不獲意則權，孫武以分合爲變。蓋本仁者，治必爲義；立詐者，動必爲利。在聖人謂之權；在兵家名曰變。非本與立，無以自修；非治與動，無以趨時。非權與變，無以勝敵。有本立而後能治動；能治動而後可以權變。權變所以濟治動；治動所以輔本立；此本末先後之次略同耳。”基博按“以詐立”，“以利動”，“以分合爲變”，三者，軍爭之原則也；以下論軍爭之動作。

故其疾如風，

（訓義）王晳曰：“速乘虚也。”張預曰：“其來疾暴，所向皆靡。”

其徐如林，

（訓義）曹操曰：“不見利也。”杜佑曰：“不見利不前。”杜牧曰：“徐，緩也；言緩行之時，須有行列如林木也，恐爲敵人之掩襲也。”

侵掠如火，

（訓義）杜牧曰：“猛烈不可嚮也。”

不動如山，

（訓義）賈林曰：“未見便利，敵誘誑我，我固不動，如山之安。”張預曰：“所以持重也。”

難知如陰，

（訓義）梅堯臣曰：“幽隱莫測。”王晳曰：“形藏也。”

動如雷霆；

（訓義）王晳曰：“不虞而至。”何氏曰：“藏謀以奮如此。”張預曰：“如迅雷忽擊，不知所避；故太公曰：‘疾雷不及掩耳，迅電不及瞬目。’”

掠鄉分衆，

（訓義）杜牧曰："敵之鄉邑聚落，無有守兵，六畜財穀，易於剽掠，則須分番次第，使衆人皆得往也，不可獨有所往；如此，則大小强弱，皆欲與敵争利也。"張預曰："用兵之道，大率務因糧於敵；然而鄉邑之民，所積不多，必分兵隨處掠之，乃可足用。"

廓地分利；

（訓義）杜牧曰："廓，開也；開土拓境，則分割與有功者。韓信言於漢王曰：'項王使人，有功當封爵者，刻印刓，忍不能與。今大王誠能反其道，以天下城邑封功臣，天下不足取也！'三略曰：'獲地裂之。'"張預曰："開廓平易之地，必分兵守利，不使敵人得之。或云：得地則分賞有功者；今觀上下之文，恐非謂此也。"

懸權而動，

（訓義）曹操曰："量敵而動也。"張預曰："如懸權於衡，量知輕重，然後動也。尉繚子曰：'權敵審將而後舉'；言權量敵之輕重，審察將之賢愚，然後舉也。"

先知迂直之計者勝；此軍争之法也。

（訓義）張預曰："凡與人争利，必先量道路之迂直，審察而後動，則無勞頓寒餒之患，而且進退遲速，不失其機，故勝也。"基博按"先知迂直之計者勝"，自承上文"先知迂直之計者也"句來；明爲"計"，而非"道路之迂直"。"迂直之計"，即"軍争之法"；所謂"以迂爲直"，"以患爲利"；"後人發，先人至"；此之謂"迂直之計"也。

右第一節，論軍争之法。基博按孫子論軍争之法，不外二端：敵疑以詐。我動以決。"以迂爲直，以患爲利"，敵疑以詐也。"後人發，先人至"，我動以決也。"後人發"，所以"其徐如林"，"不動如山"。"先人至"，所以"其疾如風"，"侵掠如火"。我動以決，所以"動如雷霆"。敵疑以詐，所以"難知如陰"。而卒之曰："懸權而動，先知迂直之計者勝，此軍争之法也。"蓋謂"軍争之法"，不出"迂直之計"；曰"懸權而動"，曰"先知"，運用之妙，存乎一心也。然孫子所謂"迂直之計"者，蓋"以迂爲直"，"迂"與"直"一氣貫注，《計篇》所謂"近而示之以遠，遠而示之近"也。近代"軍争之法"，亦不出"迂直之計"；特所謂"迂直之計"者，"迂"與"直"爲兩事："迂迴包圍"之謂"迂"。"中央突破"之謂"直"。從前普魯士菲烈德立大王多用圍；而法國拿破崙大帝不廢直。迄於第一次歐洲大戰，興登堡與麥耿生，皆德名將；而爲“迂”爲“直”，韜略不同。興登堡取勝多用圍，而張兩翼以困敵人於垓心者也。麥耿生則以精兵猛將，厚集其力，推鋒而入以直擣中堅，横截敵軍爲兩，首尾不相顧，而後席捲左右嚮以包圍之；論者咸謂其奇變駕興登堡之上焉！特是摧其中堅，雖亦可以席捲包圍兩翼，而未易合圍，特如圍棋之角與邊；不如包圍之可以聚而殲旃也！法國兵家，亦主用圍。一九三七年，法參謀次長羅亞楚，刊布所著《戰略之成功與戰術之成功》一書，其大指以謂：“用兵之道，在於可戰之時，選決戰之地，因利制權，以分散敵人兵力，而集中我優勢之軍隊以爲攻擊；或用中央突破，或爲包翼戰鬬；而歷史所啓示，包翼戰鬬，勝利爲多；或側翼以作戰，或兩翼以並進，運用之妙，成功一也！側翼之戰，創於拿破崙；而施之今日，亦操勝算；所當注意者，今日武器之發展與猛烈耳！”然法人所以爲包圍者，與德不同。德人之爲包圍也，以中堅與敵軍相持，而張左右翼，迂迴敵後，前後合圍以相夾擊；此攻勢之包圍，而日人亦倣之者也。法人之爲包圍也，中路退却以消殺敵勢；而左右兩翼，則力固防地，扼敵軍左右兩翼，使不得展；而我中路乃突反攻，與左右翼相應，以圍深入之敵軍，而聚殲之；此守勢之包圍，而蘇聯亦以之者也。顧蘇聯兵家普力特孟，則頗致疑於包圍之已成過去戰術，以謂：“包圍者，謂向敵軍一翼或兩翼之側面攻擊也；必始之以行軍之祕密，繼之以襲擊之神速，而後能有功！然以敵人之空軍偵索，而我行軍之祕密不易保；以敵人之交通機關發達，而我神速之急襲，亦不能制機先！百萬軍與百萬軍之戰，包圍行軍，最易暴露，而爲敵人所制止！如敵人用疾捷之交通機關，而運大兵以輸於我軍包圍之地；於是乎包圍攻擊，一變而爲正面攻擊，勢成相持，而我軍且殆！如一九一四年，德法大戰於馬蘭；而德軍爲包圍，徒以忽於機械力，遂以僨事焉！是故百萬大軍之作戰，包圍戰術，殆成過去之歷史；而正面攻擊之中央突破，乃爲新戰場之戰術爾！”閃電戰興，而疾於用直；苟平原大野，地勢便利；而空軍之翺翔，機械化部隊之衝擊，縱横馳驟，得以極度發展，縱貫敵陣，不難包圍，何須汲汲求翼側也！於是中央突破之法，隨閃電戰以盛行！孫子之意，以“迂”爲“直”；而閃電之戰，先“直”後“迂”。其法，先以縱隊直貫敵陣而突破一孔；然後以雷霆萬鈞之勢，推鋒而進，以急佔敵後之交通輻輳點；由交通輻輳點之佔據，而縱橫馳突，以延伸各交通線；由各交通線之縱橫馳突，而六通四闢，以擴展成面。約而言之：由據點而延線。由延線而擴面。而詳論之，其程序亦有可得而言者四焉：（一）曰錐形突擊；由縱隊之錐形，突破敵陣，而以進佔敵後之交通輻輳點；如希特勒以一九四〇年四月進攻荷、比，引英法聯軍以北嚮，而集中兵力以突破法、比防禦陣線；一九四一年四月進兵南、希，而由保加利亞分兵兩路，一路突破希臘之塞羅尼加，一路突破南斯拉夫之交通輻輳點斯科普里，是也。（二）曰縱截敵陣；由錐形突擊之部隊，縱截敵陣，斷其聯絡，彼此不得相援應，而迫之瓦解；如希特勒突破法、比之防禦陣線，失其聯絡，而比即降服；由佔領塞羅尼加，而截斷希臘軍西色雷斯軍之聯絡及希、土兩國之聯絡；由佔領斯科普里，截斷南斯拉夫軍南北之聯絡及南、土、希三國之聯絡；是也。（三）曰旋迴橫掃；既截敵陣爲二，而嚮右迴旋，或嚮左迴旋以橫掃敵軍；如法、比陣線之聯絡既斷，而德軍右旋，橫掃法國之北境，以直趨海岸，於是英、法、比三國聯軍百餘萬人，如鼠入囊，局天蹐地而不得脱，卒之比軍告降，英軍登艦，而法一蹶不振；是也。（四）曰鉗形夾攻；由兩路之錐形部隊，突破敵陣以會師，而如兩翼之合以成鉗形，如斯科普里之德軍，與塞羅尼加之德軍，相合以爲夾攻；是也。其戰術，不外錐形之一點突破，扇形之橫拓展開，不求前進步武之一致，祇求展開陣線之延張，而要基於歐洲第一次大戰之經驗，有以得之！先是一九一四年，馬蘭之役，德軍既挫，轉攻爲守。兩軍相持，而進攻反攻，不過步兵出入轉戰於兩陣之間，一彼一此，疊進互退；而以機關槍之日以多，大炮火力之日以烈，於是守者前敵僅置少兵以禦進攻，而常集中主力於大炮射程以外，俟其深入，然後一鼓而擒之。攻者以一字長蛇陣，橫隊並進，而守者以一字長蛇陣，橫隊相抵；然守者之前線，置兵不厚；何難蹈瑕抵巇，推鋒直入以突破一二處；而攻者懼陣線之突出，所以衝鋒前進之隊伍，常被主將制止，以待全線抵抗之擊潰；然而全線抵抗之被擊破以盡潰，乃事實之所罕見；此所以連兵不解，而成西線相持之局也！迄於一九一八年，德軍參謀格耶爾大尉建議以謂：“攻敵之法，不可用一字長蛇陣之橫隊以并進，而當用挺進軍。苟得突破敵陣之一處，當即不顧其他各線之抵抗，而推鋒直入；然後横掃側擊，以旁延其他各線，豈有敵陣不摇動者乎！所以搜索之先鋒隊伍，苟以探攻而得敵陣之弱點所在，當即導進攻之主力以前進，而并力以貫之，由點以延展成線。”魯登道夫用其議以發動春季攻勢，而法軍果大潰不支；德人追奔逐北，距巴黎祇五十五哩，而不遽進者，非法軍之有力抵抗，而德人之無力再進也！今之閃電戰者，蓋依據格耶爾之挺進論，而推行盡利以運用機械化部隊，縱貫敵陣，翼以空軍，縱橫軼蕩，先直後迂；雖所謂“迂直之計”，若與孫子異，而“以詐立，以利動，以分合爲變”，則殊無二致也！兩言以蔽之曰：敵疑以詐，我動以決而已。

《軍政》曰：

（訓義）梅堯臣曰：“軍之舊典。”

“言不相聞，故爲鼓鐸。

（訓義）杜佑曰：“鐸，金鉦也；聽其音聲，以爲耳候。”王晳曰：“鼓、鼙、鉦、鐸之屬，坐作進退，疾徐疏數，皆有其節。”

視不相見，故爲旌旗。”

（訓義）杜佑曰：“瞻其指麾，以爲目候。”王晳曰：“表部曲行列齊整也。”基博按“言不相聞”至“故爲旌旗”，乃引《軍政》語。

夫金鼓旌旗者，所以一民之耳目也。

（訓義）張預曰：“夫用兵既衆，占地必廣；首尾相遼，耳目不接；故設金鼓之聲，使之相聞；立旌旗之形，使之相見；視聽均齊，則雖百萬之衆，進退如一矣。故曰：‘鬬衆如鬬寡，形名是也。’”

民既專一，則勇者不得獨進，怯者不得獨退；此用衆之法也。

（訓義）張預曰：“士卒專心一意，惟在於金鼓旌旗之號令，當進則進，當退則退；一有違者，必戮。故曰：‘令不進而進，與令不退而退，厥罪惟均。’尉繚子曰：‘鼓鳴旗麾，先登者，未嘗非多力國士也，將者之過也’；言不可賞先登獲雋者，恐進退不一耳。”鄭友賢曰：“或問：武所論舉軍動衆，皆法也，獨稱‘此用衆之法’者，何也？曰：武之法，奇正貴乎相生；節制權變兩用而無窮；既以正兵節制自治其軍，未嘗不以奇兵權變而勝敵。其於論勢也，以分數形名居前者，自治之節制也；以奇正虛實居後者，勝敵之權變也；是先節制而後權變也。凡所謂‘立於不敗之地而不失敵之敗’，‘修道而保法’，‘自保而全勝’者，皆相生兩用先後之術也。蓋鼓鐸旌旗，所以一人之耳目。人既專一，勇者不得獨進，怯者不得獨退，此何法也？是節制自治之正法也；止能用吾三軍之衆而已；其法也，固未及於勝人之奇也。

談法之流，往往至此而止矣！武則不然，曰：‘此用吾衆之法也。’凡所謂變人之耳目而奪敵之心氣，是權謀勝敵之奇法也。”

右第二節引《軍政》而論用衆之法。基博按“用衆之法”，自立於不敗之地也。“軍争”者，不失敵之敗也。先爲不可勝以待敵之可勝，必先有用衆之法，而後可與言軍争。

故夜戰多火鼓，晝戰多旌旗，所以變人之耳目也。

（訓義）梅堯臣曰：“多者，欲以變惑敵人之耳目。”王晳曰：“多者，所以震駭視聽，使慹我之威武聲氣也。傳曰：‘多鼓鈞聲，以夜軍之。’”張預曰：“凡與敵戰，夜則火鼓不息，晝則旌旗相續，所以變亂敵人之耳目，使不知其所以備我之計。越伐吴，夾水而陳；越爲左右句卒，使夜或左或右，鼓噪而進；吴師分以禦之，遂爲越所敗。是惑以火鼓也。晉伐齊，使司馬斥山澤之險，雖所不至，必旆而疎陳之；齊侯畏而脱歸。是惑以旌旗也。”

故三軍可奪氣；

（訓義）杜牧曰：“《司馬法》：‘戰，以力久，以氣勝。’齊伐晉，莊公將戰於長勺，公將鼓之。曹劌曰：‘未可！’齊人三鼓。劌曰：‘可矣！’齊師敗績。公問其故？對曰：‘夫戰，勇氣也；一鼓作氣，再而衰，三而竭；彼竭我盈，故克之。’”王晳曰：“震慹衰惰，則軍氣奪矣！”何氏曰：“淮南子曰：‘將充勇而輕敵，卒果敢而樂戰，三軍之衆，百萬之師，志厲青雲，氣如飄風，聲如雷霆，誠積踰而威加敵人；此謂氣勢。’吴子曰：‘三軍之衆，百萬之師，張設輕重，在於一人；是謂氣機。’故奪氣者，有所待，有所乘，則可矣！”張預曰：“氣者，戰之所恃也。夫含生稟血，鼓作鬭争，雖死不省者，氣使然也。故用兵之法，若激其士卒，令上下同怒，則其鋒不可當。故敵人新來而氣鋭，則且以不戰挫之，伺其衰倦而後擊，故彼之鋭氣可以奪也。尉繚子謂‘氣實則鬭，氣奪則走’者，此之謂也。曹劌曰：‘一鼓作氣’者，謂初來之氣盛也。‘再而衰，三而竭’，謂陳久而人倦也。又李靖曰：‘守者，不止完其壁，堅其陳而已；必也守吾氣而有待焉。’所謂守其氣者，當養吾之氣，使鋭盛而不衰；然後彼之氣可得而奪也。”基博按杜牧、何氏、張預三家之説，可謂闡兵家權謀形勢之奥；而多引曹劌再衰三竭之説，則徒以俟敵人之氣衰耳；何得謂“三軍可奪氣”也？如就上下文融貫而言，當以王晳順理成章爲得解。

將軍可奪心。

（訓義）梅堯臣曰：“以鼓旗之變，惑奪其氣，軍既奪氣，將亦奪心。”王晳曰：“紛亂諠譁，則將心奪矣！”何氏曰：“先須己心能固，然後可以奪敵將之心。故傳曰：‘先人有奪人之心’；《司馬法》曰：‘本心固，新氣勝’者是也。”張預曰：“心者，將之所主也；夫治亂勇怯，皆主於心。故善制敵者，撓之而使亂，激之而使惑，迫之而使懼；故彼之心謀，可以奪也。傳曰：‘先人有奪人之心。’謂奪其本心之計也。又李靖曰：‘攻者，不止攻其城擊其陳而已，必有攻其心之術焉。’所謂攻其心者，常養吾之心，使安閑而不亂，然後彼之心，可得而奪也。”鄭友賢曰：“或問奪氣者必曰三軍，奪心者必曰將軍，何也？曰：三軍主於鬬，將軍主於謀；鬬者乘於氣，謀者運於心。夫鼓作鬬争，不顧萬死者，氣使之也。深思遠慮，以應萬變者，心生之也。氣奪，則怯於鬬；心奪，則亂於謀；下者不能鬬，上者不能謀，敵人上下怯亂，則吾一舉而乘之矣！傳曰：‘一鼓作氣，三而竭’者，奪鬬氣也。‘先人有奪人之心’者，奪謀心也。三軍將軍之事異矣。”基博按鄭氏辨三軍將軍之異，是矣。至於奪氣奪心，梅堯臣、王晳兩家，於上下文語氣爲融貫。而何氏、張預之說，於兵家别是一義。然“奪氣”、“奪心”，亦有多術：有乘人於猝，出其不意，而“三軍奪氣”，“將軍奪心”者。三國時，魏新城太守孟達圖叛魏，而與諸葛亮書曰：“宛去洛八百里，去吾一千一百里，聞吾舉事，當表上天子，比相反覆，一月間也；則吾城已固，諸軍足辦。所在深險，司馬公必不自來！”而司馬懿乃潛軍進討，倍道兼行，八日到其城下。達又告亮曰：“吾舉事八日，而兵至城下，何神速也！”慌不知措，遂爲懿誅。傳所謂“先人有奪人之心”也。顧亦有延之以緩，消其鬬志，而“三軍奪氣”，“將軍奪心”者。希特勒先人奪人，用兵如神，人知之矣！顧一九三九年九月，一舉而滅波蘭；不轉兵西嚮以亟攻法。而法國達拉第得情報機關之報告，深信希特勒之無意攻法，而欲先有事於英。迨一九四〇年五月，希特勒乃移兵攻法。蓋距波蘭之亡，半年有餘矣；嗚呼！此希特勒用兵之妙也！於時，法國里昂及勒哈佛爾所駐之英軍，閒居苦悶；而英之將校，乃至演影戲，購留聲機，娱悦其意，以慰羈旅。一軍官歎曰：“力戰不怕，待戰難耐！”英兵又以買肉不得，時與法國市民齟齬。而一法兵語英兵曰：“此次戰争之禍，惟倫敦之銀行界實尸之！”英兵不服，遂以大鬨！勒哈佛爾之英軍，駐於倉庫，而前駐法軍，中有通道，以兩國士兵之不免於鬩也！遂堵以牆，而於是英法同仇之志荒矣！軍情日涣，士無鬬志，一法軍官歎曰："今日之役，我不攻希特勒，希特勒亦不攻我，果何爲者？吾儕不如回家以事所事，任外交家折衝尊俎，可耳！"乃至一九四〇年四五月之間，有法軍數十萬，暫遣歸農。然後希特勒大舉而乘之！人徒見其閃電戰之先人奪人，爲功烈耳！孰知次且半年，延不進兵，亦以消英法聯軍之鬬志，而"奪氣"、"奪心"也！嗚呼！此千古珍罕之史例也！然後知士之所以爲厲，心之所以不奪，豈惟亟戰之難，抑亦不戰之難，李牧備匈奴，日擊數牛饗士，習騎射，士卒皆願一戰；王翦伐楚，堅壁不戰，日休士洗沐，而善飲食拊循，士卒方投石超距；此中大有事也！用兵者可深思其故矣！

是故朝氣鋭，晝氣惰，暮氣歸；故善用兵者，避其鋭氣，擊其惰歸，此治氣者也。

（訓義）杜佑曰："避其精鋭之氣，擊其懈惰欲歸，此理氣者也；曹劌之説，是也。"杜牧曰："武德中，太宗與竇建德戰於泥水東，建德列陣，彌亘數里。太宗將數騎登高觀之，謂諸將曰：'賊度險而囂，是軍無政令；逼城而陳，有輕我心；按兵不出，待敵氣衰，陳久卒飢，必將自退；退而擊之，何往不克。'建德列陣，自卯至午，兵士飢倦，悉列坐石，又争飲水。太宗曰：'可擊矣！'遂戰，生擒建德。"梅堯臣曰："朝，言其始也；晝，言其中也；暮，言其終也；謂兵始而鋭，久則惰而思歸，故可擊。"張預曰："朝喻始，晝喻中，暮喻末，非以早晚爲辭也。凡人之氣，初來新至，則勇鋭；陳久人倦，則衰；故善用兵者，當其鋭盛，則堅守以避之；待其惰歸，則出兵以擊之。此所謂善治己之氣，以奪人之氣者也。"基博按一九一七年，歐洲大戰，法人所倡取守勢之作戰法，每厚集兵力於後方；而第一道防線之戰壕内，則置兵不多；蓋德軍以劇烈炮火，猛攻法軍陣地，第一道防線之前線所有一切建築，勢必盡被炸毁，而多置兵多犧牲，不如聚大軍以屯第二防線之後，而伏居掩蔽完固之壕溝内；德軍炮火雖極猛烈以盡毁第一道防線，而法軍之損折不多，代價懸殊；及炮火漸稀，德之步兵邁進，法軍乃從容出自後方，悉力蓄鋭以與交戰，堅持第一道防線之最後一線及緊要炮壘，力阻其染指第二道防線。依法人經驗所得，俟德軍佔第一道防線，而後反攻以逐之；較之堅守第一道防線以損兵挫鋭者爲事半功倍；亦以避敵之鋭，蓄我之力，及一九三九年，歐洲第二次大戰起，希特勒創閃電戰，不恤殫鋭竭力以用坦克車隊，縱橫歐陸，潰法敗英，摧南斯拉夫、希臘；轉鋒而嚮蘇聯，乘勢遠鬬，其勢不可當也！然一九四二年五月，蘇聯大敗德人於卡爾科夫。德人之坦克車隊，風馳而前；而蘇聯，則集中平射炮及坦克、步槍之火力以擊之；俟其坦克車摧毀之垂盡，而後蘇聯之坦克車，雷轟霆逐，以殲其步兵，薄其陣地。德人大敗。是年十一月，英蒙哥馬利將軍之大敗德隆美爾將軍於北非也，亦先以猛烈炮火摧德之坦克車隊，而後出坦克車隊以追奔逐北，隆美爾之軍幾殲焉！同一坦克車隊也，而德人悉鋭以制先；蘇英蓄力以承敝。然英法得治氣之要也。

以治代亂，以静代譁，此治心者也。

（訓義）何氏曰："夫將以一身之寡，一心之微，連百萬之衆，對虎狼之敵，利害之相雜，勝負之紛揉，權智萬變而措置之胸臆之中；非其中廓然，方寸不亂，豈能應變而不窮，處事而不迷，卒然遇大難而不驚，案然接萬物而不惑。吾之治，足以待亂；吾之静，足以待譁；前有百萬之敵，而吾視之則如遇小寇。亞夫之遇寇也，堅卧而不起；欒箴之臨敵也，好以整，又好以暇。夫審此二人者，藴以何術哉？蓋其心治之有定，養之有餘也。"張預曰："治以待亂，静以待譁，安以待躁，忍以待忿，嚴以待懈，此所謂善治己之心以奪人之心者也。"基博按此德國兵家克老山維茲氏論將之所以稱"識力之培養"也。其論以爲："戰之爲道，至無定也。凡兵家之言，極深研幾；及其臨陣，學説原理，杳無徵驗，何所用之！而紛紜之變，擾我靈臺；死喪之哀，淒人心脾；茫茫前途，惟有猜想。是故戰之爲事至變且亂也；非戰之難；變而能持其常，亂而不失其定則難。此則識力之培養，必有以裕之於平日，而後臨戰之時，指揮若定，堅持我初衷，勿失其自信。"亦既説《計篇》備引之矣；克氏所謂："識力之培養"，孫子謂之"治心"也。遵義黎庶昌撰《曾文正公年譜》，稱："公在軍終日凝然，奏牘書札，躬親經理，不假手於人，益治書史，不廢吟誦；嘗謂：'軍事變幻無常，每當危疑震撼之際，愈當澂心定慮，不可發之太驟。'蓋其數年所得力者在此；所以能從容補救，辦危爲安也。"合肥李瀚章稱："曾國藩初入翰林，講明程朱之學，克己省身，得力有自。遭值時艱，毅然以天下爲己任，忘身忘家，置死生禍福於度外；其過人之識力，在能堅持定見，不爲浮議所摇。"德國大將興登堡嘗言：

“臨戰尤當鎮定；縱使敵情之未諳，而鎮静則立時生其趨吉避凶之術；果臨戰而葸，不如不戰，見危而退，不惟自墮其氣，抑必爲敵所乘，此之謂避危而自即於危!”然此次大戰，英國主持太平洋戰局之獨眼將軍魏菲爾，嘗於一九三四年，在劍橋大學演講，論爲將之道，以爲幽默亦大將之所必不可缺者！蓋幽默，則動心忍性，而以諧謔出之，如不經意；不幽默，則張脉僨興，此心欲静而不得！然而幽默，則德人之所最缺也；以故一九一八年上次大戰之終，雖以興登堡之强毅，而不免倉皇失措，法人蒲哈德著《興登堡歐戰成敗鑑》一書備論之！蓋亂與譁，有不僅在敵，而出於國是之未定，士心之惶擾者；是在大將之善治其心而鎮以静，待以治耳！特余觀歐洲戰術，拿破崙之排炮集中猛轟，山動地摇；希特勒之坦克車集團猛衝，風馳雨驟；豈誠有摧堅破鋭之功，抑先振“奪氣”、“奪心”之威；其法遠原於蒙古，而神明其用！歐洲古史，載蒙古之西侵也，以游牧之族，擅騎射之精；每臨陣，未及交綏，而蒙古甲士馳大馬，張强弓，疾騁而前，排牆以進，箭如雨集，騎如蜂擁；基督軍猝不知措，陣脚摇動；遂爲所乘以潰不能軍，則以基督軍之“奪心”以“奪氣”也！蒙古所以敗基督軍者如此；所以摧女真，破南宋者，無不如此；抑亦拿破崙、希特勒之所以戰必勝，攻必取者也！特拿破崙以排炮猛轟，蒙古以萬弩齊發；希特勒以坦克猛衝，蒙古以甲騎馳突；爲資不同，而勝則一，豈有他謬巧，不過“奪心”以“奪氣”而已！然則“以治待亂”，“以静待譁”之“心”，豈特將軍之宜亟治，抑亦三軍之所當同！新兵初臨陣，驟聞大炮隆隆，飛機軋軋，神智已昏；而坦克車疾馳以來，更無所措手足！顧久經戰陣之老兵，經驗已慣，沈著接戰，不震不慹；亦以心不奪，氣不慴也！一九四一年九月，蘇聯之驟爲希特勒所襲也，勢幾不支，顧非無大隊之坦克車以與希特勒相持也！歐美軍事家聲言：“現代化之坦克車，疾於攻而不利於守；炮兵之射擊，既以緩不濟急；而守勢之坦克車，亦難阻敵前進，觀於蘇德之戰而可知也！惟有高速度之飛機而裝置三十七粍以上口徑之速射炮，乃可禦坦克車之進攻耳！然而生産不易，美國製造亦少也!”然則蘇聯將任德坦克之縱横跳盪，而坐以待斃歟？是不然！一九四二年五月，希特勒悉力殫鋭以攻卡爾科夫也，而蘇聯以抵禦坦克車戰術試驗成功聞！是役也，德軍損坦克車二百五十輛。問其術，則集中炮火以協同配備完整之步兵，而殲滅德軍坦克車隊也。方德軍坦克車隊以步兵及空軍掩護，捲土而來之際，紅軍嚴陣以待，寂不之應，伺德軍疾入二百五十碼地帶，馳以益速，與其後之步兵失其聯絡，而達紅軍炮火射程以内；然後集中平射炮與平射來福槍之火力，發無不中，所當者摧。步兵則徐起而斷其後，以遮德之步兵，不得支援；然後紅軍坦克，亦出應戰，相摩相盪，主客不分；而德之空軍，恐轟炸之中本國坦克，將翺將翔，徒喚奈何！蘇聯隨軍記者言："未有如寂静之足以使納粹坦克駕駛員傷心奪氣者！方其風馳而前，以突破我之防線，以期待我恐慌騷亂，無紀律之射擊；然而不然！紅軍之步兵，不射擊，亦不逃跑，祇沈默以坐於戰壕内；以未有射擊之命令也！於是德軍坦克車不得不繼續深入；及其入之深也，以爲必遭紅軍炮火之射擊矣！然而紅軍之炮火受命，則'縱戰車之深入，然後切離其主力，以爲殲滅'；亦不射擊也！而德人失措矣，心口相問，若曰：'異哉！何以紅軍不射擊也，何以若是之寂静也！'紅軍則處以鎮静，持以忍耐，默覩德坦克車之如潮而過，而無一人懼後路之斷，以欲歸不得者；祇自計曰：'吾人此時留在德軍坦克車隊之後方，將截之以毋使隻輪返也！'德軍坦克車隊不能長此寂静以忍與終古，不欲紅軍之截其後以欲歸不得，於是疾變方向，減低速度，然而其進也鋭，爲計已遲！紅軍之步兵、炮兵及坦克，紛紛而出，相與僇力，以聚而殲旃！不過臨陣之寂静，以成空前之勝利！德之攻蘇也，不惟增進紅軍戰時之資源，抑亦磨鍊我同仇敵愾之精神，而予以"鎮静、勇敢、堅韌"！嗚呼！此則"以治待亂"，"以静待譁"，"治心"之成功；而"避其鋭氣，擊其惰歸"者也！豈必高速度之飛機，裝置三十七糎之速射炮，而後可以抵坦克車之進攻耶！魯登道夫言："武器不能造成勝利；而惟一造成勝利之條件，祇有精神而已！"觀於蘇聯，亶不然乎！"治心"者，所以造成勝利之精神者也！

以近待遠，以佚待勞，以飽待飢，此治力者也。

（訓義）李筌曰："客主之勢。"杜牧曰："'致人而不致於人'是也。"

無要正正之旗，勿擊堂堂之陣，此治變者也。

（訓義）何氏曰："所謂'强則避之'。"張預曰："正正，謂形名齊整也；堂堂，謂行陳廣大也。敵人如此，豈可輕戰。《軍政》曰：'見可而進，知難而退。'又曰：'强而避之'，言須識變通。此所謂善治變化之道以應敵人者也。"基博按"無要正正之旗，勿擊堂堂之陣"，何、張兩氏，以"强而避之"

爲解，是已。然我避敵之强，敵乘我之弱，有時正正之旗，不能無要；堂堂之陣，不能勿擊；則如何？曰：兵法“以詐立，以利動，以分合爲變”。而所以“治變”，有化會戰爲襲擊，化大兵爲小隊之法。用以突擊而進攻，謂之滲透戰。用以捍禦而自衛，謂之游擊戰。游擊戰者，始西班牙。一八〇七年，法皇拿破崙以大兵擁其弟若瑟夫入西班牙稱帝；而西班牙人叛者四起，此勦彼竄；而拿破崙之兵力，遂爲所牽制，頓兵挫鋭，久而消耗；此游擊戰之所昉也。然而中國自古有之！曾國藩言：“小隊出奇之師，貴少不貴多，貴變不貴常；古人謂之狙擊，明人謂之鵰勦。鵰勦者，如鷙鳥之擊物，破空而來，倏忽而去，無論有獲無獲，皆立即颺去。用兵者師其意，探明賊之所在，前往狙擊，無論或勝或否，皆立即退歸；總以出其不意四字爲主。兵法最忌情見勢絀四字，常宜隱隱約約，虛虛實實，使賊不能闚我之底蘊；若人數單薄，尤宜知此訣！若常紮一處，人力太單，日久，則形見矣！我之形既盡被賊黨覷破，則勢絀矣！此大忌也；必須變動不測，時進時退，時虛時實，時示怯弱，時示强壯，有神龍矯變之狀。老湘營昔日之妙，全在乎此！”則是今之所謂游擊，疑若古之所謂鵰勦也。然而有不同。鵰勦之戰，盛於有明。鳥之鷙者曰鵰；鵰勦云者，喻其爲勦之猛且速也。兵無選鋒，不能鵰勦；明代邊將，多養親丁。趙翼爲《二十二史劄記》，曾盛稱之，以謂：“兩軍相接，全恃將勇；將勇，則兵亦作氣隨之。然將亦非恃一人之勇也，必有左右心膂之驍悍者，協心并力，始氣壯而敢進；將既進，則兵亦鼓勇争先；此將帥所貴有家丁親兵也。前代如韓岳之背嵬軍，固有明效。即明史所載，如成化中，王越多畜跳士爲腹心，與寇搏戰，數有功。馬永爲將，蓄家丁百餘，皆西北健兒，驍勇敢戰。帝問將於李時。時以永對，且曰：‘其家衆可用也。’馬芳蓄健兒，嘗令三十人，出塞四百里，多所斬獲。萬歷中，李成梁帥遼東，收四方健兒，給以厚餼，用爲軍鋒，所至有功。此將帥親丁之成效也。”將帥親丁，多選驍鋭，既用鵰勦，亦備緩急。然戚繼光《練兵實紀》又極論其害，以謂：“宣大山陝，地平無險可據，敵馬入犯無時，數千亦入，數百亦入，甚至數十亦入。將官隨有警報，便就出去追勦；緩急之際，迅雷不及掩耳，那得齊兵，那得齊衆；故特有家丁之設，所謂在精不在多，與將官廝守一處，人不離營，馬不離鞍；一聲炮響，早已出門，方才追得賊及；又有偷馬打帳房之類，平日邊徼得此功勞以爲根基；及遇大敵，卻稱衆寡不敵，厚顔無恥！今諸將每人統兵一枝二三千不等，原要各將將此二三千衆，教練精强；又召家丁二三百厚養以充先鋒；今卻顧此遺彼，愛小失大；就以軍士之馬供家丁騎乘，以軍士之身供家丁役使，以軍士之糧作家丁養贍；是得二三百人之心，盡失部下二三千軍士之心；以有用之糧，置之不用之地！是費朝廷二三千軍士之糧餉，而僅得二三百家丁之力；本爲求精，適致冗費，本爲求多，反以致寡；既視二三千人爲冗數，又視之爲必不可練用；如是而廝役益多，益快其欲；諸將又且利於此，習於此，偷馬打帳房得功，視此爲制敵之長策；及至大舉而入，便謂敵必不可交鋒，必不可堂堂相對；凡能神出鬼没，偷竊零騎，挑壕自固，便是好漢；此牢不可破之習也！”蓋敵以鷵勦來，而將帥有家丁以赴急；我以鷵勦去，而將帥藉家丁以邀功。特是家丁，耗兵力，無補兵威；鷵勦，倖小勝，不可大勝；此戚繼光之所爲譏切也！而今之所謂游擊戰者，則欲積小勝以爲大勝，耗敵力以老敵師。其故由於我軍集中之兵力，不足以當敵人集中之兵力；小敵之堅，大敵之擒；惟有化整爲零，斯可以弱制强；敵集團以爲强，我分兵以出奇；敵專爲一，我分爲十；會戰之所以勝，在“我專而敵分”；游擊之所謂戰，則敵專而我分；其戰略，爲不成軍之散開戰略；其戰術，爲無定型之流動戰術；出入無時，莫知所嚮；不擊則游，不游則擊。敵挾大炮、坦克車以縱横馳突於平原大野；而我以短槍白刃，迫之於山林沼澤，大炮、坦克無所用之地。敵據雄都大邑以控制要害；而我以風晨月夕，乘之於不及防之時。猛之攻擊，而繼以速之退却；速之集中，而輔以隱之分散；聲東擊西，此出彼没，不嫌鬼鬼祟祟，以擊堂堂正正；有襲擊，無會戰；有隱避，無防禦；敵欲戰則避；敵欲休則擾，亟肄以疲之，多方以誤之。敵之兵力，積小耗以致大耗；我之兵略，先小戰而後大戰；俟敵之兵力，耗而以竭；敵之士氣，沮而以喪；然後以大軍繼之，蔑不克矣！滲透戰之化整爲零，以分出奇，與游擊戰同；特是用之猛攻，而不許以退却！一九一五年，法國步兵上尉拉法爾格始倡滲透戰，以謂：“當進攻敵陣之時，如堅不可破，與其頓兵而挫鋭，不如抵巇以蹈瑕，如怒潮之決隄然，苟有纖介之孔，無不滲透以入，漸擴而大，以成決口，狂瀾澎湃，莫之能挽矣！”此滲透戰之所由名也。顧莫之省而德國興登堡用之以有成功！方一九一八年之初，英法之聯軍日增，而德之兵源漸竭；然英法報紙，僉謂：“德軍將以大隊密集衝鋒，而快心於一決以挽頹勢也。”

興登堡見之，蹙額曰："吾德何來如許兵衆以行此密集之戰術，而容我如許密集犧牲乎！然我有以處之矣！"於是申儆於軍，頒之教範，乃變密集隊之衝鋒，而爲散兵線之衝鋒；選鋭卒，組小隊，各攜輕便臼炮與機關槍，臼炮用以擊毁壕塹，機關槍用以突陣，數十百隊，如蜂之擁，推鋒而前，得間以入，以三月二十一日，進攻英軍，幾不支；因名其戰術曰滲透，意謂無孔不入也！及一九四〇年，希特勒之攻法也，則以無堅不摧之閃電戰，爲之後勁；而以無孔不入之滲透戰，任其前哨。然而耳食者，徒知閃電戰之有堅必摧，而不知滲透戰之無孔不入也！滲透戰，常在閃電戰之前夜；先之以空軍之地面偵察，而偵察所用之新武器，則爲大胆果敢之聽音哨，竊聽法軍之電話，得以審知敵陣防禦配備之疏密，而求可以滲透之間道；其次則搜索以斥候兵，每三人爲一組，攜輕機關槍，而循所知之間道，乘夜以穿過法軍之步哨，拂曉乃開始射擊，數小時續續不已，予以猛烈之破壞；然後數千隊之滲透戰士，蹈瑕抵隙以人自爲戰，如水銀瀉地之無孔不入，深入敵陣而縱貫之，斷其後方聯絡之電話，佔其後方防禦之支點，而用機關槍以猛烈射擊側近之法方守軍；於是守軍見四面八方，槍彈横飛，以爲左右前後皆敵，惟懼不得突圍，而迅速退却；追奔逐北，必盡殲之，毋俾殘喘苟延以與我再接再厲也！倘守軍堅持不退以與我相抗；而我之滲透戰士，晝以白炬，夜縱烽火，用信號以呼應我之炮兵及機械化部隊，告以所在，眎之標識，而後雷擊霆震之閃電戰繼之推鋒而前，使敵人不及彌縫其闕，匡救其失。游擊戰不佔據支點，而滲透戰必堅據支點。游擊戰有進有退，而滲透戰有進無退。游擊戰爲消耗戰之支隊，而滲透戰爲殲滅戰之前鋒。兩者攸異；而其化整爲零，以分出奇，不嫌鬼鬼祟祟，以擊堂堂正正，則又無乎不同。特游擊戰，我國人耳熟能詳，而滲透戰，則罕有及者；余故連類而及之以俟考論焉。夫戰之爲術，不外四端：一曰"虚實之形"。二曰"迂直之計"。三曰"奇正相生"。四曰"分合爲變"。正正之旗，堂堂之陣，我專而敵分，合以集中我之兵力也。游擊之戰，滲透之戰，敵專而我分，分以耗散敵之兵勢也。凡事有宜，知彼知己，因利制權，不得盡言。

故用兵之法：高陵勿嚮；背丘勿逆；

（訓義）杜牧曰：'嚮者仰也；背者倚也；逆者迎也；言敵在高處，不可仰攻；敵倚丘山，下來求戰，不可逆之；此言自下趨高者力乏，自高趨下者勢順也；故不可嚮迎。”梅堯臣曰：“高陵勿嚮者，敵處其高，不可仰擊；背丘勿逆者，敵自高而來，不可逆戰，勢不便也。”王皙曰：“如此不便，則當嚴陣以待變也。”張預曰：“敵處高爲陳，不可仰攻；人馬之馳逐，弧矢之施發，皆不便也；故諸葛亮曰：‘山陵之戰，不仰其高。’敵從高而來，不可迎之，勢不順也；引至平地，然後合戰。”

佯北勿從，

（訓義）杜佑曰：“北，奔走也；敵方戰，氣勢未衰，便奔走而陳卻者，必有奇伏，勿深入從之。故太公曰：‘夫出甲陳兵，縱卒亂行者，欲以爲變也。’”

鋭卒勿攻；

（訓義）張預曰：“敵若乘鋭而來，其鋒不可當，宜少避之以伺疲挫。晉楚相持，楚晨壓晉軍而陳，軍吏患之。欒書曰：‘楚師輕窕，固壘以待之；三日必退，退而擊之，必獲勝焉。’又唐太宗征薛仁杲，賊兵鋒甚鋭，數來挑戰；諸將咸請戰。太宗曰：‘當且閉壘以折之；待其氣衰，可一戰而破也。’果然。”

餌兵勿食；

（訓義）杜牧曰：“敵忽棄飲食而去，先須嘗試，不可便食，慮毒也。後魏文帝時，庫莫奚侵擾，詔濟陰王新成率衆討之；王乃多爲毒酒，賊既漸逼，使棄營而去；賊至。喜，競飲；酒酣，毒作；王簡輕騎縱擊，俘獲萬計。”陳皥曰：“此之獲勝，蓋出偶然，固非爲將之道，垂後世法也。孫子豈以他人不能致毒於人腹中哉！此言喻魚若見餌，不可食也；敵若懸利，不可貪也。曹公與袁紹將文醜等戰，諸將以爲敵騎多，不如還營。荀攸曰：‘此所以餌敵也，安可去之。’即知餌兵非止謂置毒也。食字，疑或貪字也。”張預曰：“三略曰：‘香餌之下，必有懸魚’，言魚貪餌，則爲釣者所得；兵貪利，則爲敵人所敗。夫餌兵，非止謂置毒於飲食，但以利留敵，皆爲餌也。”

歸師勿遏，

（訓義）孟氏曰：“人懷歸心，必能死戰，則不可止而擊也。”張預曰：“兵之在外，人人思歸，當路邀之，必致死戰。韓信曰：‘從思東歸之士，何所不克。’”

圍師必闕，

（訓義）曹操曰：“《司馬法》曰：‘圍其三面，闕其一面，所以示生路也。’”杜佑曰：“若圍敵平陸之地，必空一面以示其虛，欲使戰守不固而有去留之心。若敵臨危據險，强救在表，當堅固守之，非必闕也。此用兵之法。”李筌曰：“夫圍敵，必空其一面，示不固也；若四面圍之，敵必堅守，不拔也。”張預曰：“圍其三面，開其一角，示以生路，使不堅戰。後漢朱儁討賊帥韓忠於宛，急攻不克，因謂軍吏曰：‘賊今外圍周固，所以死戰。若我解圍，勢必自出；出則意散，易破之道也。’果如其言。”

窮寇勿迫，

（訓義）杜牧曰：“春秋時，吴伐楚，楚師敗走，及清發，闔閭復將擊之。夫概王曰：‘困獸猶鬬，况人乎！若知不免而致死，必敗我；若使半濟，而後可擊也。’從之，又敗之。漢宣帝時，趙充國討先零羌，羌睹大軍，棄輜重，欲渡湟水，道阨狹。充國徐行驅之。或曰：‘逐利行遲。’充國曰：‘窮寇也，不可迫；緩之則走不顧，急之則還致死。’諸將曰：‘善！’虜果赴水溺死者數萬；於是大破之也。”基博按近代戰術，務於殲滅；圍師不闕，窮寇必迫；稍縱即逝，未可拘虛也！

此用兵之法妙也。

（訓義）鄭友賢曰：“或問自計及間，上下之法，皆要妙也；獨云‘此用兵之法妙’者，何也？曰：夫事至於可疑，而後知不疑者爲明；機至於難决，而後知能决者爲智。用兵之法，出於衆人之所不可必者，而吾之明智了然，不至於猶豫者，其所得固過於衆人，而通於法之至妙也。所謂‘高陵勿嚮，背丘勿逆’，蓋亦有可嚮可逆之機；‘佯北勿從，鋭卒勿攻’，亦有可從可攻之利；‘餌兵勿食，歸師勿遏’，亦有可食可遏之理；‘圍師必闕，窮寇勿追’，亦有不闕可追之勝。此兵家常法之外，尚有反覆微妙之術，智者不疑而能决，所謂‘用兵之法妙’也。”

右第三節論軍争，宜爲不可勝而無犯用兵之所忌。基博按“奪氣”、“奪心”、“治氣”、“治心”、“治力”、“治變”，所以爲軍争而不失敵之敗；“勿嚮”、“勿逆”、“勿從”、“勿攻”、“勿食”、“勿遏”、“必闕”、“勿迫”，所以慎軍争而自立於不敗也。《孫子》十三篇，《形篇》、《勢篇》、《虛實篇》皆言因敵而制勝，而《計篇》以挈其綱；蓋昔之善戰者，先爲不可勝以待敵之可勝，此爲軍争之所有事也。《行軍》、《地形》、《九地》三篇，皆言因地而制宜，而《九變篇》以發其凡；蓋智者之慮，必雜於利害，雜於利而務可信，雜於害而危可解，此慎軍争之所有事也。因敵乃能不失敵之敗；因地而後自立於不敗；然因敵必用五間，而莫重於反間；故曰："明君賢將，所以動而勝人，成功出於衆者，先知也；先知者，不可取於鬼神，不可象於事，不可驗於度，必取於人，知敵之情者也。"而卒要其成於反間。因地必辨九地，而藉資於鄉導；故曰："不知山林險阻沮澤之形者，不能行軍；不用鄉導者，不能得地利。"而先著其義於此篇。至此篇所論軍争，不過作戰之術，而以補《作戰篇》之所未逮。謀攻不如作戰，作戰又不如不戰；不得已而戰，則貴勝不貴久，故曰："百戰百勝，非善之善者也；不戰而屈人之兵，善之善者也。故上兵伐謀；其次伐交；其次伐兵；下政攻城。"伐兵者，軍争之事也，作戰之事也。《作戰篇》言伐兵之貴勝不貴久；《軍争篇》言伐兵之爲利毋爲危；然不如伐謀伐交之爲不戰而屈人之兵。而伐謀、伐交，則皆計之事也，故以計冠於篇云。

九變篇第八

（解題）王晳曰："晳謂九者，數之極；用兵之法，當極其變耳。或曰九地之變也。"張預曰："變者，不拘常法，臨事適變，從宜而行之之謂也。凡與人爭利，必知九地之變；故次《軍爭》。"基博按世之爲軍爭者，往往知進而不知退，見可而不見不可，勇於敢而不勇於不敢；此軍爭所以爲危，而覆軍殺將之必以"必死"、"必生"、"忿速"、"廉潔"、"愛民"五危也！如審知其不可，而變通以盡利，圮地無舍，衢地無閉，絶地無留，圍地無守，死地無困；塗有不由，軍有不擊；城有不攻，地有不爭；則通於九變之利，而軍爭爲利矣。故以《九變》次《軍爭》。變者，謂雜於利害，而無意必固我，審知其不可以爲變通盡利也。

孫子曰：凡用兵之法，將受命於君，合軍聚衆。圮地無舍。

（訓義）李筌曰："地下曰圮，行必水淹也。"陳皞曰："圮，低下也；孔明謂之地獄。獄者，中下，四面高也。"何氏曰："下篇言'圮地吾將進其塗'，謂必固之地，宜速去之也。"

衢地合交。

（訓義）李筌曰："四通曰衢。"梅堯臣曰："夫四通之地，與旁國相通，當結其交也。"何氏曰："下篇云：'衢地吾將固其結'，言交結諸侯，使牢固也。"基博按交鄰結援，當講之於平日，豈暇合之於臨敵。"合交"二字，或係合兵交戰之謂；蓋衢地，四戰之地，宜於合兵交戰也。下篇云"衢地吾將固其結"，"結"者，或指結陣而言；蓋四戰之地，防敵人四方而至，將結陣以自固耳。

絕地無留。

（訓義）賈林曰："谿谷坎險，前無通路曰絕；當速去無留。"鄭友賢曰："'絕'當作'輕'；蓋輕有無止之辭。"

圍地則謀。

（訓義）賈林曰："居四險之中曰圍地；敵可往來，我難出入；居此地者，可預設奇謀，使敵不爲我患，乃可濟也。"何氏曰："下篇亦云'圍地則謀'，言在艱險之地，與敵相持，須用奇險詭譎之謀，不至於害也。"

死地則戰。

（訓義）梅堯臣曰："此而上，舉九地之大約也。"何氏曰："下篇亦云'死地則戰'者，此地速爲死戰，則生；若緩而不戰，氣衰糧絕，不死何待也。"張預曰："走無所往，當殊死戰；淮陰背水陳，是也。從'圮地無舍'至此，爲九變；止陳五事者，舉其大略也。《九地篇》中說九地之變，唯言六事，亦陳其大略也。凡地有勢有變，《九地篇》上所陳者，是其勢也；下所叙者，是其變也。何以知九變爲九地之變？下文云：'將不通九變，雖知地形，不能得地利。'又《九地篇》云：'九地之變，屈伸之利，不可不察。'以此觀之，義可見也。下既說九地，此復言九變者，孫子欲叙五利，故先陳九變；蓋九變五利，相須而用，故爲言之。"鄭友賢曰："或問九變之法，所陳五事者，何也？曰：九變者，九地之變也。'散'、'輕'、'爭'、'交'、'衢'、'重'、'圮'、'圍'、'死'，此九地之名也；'一其志'，'使之屬'，'趨其後'，'謹其守'，'固其結'，'繼其食'，'進其塗'，'塞其闕'，'示不活'，此九地之變也。九而言五者，闕而失次也。下文曰：'將通於九變之利者，知用兵矣：將不通於九變之利者，雖知地形，不能得地之利矣。'是九變主於九地，明矣。故特於《九地篇》曰：'九地之變，人情之利，不可不察也。'然則既有九地，何用九變之文乎？曰：武所論'將不通九變之利'，又曰：‘治兵不知九變之術。’蓋九地者，陳變之利；故曰：‘不知變，不得地之利。’九變者，言術之用；故曰：‘不知術，不得人之用。’是故六地有形，九地有名，九名有變，九變有術。知形而不知名，決事於冥冥；知名而不知變，驅衆而浪戰；知變而不知術，臨用而事屈；此所以六地、九地、九變皆論地利，而爲篇異也。李筌以‘塗有所不由’而下五利，兼之爲十變者，誤也。復指下文爲五利，何嘗有五利之義也?”

塗有所不由。

（訓義）杜佑曰：“阨難之地，所不當從也；不得已從之，故爲變也；道雖近而中不利，則不從也。”王皙曰：“途雖可從而有所不從，慮奇伏也。若趙涉説周亞夫，避殽黽阨陝之間，慮置伏兵，請走藍田，出武關，抵洛陽，間不過差一二日，是也。”

軍有所不擊。

（訓義）杜牧曰：“蓋以鋭卒勿攻，歸師勿遏，窮寇勿迫，死地不可攻。或我强敵弱，敵前軍先至，亦不可擊，恐驚之退走也。言有如此之軍，皆不可擊。斯統言爲將須知有此不可擊之軍，即須不擊，益爲知變也；故列於《九變篇》中。”張預曰：“縱之而無所損，克之而無所利，則不須擊也。又若我弱彼强，我曲彼直，亦不可擊。如晉楚相持，士會曰：‘楚人德刑政事典禮不易，不可敵也，不爲是征。’義相近也。”

城有所不攻。

（訓義）杜牧曰：“蓋言敵於要害之地，深浚城隍，多積糧食，欲留我師，若攻拔之，未足爲利；不拔，則挫我兵勢，故不可攻也。宋順帝時，荆州守沈攸之反，素蓄士馬，資用豐積，戰士十萬，甲馬二千，軍至郢城。功曹臧寅以爲：攻守異勢，非旬日所拔，若不時舉，挫鋭損威；今順流長驅，計日可捷，既傾根本，則郢城豈能自固！故兵法曰：‘城有所不攻’，是也。攸之不從。郢郡守柳世隆拒攸之，攸之盡鋭攻之，不克；衆潰，走入林，自縊。後周武帝欲出兵於河陽以伐齊，吏部宇文弢進曰：‘今用兵，須擇地；河陽要衝，精兵所聚，盡力攻之，恐難得志。如臣所見，彼汾之曲，戍小山平，攻之易拔，用武之地，莫過於此！’帝不納，師竟無功；復大舉伐齊，卒用弢計以滅齊。”張預曰：“拔之而不能守，委之而不爲患，則不須攻也。又若深溝高壘，卒不能下，亦不可攻。如士匄請伐偪陽。荀罃曰：‘城小而固，勝之不武，弗勝爲笑’，是也。”

地有所不争。

（訓義）張預曰：“得之不便於戰，失之無害於己，則不須争也。又若遼遠之地，雖得之，終非己有，亦不可争。如吴子伐齊，伍員諫曰：‘得地於齊，猶獲石田也。’”

君命有所不受。

（訓義）曹操曰：“苟便於事，不拘於君命也；故曰：‘不從中御。’”張預曰：“自‘塗有所不由’至此，爲五利。或曰：自‘圮地無舍’至‘地有所不争’爲九變；謂此九事皆不從中覆，故統之以‘君命有所不受’。”

故將通於九變之利者，知用兵矣！

（訓義）賈林曰：“九變，上九事。將帥之任，機權遇勢則變，因利則制，不拘常道，然後得其通變之利；變之則九，數之則十，故君命不在常變例也。”梅堯臣曰：“達九地之勢，變而爲利也。”何氏曰：“孫子以九變名篇，解者十有餘家，皆不條其九變之目者，何也？蓋自‘圮地無舍’而下至‘君命有所不受’，其數十矣，使人不得不惑。愚熟觀文意上下，止述其地之利害耳，且十事之中，‘君命有所不受’，且非地事，昭然不類矣。蓋孫子之意，言凡受命之將，合聚軍衆，如經此九地，有害而無利，則當變之，雖君命使之舍留攻争，亦不受也。況下文言‘將不通於九變之利者，雖知地形，不能得地之利矣’；其君命豈得與地形而同算也？況下之《地形篇》云：‘戰道必勝，主曰無戰，必戰可也；戰道不勝，主曰必戰，無戰可也’；厥旨盡在此矣。”

將不通於九變之利者，雖知地形，不能得地之利矣！

（訓義）張預曰：“凡地，有形有變；知形而不曉變，豈能得地之利。”

治兵不知九變之術，雖知五利，不能得人之用矣！

（訓義）曹操曰：“謂下五事也。”張預曰：“凡兵有利有變，知利而不識變，豈能得人之用。曹公言下五事爲五利者，謂九變之下五事也；非謂雜於利害已下五事也。”基博按上云“九變之利”者，謂相地而通變也；此云“九變之術”者，言因利而制權也。“利”者，地之自然；“術”者，人之權謀。上下文遞承而下，若曰：“通於九變之利而不知九變之術，雖知五利，而不能通變以盡利者，人謀之不臧也。”張預曰：“‘知利而不識變’，未是；

宜曰‘通變而不知術’。”

右第一節，論九變之利。

是故智者之慮，必雜於利害；

（訓義）王晳曰：“將通九變，則利害盡矣。”張預曰：“智者慮事，雖處利地，必思所以害；雖處害地，必思所以利；此亦通變之謂也。”

雜於利而務可信也，

（訓義）杜牧曰：“信，申也；言我欲取利於敵人，不可但見取敵人之利，先須以敵人害我之事，參雜而計量之；然後我所務之利，乃可申行也。”

雜於害而患可解也。

（訓義）曹操曰：“既參於利，則亦計於害；雖有患，可解也。”王晳曰：“周知其害，則不敗矣。”

是故屈諸侯者以害，

（訓義）曹操曰：“害，其所惡也。”張預曰：“致之於受害之地，則自屈服。或曰：間之使君臣相疑，勞之使民失業，所以害之也。”

役諸侯者以業，

（訓義）曹操曰：“業，事也；使其煩勞，若彼入我出，彼出我入也。”杜佑曰：“能以事勞役諸侯之人，令不得安佚；韓人令秦鑿渠之類，是也。”張預曰：“以事勞之，使不得休。或曰：壓之以富强之業，則可役使；若晉楚國强，鄭人以犧牲玉帛奔走以事之，是也。”

趨諸侯者以利。

（訓義）杜牧曰：“言以利誘之，使自來趨我也，墮吾畫中。”

故用兵之法，無恃其不來，恃吾有以待也；無恃其不攻，恃吾有所不可攻也！

（訓義）曹操曰：“安不忘危，常設備也。”張預曰：“言須思患而預防之；傳曰：‘不備不虞，不可以師。’”

右第二節，承上九變之利，而論慮之雜於利害以思患預防。

故將有五危；

（訓義）李筌曰：“下五事也。”

必死，可殺也。

（訓義）杜牧曰：“將愚而勇者，患也。黃石公曰：‘勇者好行其志；愚者不顧其死。’吴子曰：‘凡人之論將，常觀於勇；勇之於將，乃數分之一耳！夫勇者必輕合，輕合而不知利，未可將也！’”基博按一九〇四年，日俄之戰，俄國遠東之陸軍，兵力不厚。苦魯伯堅以滿洲軍總指揮，訓令東路司令官，謂：“敵衆我寡，不可當也！不如集中兵力，且戰且退，既以阻日軍之猛進，而以漸與在後之大軍會合，毋陷於孤危以逞敵志！”顧司令查蘇立聲言：“嘗受聖喬治勳章之武士，祇知殺敵致果爾！不慣作逃將軍也！”苦魯伯堅亦無如何；遂爲日軍所殲，而陷於大敗！此“必死可殺”之適例也。

必生，可虜也。

（訓義）孟氏曰：“將之怯弱，志必生返，意不親戰，士卒不精，上下猶豫，可急擊而取之！”新訓曰：“爲將怯懦，見利而不能進。”太公曰：“失利後時，反受其殃。”基博按一九三九年九月，希特勒之進攻波蘭也，德軍之在西境齊格菲防線者，僅三師以至十一師耳；而法軍總司令甘末林以三十五師之兵力，不能疾搗其虛，而頓兵猶豫；以謂：“法爲人口生殖低落之國，而第一次歐戰之犧牲尤鉅；吾法人寧堪如此流血之戰争乎！我不能於大戰之方始，而遽用凡爾登決戰之戰略也！”英倫《太晤士報》著論譽之曰：“法國之軍事思想，在以攻爲守；而甘氏則守而不攻，似相刺謬！顧有其不可及者，待機而動；慎重民命；自開戰以迄於今，曾無有一卒焉而作無爲之犧牲者！如甘氏爲將，必堅持此重民命，節流血之策略，以待可勝，而保持法國之國力以不墮矣！”然失利後時，卒爲德乘，而馬奇諾防線以潰！法軍之爲希特勒所俘者一百九十萬人；而所繳之軍械，可以裝備八十二師。嗚呼！甘末林以國家久經訓練，歷年儲備之精兵利器，身爲統帥，成師以出，不用以殺敵致果，争機先而制勝；而節流血，慎民命，俾之束手就縛，墮軍實而長寇讎，亡無日矣！豈非“必生可虜”之大戒乎！拿破崙大帝言：“我之戰術，所以無不勝者有三：一集中兵力。二活潑。三活潑之中，持以堅定，紮硬寨，打死仗，死而英雄，何惜一死！生而戰敗，不如無生！”嗚呼！甘末林獨不聞之乎！

忿速，可侮也。

（訓義）杜牧曰：“忿者，剛怒也；速者，褊急也；性不厚重也。若敵人如此，可以凌侮，使之輕進而敗之也。十六國，姚襄攻黄落，前秦苻生遣苻黄眉、鄧羌討之，襄深溝高壘，固守不戰。鄧羌説黄眉曰：‘襄性剛狠，易以剛動。若長驅鼓行，直壓其壘，必忿而出師，可一戰而擒也。’黄眉從之；襄怒出戰，黄眉等斬之。”

廉潔，可辱也。

（訓義）梅堯臣曰：“徇名不顧。”

愛民，可煩也。

（訓義）杜牧曰：“言仁人愛民者，惟恐殺傷，不能捨短從長，棄彼取此，不度遠近，不量事力。凡爲我攻，則必來救，如此可以煩之，令其勞頓而後取之也。”張預曰：“民雖可愛，當審利害。若無微不救，無遠不援，則出其所必趨，使煩而困也。”

凡此五者，將之過也，用兵之災也！

（訓義）何氏曰：“將材古今難之，其性往往失於一偏爾！故《孫子》首篇，言‘將者，智、信、仁、勇、嚴’，貴其全也。”張預曰：“庸常之將，守一而不知變，故取則於己，爲凶於兵；智者則不然，雖勇而不必死，雖怯而不必生，雖剛而不可侮，雖廉而不可辱，雖仁而不可煩也。”

覆軍殺將，必以五危，不可不察也！

（訓義）張預曰：“言須識權變，不可執一道也。”

右第三節，論將有五危；而究其所以爲危，以執一而不通變也。

行軍篇第九

（解題）張預曰："知九地之變，然後可以擇利而行軍，故次《九變》。"基博按孫子以爲通於九變之利者，乃可以擇利而行軍，故以《行軍》次《九變》。然行軍而不知處軍，則何以自立於不敗而爲不可勝；不能相敵，則何以不失敵之敗；故以"處軍相敵"立論。得地利之以"處軍"，審敵情之謂"相敵"，起總冒一句；以下"處軍"凡有四，"相敵"三十有一。惟今古異宜，其所列舉"處軍相敵"之條件，於現今多不適用；而行軍之必以"處軍相敵"爲先務之急，其意固不可廢也。

孫子曰：凡處軍相敵：

（訓義）李筌曰："軍，我；敵，彼也；相其依止，則勝敗之數，彼我之勢，可知也。"王晳曰："行軍當據地便，察敵情也；處軍凡有四，相敵凡三十有一。"張預曰："自'絕山依谷'至'伏姦之所處'，則處軍之事也；自'敵近而靜'至'必謹察之'，則相敵之事也。相，猶察也，料也。"

絕山依谷，

（訓義）李筌曰："絕山，守險也；谷近水草。"杜牧曰："絕，過也；

依，近也；言行軍經過山險，須近谷而有水草之利也。吴子曰：‘無當天竈大谷之口’；言不可當谷，但近谷而處，可也。”賈林曰：“絶山，跨山；依谷，傍谷也。跨山，無後患；依谷，有水草也。”梅堯臣曰：“前爲山所隔，則依谷以爲固。”張預曰：“絶，猶越也，凡行軍越過山險，必依附溪谷而居；一則利水草，一則負險固。後漢武都羌爲寇，馬援討之，羌在山上，援據便地，奪其水草，不與戰，羌窮困悉降；羌不知依谷之利也。”基博按張預謂“羌不知依谷之利”；然亦有我依谷而敵絶山，遂以挫敗者，勝負亦何常之有！甲午之戰，我之以兵援朝鮮也，聶士成駐成歡，扼兩山間之大道，豈非所謂依谷乎？戰方酣，而不虞日人之以炮兵繞登東山，乘高以射我也，勢不支，遂敗，則是我依谷而敵絶山，遂以挫敗也。“絶山”，當以李筌“守險”，賈林“跨山無後患”之説爲是。

視生處高，

（訓義）李筌曰：“向陽曰生；在山曰高。”杜牧曰：“言須處高而面南也。”陳皥曰：“若地有東西，其法如何？答曰：然則面東也。”基博按現代戰術，以飛機大炮爲利器，而處軍以得掩護爲有利；“視生處高”，則予敵人以攻擊之目標，未爲有利也！

戰隆無登，

（訓義）杜牧曰：“隆，高也；言敵人在高，我不可自下往高，迎敵人而接戰也。一作‘戰降無登’；降，下也。”張預曰：“敵處隆高之地，不可登迎與戰。一作‘戰降無登迎’，謂敵下山來戰，引我上山，則不可登迎。”

此處山之軍也。

（訓義）張預曰：“凡高而崇者皆謂之山；處山拒敵，以上三事爲法。”基博按克老山維茲亦論山地之處軍相敵，與平地全異；其書第五卷論戰鬬力，中有《地形》一章；第六卷論守，中有《山嶽之守》三章；第七卷論攻，中有《山嶽之攻》一章；皆論“處山之軍”，而詳哉言之，有足以補孫子所未逮者；其持論以謂：“處山之軍，運動障害，利守不利攻！大抵强者攻而弱者守；守則不足，攻則有餘；如處平原而爲守，衹以相當强力之若干支隊進攻，即不得不委而去之，衆寡之勢異也；若以處之山，則以寡弱之兵力，保廣大之地域，而爲堅强持久之抵抗者，往往有之！然未必其力與兵數之增加成爲正比例；此山嶽之在弱者，所以爲避難所也！然可以用寡而不可以用衆；可用小部隊以爲受動之抵抗，而不能用主力以爲主動之反攻！山嶽者，與大河相同，可視之爲不易通過之柵牆，以障害敵軍之進攻，而制止之於僅有之通道；然後守者在山嶽之後方，以集中配備之兵力，襲擊敵軍之各個部隊，而斷其交通線，阻其歸路。當攻者之由山中前進也，所尤患者，不能維持其縱隊，若欲强維持之，僅有一條退路，而不無後顧之虞！然在山嶽，亦有在其他地形所無之一特性，即能由一地點，瞰制他地點，是也。倘守者依谷以爲阻，而攻者絶山以處高，則守者爲所俯瞰，而曝露以受監視矣！則是利於守而不必利於守！山嶽之不利攻，以運動障害；而山嶽之不利守，亦以運動障害！設守山嶽者，以堅固不可攻之排哨，配置於各地，而全軍散布，如鐵釘之屹不動，則因之而反予攻者以大膽迂迴之餘地；蓋以其時攻者已不必懸念自軍之兩翼也！於是守者以制止攻者之迂迴，而陣地之線益伸張。以陣地之線益伸張，而正面薄弱；攻者乃集中兵力以突擊正面，而不嚮守者之兩翼迂迴；於時，守者若非以迅速之運動力，轉移兵力於正面以爲抵抗，則不能以救敗；然運動力之與山嶽不相容，則兵力之轉移不易，而鮮不爲攻者所突破！所以運動爲攻者之事，則山嶽爲守者之利；苟守者而亦有事於運動，則山嶽之爲不利亦同！所以山嶽可用小部隊以爲受動之抵抗；而不能用主力以爲主動之決勝也！夫守者之所以爲守而決勝者，非惟正面爲受動之抵抗；亦必同時在後方爲强有力之能動抵抗；然後方之能動抵抗，爲山嶽之所不許！第一，由後方以嚮前方，無可迅速行軍之道路；而戰術之奇襲，亦以土地不平坦而有妨！第二，以地形之障害，而成視線之障害，山地若由其緣端以望平原，則可俯瞰甚廣大之地域；而山地自身，則常如被蔽於黑暗之帳中，對地勢及敵人運動之展望不自由！第三，亦不無切斷退路之虞！雖在正面對敵之全壓力，由山地之蔭蔽，而頗有可爲退路之保護者；又敵欲迂迴之時，亦以運動之障害，而多予以時間之損失；然守者在山中爲集中配備之時，則迂迴爲攻者之唯一法！何也？蓋攻正面，則必與守者最堅强之主力相衝突也！然迂迴，亦非攻守者之側及背，而以切斷退路爲尤有效；蓋足有守兵之山中陣地，則背後之抵抗力更大也！使守兵有退路喪失之虞，則易以迅速收功；而退路喪失，乃山中守兵之所大懼；蓋一喪失而地阻隘，不能以兵力開拓血路而突圍也！然則山地，既以妨害守者之俯瞰敵人；又以運動障害而不能應敵以轉移兵力，不得不爲受動之抵抗；抑亦以不得不阻扼所有之道路，而不能無單線式戰争之傾嚮；縱攻者無力包圍以切斷守者之退路；抑亦可集中兵力以突擊，而破碎守者之防禦線也！然守山者，不能不傾嚮單線配備！所謂單線配備者，蓋由互相依賴之一系列哨兵，而以掩護某地帶之謂也。欲直接掩護廣大之地帶，則其防禦線必無限延長以成一系列；而一系列之無後繼以不能持久抵抗，則其爲攻者之易集中突破，可知也！特守山者，能以全軍配備於山背廣大高原之時，則可以消滅此等不利之大半而瞰制敵軍；正面既頗堅固，兩翼又難接近，而陣地之内部及背面，可保有運動之自由；此可謂理想之最堅强陣地也；抑亦不過理想而已！大抵山嶽，自中腹傾斜地以至山頂，必有數處以易接近者；而山頂之高原，往往狹小不足以配備大兵！觀奥國帝位繼承戰争、七年戰争、革命戰争，處山之軍，其配備未有包括全山脈體系！當時之軍隊，未有位置於山之背者，常沿斜面或高或低以爲位置，而方嚮亦不一，或彼或此，或直角，或平行，或斜出，或順沿水流，或横斷水流。至於一七九九年及一八〇〇年之諸役，法軍及奥軍，皆以其主要哨兵配備於溪谷，有遮斷溪谷以與爲直谷配備者；亦有順溪谷之勢以爲配備者；而山背不配備兵力，不過置少數之孤立哨兵而佔領之以爲覘望耳！蓋阿爾卑斯山脈之山背，無法以配備兵力，而舍溪谷配備以外無他道！或有疑而言者曰：'山背之高地瞰制溪谷也！'然而不然！蓋山背之小徑僅有，而得攀緣以上者，惟步兵，至於車騎之通路，無不沿溪谷以行也！所可慮者，或敵之步兵，出没山背以射擊溪谷耳！特以阿爾卑斯山山脈之大，則山背與溪谷之距離過遠，而欲憑山背以爲有效之射擊，雖在溪谷，亦不如想像之可虞！然此非謂溪谷之守，可以一無所虞也；乃别有虞，即虞退路之切斷，是也！然攻者之切斷退路，亦劇不易；僅能以步兵由數處無聯絡之地點，徐徐而下溪谷耳！凡守者之配備，可於敵之所易接近，而擇全線中央之陣地以置主軍；然後派遣部隊以佔領溪谷之出口，而置三人、四人、五六人乃至以上之哨兵，略成一線；此線之延長，以一兩日間行程，即六德里至八德里之距離爲普通；然因地制宜，亦有延長至二三十德里者。惟在相隔一二小時間行程距離之大哨間，往往有可通之出口，而於軍隊配備以後，始發見之者；亦有發見可置一二營之哨所，而不得不彌縫其闕，以與大哨聯繫作配備者；當是時，支隊之佔領兵力，其區分有可小至一步兵連乃至一騎兵連者！但在溪谷之陣地，曾無有能盡杜僻路仄徑以一一阻扼不得入者；而敵蹈瑕抵巇，漸以優勢之兵力下降而展開之，則守軍勢力衰弱，分布稀薄之哨兵線，無不突破矣！然退卻而不得山地嚮平原之出口，則各支隊不得不循溪谷以走，而在哨兵較多之支隊，往往不能以自脱；此奥軍之在瑞士作戰，所爲不得不以其軍三分之一乃至半被捕虜也！夫山嶽之守，以局部觀，似堅；而以全體衡，則弱！何者？山嶽愈高，愈不易接近，而兵力之分散愈大，且不得不愈大；蓋不能以運動爲作戰計畫，而有直接掩護之必要也！大哨，僅第一線有步兵，第二線有數連之騎兵；惟中央所配備之主力，在第二線有二三營耳！然欲增援被攻擊之哨所，而置後方之戰略預備軍，罕有能維持以至最後者！蓋以正面延長之加大，而無所不備，則無所不寡！若哨所一度爲攻者所佔有，縱以幾多之援兵，而末如之何矣！”苟非細籀克氏之論，則不知孫子“絶山依谷，視生處高，戰隆無登”諸語之作何解！蓋“依谷”而“絶山”以“視生處高”者，以争地形之瞰制也。“戰隆無登”者，以避地形之瞰制也。至於攻守之宜，利鈍之勢，往復深切，克氏之論盡矣！

絶水，必遠水；

（訓義）曹操曰：“引敵使渡。”張預曰：“凡行軍過水，欲舍止者，必去水稍遠；一則引敵使渡，一則進退無礙。”

客絶水而來，勿迎之於水内，令半濟而擊之，利。

（訓義）梅堯臣曰：“敵之方來，迎於水濱，則不渡。”王皙曰：“内當作汭，迎於水汭，則敵不敢濟，遠則趨利不及，當得其宜也。”何氏曰：“如春秋時，宋公及楚人戰於泓，宋人既成列，楚人未既濟，司馬曰：‘彼衆我寡，及其未既濟也，請擊之！’公曰：‘不可！’既濟而未成列，又以告。公曰：‘未可！’既陳而後擊之，宋師敗績，公傷股，門官殲焉。宋公違之，故敗也。吴伐楚，楚師敗，及清發，將擊之。夫概王曰：‘困獸猶鬭，況人乎！若知不免而致死，必敗我！若先濟者知免，後者慕之，蔑有鬭心矣！半濟而後可擊也！’從之，又敗之。魏將郭淮在漢中，蜀主劉備欲渡漢水，來攻，諸將議曰：‘衆寡不敵，欲依水爲陳以拒之。’淮曰：‘此則示弱而不足以挫敵，非算也；不如遠水爲陳，引而致之，半濟而後擊，備可破也。’既陳，備疑，不敢渡。”張預曰：“敵若引兵渡水來戰，不可迎之於水邊；俟其半濟，行列未定，首尾不接，擊之必勝。”

欲戰者，無附於水而迎客。

（訓義）李筌曰："附水迎客，敵必不得渡而與我戰。"張預曰："我欲必戰，勿近水迎敵，恐其不得渡；我不欲戰，則阻水拒之，使不能濟。晉將陽處父與楚將子上夾泜水而軍，陽子退舍，欲使楚人渡；子上亦退舍，欲令晉使渡；遂皆不戰而歸。"

視生處高，

（訓義）梅堯臣曰："水上亦據高而嚮陽。"何氏曰："視生，嚮陽遠視也。軍處高遠，見敵勢，則敵人不得潛來，出我不意也。"

無迎水流，

（訓義）杜牧曰："水流就下，不可於卑下處軍也，恐敵人開隄灌浸我也，上文云'視生處高'也。諸葛武侯曰：'水上之陳，不逆其流。'此言我軍舟船，亦不可泊於下流，恐敵人得以乘流而薄我也。"賈林曰："水流之地，可以溉吾軍，可以流毒藥。迎，逆也。"張預曰："卑地勿居，恐決水灌我；舟戰亦不可處下流，以彼沿我泝，戰不便也；兼慮敵人投毒於上流。楚令尹拒吴，卜戰，不吉。司馬子魚曰：'我得上流，何故不吉！'遂決戰，果勝。是軍須居上流也。"

此處水上之軍也。

（訓義）張預曰："凡近水爲陳皆謂水上之軍；水上拒敵，以上五事爲法。"基博按水之爲流，有與行軍爲同嚮者，有與行軍爲直角者。與行軍爲直角者，所謂"絶水必遠水"也；"客絶水而來"，則利於主，依水爲阻而以禦敵之進攻。德之攻蘇聯也，爲由西嚮東；而蘇聯之河流，則由北嚮南；德軍每過一河，無不受阻，士兵耗喪，則以河流與爲直角也。與行軍爲同嚮者，處上流，勿處下流；所謂"視生處高，無迎水流"也。克老山維茲著書，第六卷論守，中有《大小河川之守》兩章；第七卷論攻，中有《渡河》一章；皆論處水之軍；其説以謂"大河爲戰略之栅牆，可資以守，與山嶽同。惟山嶽節節可守，一處突破，未必全體崩潰；而大河處處可渡，一處强渡，遂以全河放棄；此則異也。凡處水上之軍，而圖所以爲守者，不出三途：第一，扼河爲守而以阻敵不得渡者。其河，必爲水量豐富之廣河大川；而其兵力，必集中配備以在水之近傍也。何爲而在河之近傍也？蓋置兵在河之後方，徒以延長赴敵渡河點之路程耳！且沿河之路，以較路之由後方而嚮河畔者，必多平直而易通行；所以兵力之運動，與河成直角者難，而與河爲平行者易；此兵力配備，所以在河之近傍也。何以不置豫備隊於後方，而必集於沿河以爲守也？當知守河者，猝不易測攻者之果從何處渡，不得不沿河流以無限延長防禦線而傾嚮於單線式戰争；何能再餘大兵團以配備河之後方！抑軍之集合，必費不少之時間；而守軍之强有力以阻攻者，無不在集中之配備也！倘配備哨兵線以守河，而置若干哨兵於各處；則攻者以優勢之火力，擊退此哨兵而事强渡，一處得渡，則三軍奪氣矣！惟守河者，無絶對之據點，無不虞攻之迂迴；而攻之迂迴，則攻者之兵力愈大，愈易；不可不察也！凡攻者，無不强渡一處以吸集守軍之抵抗；而别出兵迂迴他處以得渡，此誠數見不鮮之例？然攻者之大忌，在數地分渡；而分渡之數地，又勢懸絶而不呼應；則攻者以兵分力薄而爲守者所乘；蓋守者沿河行軍，而兵力易運動以集中；而攻者隔河行軍，則兵力難運動以集中也！惟沿河而以大軍分成數部隊以置守者，則不能無各部隊各個擊破之危險耳！其次，遠河岸以置兵而予敵渡河者，則以小河爲限。於時，守者必在遠河相當之距離内，佔領陣地；而其距離不得過遠！如攻者分數處渡河，而我軍之距河，必得乘敵軍之渡河而未及集合，可迎擊之！倘攻者渡河祇一處；則伺其行軍之爲一橋、一路所限制而不得展布；而我得及時以迎擊之於河畔。以此爲衡，而距離之如何爲相當，可知已！然攻者亦或以數處或一處渡河，故布疑陣以吸集我兵力；而實則别出兵迂迴以擬我後。苟守者反兵以擊迂迴軍，則爲當面渡河之敵軍所乘！然則如何而可？曰：當乘迂迴軍未及薄我之時，而以迅速之强力，迎頭痛擊當面之敵軍；如當面渡河之敵軍摧破，而迂迴我後之敵軍，深入而援不接，抑亦何能爲役也！惟守者之陣地，不宜分散，宜厚集其力以圖決勝；而尤宜有最高度之猛烈！凡戰争，不能以猛烈之意志，而爲堅確之企圖者，無不歸於失敗也！如在平原，無戰鬬之勇氣，而欲憑廣河深谷，阻敵以自全，亦幾見能倖全乎！蓋以其於自己之陣地，不必有真實之信賴，而將帥以下，皆充滿不安之意念；夫有此不安之意念者，往往震眩於當前之情實，而不知所以爲計焉！然則守者，若不知利用守勢之憑藉，迅速之行進，地理之通曉以及運動之自由，而相機應變；雖憑有利之河川而以資敵，未見其爲利也！其三，進佔河之對岸以爲守者，其陣地必非常堅固；否則守者背水而陣，予敵以可乘！若陣地堅固而敵不敢犯，則敵以此不得渡河而爲我緊縛！使敵不相攻而逕渡河，則其交通線，必被守軍遮斷；然當知此時守軍之交通線，亦被威脅；於是兩軍一彼一此，往往互爲迂迴，而處水上之軍，實則用此法者甚少，不過姑備一説，而爲以前兩法之補助耳！凡河，無不爲天然之障害，而有利於守。然言守者，不可不辨河流之與國境，將平行而流乎？抑與之爲直角乎？使其平行而流，將在守軍之後乎？抑在敵軍之後乎？方敵軍前進，而有大河横亘在其後；則行軍不能無後顧之虞；蓋以其交通線僅限於數處之渡河點，而有退路被斷之虞也。若河流在守軍之後，相距一日之程，而佔有多數安全之渡河點，以在國境，而易掩護以維交通線之安全；彼此相形，利可知矣！倘河流而爲直角，亦多有利於守！第一，守者以河爲據點，而得利用河流直角注入之溪谷，以佔領許多良好之陣地。其次，攻者不得不放置兩岸之一而前進；或以兵分爲二以前進。然敵分兵爲二之時，其利無不歸於守者之主，以其較有多數安全之渡河點，而兵力之運動爲易也！使攻者放置兩岸之一而前進，則守者得以兵瞰制其側面；此所以亦利於守也！惟直角之河流而作爲輸送路時，則又利屬於攻；蓋攻者之交通線，必比之守者爲長大而困於輸送；今得直角之河流，而泛舟以順流上下，不亦大利乎！”今按孫子曰：“欲戰者，無附於水而迎客”；則克氏所論之第一法，扼河爲守而阻敵以不得渡，乃孫子之所不欲也！孫子曰：“絶水必遠水；客絶水而來，勿迎之於水内；令半濟而擊之，利！”則克氏之第二法，所謂“遠河岸以置兵而予敵渡河”也；特克氏以小河爲限耳！凡事有宜，不得盡言！

絶斥澤，惟亟去無留。

（訓義）陳皥曰：“斥，鹹鹵之地；水草惡，漸洳，不可處軍。”梅堯臣曰：“斥，遠也；曠蕩難守，故不可留。”張預曰：“斥澤，謂瘠鹵漸洳之所也；以其地氣濕潤，水草薄惡，故宜急過。”

若交軍於斥澤之中，必依水草而背衆樹。

（訓義）李筌曰：“急過不得，戰必依山背樹；夫有水樹，其地無陷溺也。”

此處斥澤之軍也。

（訓義）張預曰：“處斥澤之地，以上二事爲法。”基博按“斥澤”之“斥”，不必作“鹹鹵之地”解；當依梅堯臣訓“遠”。蓋鹹鹵之地，中國惟西北山、陝一帶有之；而孫子生長於齊，用事於吳，沼澤固所在多有；何來鹹鹵之地也！所謂“斥澤”者，自係沼澤之廣者耳！克老山維兹著書，第六卷論守，中有《沼澤》一章；第七卷論攻，中有《沼澤、氾濫、森林之攻》一章；皆論處斥澤之軍，其説以謂："沼澤之形成切斷地部，而利於守，頗與河相似，而有不同。蓋守河者，憑河以爲守；而守沼澤者，扼堤以爲守。一線長堤，四望沼澤，而攻者之渡沼澤，不如渡河之易，則以造堤不如造橋之易！蓋渡河，則先用舟船以渡前衛於對岸，然後從事於造橋；而沼澤，則以一片漸洳，步兵跋涉，常以板渡；顧沼澤之幅員，視河爲廣；而以板渡沼澤，比之以舟渡對河者，勞費與時間什伯之也！如沼澤之中，有非橋不渡之河，則先頭部隊之渡對岸更難；蓋單板可以渡個人，而不任運載架橋所須之重材料；此攻者之所以力避沼澤而必出以迂迴也！如攻者徑犯守軍所扼之堤，則以堤道之細而長，而守軍之射擊倍準，火力倍猛！夫冒守軍之火力，而以渡全長四分之一至二分之一德哩之堤道，其死傷之烈，豈渡河以涉一橋者所可比喻乎！是故守者衹堅扼所佔之堤道，即可以火力控制敵人而不得進矣！惟堤道以外，無絶對不能迂迴之理；如有可以迂迴而通過之一處，斯可以破壞其防禦線矣！然有舉國氾濫以可成一大沼澤，而不予攻之迂迴者，則惟一國家之荷蘭，是也。蓋荷蘭國土，爲乾燥之牧場或耕地，而有深廣無定之千溝萬澮，縱橫罫畫，轉相灌注以匯流入航行之大運河。大運河之流行，亦四面八方；而大運河之兩岸，設堤爲防，非有橋，不能以渡，蓋全國之地面，不惟低於海面，而亦低於運河之水面，故非夾岸爲堤，不足以防水之氾濫也！如決堤放閘，則全國氾濫；而僅有高堤以出水面，通行道；雖氾濫之深，不過三四英尺，而四望汪洋；亦有可以徒涉之處，然有千溝萬澮之深没水底，苟一涉足其中，無不滅頂有凶！其國每當寇深國危之日，其人即爲決閘放水之策，則攻者前進之路無幾，而行軍必循狹堤，堤之兩側，無不有溝，而兵力之運用不自由；守者衹集中兵力，扼僅有之高堤以拒敵；敵軍所在之處，無不爲氾濫所障害以妨其展開；其利於守，爲何如乎！特以氾濫爲設險，不能不受冬季之時制，一七九四年及一七九五年，法軍進攻之有成功者以此；然亦以嚴寒之冬季爲限耳！"則沼澤之不利於攻可知；而孫子言"絶斥澤，惟亟去無留"者，倘爲攻之力避沼澤以必出於迂迴者言之；而不必如梅堯臣所云"曠蕩難守，故不可留"也！

平陸，處易；

（訓義）張預曰："平陸廣野，車騎之地，必擇其坦易無坎陷之處以居軍，所以利於馳突也。”

而右背高，前死後生；

（訓義）杜牧曰：“太公曰：‘軍必左川澤而右丘。’死者，下也。生者，高也；下不可以禦高，故戰便於車馬也。”賈林曰：“岡阜曰生；戰生曰死。岡阜處軍，穩前臨地，用兵便。高後在右，回轉順也。”梅堯臣曰：“擇其坦易，車騎便利。右背丘陵，勢則有憑。前低後隆，戰者所便。”張預曰：“雖是平陸，須有高阜，必右背之，所以恃爲形勢者也。前低後高，所以便乎奔擊也。”

此處平陸之軍也。

（訓義）張預曰：“居平陸之地，以上二事爲法。”

凡此四軍之利，

（訓義）李筌曰：“四者，山、水、斥澤、平陸也。”

黄帝之所以勝四帝也。

（訓義）曹操曰：“黄帝始立，四方諸侯，無不稱帝。”李筌曰：“黄帝始受兵法於風后，而滅四方，故曰勝四帝也。”梅堯臣曰：“四帝當爲四軍字之誤歟？言黄帝得四者之利，處山則勝山，處水上則勝水上，處斥澤則勝斥澤，處平陸則勝平陸也。”張預曰：“兵家之法，皆始於黄帝，故云然也。”

凡軍，喜高而惡下；

（訓義）張預曰：“居高，則便於覘望，利於馳逐。處下，則難以爲固，易以生疾。”基博按克老山維茲著書，第五卷論戰鬭力，中有《瞰制》一章，申論軍之所以“喜高而惡下”，其説以謂：“兵學瞰制之一語，有獨特之魔力；而土地之影響於兵力，無不以此語之想像；例如瞰制陣地、鎖鑰陣地，及戰略之機動等，亦源於瞰制之想像而生魔力也！凡力之運用，由下嚮上難；由上嚮下易；物理如此，兵法亦然！蓋行軍之自下而上，則以高地之難接近，而運動障礙；一也。射擊之自上而下，以視自下而上，射擊之距離相同，而自上而下之命中率大；二也。至於展望，則以俯瞰而所見者遠，歷歷在目；三也。是故置陣山嶽之緣，俯瞰敵軍而泰然自得；以視敵軍之處下者，仰瞻我軍而慄然有失；其士氣之沮喪，較諸地形之劣弱爲尤甚！此軍之所以喜高而惡下也。顧究其實，瞰制亦不能不受地形之制限！設我置陣於山嶽，而山嶽之下，森林繁茂，岡嶺起伏，則展望即以障礙，而不能俯視一切以盡覽無餘；一也。凡軍之處下者，固以高地之難接近而運動障礙；然亦僅以自下而上之前進時爲限；若自上而下之前進，亦未見運動之易！倘兩軍爲大溪谷所隔截時，幾見居高而臨下者，遽能接近以相薄耶！若處下者欲致高地軍於平地以爲戰時；則接近之難，在高地軍；而運動之易，則爲處下者所擅有矣！二也。至射擊之瞰制，獨爲居高而臨下者所擅有；然接近之不易，與射擊之瞰制，皆僅資居高而臨下者以利於爲守；蓋在陣地静止者之得資以爲用；而在運動者，則不能資以爲用；三也。所以瞰制利於守，而可發生之瞰制，僅限於山嶽陣地之能堅持；而山嶽陣地之不易堅持，已具論之！然行軍者未佔領溪谷相接之山嶽，要不可駐軍溪谷而爲敵人所瞰制耳!”則克氏之論瞰制，亦不如想像之有利，故稱之曰“魔力”；要不過魔力之想像而已！顧孫子以“視生處高”致儆於處山處水之軍，以“處易而右背高”致儆於處平陸之軍；不過見軍之“喜高而惡下”，而以擅瞰制之利耳！

貴陽而賤陰；

（訓義）王晳曰：“久處陰濕之地，則生憂疾，且弊軍器也。”張預曰：“東南爲陽；西北爲陰。”

養生而處實；

（訓義）梅堯臣曰：“養生，便水草；處實，利糧道。”王晳曰：“養生，謂水草糧糒之屬；處實者，倚固之謂。”張預曰：“養生，謂就善水草放牧也；處實，謂倚隆高之地以居也。”

軍無百疾，是謂必勝！

（訓義）張預曰：“居高面陽，養生處高，可以必勝；地氣乾熯，故疾癘不作。”

丘陵隄防，必處其陽而右背之，

（訓義）杜佑曰：“隄者，積土所作，皆當處其陽而右背之，戰之便也。”王晳曰：“處陽則人舒以和，器健以利也。”張預曰：“背高所以爲險固也。”

此兵之利，地之助也。

（訓義）張預曰：“用兵之利，得地之助。”

上雨，水沫至；欲涉者，待其定也。

（訓義）曹操曰：“恐半涉而水遽漲也。”杜佑曰：“上雨，水當清；而反濁沫至，此敵人權遏水之佔也。”王晳曰：“水漲則沫；涉，步濟也。”張預曰：“沫，謂水土泡漚。”陳啓天曰：“此句亦言處水上軍之法，想係錯簡在此；宜移於上文‘令半濟而擊之利’句下。”

凡地，有絶澗、天井、天牢、天羅、天陷、天隙；必亟去之，勿近也！

（訓義）王晳曰：“‘絶澗’，當作‘絶天澗’，脱天字耳。”張預曰：“谿谷深峻，莫可過者，爲絶澗。外高中下，衆水所歸者，爲天井。山險環繞，所入者隘，爲天牢。林木縱橫，葭葦隱蔽者，爲天羅。陂池泥濘，漸車凝騎者，爲天陷。道路迫隘，地多坑坎者，爲天隙。凡遇此地，宜遠避，不可近之！”基博按張預曰：“林木縱横，葭葦隱蔽者，爲天羅。”則“天羅”者，森林之地也。森林，亦利於守而不利於攻；則“亟去之，勿近”者，當爲客而不爲主！克老山維茲著書，第六卷論守，中有《森林之守》一章；第七卷論攻，亦有章涉及森林；皆論處森林之軍，其説以謂：“林，有茂密深阻之森林；有面積廣闊之植林；兩者之資以爲守不同。蓋植林者，樹木稀，不如森林之茂密；通路多，不如森林之深阻；而守者得之，不可不置之陣地之後！蓋守者眼前之展望，不可不視攻者爲廣大！何者？則以守者之兵力，自視攻者爲寡弱；而憑阻恃深，不得不視攻者以遲緩展開作戰計畫爲有利；若有林在前以布置防禦正面；則瞻望弗及，而以運用兵力，如盲者之與行人相撞矣！倘置於後以布防禦線，則防禦線内之所得爲者，不獨以遮蔽敵眼；抑亦可掩護退卻；此之爲利，不亦大乎！惟植林多限於平地；而茂密深阻之森林，則有山嶽之特質；倘守者於森林後方，爲可多可少之集中以待敵軍，而由森林之隘路，猝出以襲擊之；則攻者之前進受阻可知！倘攻者猛進而守軍後退，則以森林之通路，無不長大而深阻，羊腸縈曲，足以掩護退卻；其爲守者之利又可知！惟森林雖以深阻，無不有若干間道以利小支隊之侵入；而小支隊之侵入，亦如滴水之滲浸大堤，而千里之堤，無不潰於蟻穴之微以擴大成氾濫也！抑亦有其例外；如俄國與波蘭之廣大地帶，幾爲森林所蔽；而攻者如無足以突破之力，迷路以不知所出，而在森林之黑暗中，敵人變幻出没，左右前後，不知襲擊之自何來，旁皇無主，危莫大焉！”豈非孫子之所謂“天羅”乎！至於“絶澗”、“天牢”、“天隙”，殆不離乎所謂“谿谷”也。“天井”、“天陷”，則不外乎所謂“沼澤”也。特多爲之辭以見地形之複雜，而不可以一概論耳！

吾遠之，敵近之。吾迎之，敵背之。

（訓義）李筌曰："善用兵者，致敵至受害之地也。"杜牧曰："迎，嚮也。背，倚也。"梅堯臣曰："言六害當使我遠而敵附，我嚮而敵倚，則我利敵凶。"

軍旁，有險、阻、蔣、潢，井生葭葦，山林蘙薈，必謹覆索之；此伏姦之所藏處也。

（訓義）杜佑曰："此言伏姦之地；當覆索也。險者，一高一下之地。阻者，多水地也。蔣者，水草之藂生也。潢者，池也。井者，下也。葭葦者，衆草所聚也。山林者，衆木所居也。蘙薈者，可以屏蔽之處也。此以上，相地形也；此以下，察敵情也。"張預曰："險阻，丘阜之地，多生山林；潢井，卑下之處，多産葭葦；可以蒙蔽，必降索之，恐兵伏其中；又慮姦細潛隱，覘我虛實，聽我號令。伏、姦，當爲兩事。"陳啓天曰："井字當爲并字，因形近而誤；并生，猶言叢生也。"

右第一節，論處軍。基博按孫子以兵之利爲得地之助；是以處軍，必相地形。而克老山維茲著書，第六卷論戰鬬力，中有《地形》一章，亦論相地以處軍，其説以謂："完全之平原，不過以展開兵數甚少之部隊，而戰鬬於一定之時間耳！若用兵數較多之部隊，而爲時間較長之戰鬬，則戰鬬不限於平原；而山地之戰鬬，與平原絶異！夫平原，無障礙，無掩護；然離平原以言地形，則不能無障礙與掩護！而所謂障礙與掩護者：運動之障礙，一也。俯瞰之障礙，二也。炮火槍火之掩護，三也。及進而究其所以成障礙與掩護者：或以土地起伏之勢。或依森林、沼澤及湖沼等之自然狀態。或則依耕耘而生地面之變態。皆不得以平原爲衡者也。是故平原以外之地形有三：其一爲山地。其二爲耕耘不得施，而爲森林與沼澤之地。其三則耕耘之地，是也。然地之耕耘，亦隨地隨國而淺深異施，不能一律；獨佛蘭特、好斯敦及其他地方之耕耘，則大有資於障礙與掩護；蓋以其地爲無數之壕溝、牆垣、生籬及堤所切斷；而有孤立之村莊與小叢林，星羅棋布以點綴其間也。然則地形之利於戰争者，惟平坦而耕耘不盛之土地耳！特守者不得不資土地之障礙以爲用時，則非所論！森林以障礙俯瞰；山地以障礙運動；而耕耘盛之地，則可以障礙俯瞰，而不如森林之甚；亦以障礙運動，而不如山地之甚！山地固以運動障礙爲主；然非不能運動；不過在山地，不過不能隨地以自由前進行動；縱其能之，而不能不須多數之時間與勞力也！至於森林，則不惟俯瞰展望之難；而運動亦難；蓋以展望之難，不知何途之從而進出也！然運動愈障礙，俯瞰愈障礙，地形愈複雜；則總司令官之展望愈小，指揮愈失；而將校之名級愈低，指揮愈有效；士兵之部隊愈小，威力愈發揚；於此時也，惟有人自爲戰之膽勇，技能與睿智以決定一切耳；而總司令官之權威無與也！縱以國民戰争之民衆叛亂，雖各人之技能與睿智無可稱；特以各人意氣之激昂，一往無前，而運動兵力之分散，因地形之複雜；以寡擊衆，而成卓越之戰功者，豈無其人其事乎！特不能離障礙多，掩護多之山地、森林地以從事耳！山地、森林地以及耕耘盛之地，凡運動障礙之地，騎兵之不能用，已無待言！而在森林繁茂之地，則炮兵亦不能用；蓋無有效使用之展望，與可以運搬之道路也！然在山地以及耕耘盛之地，則炮火之掩護物多有，而炮兵之不利不甚大！抑敵人亦以掩護多而襲擊易，往往出步兵以猝襲我炮兵陣地；則以火炮之運搬笨重，而炮兵驚擾，往往委而去之以爲敵有！特山地，則以敵人之運動障礙而接近不易，可以增加炮兵之效力焉！然凡困難險阻之地形，他種兵之運動障礙者，惟步兵有決定之卓越耳！”今以克氏之説而證諸孫子所論處山、處水、處斥澤以及絶澗、天牢、天陷、天隙，皆運動之障礙也；天井、天羅以及險、阻、蔣、潢，井生葭葦，山林翳薈，皆俯瞰之障礙也；即如《九變篇》所言“圮地無舍”、“絶地無留”、“圍地則謀”，亦皆運動有障礙也。至云“衢地合交”，則以運動無障礙也。可以處平陸之軍處之！

敵近而静者，恃其險也。遠而挑戰者，欲人之進也。

（訓義）陳皥曰：“敵人相近而不挑戰，恃其守險也；若遠而挑戰者，欲誘我使進，然後乘利而奮擊也。”

其所居易者，利也。

（訓義）杜牧曰：“言敵不居險阻而居平易，必有以便利於事也。一本云：‘士争其所居者，易利也。’”賈林曰：“敵之所居，地多便利，故挑我使前，就己之便，戰則易獲其利，慎勿從之也。”張預曰：“敵人捨險而居易者，必有利也。或曰：敵欲人之進，故處於平易以示利，而誘我也。”基博按賈林註所據本，作“其所居者易，利也”，與杜牧、張預不同。

衆樹動者，來也。

（訓義）張預曰：“凡軍必遣善視者登高覘敵，若見林木動摇者，是斬木除道而來也。或曰：不止除道，亦將爲兵器；若晉人伐木益兵，是也。”

衆草多障者，疑也。

（訓義）曹操曰：“結草爲障，欲使我疑也。”杜牧曰：“言敵人或營壘未成，或拔軍潛去，恐我來追，或爲掩襲，故結草使往往相聚，如有人伏藏之狀，使我疑而不敢進也。”張預曰：“或敵欲追我，多爲障蔽，設留形而遁，以避其追；或欲襲我，叢聚草木以爲人屯，使我備東而擊西；皆所以爲疑也。”

鳥起者，伏也。

（訓義）杜佑曰：“下有伏兵，往藏，觸鳥而驚起也。”李筌曰：“藏兵曰伏。”張預曰：“鳥適平飛，至彼忽高起者，下有伏兵也。”

獸駭者，覆也。

（訓義）陳皥曰：“覆者，謂隱於林木之内，潛來掩我，候兩軍戰酣，或出其左右，或出其前後，若驚駭伏獸也。”梅堯臣曰：“獸驚而奔，旁有覆。”張預曰：“凡欲掩覆人者，必由險阻草木中來，故驚起伏獸奔駭也。”

塵高而鋭者，車來也。

（訓義）張預曰：“車馬行疾而勢重，又轍迹相次而進，故塵高起而鋭直也。凡軍行，須有探候之人在前，若見敵塵，必馳報主將，如潘黨望晉塵，使騁而告，是也。”

卑而廣者，徒來也。

（訓義）王晳曰：“車馬起塵猛，步人則差緩也。”張預曰：“徒步行緩而迹輕，又行列疎遠，故塵低而廣。”

散而條達者，樵採也。

（訓義）李筌曰：“煙塵之候。晉師伐齊，曳柴從之。齊人登山，望而畏其衆，乃夜遁。薪採，即其義也。”杜牧曰：“樵採者各隨所嚮，故塵埃散衍條達。”王晳曰：“條達，纖微斷續之貌。”基博按筌以“樵採”字爲“薪採”。

少而往來者，營軍也。

（訓義）杜牧曰：“欲立營壘，以輕兵往來爲斥候，故塵少也。”

辭卑而益備者，進也。

（訓義）杜牧曰：“言敵人使來，言辭卑遜，復增壘堅壁，若懼我者，是欲驕我使懈怠必來攻我也。趙奢救閼與，去邯鄲三十里，增壘不進，秦間來，必善食遣之；間以報秦將。秦將果大喜曰：‘閼與非趙所有矣！’奢既遣秦間，乃倍道兼行，掩秦不備，擊之，遂大破秦軍也。”

辭詭而强進驅者，退也。

（訓義）杜佑曰：“詭，詐也；驅馳，示無所畏，是知欲退也。”王晳曰：“辭强，示進形，欲我不虞其去也。”張預曰：“使來辭壯，軍又前進，欲脅我而求退也。秦行人夜戒晉師曰：‘兩軍之士，皆未憖也，來日，請相見。’晉臾駢曰：‘使者目動而言肆，懼我也。’秦果宵遁。”

輕車先出，居其側者，陳也。

（訓義）杜牧曰：“出輕車，先定戰陣疆界也。”張預曰：“輕車，戰車也；出車其旁，陳兵欲戰也。按魚麗之陣，先偏後伍，言以車居前，以伍次之；然則欲戰者，車先出其側也。”

無約而請和者，謀也。

（訓義）陳皞曰：“言無約而請和，蓋總論兩國之師，或侵或伐，彼我皆未屈弱，而無故請好和者，此必敵人國内有憂危之事，欲爲苟且暫安之計；不然，則知我有可圖之勢，欲使不疑，先求和好，然後乘我不備而來取也。石勒之破王浚也，先密爲和好，又臣服於浚，知浚不疑，乃請修朝覲之禮；浚許之；及入，因誅浚而滅之。”

奔走而陳兵車者，期也。

（訓義）李筌曰：“戰有期及，將用是以奔走之。”賈林曰：“尋常之期，不合奔走，必有遠兵相應，有晷刻之期，必欲合勢，同來攻我，宜速備之。”

半進半退者，誘也。

（訓義）杜牧曰：“僞爲雜亂不整之狀。”梅堯臣曰：“進退不一，欲以誘我。”

倚仗而立者，飢也。

（訓義）杜佑曰：“倚仗矛戟而立者，飢之意。”張預曰：“凡人不食則困，故倚兵器而立。三軍飲食，上下同時；故一人飢，則三軍皆然。”

汲而先飲者，渴也。

（訓義）杜牧曰：“命之汲水，未汲而先飲者，渴也；覩一人，三軍可知也。”

見利而不進者，勞也。

（訓義）杜佑曰：“士疲勞也；敵人來，見我利而不能進擊者，疲勞也。”張預曰：“士卒疲勞，不可使戰，故雖見利，將不敢進也。”

鳥集者，虛也。

（訓義）杜佑曰：“敵大作營壘示我衆，而鳥集止其上者，其中虛也。”張預曰：“凡敵潛退，必棄營幕，禽鳥見空，鳴集其上。楚伐鄭，鄭人將奔。諜告曰：‘楚幕有烏。’乃止。又晉伐齊。叔嚮曰：‘城上有烏，齊師其遁?’此乃設留形而遁也。”

夜呼者，恐也。

（訓義）杜牧曰：“恐懼不安，故夜呼以自壯也。”張預曰：“三軍以將爲主；將無膽勇，不能安衆，故士卒恐懼而夜呼；若晉軍終夜有聲，是也。”

軍擾者，將無不重也。

（訓義）陳皥曰：“將法令不嚴，威容不重，士因以擾亂也。”張預曰：“軍中多驚擾者，將不持重也。張遼屯長社，夜，軍中忽亂，一軍盡擾。遼謂左右勿動，‘是必有造變者，欲以動亂人耳!’乃令軍士安坐，遼中陳而立，有頃即定。此則能持重也。”

旌旗動者，亂也。

（訓義）張預曰：“旌旗，所以齊衆也；而動搖無定，是部伍雜亂也。”

吏怒者，倦也。

（訓義）杜牧曰：“衆悉倦弊，故吏不畏而忿怒也。”賈林曰：“人困則多怒。”

粟馬肉食，軍無懸缻，不返其舍者，窮寇也。

（訓義）梅堯臣曰：“給糧以秣乎馬，殺畜以饗乎士，棄缻不復炊，暴露不返舍，是欲決戰，而求勝也。”王晳曰：“粟馬肉食，所以爲力且久也；軍所缻，不復飲食也；不返舍，無回心也；皆謂以死決戰耳。敵如此者，當堅守以待其弊也。”

諄諄翕翕，徐與人言者，失衆也。

（訓義）李筌曰：“諄諄，翕翕，竊語貌；士卒之心恐上，則私語而言，是失衆也。”賈林曰：“諄諄，竊語貌；翕翕，不安貌；徐與人言，遞相問貌；如此者，必散失部曲也。”張預曰：“諄諄，語也；翕翕，聚也；徐，緩也；

言士卒相聚私語，低緩而言，以非其上；是不得衆心也。”

數賞者，窘也。

（訓義）杜牧曰：“勢窮力窘，恐衆爲叛，數賞以悦之。”

數罰者，困也。

（訓義）杜牧曰：“人力困弊，不畏刑罰，故數罰以懼之。”

先暴而後畏其衆者，不精之至也。

（訓義）曹操曰：“先輕敵，後聞其衆，則心惡之也。”張預曰：“先輕敵，後畏人。或曰：先刻暴御下，後畏衆叛，是用畏行愛，不精之甚；故上文以數賞數罰而言也。”

來委謝者，欲休息也。

（訓義）賈林曰：“氣委而言謝者，欲求兩解。”梅堯臣曰：“力屈欲休兵，委質以來謝。”

兵怒而相迎，久而不合，又不相去，必謹察之。

（訓義）張預曰：“勇怒而來，既不合戰，又不引退，當密伺之，必有奇伏也。”

兵非益多也，惟無武進，足以併力，料敵取人而已。

（訓義）王皙曰：“不可但恃武也，當以計智料敵而行。”

夫惟無慮而易敵者，必擒於人。

（訓義）王皙曰：“惟不能料敵，但以武進，則必爲敵所擒，明患不在於不多也。”基博按“足以併力”承“兵非益多”，言兵不以多爲益，而以併力爲足；“料敵取人”承“惟無武進”，言兵不徒以進爲武，而以料敵能取人；卒乃重言以申之曰：“夫惟無慮而易敵者，必擒於人”；所以深致戒於武進也。

右第二節，論相敵。

卒未親附而罰之，則不服；不服，則難用也。

（訓義）杜牧曰：“恩信未洽，不可以刑罰齊之。”

卒已親附而罰不行，則不可用也。

（訓義）曹操曰：“恩信已洽，若無刑罰，則驕惰難用也。”

故令之以文，齊之以武，是謂必取。

（訓義）李筌曰：“文，仁恩；武，威罰。”張預曰：“文恩以悦之，武威以肅之，畏愛相兼，故戰必勝，攻必取。或問曰：《書》云：‘威克厥愛，允濟；愛克厥威，允罔功。’言先威也；孫武先愛，何也？曰：《書》之所稱，仁人之兵也；王者之於民，恩德素厚，人心已附，及其用之，惟患乎寡威也。武之所陳，戰國之兵也；霸者之於民，法令素酷，人心易離，及其用之，惟患乎少恩也。”

令素行，以教其民，則民服；令不素行，以教其民，則民不服；

（訓義）梅堯臣曰：“素，舊也；威令舊立，教乃聽服。”

令素行者，與衆相得也。

（訓義）梅堯臣曰：“信服已久，何事不從！”王皙曰：“知此者，始可言其併力勝敵矣。”基博按此曰“令素行者，與衆相得也”；所以明令行之不徒恃威立，而尤貴親附也；乃與上文“卒未親附而罰之，則不服”句，反正相映，非威令之謂也。

右第三節，論得衆，蓋承上併力而申論之也。欲求併力，必先得衆；卒親附，令素行，而後可以言得衆。處軍相敵，而終之以得衆，此行軍之本也。卒不親附，令不素行，則何以併力而收料敵取人之功哉！

地形篇第十

（解題）王晳曰："地利，當周知險、隘、支、挂之形也。"張預曰："凡軍有所行，先五十里内山川形勢，使軍士伺其伏兵；將乃自行視地之勢，因而圖之，知其險易。故行師越境，審地形而立勝，故次《行軍》。"基博按行軍必明地形，故次《行軍》。惟《行軍篇》所論處軍，亦屬地形，與此少異者，蓋《行軍篇》之論，所以自處；而此所論，則旨在應敵也。

孫子曰：地形有通者，有挂者，有支者，有隘者，有險者，有遠者。

（訓義）張預："地形有此六者之别也。"

我可以往，彼可以來，曰通；通形者，先居高陽，利糧道以戰，則利。

（訓義）杜佑曰："謂俱在平陸，往來通也。"杜牧曰："通者，四戰之地；須先據高陽之處，勿使敵人先得，而我後至也。利糧道者，每於津阨，或敵人要衝，則築壘，或作甬道以護之。"賈林曰："處高，易於望候；嚮陽，視生；通糧道，便易轉運。"張預曰："先處戰地以待敵，則致人而不致於人；我雖高居面陽，坐以致敵，亦慮敵人不來赴戰，故須使糧餉不絶，然後爲利。"

可以往，難以返，曰挂；挂形者，敵無備，出而勝之；敵若有備，出而不勝，難以返，不利。

（訓義）杜牧曰："挂者，險阻之地，與敵共有，犬牙相錯，動有挂礙也。往攻敵，敵若無備，攻之必勝，則雖與險阻相錯，敵人已敗，不得復邀我歸路矣；若往攻敵人，敵人有備，不能勝之，則爲敵人守險阻，邀我歸路，難以返也。"陳皞曰："不得已陷在此，則須爲持久之計，掠取敵人之糧，以伺利便而擊之。"

我出而不利，彼出而不利，曰支；支形者，敵雖利我，我無出也，引而去之，令敵半出而擊之，利。

（訓義）賈林曰："支者，隔險阻，可以相要截，足得相支持，故不利先出也。"梅堯臣曰："各居所險，先出必敗，利而誘我，我不可愛；僞去引敵，半出而擊。"張預曰："利我，謂佯背我去，不可出攻，我捨險，則反爲所乘，當自引去；敵若來追，伺其半出，行列未定，鋭卒攻之，必獲利焉。李靖《兵法》曰：'彼此不利之地，引而佯去，待其半出而邀擊之。'"

隘形者，我先居之，必盈之以待敵；若敵先居之，盈而勿從，不盈而從之。

（訓義）曹操曰："隘形者，兩山間通谷也。"杜佑曰："盈，滿也；以兵陳滿隘形，欲使敵不得進退也，如水之滿器，與口齊也。若我居之，平易險阻，皆制在我，然後出奇以制敵；若敵人據隘之半，不知齊口滿盈之道，我則入隘以從之，蓋敵亦在隘，我亦在隘，俱得地形，勝敗在我，不在地形也。夫齊口盈滿之術，非惟隘形獨解有口，譬如平坡迴澤，車馬不通，舟楫不勝，中有一逕，亦須據其路口，使敵不得進也。諸可知矣。"張預曰："敵若先居此地，盈塞隘口而陳者，不可從也；若雖守隘口，俱不滿齊者，入而從之，與敵共此險阻之利。吴起曰：'無當天竈；天竈者，大谷之口'；言不可迎隘口而居之也。"

險形者，我先居之，必居高陽以待敵；若敵先居之，引而去之，勿從也！

（訓義）杜牧曰："險者，山峻谷深，非人力所能作爲，必居高陽以待敵；若敵人先據之，必不可以争，則當引去。陽者，南面之地；恐敵人持久，我居陰而生疾也。今若於崤澠遇敵，則先據北山，此乃是面陰而背陽也。高陽二者，止可捨陽而就高，不可捨高而就陽。孫子乃統而言之也。”梅堯臣曰：“先得險固，居高就陽，待敵則强；敵苟先之，就戰則殆，引去勿疑。”基博按此即《行軍篇》論處山之軍之所謂“絶山依谷”；而克老山維茲著書論山嶽之攻與守，孰能配備全軍於山背之廣大高原者，孰則瞰制敵軍以有利；此所爲“必居高陽以待敵”也！

遠形者，勢均，難以挑戰，戰而不利。

（訓義）曹操曰：“挑戰者，延敵也。”杜牧曰：“譬如我與敵壘，相去三十里，若我來就敵壘，而延敵欲戰者，是我困敵鋭，故戰者不利；若敵來就我壘，延我欲戰者，是我佚敵勞，敵亦不利；故延勢均。然則如何？曰：欲必戰者，則移相近也。”張預曰：“營壘相遠，勢力又均，止可坐以待敵，不宜挑人而求戰也。”

凡此六者，地之道也，將之至任，不可不察也。

（訓義）張預曰：“六地之形，將不可不知。”基博按“通形”，謂運動之無障礙者也。其他“挂形”、“支形”、“隘形”、“險形”，皆運動之有障礙者也。至於“遠形”，則運動之無障礙，而處戰地以待敵，蘄致人而致於人也。六地之外，有突形者，可以攻，難於守。希特勒以一九三九年九月進攻波蘭也，波蘭之波森突入德境，北有東普魯士，南有斯洛伐克，三面爲德所圍以成一突角；如不以攻，則形勢孤懸而無法守。希特勒以南北兩集團軍，各自爲鉗，而後合兩集團軍南北夾擊以成一大鉗形。波蘭倉皇應戰，而欲以波森軍反攻，挽此頹勢；不意反攻以深入，能進而不能退；遂爲德軍殲焉！此突形之危也。今日本狡焉啓疆以勞師襲遠，不期而成突形者三，深入危地以不得自拔矣！歐美兵家亦有論者，以謂：“日人開疆拓土，分兵四出，而在中國東北以及中國與泰、越，成突出之三楔形，而可以利敵人之鉗形夾擊者也！北部楔形，在中國之東北，其東北兩面，爲蘇聯所包圍；而西北則受蒙古之包圍，其勢如波蘭西部之凸角。中部楔形，爲中國淪陷各省，則北受蒙古之威脅，而西有中國之大軍，南則中、英、荷、奥同盟之聯軍。南部楔形爲泰、越，與日本三島，壤土相隔，衹一孤島而已；而中國緬甸所包圍者也。此三突角者，殆日人歷年戰勝攻取之所獲；然壤土遼闊，聲勢不接，而隔離之三大戰場，連兵久不解，當得幾許兵力以能維持耶！如敵人分道以進，如以海上而論：日本全部島嶼，無不在敵人控制之下！而委任統治羣島，則分布於美國所控制之太平洋上。如美國海軍得利用英、荷及蘇聯在遠東之海軍根據地，豈惟可以控制東京之外圍各小島，抑亦以控制日本本部！日本本部之外圍小島，雖亦足資捍衛；然星羅棋布，兵勢亦分！以十軍艦佔十島，不如五島而有十五軍艦者之力爲雄，進攻退守，此理易明！所以海軍國日本之弱點，即在海上，而日本海軍之所欲敵者有三：以海參崴爲根據地之蘇聯潛水艇及軍艦，一也。太平洋上之美國海軍，二也。南太平洋之英、美、荷聯盟軍艦，三也。然則戰場之成三楔形，豈惟陸上，抑亦海戰！日本軍艦之於三者，不論其在任何之一海上集中，必以成其他海上之空虛，而予敵以進攻之機矣！日本海軍，豈特無勝利之望；抑欲以斷敵人海上之交通，而亦不能也！日本有驅逐艦百艘，倘以集中於面積有限之一海上，而攻擊一敵人，威力自不可侮！今則以百艘驅逐艦，零星分散，從庫頁島以至西貢，又自泰國以至甲盧特島，汪洋浩渺，亦何能爲！反軸心之英、美、荷、澳諸國，可以其軍艦與商船，駛行於幾多不同之航線，而以接濟其攻擊各楔形之軍隊；每一艦船，護以巨型巡邏轟炸機；如此，則日本有八十艘之潛水艇，而出没於大海之汪洋；何足算也！安能以阻絶海上之交通耶！然日軍之在陸地，亦不能以阻絶交通，而撓敵人之進攻也！日軍之前進，不過以迫反軸心國之軍隊，退駐便利之地，而得源源之接濟。中國陸軍，以重慶爲根據地，比在武漢更堅强。英美聯軍在印度、澳洲作戰，比之泰國、華南，更易增援！然反軸心國之軍隊，可以後退部署進攻，於軍心士氣無傷也！日軍則可進而不可退；一退，則人民失其勝利之信心，士兵喪其戰鬬之勇氣，國勢瓦解，不僅敵軍之進迫東京而已！日本既不能退出任何戰場之一楔形，以沮士氣，墮民志；則亦不能在任何之一凸角，集中兵力！今日軍之在海陸各戰場，戰勝攻取，無不佔優勢；一至兵力分散，優勢亦何能保！然日本欲以保戰勝攻取之所穫，而持守於勿失，兵力不得不分散！於時，反軸心國之軍隊，倘海陸並進，一時并力，如德軍之於波蘭，每一楔形，各施以鉗形之夾擊，日其殆哉！”

右第一節，論地形。

故兵有走者，有弛者，有陷者，有崩者，有亂者，有北者。凡此六者，非天之災，將之過也。

（訓義）張預曰：“凡此六敗，咎在人事。”

夫勢均，以一擊十，曰走。

(訓義) 曹操曰："不料力。"張預曰："勢均，謂將之智勇，兵之利鈍，一切相敵也；夫體敵勢等，自不可輕戰；況奮寡以擊衆，能無走乎！"

卒强吏弱，曰弛。

(訓義) 張預曰："士卒豪悍，將吏懦弱，不能統轄約束，故軍政弛壞也。吴楚相攻，吴公子光曰：'楚軍多寵，政令不一，帥賤而不能整，無大威命，楚可敗。'果大敗楚師也。"

吏强卒弱，曰陷。

(訓義) 賈林曰："士卒皆羸，鼓之不進，吏强獨戰，徒陷其身也。"梅堯臣曰："吏雖强進，不能激之以勇，故陷於死。"張預曰："將吏剛勇欲戰，而士卒素乏訓練，不能齊勇同奮，苟用之，必陷於亡敗。"

大吏怒而不服，遇敵懟而自戰，將不知其能，曰崩。

(訓義) 曹操曰："大吏，小將也。"梅堯臣曰："小將心怒而不服，遇敵怨懟而不顧，自取崩敗考，蓋將不知其能也。"張預曰："大凡百將一心，三軍同力，則能勝敵；今小將恚怒而不服於大將之令，意欲俱敗，逢敵便戰，不量能否，故必崩覆。"

將弱不嚴，教道不明，吏卒無常，陳兵縱横，曰亂。

(訓義) 梅堯臣曰："懦而不嚴，則士無常檢；教而不明，則出陳縱横不整；亂之道也。"張預曰："將弱不嚴，謂將帥無威德也；教道不明，謂教閲無古法也；吏卒無常，謂將臣無久任也；陳兵縱横，謂士卒無節制也。爲將若此，自亂之道。"基博按軍隊之不可以平等，軍人之不可以自由，不論專制與共和，民治與君主，一也。然軍紀之弛，必由革命；革命之後，又振軍紀；而軍紀之弛，由於"將弱不嚴"，由於無賞罰！法之革命也，拿破崙爲將，以告於執政曰："吾法之人，幾曾知所謂自由平等；而惟一之情操，在尊榮！自古迄今，幾曾有共和國，而廢止榮譽徽章之頒獎者乎？我未之見也！諸君以爲理論之分析，可以鼓士氣，而使之奮勇打仗乎？諸君過矣！諸君理論之分析，祇可以資科學家用之於書齋；而軍人之所欲者，榮譽也，顯耀也，重賞也！"一九一七年，蘇聯革命之日，布爾什維克嘗以革命之精神，措而施之治軍；即軍人互稱同志，上下平等，而廢止上官之敬禮，是也。軍隊平等，軍人自由，而司令官及各級指揮官，失其權威。上官有命，亦不能責以服從；而士兵肆言以譏評上官，無所忌憚；人雜言龐，而士兵之權力，乃凌駕司令官及各級指揮官而出其上焉；此孫子所謂“將弱不嚴，教道不明，吏卒無常，陳兵縱横曰亂”者也。雖革命可以成功，而禦外亟待整軍；迄一九三九年蘇芬之戰，而益以徵紅軍之必革新！先是提摩盛科以一九三九年五月，受命爲國防委員長，所以革新紅軍軍紀者有六：（一）制定紅軍高級指揮官之稱號。（二）訂紅軍懲罰令。（三）廢止紅軍之政治部員制。（四）實施青年之軍事訓練。（五）制定下級士官及兵卒之稱號。（六）對上官之敬禮。質言之，即規復軍隊階級，力矯平等自由，是也。上官有命，絶對服從；如或抗違，必加嚴刑；雖用暴力，亦所不禁！倘上官而煦煦爲仁以寬貸不從命者；則軍法會議必予上官以懲戒之裁判；蓋以捄“將弱不嚴，教道不明”之失也！其宗旨，在提高上官之權威；而其樞機，則在勵行紅軍之禮儀。自司令官以迄下級士官，相呼以官。士官之於上官，兵卒之於士官，無論軍中或道旁，相遇必致敬；否則罰無貸！所以然者，亦以軍隊平等，軍人自由，而不免於“陳兵縱横”以“致亂”也！

將不能料敵，以少合衆，以弱擊强；兵無選鋒，曰北。

（訓義）李筌曰：“軍敗曰北。”梅堯臣曰：“不能量敵情，以少當衆；不能選精鋭，以弱擊强；皆奔北之理也。”何氏曰：“夫士卒疲勇，不可混同爲一；一則勇士不勸，疲兵因有所容，出而不戰，自敗也。故《兵法》曰：‘兵無選鋒曰北。’昔齊以技擊强，魏以武卒奮，秦以鋭士勝，漢有三河俠士，劍客奇材；吴謂之解煩，齊謂之決命，唐謂之跳盪，是皆選鋒之别名也；兵之勝術，無先於此。凡軍衆既具，則大將勒諸營各選精鋭之士，須趫健出衆，武藝軼格者，部爲别隊。大約十人選一人，萬人選千人，所選務寡，要在必當，擇腹心健將統率。自大將親兵前鋒奇伏之類，皆品量配之也。”張預曰：“設若奮寡以擊衆，驅弱以敵强，又不選驍勇之士，使爲先鋒，兵必敗北也。凡戰必用精鋭爲前鋒者，一則壯吾志，一則挫敵威也。故尉繚子曰：‘武士不選，則衆不强。’”

凡此六者，敗之道也；將之至任，不可不察也！

（訓義）張預曰：“以上六事，必敗之道。”基博按“將之至任”凡兩見：一曰相地之道，以料敵制勝，“將之至任”一也；一曰審敗之道，以整軍經武，“將之至任”二也。善用兵者，先爲不可勝以待敵之可勝，自立於不敗而不失敵之敗；是故審敗之道以整軍經武，視相地之道以料敵制勝，尤爲先務之急。故下曰“地形者，兵之助也”；以見兵之先務，不在地形而別有在也。

右第二節，論六敗。

夫地形者，兵之助也。

（訓義）杜牧曰：“夫兵之主，在於仁義節制而已；若此，地形可以爲兵之助。”張預曰：“能審地形者，兵之助耳，乃末也；料敵制勝者，兵之本也。”基博按此語爲一篇之眼，而以承上起下。所謂“兵之助”者，有二義：一曰知地而不知敗，雖知地，而不免於敗，此承上文言之也；一曰知地而不知彼知己，雖知地，而未能制勝，此炤下文言之也。諸家註於上下文義未融貫。

料敵制勝，計險阨遠近，上將之道也。

（訓義）何氏曰：“知敵知地，將軍之職。”張預曰：“既能料敵虛實强弱之情，又能度地險阨遠近之形，本末皆知，爲將之道畢矣！”基博按“料敵制勝”者，下文知彼知己之事；“計險阨遠近”者，上文地形之事；上將之道，必兼二者。而“計險阨遠近”，不過其一端，總以見地形者，不過兵之助耳。

知此而用戰者必勝，不知此而用戰者必敗！

（訓義）張預曰：“既知敵情，又知地利，以戰則勝；俱不知之，以戰即敗。”基博按“此”字義不兼指，蓋謂“地形者，兵之助”之一義爾。

故戰道必勝，主曰無戰，必戰可也。戰道不勝，主曰必戰，無戰可也。

（訓義）杜牧曰：“主者，君也。黄石公曰：‘出軍行師，將在自專，進退内御，則功難成。’故聖主明王跪而推轂曰：‘閫外之事，將軍裁之。’”張預曰：“與其從令而敗事，不若違制而成功；故曰：‘軍中不聞天子之詔。’”

故進不求名，退不避罪，

（訓義）何氏曰：“進豈求名也，見利於國家士民，則進也；退豈避罪也，見其蹙國殘民之言，雖君命使進而不進，罪及其身，不悔也。”

唯民是保而利合於主，國之寶也。

（訓義）張預曰：“進退違命，非爲己也，皆所以保民命而合主利，此忠臣國家之寶也。”

視卒如嬰兒，故可與之赴深谿；視卒如愛子，故可與之俱死。

（訓義）李筌曰：“若撫之如此，得其死力也。故楚子一言，三軍之士，皆如挾纊也。”張預曰：“將視卒如子，則卒視將如父，未有父在危難，而子不致死！故荀卿曰：‘臣之於君也，下之於上也，如子弟之事父兄，手足之捍頭目也。’夫美酒泛流，三軍皆醉；温言一撫，士同挾纊；信乎以恩遇下，古人所重也。”

厚而不能使，愛而不能令，亂而不能治，譬如驕子，不可用也。

（訓義）杜牧曰：“黄石公曰：‘士卒可下而不可驕。’夫恩以養士，謙以接之，故曰‘可下’；制之以法，故曰：‘不可驕。’”何氏曰：“言恩不可純任；純任，則遠爲己害！”

知吾卒之可以擊，而不知敵之不可擊，勝之半也；知敵之可擊，而不知吾卒之不可以擊，勝之半也；

（訓義）陳皥曰：“可擊不可擊者，所謂‘兵衆孰强，士卒孰練，賞罰孰明’也。”張預曰：“或知己而不知彼，或知彼而不知己，則有勝有負也。”

知敵之可擊，知吾卒之可以擊，而不知地形之不可以戰，勝之半也。

（訓義）張預曰：“既知己，而又知彼，但不得地形之助，亦不可全勝。”

故知兵者，動而不迷，舉而不窮。

（訓義）張預曰：“不妄動，故動則不誤；不輕舉，故舉則不困；識彼我之虛實，得地形之便利，而後戰也。”基博按“知吾卒之可以擊”，“知敵之可擊”，“知地形之可以戰”，三者具而後爲“知兵”！然所以“動而不迷，舉而不窮”者，豈惟學理之深知，抑亦有藉於經歷！美國出征總司令潘興以一九一七年出兵援英法協約，既抵巴黎，而所以詔部屬者則曰：“凡司令官之指揮作戰，及處理運輸給養，其成功端賴實際之研究！所謂軍事學者，原不外應用常識於軍事行動而已！深奧之名詞，理論之探討，雖能使戰術神祕化；實則軍事天才，終不外根據經驗及理解，以求簡易原則之實施而已！”誠哉是言！今觀十三篇書，孰非根據經驗之理解，以求簡易原則之實施乎！苟騁玄談，必入歧途！欲知兵者，不可不先知乎此！

故曰：“知彼知己，勝乃不殆；知地知天，勝乃可全。”

（訓義）李筌曰：“人事、天時、地利，三者同知，則百戰百勝。”孫星衍曰："上文云'知敵之可擊'，'知吾卒之可以擊'，故此云'知彼知己'也。上文又云'不知地形之不可以戰'，故此云'知地'；蓋地形者，兵之助，故孫子重言之也。上文諸言'勝之半也'，故此云'可全'以足其義，所謂全勝。"

右第三節，論地形者兵之助。鄭友賢曰："或問六地者，地形也；復論將有六敗者，何也？曰：懼後世學兵法者泥勝負之理於地形也，故曰：'地形者，兵之助'；非上將之道也。太公論主帥之道，擇善地利者三人而委之，則地形，固非將軍之事也。所謂'料敵制勝'者，上將之道也。知此爲將之道者，戰則必勝；不知此爲將之道者，戰則必敗。凡所言曰走，曰弛，曰崩，曰陷，曰亂，曰北，此六者，敗之道；將之至任，不可不察也。是勝敗之理，不可泥於地形，而繫於將之工拙也。至於九地亦然，曰：'剛柔皆得，地之理也。將軍之事，静以幽，正以治；驅三軍之衆，如羣羊往來，不知其所之者，將軍之事也。'特垂誡於六地九地者，孫武之深旨也。"

九地篇第十一

（解題）張預曰：“用兵之地，其勢有九；此論地勢，故次《地形》。”基博按此篇勘《地形篇》未發之蘊而補其義。

孫子曰：用兵之法，有散地，有輕地，有争地，有交地，有衢地，有重地，有圮①地，有圍地，有死地。

（訓義）曹操曰：“此九地之名也。”

諸侯自戰其地者，爲散地。

（訓義）杜牧曰：“士卒近家，進無必死之心，退有歸投之處。”何氏曰：“散地，士卒恃土，懷戀妻子，急則散走，是爲散地。”張預曰：“戰於境内，士卒顧家，是易散之地也。鄖人將伐楚師，楚鬭廉曰：‘鄖人軍其郊，必不誡，恃近其城，莫有鬭志。’果爲楚所敗，是也。”基博按孫子之説，可以備一義，而未闚其全！人君自私其國，人民不愛其國，而大敵猝至，誰則肯冒九死以爲獨夫保私産者！故曰“諸侯自戰其地者爲散地”也。然國者，民之

① “圮”原作“圯”，今改正，下同。

所託命也；廬墓之所在，財産之所寄，生於斯，長於斯，聚骨肉於斯，一旦强敵憑陵，國破，則家亦亡；“自戰其地”，則人懷必死，守望相助，何“散地”之有！春秋之世，管仲相齊桓公，而作内政以寄軍令；制五家爲軌，軌爲之長；十軌爲里，里置有司；四里爲連，連爲之長；十連爲鄉，鄉有良人焉。以爲軍令；五家爲軌，故五人爲伍，軌長帥之；十軌爲里，故五十人爲小戎，里有司帥之；四里爲連，故二百人爲卒，連長帥之；十連爲鄉，故二千人爲旅，鄉良人帥之；五鄉一帥，故萬人爲一軍，五鄉之帥帥之。伍之人，世同居，少同游，故夜戰，聲相聞，足以不乖；晝戰，目相視，足以相識；其驩欣足以相死；居同樂，行同和，死同哀；是故守則同固，戰則同强。則是因百姓愛鄉之心，作三軍同仇之愾，而摶壹其志，“自戰其地”，何“散”之有！一九一四年八月，第一次歐戰開始，俄遣大將勒嫩坎夫與三索諾夫以陸軍八十萬人，大礮一千七百尊，分兩路侵入東普魯士，鋭不可當！於是威廉二世起興登堡爲東方第八路軍總指揮。而興登堡以第二十軍團爲中堅，當三索諾夫，曰：“以寡敵衆，兵力已薄；然薄則有之，弱則未也！其士兵皆籍東普魯士，不力戰，無以保其鄉里；父母兄弟，妻子姊妹，無不爲俄俘！我知同仇敵愾，必能僇力禦侮，如鋼之堅，不可撓也！”果以大挫俄軍。此非“自戰其地”乎？然而僇力禦侮，衆志成城；何“散”之有焉！

入人之地而不深者，爲輕地。

（訓義）王晳曰：“初涉敵境，勢輕，未有鬬志也。”何氏曰：“輕地者，輕於退也；入敵境未深，往輕返易。”張預曰：“始入敵境，士卒思還，是輕返之地也。”

我得則利，彼得亦利者，爲争地。

（訓義）杜牧曰：“必争之地，乃險要也。”張預曰：“險固之利，彼我得之，皆可以少勝衆，弱勝强者，是必争之地也。唐太宗以三千人守成皋之險，坐困竇建德十萬之衆，是也。”

我可以往，彼可以來者，爲交地。

（訓義）杜牧曰：“川廣地平，可來可往，足以交戰對壘。”陳皥曰：“言其道路交横，彼我可以來往。”何氏曰：“交地，平原交通也。”

諸侯之地參屬，先至而得天下之衆者，爲衢地。

（訓義）何氏曰：“衢地者，地要衝，控帶數道。”張預曰：“衢者，四通之地。”基博按衢地者，道路四通，不可不先據之以控制要害，示天下形勢，而莫敢不服，此所謂“先至而得天下之衆”。如春秋時，晉楚之争鄭；秦漢之際，劉、項之争滎陽、成皋；是也。諸家以先遣使至其地，約和旁國，交親結恩爲説，未免迂曲失解。

入人之地深，背城邑多者，爲重地。

（訓義）曹操曰：“難返之地。”杜牧曰：“入人之境已深，過人之城已多，津梁皆爲所恃，要衝皆爲所據，還返師旆，不可得也。”張預曰：“深入敵境，多過敵城，士卒心專，無有歸志，此難退之地也。”

行山林險阻沮澤，凡難行之道者，爲圮地。

（訓義）張預曰：“險阻沮洳之地，進退艱難而無所依。”

所由入者隘，所從歸者迂，彼寡可以擊吾之衆者，爲圍地。

（訓義）杜佑曰：“所從入阨險，歸道遠也；持久則糧乏，故敵可以少擊吾衆者，爲圍地也。”梅堯臣曰：“山川圍繞，入則隘，歸則迂也。”

疾戰則存，不疾戰則亡者，爲死地。

（訓義）賈林曰：“左右高山，前後絶澗，外來則易，内出則難，誤居此地，速爲死戰則生；若待士卒氣挫，糧儲又無，而持久，不死何待！”張預曰：“山川險隘，進退不能，糧絶於中，敵臨於外；當此之際，勵士激戰而不可緩也。”

是故散地則無戰，

（訓義）梅堯臣曰：“我兵在國，安土懷生，陳則不堅，鬬則不勝，是不可以戰。”王晳曰：“決於戰，則懼散。”

輕地則無止。

（訓義）梅堯臣曰：“始入敵境，未背險阻，士心不專，無以戰爲？勿近名城，勿由通路，以速進爲利。”

争地則無攻，

（訓義）曹操曰：“不當攻，當先至爲利也。”杜牧曰：“無攻者，謂敵人若已先得其地，則不可攻。”王晳曰：“敵居形勝之地，先據乎利，而我不得其處，則不可攻。”

交地則無絶，

（訓義）杜牧曰：“川廣地平，四面交戰，須車騎部伍，首尾聯屬，不可使斷絶，恐敵人因而乘我。”

衢地則合交，

（訓義）曹操曰：“結諸侯也。”張預曰：“四通之地，先結交旁國。”基博按“合交”者，謂合兵交戰也。諸家解未的，詳見《九變篇》。

重地則掠，

（訓義）孟氏曰：“因糧於敵也。”梅堯臣曰：“去國既遠，多背城邑，糧道必絶，則掠畜積以繼食。”

圮地則行，

（訓義）曹操曰：“無稽留也。”梅堯臣曰：“當速行。”

圍地則謀，

（訓義）梅堯臣曰：“前有隘，後有險，歸道又迂，則發謀慮以取勝。”

死地則戰。

（訓義）陳皞曰：“陷在死地，則軍中人人自戰；故曰：‘置之死地而後生’也。”賈林曰：“力戰或生，守隅則死。”梅堯臣曰：“前後左右，無所之，示必死，人人自戰也。”

右第一節論九地之變，屈伸之利。

所謂古之善用兵者，能使敵人前後不相及，衆寡不相恃，貴賤不相救，上下不相收，卒離而不集，兵合而不齊。

（訓義）杜牧曰：“多設變詐以亂敵人，或衝前掩後，或驚東擊西，或立僞形，或張奇勢，或則無形以合戰，敵則必備而衆分，使其意懾離散，上下驚擾，不能和合，不得齊集，此善用兵也。”張預曰：“出其不意，掩其無備，驍兵鋭卒，猝然突擊：彼救前則後慮，應左則右隙，使倉皇散亂，不知所禦，將吏士卒，不能相赴，其卒已散而不復聚，其兵雖合而不能一。”

合於利而動，不合於利而止。

（訓義）張預曰：“彼雖驚擾，亦當有利則動，無利則止。”

敢問敵衆整而將來，待之若何？

（訓義）梅堯臣曰：“此設疑以自問，言敵人甚衆，將又嚴整，我何以待之耶？”

曰：先奪其所愛，則聽矣；

（訓義）曹操曰：“奪其所恃之利。”李筌曰：“孫子故立此問者，以此爲祕要也。所謂愛，謂敵所便愛也。”陳皥曰：“愛者，不止所恃利，但敵人所顧之事，皆可奪也。”

兵之情主速，乘人之不及，由不虞之道，攻其所不戒也。

（訓義）杜牧曰：“此統言兵之情狀，以乘敵間隙，由不虞之道，攻其不戒之處；此乃兵之深情，將之至事也。”梅堯臣曰：“兵機貴速，當乘人之不備！乘人之不備者，行不虞之道，攻不戒之所也。”何氏曰：“如蜀將孟達之降魏，魏朝以達領新城太守。達復連吴固蜀，潛圖中國。謀洩，司馬宣王秉政，恐達速發，以書紿達以安之。達得書，猶豫不決。宣王乃潛軍進討。諸將皆言達與二賊交構，宜審察而後動。宣王曰：‘達無信義，此其相疑之時也，當及其未定，往討之。’乃倍道兼行，八日，到其城下。吴、蜀各遣其將嚮西城，安橋木闌以救達，宣王分諸將拒之。初，達與諸葛亮書曰：‘宛去洛八百里，去吾一千一百里，聞吾舉事，當表上天子，比相反覆，一月間也；則吾城已固，諸軍足辦；所在深險，司馬公必不自來，吾無患矣！’及兵到，達又告亮曰：‘吾舉事八日，而兵至城下，何其神速也！’上庸城三面阻水，達於城下爲木柵以自固。宣王渡水，破其柵，直造城下，八道攻之。旬有六日，達甥鄧賢、將李輔等開門出降，遂斬達。李靖征蕭銑，集兵於夔州，銑以時屬秋潦，江水泛漲，三峽路陷，必謂靖不能進，遂休兵不設備。九月，靖乃率師而進，將下峽。諸將皆請停兵待水退。靖曰：‘兵貴神速，機不可失。今兵始集，銑尚未知；若乘水漲之勢，倏忽至城下，所謂疾雷不及掩耳，此兵家上策。縱彼知我，倉卒徵兵，無以應敵，此必成擒也。’遂降蕭銑。《衛公兵法》曰：‘兵用上神，戰貴其速。簡練士卒，申明號令，曉其目以麾幟，習其耳以鼓金，嚴賞罰以誡之，重芻豢以養之，浚溝塹以防之，指山川以導之，召才能以任之，述奇正以教之；如此，則雖敵人有雷電之疾，而我則有所待也。’若兵無先備，則不應卒；卒不應，則失於機；失於機，則後於事；後於事，則不制勝而軍覆矣！故《吕氏春秋》云：‘凡兵者，欲急捷’；所以一決取勝，不可久而用之矣。或曰：兵之情，雖主速，乘人之不及；然敵將多謀，戎卒輯睦，令行禁止，兵利甲堅，氣鋭而嚴，力全而勁，豈可速而犯之耶？答曰：‘若此，則當卷跡藏聲，蓄盈待竭，避其鋒勢，與其持久，安可犯之哉！’廉頗之拒白起，守而不戰；宣王之抗武侯，抑而不進，是也。”張預曰：“用兵之理，惟尚神速；所貴乎速者，乘人之倉猝，使不及爲備也。出兵於不虞之徑，以掩其不戒，故敵驚擾散亂，而前後不相及，衆寡不相待也。”

凡爲客之道，深入則專，主人不克；

（訓義）杜牧曰：“言大凡爲攻伐之道，若深入敵人之境，士卒有必死之志，其心專一，主人不能勝我也。克者，勝也。”張預曰：“深入敵境，士卒專心，則爲主者不能勝也；客在重地，主在輕地故耳。故趙廣武君謂‘韓信去國遠鬭，其鋒不可當’，是也。”

掠於饒野，三軍足食，謹養而勿勞，併氣積力，運兵計謀，爲不可測。

（訓義）杜牧曰：“斯言深入敵人之境，須掠田野，使我足食；然後閉壁守之，勿使勞苦；氣全力盛，一發取勝；動用變化，使敵人不能測我也。”陳皞曰：“所處之野，須水草便近，積蓄不乏，謹其來往，善撫士卒。王翦伐楚，楚人挑戰；翦不出，勤於撫御，并兵一力，聞士卒投石爲戲，知其養勇思戰，然後用之；一舉遂滅楚。但深入敵境，未見可勝之利，則須爲此計。”張預曰：“兵在重地，須掠糧於富饒之野以豐吾食，乃堅壁自守，勤撫士卒，勿任以勞苦，令氣盛而力全，常爲不可測度之計，伺敵可擊，則一舉而克。王翦伐荆，嘗用此術。”

投之無所往，死且不北！

（訓義）杜牧曰：“投之無所往，謂前後進退，皆無所之，士以此皆求力戰，雖死不北也！”梅堯臣曰：“置在必戰之地，知死而不退走。”

死，焉不得士人盡力！

（訓義）王皙曰：“人在死地，焉不盡力！”鄭友賢曰：“或問‘死，焉不得士人盡力！’諸家釋爲二句者，何也？曰：夫人之情，就其甚難者，不顧其甚易；捨其至大者，不吝其至微。死難於生也，甘其萬死之難，而況出於生之甚易者哉！身大於力也，棄其一身之大，而況用於力之至微者哉！武意以爲三軍之士，投之無所往，則白刃在前，有所不避也；死且不避，況於生乎！身猶不慮，況於力乎！故曰：‘死且不北。’夫三軍之士，不畏死之難者，安得不人人用力乎！‘死焉不得士人盡力’，諸家斷爲二句者，非武之本意也。”

兵士，甚陷則不懼，

（訓義）張預曰：“陷在危亡之地，人持必死之志，豈復畏敵也！”

無所往則固，深入則拘，

（訓義）李筌曰："固，堅也。"杜牧曰："往，走也；言深入敵境，走無生路，則人心堅固，如拘縛者也。"張預曰："動無所之，人心堅固；兵在重地，走無所適，則如拘係也。"

不得已則鬭。

（訓義）曹操曰："人窮則死戰也。"張預曰："勢不獲已，須力鬭也。尉繚子曰：'一賊仗劍擊於市，萬人無不避之者，非一人之獨勇，萬人皆不肖也；必死與必生不侔也。'"

是故其兵不修而戒，不求而得，不約而親，不令而信；

（訓義）杜牧曰："此言兵在死地，上下同志，不待修整而自戒懼，不待收索而自得心，不待約令而自親信也。"

禁祥去疑，至死無所之。

（訓義）杜牧曰："黄石公曰：'禁巫祝，不得爲吏士卜問軍之吉凶，恐亂軍士之心。'言既去疑惑之路，則士卒至死！無有異志也。"張預曰："欲士死戰，則禁止軍吏不得用妖祥之事，恐惑衆也；去疑惑之計，則至死無他慮。《司馬法》曰：'滅厲祥'，此之謂也。倘士卒未有必戰之心，則亦有假妖祥以使衆者，田單守即墨，命一卒爲神，每出入約束，必稱神；遂破燕，是也。"

吾士無餘財，非惡貨也；無餘命，非惡壽也。

（訓義）張預曰："貨與壽，人之所愛也；所以燒擲財寶，割棄性命者，非憎惡之也，不得已也。"

令發之日，士卒坐者涕霑襟，偃卧者涕交頤。

（訓義）李筌曰："棄財與命，有必死之志，故感而流涕也。"

投之無所往者，諸劌之勇也。

（訓義）張預曰："人懷必死，則所嚮皆有專諸曹劌之勇也。專諸，吴公子光使刺殺吴王僚者。劌，當爲沫；曹以勇力事魯莊公，嘗執匕首劫齊桓公。"

故善用兵者，譬如率然；率然者，常山之蛇也，擊其首則尾至，擊其尾則首至，擊其中則首尾俱至。

（訓義）梅堯臣曰："蛇之爲物也，不可擊；擊之，則率然相應。"張預曰："率，猶速也；擊之則速然相應，此喻陳法也。《八陣圖》曰：'以後爲前，以前爲後，四頭八尾，觸處爲首；敵衝其中，首尾俱救。'"基博按張預之説，似乎確有證佐；然武之意，非喻陳法也；自係指患難共處之相救應如一體耳，細玩其上下文可見。

敢問兵可使不率然乎？

（訓義）梅堯臣曰："可使兵首尾率然相應如一體乎？"

曰：可。夫吴人與越人相惡也，當其同舟同濟，遇風，其相救也，如左右手。

（訓義）張預曰："吴越，仇讎也，同處危難，則相救如兩手；況非讎者，豈不猶率然之相應乎！"

是故方馬埋輪，未足恃也；

（訓義）曹操曰："方，縛馬也；埋輪，示不動也。"杜牧曰："縛馬埋輪，使爲方陳，使爲不動，雖如此，亦未足稱爲專固而足爲恃；須任權變，置士於必死之地，使人自爲戰，相救如兩手，此乃守固必勝之道，而足爲恃也。"陳皥曰："人之相惡，莫甚吴越，同舟遇風而猶相救，何則？勢使之然也。夫用兵之道，若陷在必戰之地，使懷俱死之憂，則首尾前後，不得不相救也。有吴越之惡，猶如兩手相救；況無吴越之惡乎！蓋言貴於設變使之，則勇怯之心一也。"鄭友賢曰："或曰：'方馬埋輪'，諸家釋爲方縛；或謂縛馬爲方陳者，何也？曰：解方爲縛者，義不經；據縛而方之者，非武本辭。蓋'方'當爲'放'字，武之説，本乎人心離散，則雖强爲固止而不足恃也。固止之法，莫過於柅其所行；古者用兵，人乘車而戰，車駕馬而行；今欲使人固止而不散，不得齊勇之政；雖放去其馬而牧之，陷輪於地而埋之，亦不足恃之爲不散也。噫！車中之士，轅不得馬而駕，輪不得轍而馳，尚且奔走散亂而不一；則固在以政而齊其心也。"

齊勇若一，政之道也；

（訓義）陳皥曰："政令嚴明，則勇者不得獨進，怯者不得獨退；三軍之士如一也。"

剛柔皆得，地之理也。

（訓義）曹操曰："强弱一勢也。"王晳曰："剛柔，猶强弱也；言三軍之士，强弱皆得其用者，地利使之然也。"張預曰："得地利，則柔弱之卒亦可以克敵；況剛强之兵乎！剛柔俱獲其用者，地勢使之然也。"基博按"剛柔"者，兵之用。九地者，"地之理"。"散地則無戰"，"輕地則無止"，"争地則無攻”，“交地則無絶”，“圮地則行”，“圍地則謀”，六者，“柔”以得“地之理”也。“衢地則合交”，“重地則掠”，“死地則戰”，三者，“剛”以得“地之利”也。故曰：“剛柔皆得，地之理也。”諸家解似欠晰。

故善用兵者，攜手若使一人，不得已也。

（訓義）梅堯臣曰：“用三軍，如攜手使一人者，勢不得已，自然皆從我所揮也。”

將軍之事，静以幽，正以治。

（訓義）梅堯臣曰：“静以幽邃，人不能測；正以自治，人不能撓。”王晳曰：“静則不撓，幽則不測；正則不媮，治則不亂。”張預曰：“其謀事，則安静而幽深，人不能測；其御下，則公正而整治，人不敢慢。”

能愚士卒之耳目，使之無知。

（訓義）曹操曰：“愚，誤也。民可與樂成，不可與慮始。”梅堯臣曰：“凡軍之權謀，使由之而不使知之。”

易其事，革其謀，使人無識；

（訓義）王晳曰：“已行之事，已施之謀，當革易之，不可再也。”何氏曰：“將術以不窮爲奇也。”

易其居，迂其途，使人不得慮。

（訓義）梅堯臣曰：“更其所安之居。迂其所趨之途，無使人得慮也。”王晳曰：“處易者，將致敵以求戰也；迂途者，示遠而密襲也。”張預曰：“其居，則去險而就易；其途，則捨近而從遠，人初不曉其旨；及取勝乃服。太白山人曰：‘兵貴詭道者，非止詭敵也；抑詭我士卒，使由而不使知之也。’”基博按“易其居”，梅堯臣作“更易”之“易”解，承上“易其事”，讀入聲。而王晳、張預似並作“險易”之“易”解，讀去聲。

帥與之期，如登高而去其梯；帥與之深入諸侯之地而發其機。

（訓義）王晳曰：“皆勵決戰之志也。”張預曰：“去其梯，可進而不可退；發其機，可往而不可返。項羽濟河沈舟之類，是也。”

焚舟破釜，若驅羣羊；驅而往，驅而來，莫知所之。

（訓義）張預曰：“羣羊往來，牧者之隨；三軍進退，惟將之揮。”

聚三軍之衆，投之於險，此謂將軍之事也。

（訓義）梅堯臣曰：“措三軍於險難而取勝者，爲將之所務也。”

右第二節，論將軍之事，在察人情之理，而聚三軍之衆，投之於險。險者，即指九地而言。

九地之變，屈伸之利，人情之理，不可不察也。

（訓義）杜牧曰："言屈伸之利害，人情之常理，皆因九地之變化。今欲下文重舉九地，故於此重言，發端張本也。"王皙曰："明九地之利害，亦當極其變耳。言屈伸之利者，未見便則屈，見便則伸。言人情之理者，深專淺散圍禦之謂也。"張預曰："九地之法，不可拘泥，須識變通，可屈則屈，可伸則伸，審所利而已。此乃人情之理，不可不察。"

凡爲客之道，深則專；淺則散；

（訓義）梅堯臣曰："深則專固；淺則散歸。此而下重言九地者，孫子勤勤於九變也。"

去國越境而師者，絶地也；

（訓義）梅堯臣曰："進不及輕，退不及散，在二地之間也。"張預曰："去己國，越人境而用師者，危絶之地也；若秦師過周而襲鄭，是也。此在九地之外而言之者，戰國時，間有之也。"鄭友賢曰："或問九地之中，復有絶地者，何也？曰：興師動衆，去吾之國中，越吾之境土，而初入敵人之地；疆埸之限，所過關梁津要，使吾踵軍在後，告畢書絶者，所以禁人内顧之情，而止其還遁之心也。《司馬法》曰：'書親絶，是爲絶顧益慮。'尉繚子踵軍令曰：'遇有還者誅之。'此絶地之謂也。然而不預九地者何？九地之法皆有變，而絶地無變，故論於九地之變而不得列其數也。或以越境爲越人之國，如秦越晉伐鄭者，鑿也。"基博按武之意，自承上文而言；去國越境而師以致之絶地者，所以爲深則專耳；非云九地之外，别有絶地。鄭友賢之説，尚明而未融也。

四達者，衢地也；入深者，重地也；入淺者，輕地也；背固前隘者，圍地也；無所往者，死地也。是故散地，吾將一其志；

（訓義）杜牧曰："守則志一；戰則易散。"梅堯臣曰："保城備險，一志堅守，候其虚懈，出而襲之。"

輕地，吾將使之屬；

（訓義）曹操曰："使相及屬。"杜牧曰："部伍營壘，密近聯屬。蓋以輕散之地，一者備其逃逸；二者恐其敵至，使易相救。"梅堯臣曰："行則隊校相繼，止則營壘聯屬，脱有敵至，不有散逸也。”王晳曰：“絶則人不相恃。”

争地，吾將趨其後；

（訓義）杜牧曰：“必争之地，我若已後，當疾趨而争；况其不後哉！”張預曰：“争地貴速，若前驅至而後不及，則未可；故當疾進其後，使首尾俱至。或曰：趨其後，謂後發先至也。”

交地，吾將謹其守；

（訓義）梅堯臣曰：“謹守壁壘，斷其通道。”張預曰：“不當阻絶其路，但嚴壁固守，候其來，則設伏擊之。”

衢地，吾將固其結；

（訓義）杜牧曰：“結交諸侯，使之牢固。”基博按“固其結”，爲結陣以自固；非固結諸侯之謂也，詳見《九變篇》。

重地，吾將繼其食；

（訓義）賈林曰：“使糧相繼而不絶也。”梅堯臣曰：“道既遐絶，不可歸國取糧，當掠彼以食軍。”

圮地，吾將進其塗；

（訓義）杜佑曰：“疾行，無舍此地。”李筌曰：“不可留也。”

圍地，吾將塞其闕；

（訓義）杜牧曰：“兵法，圍師必闕，示以生路，令無死志，因而擊之。今若我在圍地，敵開生路以誘我卒，我反自塞之，令士卒有必死之心。後魏末，齊神武起義兵於河北；魏爾朱兆、天光、度律、仲遠等四將，會於鄴南，士馬精强，號二十萬，圍神武於南陵山；時神武馬二千，步軍不滿三萬，兆等設圍不合，神武連繫牛驢自塞之；於是將士死戰，四面奮擊，大破兆等四將也。”

死地，吾將示之以不活。

（訓義）杜牧曰：“示之必死，令其自奮以求生也。”梅堯臣曰：“必死可生，人盡力也。”

故兵之情，圍則禦，

（訓義）杜牧曰：“言兵在圍地，始乃人人有禦敵持勝之心。”

不得已則鬭，

（訓義）梅堯臣曰：“勢無所往，必鬭。”王晳曰：“脱死者，唯鬭而已。”

過則從。

（訓義）曹操曰："陷之甚過，則從計也。"陳啓天曰："按過字爲禍之借字。俞樾《荀子平議》云：'雖有大過，天其不遂乎。過與禍通。《漢書·公孫宏傳》：雖陽與善，後竟報其過；《史記》過作禍。''過則從'，謂軍在危禍之地，則易於服從命令也。"

是故不知諸侯之謀者，不能預交；不知山林險阻沮澤之形者，不能行軍；不用鄉導者，不能得地利。

（訓義）梅堯臣曰："已解《軍爭篇》中。"王皙曰："再陳者，勤戒之也。"

四五者不知一，非霸王之兵也。

（訓義）張預曰："四五，謂九地之利害。"陳啓天曰："按四五兩字，爲此三兩字之訛。十家註以四合五爲九，指九地，誤。"

夫霸王之兵，伐大國，則其衆不得聚；威加於敵，則其交不得合。

（訓義）王皙曰："能知敵謀，能得地利，又能形之，使其不相救，不相持，則雖大國，豈能聚衆而拒我哉！威之所加者大，則敵交不得合。"

是故不爭天下之交，不養天下之權，信己之私，威加於敵，故其城可拔，其國可隳。

（訓義）杜牧曰："信，伸也；言不結鄰援，不蓄養機權之計，但逞兵威，加於敵國，貴伸己之私欲；若此者，則其城可拔，其國可隳。吴夫差破越於會稽，敗齊於艾陵，闕溝於商魯，會晉於黄池，爭長而反，威加諸侯，諸侯不敢與爭；勾踐伐之，乞師齊、楚，齊、楚不應；民疲兵頓，爲越所滅。"張預曰："不爭交援，則勢孤而助寡；不養權力，則人離而國弱。伸一己之私忿，暴兵威於敵國，則終取敗亡也。"陳啓天曰："此三十一字，當作一句讀。'信'，音伸，猶逞也。'敵'，謂彼此勢均力敵之國。'故其城'之'故'字，猶則也。'其'，指不爭天下之交，不養天下之權，但求逞一己之私欲，而以武力威脅勢均力敵之國者；非謂敵也。此句猶謂不講求外交戰以多爭與國，多養威重；但知以武力威脅敵國，求逞一己之欲者；則其城與國有反爲敵國攻破之虞也。以近事證之，日、德、義欲以武力横行世界，結局必遭失敗；以其正犯孫子之戒也。"基博按"其城可拔，其國①可隳"之兩"其"字，謂

① "國"原作"得"，今改正。

“霸王之兵”，與上文“其衆不得聚”，“其交不得合”之兩“其”字，謂“大國”之“敵”者不同；説詳見序。

施無法之賞，懸無政之令，

（訓義）梅堯臣曰：“瞻功行賞，法不預設；臨敵作誓，政不先懸。”張預曰：“法不先施，政不預告，皆臨事立制，以勵士心。”陳啓天曰：“自‘施無法之賞’，至‘然後能爲勝敗’四十九字，與上下文意均不連；疑爲上文‘過則從’句下之脱簡。”

犯三軍之衆，若使一人。

（訓義）梅堯臣曰：“犯，用也；賞罰嚴明，用多若用寡也。”

犯之以事，勿告以言；

（訓義）王皙曰：“情泄則謀乖。”張預曰：“任用之於戰鬭，勿諭之以權謀；人知謀則疑也。”

犯之以利，勿告以害。

（訓義）張預曰：“人情見利則進，知害則避；故勿告以害也。”

投之亡地然後存，陷之死地然後生；

（訓義）張預曰：“置之死亡之地，則人自爲戰，乃可存活也。項羽救趙，破釜焚廬，示以必死，諸侯從壁上觀，楚戰士無不一當十，遂虜秦將，是也。”

夫衆陷於害，然後能爲勝敗。

（訓義）梅堯臣曰：“未陷危難，則士卒心不專；既陷危難，然後勝；勝敗在人爲之耳。”基博按“能爲勝敗”者，衆陷於害而人懷必死，則能爲勝；衆陷於害而人欲偷生，亦能爲敗。而所以能爲勝，無不由於洞察人情。法國拿破崙大帝之所以戰勝攻取者，亦以能洞察人情也。嘗造一炮台以當敵衝，其地孤危而無掩蔽。其大將慮無人敢守。於是拿破崙手書以揭其上曰：“大無畏者之炮台！”而所部人人效命以争大無畏者矣！

故爲兵之事，在於順佯敵之意，

（訓義）曹操曰：“佯，愚也。”杜牧曰：“夫順敵之意，蓋言我欲擊敵，未見其隙，則藏形閉迹；敵人之所爲，順之勿驚。假如强以陵我，我則示怯而伏；且順其强，以驕其意；候其懈怠而攻之。假如欲退而歸，則開圍使去；以順其退，使無鬬志；遂因而擊之。皆順敵之旨也。”張預曰：“彼欲進，則誘之令進；彼欲退，則緩之令退；奉順其旨，設奇伏以取之。或曰：

敵有所欲，當順其意以驕之，留爲後圖。若東胡遣使謂冒頓曰：‘欲得頭曼千里馬。’冒頓與之；復遣使來曰：‘欲得單于一閼氏。’冒頓又與之。及其驕怠而擊之，遂滅東胡，是也。”

并敵一嚮，千里殺將，

（訓義）杜牧曰：“上文言爲兵之事，在順敵之意，此乃未見敵人之隙耳。若已見其隙，有可攻之勢，則須并兵專力以嚮敵人，雖千里之遠，亦可以殺其將也。”張預曰：“敵既驕惰，則并兵力以嚮之，可以覆其軍，殺其將；則明如冒頓滅東胡之事，是也。”

此乃巧能成事者也。

（訓義）張預曰：“始順其意，後殺其將，成事之巧也。”

是故政舉之日，夷關折符，無通其使；

（訓義）梅堯臣曰：“夷，滅也；折，斷也。”張預曰：“廟算已定，軍謀已成，則夷塞關梁，毀折符信，勿通使命；恐泄我事也。”

勵於廊廟之上，以誅其事。

（訓義）曹操曰：“誅，治也。”張預曰：“兵者大事，不可輕議；當惕勵於廟堂之上，密治其事貴謀不外泄也。”

敵人開闔，必亟入之。

（訓義）張預曰：“或曰：謂敵人或開或闔，出入無常，進退未决，則宜急乘之。”

先其所愛，微與之期。

（訓義）杜牧曰：“微者，潛也；言以敵人所愛利便之處爲期；將欲謀敵之故，潛往赴期，不令敵人知也。”

踐墨，隨敵以決戰事。

（訓義）杜牧曰：“墨，規矩也；言我常須踐履規矩，深守法制，隨敵人之形；若有可乘之勢，則出而決戰。”陳皥曰：“兵雖要在迅速以決戰事，然自始及末須守法制；縱獲勝捷，亦不可争競擾亂也。”梅堯臣曰：“舉動必踐法度，而隨敵屈伸，因利以決戰也。”陳啓天曰：“‘敵人開闔，必亟入之。先其所愛，微與之期。踐墨隨敵，以決戰事。’此數句，古今註家均誤。‘開闔’，謂國境關門之開閉；當兩國將作戰時，我軍已迫近敵境，而敵國猶和戰不定，或開關門，或闔關門。其主和者，如開關門來我軍前議講，須立即延入，以便用敵制敵；此之謂‘敵人開闔，必亟入之’。‘入’，謂延入敵國和使；非謂我軍進入敵境也。十家註多以先奪其所愛，釋‘先其所愛’，大誤！‘其’指敵使；敵使所愛者爲何，須酌如其意而先施之以結其歡心；此之謂‘先其所愛’。‘之’，亦指敵使；‘期’，謂要約；非謂軍期；敵使既已傾心於我，則當密與要約條件，令其回國進行；此之謂‘微與之期’。‘墨’字，十家註均以繩墨、規矩、法度釋之，亦誤。按‘墨’當讀‘默’，二字音同義通；《漢書·竇嬰傳》‘嬰墨墨不得志’；借‘墨’爲‘默’可證。‘踐’，猶持也，守也。‘隨’，猶因也，應也。‘踐墨隨敵，以決戰事’者，謂當我與敵佯爲講和之際，我宜保持沈默，因應敵情，以求突然決戰，一舉而勝也。”基博按此所謂“順佯敵之意”，陳氏之説是也。惟“開闔”，不必指關門啓閉；“入”者，我之入；“敵人開闔，必亟入之”者；謂敵人和戰之計未定而不我虞，有隙可乘，我先發制人而亟入之；“先其所愛，微與之期，踐墨隨敵，以決戰事”四句，乃所以申上文“敵人開闔，必亟入之”之意，而明其所以；如和平者，英美之所愛也；而日人則先之以虚與委蛇，若即若離；野村來栖，和平之使者連翩；近衛東條，手書之殷勤不已；而英美亦不利太平洋之有戰事，未欲遽決裂也；平地一聲雷，而日本攻其無備以先發制人，英美太平洋上之珍珠港、菲律賓、馬來亞半島，卒被空襲；英美人瞠目相視，猝不知措手，而軍艦燬，香港陷矣！此之謂“敵人開闔，必亟入之”；此之謂“先其所愛，微與之期；踐墨隨敵，以決戰事”；蓋“先其所愛，微與之期”，此所以“敵人開闔”；而“踐墨隨敵，以決戰事”，所以爲“亟入”也。

是故始如處女，敵人開户；後如脱兔，敵不及拒。

（訓義）曹操曰：“處女，示弱；脱兔，往疾也。”杜牧曰：“言敵人初時，謂我無所能爲，如處女之弱；我因急去攻之，險疾迅速，如兔之脱走，不可捍拒也。”張預曰：“守則如處女之弱，令敵懈怠，是以啓隙；攻則猶脱兔之疾，乘敵倉卒，是以莫禦。”

右第三節，論九地之變，屈伸之利；人情之理，交錯而綜言之。基博按“九地之變，屈伸之利”一事，“人情之理”又一事。就全篇言：第一節論“九地之變，屈伸之利”。第二節論“人情之理”，而此節則錯綜以爲説；而以“九地之變，屈伸之利，人情之理，不可不察也”起句，關鎖上文，筦領下文，九形之變在地，屈伸之利在我；九地之變有定，屈伸之利何常。第一節稱“散地則無戰，輕地則無止，争地則無攻，交地則無絶，衢地則合交，重地則掠，圮地則行，圍地則謀，死地則戰”；此云“散地，吾將一其志，輕地，吾將使之屬，争地，吾將趨其後，交地，吾將謹其守，衢地，吾將固其結，重地，吾將繼其食，圮地，吾將進其塗，圍地，吾將塞其闕，死地，吾將示之以不活”；皆隨九地之變，而爲屈伸者也。而總言以發凡曰：“爲客之道，深則專，淺則散。”承上“爲客之道，深入則專”，而重言以聲明之。所謂“深則專”者，不僅指重地；凡絶地、圍地、死地，皆所謂“深則專”也。所謂“淺則散”者，不僅指輕地；凡散地、交地、衢地，皆“淺則散”也。惟不察“人情之理”，則雖明乎九變之地，而無由屈伸以盡利。所謂“人情之理”者有二：一曰“兵之情主速，乘人之不及，由不虞之道，攻其所不戒也”；“是故始如處女，敵人開户；後如脱兔，敵不及拒”；此“人情之理”，“不可不察”之在於敵者也。一曰“兵之情，圍則禦”，“甚陷則不懼，無所往則固，深入則拘，不得已則鬬，過則從”；“投之亡地然後存，陷之死地然後生”；此“人情之理”，“不可不察”之在於我者也。在於我者，當知“示之以不活”；在於敵者，尤貴“攻其所不戒”。而“人情之理”，所以神明“九地之變，屈伸之利”，而以盡其用者也。然孫子究極“九地之變，屈伸之利”，爲當日戰術言之也。而今地理政治學者力闡“海陸之權，屈伸之利”，爲現代戰略言之也。地理之知識，以用之政治及戰略，是爲地理政治學。從前社會學，有地理學派；而此派之在德國，影響政治最大者，有臘德瑞爾，其分析英帝國地理精義，妙詁紛綸。威廉二世讀之而大感奮！至瑞典學者克傑倫，乃以爲一學科，而有地理政治之名。二十年來，歐洲第一次大戰以後，德陸軍少將霍斯浩佛博士，遂爲德國地理政治學之一代大師，組織地理政治學院於慕尼黑，羅致專家三千餘人，根據世界地理以研究世界政治，出版地理政治刊物；而德國之國是定；希特勒遂據以決策世界第二次之政略戰略矣！希特勒之得政也，無日不討國人而申儆之，明耻教戰，整齊其民人，部勒以兵法，而以爲世界第二次大戰之工具。戰略之製定，則一以地理政治學之綜合判斷爲衡；而以爲“此一役也，將爲陸權與海權勝負之所由分；而德則陸權之國也。海權陵駕陸權之時期已逝，而馬亨海軍大將之理論，將不適於現代戰争之技術”。而究其實，則何如耶？世界文化之地理進展。由草原之遊牧，而河流之農耕，而内海之商業劫掠，而大洋之工業殖民。英國則承西班牙、葡萄牙、荷蘭之海洋霸權，而與之代興。納爾遜殲拿破崙之海軍，而海權以鞏固；迄於世界第二次大戰之前夕，英國爲海王之國，爲海權國之標準代表！英帝國之版圖，大於不列顛一百倍，而以不列顛爲首腦，以印度爲心臟，右擁加拿大，左抵澳大利，而以直布羅陀、馬爾他、埃及、蘇彝士、亞丁、南波斯、錫蘭、新加坡、香港諸據點，爲經絡之連結；而其毗鄰據點之內地，一以爲保護據點之用，一以接受據點商品之輸入，卧榻之下，亦或容他人酣睡，而不能不隸英帝國之勢力範圍，巨艦炮壘，控險以守；良將精卒，陳利兵而誰何！此海權國之輪廓也。夫海權國之所以維護其帝國者，在控制海洋；而所以控制海洋者，在控制海洋之據點。據點者，僅弱小國之突出點耳；豈敢有貳心於英！其他列强，如有異圖，衹能從海上來；而海上，則海權國之所控制；於是海權國之帝國，安於磐石！試觀英國之海軍建軍及其各據點設防，豈不然乎！蓋不列顛以蕞爾島國，而締造龐大之帝國以維護之，不得不用最經濟之方法也！然則德之陸權國，將何道以操勝算乎？德之地理學者喬黑爾，厥爲大空間國之先知！其説以爲資源、原料，可以求之於人；技術、機械，可以求之於人；惟民族之生存空間，不能求之於人；佔領别人之土地，豈即自己之生存空間！此爲最固定之一因素。社會現象中最固定之因素，最足以發揮力量也！假如設想德國在冰島之上，則德國雖有八千萬人口，苟非嚮海發展，抑亦何路可走！然而不然！德國在中歐，德國在地理上爲中間國。以俾斯麥與威廉二世比，則俾斯麥爲知政治地理者也；然所知者德國地理；僅締造德意志帝國，而大業以終！彼意念中無日耳曼帝國，抑亦不能想像世界新秩序之可以日爾曼帝國爲東半球盟主也！威廉二世眼光四射，矚全世界，但無深沈之思，而以中間國之德國人，欣慕海王之國；此所爲大惑不解也！然德國第一次歐戰之敗，由於參謀長小毛奇，迂謹無大略，不知以世界地理，而策世界政治；習故蹈常以運用地方性之戰略；而地方性之史梯芬計畫，又不能行之以果！此固霍斯浩佛博士之所太息也！希特勒懲於前敗而回顧俾斯麥。俾斯麥言："我何須海軍！如英國人欲登陸，我則以陸軍聚而殲之耳！"希特勒之敦刻爾克一役，抑或憶俾斯麥之説也？戈林之所欲者，坦克、飛機、大炮。國社黨之自覺而以成爲陸權國；而希特勒爲陸權國之元首。希特勒亦回顧威廉二世，而方法則與威廉二世異。彼不欣慕海王之國以擴建海軍，而緣陸路以陸空大軍攻襲海權國連結經絡之據點，而掩有之；則海權之帝國雖龐大乎；而以神經失其聯繫，痿痺不能動矣！此日本之所以攻佔新加坡；德國陷蘇聯之塞港、諾港，而以企圖佔領亞力山大港也。使海權國海上之據點，而爲軸心所掩有；斯可以封鎖地中海與印度洋，而逼英國以入大西洋，遯荒加拿大以苟延殘喘！而於是海王國之英，扼守海上據點，維護帝國之經濟辦法，遂爲帝國之弱點，而予軸心以攻瑕；據點毗鄰之弱小國土，雖無虞於侵襲，而不足爲掩護；以希特勒之自陸攻而不爲海戰也。然則希特勒者，蓋兼綜威廉二世之世界眼光，俾斯麥之地理認識，而自出心裁，以制陸權國之戰略者也！然德國之所以張陸權者，抑亦堅持其不可拔之海權。不列顛三島以封塞德國出海飄洋之門户，而爲稱雄海上之理想國。威廉二世嘗欲以問英國之鼎，而希特勒則直以爲不可能，張陸權以消海權，從陸上進攻以制英帝國之死命，而截取蘇彝士運河，攻佔近東及中東。一標準之陸權國，必併吞八荒以奄有大陸，打成一片；而舊式之海權，衹以控制海洋，扼要害之處，置兵以守，星羅碁布以維護帝國。海權勢分而力散；陸權力聚而勢雄。陸權國則厚集其力以攻海權國之備多而力分。近東如爲希特勒所有；則英帝國之腰脊斷，而不能以自舉，三島局促，無能爲也已！信如希特勒所言，"海權陵駕陸權之時代已逝"；而在今日，建立堅强之陸上陣地，掌握深廣之後方陸地，又爲決勝之條件。日本登陸戰術之成功，曾不足以難其説；蓋以日本之登陸成功，實因希特勒之陸權大張；海王之國，有事於西，奔命不遑，而無力分兵以東顧也！日本之田中奏章，抑亦陸權之戰略。而或者以爲日本海權國；其實不然！日本之地理，雖如亞洲之英國；然日本則爲陸權國！日本海軍瞠乎英美之後；不過以爲陸軍之輔，而爲之前哨，爲之護航，開路登陸而已；其作用在大陸。田中之中心政策，爲大陸政策；此日本之國策也。日本之戰略，爲陸權國之戰略；而不藉海軍以締造帝國，維護帝國。日本之登陸於朝鮮也，蓋欲蠶食中國，延伸以至新加坡也。泱泱大陸，取之而置兵以守焉，自古以爲難！然而以攻取論，海權國在海洋上，登陸不易；而陸權國壤土相接，衹一舉手一投足之勞，可以推鋒而前。而以置守論，則有大空軍與機械化之快速部隊，可據點緣線以控制面；而大空軍與機械化部隊之建設，以比大海軍爲費省而力猛，進攻退守，事半功倍。現代化之軍備，厥爲海權陸權勢力消長之區。昔日廣袤之大陸，不易統治；而海洋則易於征服。今日則控制大陸，易於征服海洋；軍事技術之改進，利於陸權；譚地理政治者，不可不察也！

於是陸權國内線作戰以佔優勢；而歐洲第二戰場開闢之不易，不惟海權國虞外線作戰之不利，而海軍一旦失其所據，抑亦無用武之地！海權國外線作戰，增援難而聲勢不接；内線作戰則反是，聲勢接而供應不難；此陸權所以驟勝；一也。海權國備多而力分；陸權國節短而勢險，以衆擊寡，實以我專敵分；二也。然則海權國將何道而以轉敗爲勝耶？曰：海權國欲轉敗爲勝，其戰略必以海用陸，而其道有二：第一，得陸權國以爲内線作戰，而海權國自以外線供應。陸權國遇陸權國，而後勢足以相持。蘇聯覓海口而不得；中國雖有海口，而海權國之勢力倒灌，門户洞開；中蘇之爲陸權國，抑亦不得不然；而克以建立堅强之陸上陣地，掌握深廣之後方陸地，豈不泱泱乎大空間國也哉！所以持久之大戰日酣，在中蘇兩戰場也！日頓兵於中國，德挫鋭於蘇聯，欲罷不能，情見勢絀；世界大勢，泱於中蘇；中蘇再接再厲以與德日肉搏，亘月歷歲，而勢未墮。欲敗德日，惟有陸戰；海權國雖勞師以襲遠，而攻之不得！欲敗德，莫如增援蘇聯。欲攻日，必先增援中國。而海權國之戰略，莫如外線供應，内線作戰。海權國悉力以保持海上供應線，綽有餘裕；而外線作戰，聲援不接，徒以墮軍實而長寇仇；莫如供應陸權國以使之内線作戰；分工合作，不勞事集。海權國一心并力以事製造運輸，而不爲外線作戰之無謂消耗。陸權國得豐厚之軍需供應，而運用大空間，動員大人口，反守爲攻，以承德日之再衰三竭。德日師老於中蘇，而財殫於英美，曠日持久，何以濟乎？其次海權國如欲作戰，必厚集其力，單刀直入以擣陸權國之心腹，而攻其本土；毋再分兵以株守一隅！在今日，海權國要塞盡失，尚有何地必置兵以守！而失地之規復，在以陸地爲根據之同盟大戰略中，視各地之人自爲戰爲易！苟能敗德日以一蹶不振，則失地不收而自復！如欲敗德日，莫如集中兵力，反守爲攻以直擣其國。希特勒嚮不虞人之攻，亦以自號於國人；而分兵四出，以爲人爲我攻，而後不暇以攻我。今以其人之道，還治其人之身，而引兵長驅以入其國；則希特勒必倉皇引兵以自返救；安暇佔人之土地；而亦以失信於其國，人心惶擾，而希特勒亦必無措！則是以陸權國之戰略，而海權國反用之！日本自明治維新以來，無戰不勝；亦攻人而不虞人攻；窮兵黷武以求所大欲，勞師以襲遠；一旦兵臨三島，而承師老財匱之餘，亦必無以善後！此則海陸之權，屈伸之利，孫子之所未言，而地理政治學者之所欲究明也；用爲補義以殿於篇云。

火攻篇第十二

（解題）曹操曰："以火攻人。"王晳曰："助兵取勝，戒虛發也。"基博按此篇歷舉火人、火積、火輜、火庫、火隊，以火攻佐戰勝攻取。今之交戰國，有以空軍大舉轟炸，而毀敵人之人民財産，物資軍需者，不必古今異宜也。

孫子曰：凡火攻有五：一曰火人，

（訓義）李筌曰："焚其營，殺其士卒也。"何氏曰："魯桓公世，焚邾婁之咸丘，始以火攻也。後世兵家者流，故有五火之攻，以佐取勝之道也。"

二曰火積，

（訓義）杜牧曰："積者，積蓄也，糧食薪芻是也。高祖與項羽相持成皋，爲羽所敗，北渡河，得張耳、韓信軍，軍修武，深溝高壘；使劉賈將二萬人，騎數百，渡白馬津，入楚地，燒其積聚以破其業；楚軍乏食。隋文帝時，高熲獻取陳之策曰：'江南土薄，舍多茅竹，所有儲積，皆非地窖；可密遣行人因風縱火，待彼修葺，復更燒之；不出數年，自可財力俱盡。'帝行其策，由是陳人益弊。"張預曰："焚其積聚，使芻糧不足；故曰：‘軍無委積則亡。’”

三曰火輜，四曰火庫，

（訓義）杜牧曰：“器械財貨及軍士衣裝，在車中上道未止曰輜；在城營壘，已有止舍曰庫。其所藏二者皆同。”梅堯臣曰：“焚其輜重，以窘財貨。焚其庫室，以空蓄聚。”張預曰：“焚其輜重，使器用不供；故曰‘軍無輜重則亡’。焚其府庫，使財貨不充；故曰‘軍無財則士不來’。”

五曰火隊。

（訓義）李筌曰：“焚其隊仗兵器。”張預曰：“焚其隊仗，使兵無戰具；故曰：‘器械不利，則難以應敵也。’”

行火必有因，

（訓義）李筌曰：“因姦人而內應也。”陳皥曰：“須得其便，不獨姦人。”賈林曰：“因風燥而焚之。”張預曰：“火攻，皆因天時燥旱，營舍茅竹，積芻聚糧，居近草莽，因風而焚之。”

烟火必素具。

（訓義）曹操曰：“烟火，燒具也。”梅堯臣曰：“潛姦伺隙，必有便也；秉秆持燧，必先備也。”張預曰：“貯火之器，燃火之物，常須預備，伺便而發。”

發火有時，起火有日。

（訓義）梅堯臣曰：“不妄發也。”張預曰：“當伺時日。”

時者，天之燥也；

（訓義）梅堯臣曰：“旱熯易燎。”

日者，宿在箕壁翼軫也；凡此四宿者，風起之日也。

（訓義）李筌曰：“天文志，月宿此者多風。《玉經》云：‘常以月加日，從營室順數十五至翼，月宿在於此也。’”梅堯臣曰：“箕，龍尾也；壁，東壁也；翼軫，鶉尾也；宿在者，謂月之所次也。”張預曰：“四星好風，月宿則起，當推步躔次，知所宿之日，則行火。”

凡火攻，必因五火之變而應之。

（訓義）張預曰：“因火爲變，以兵應之。五火即人，積、輜、庫、隊也。”

火發於內，則早應之於外。

（訓義）杜佑曰："以兵應之，使間者縱火於敵營内，當速進以攻其外也。"杜牧曰："凡火，乃使敵人驚亂，因而擊之；非謂空以火敗敵人也。聞火初作，即攻之；若火闌衆定而攻之，當無益，故曰早也。"

火發而其兵静者，待而勿攻。

（訓義）杜牧曰："火作不驚，敵素有備，不可遽攻，須待其變者也。"

極其火力，可從而從之，不可從而止。

（訓義）曹操曰："見可而進，知難而退。"張預曰："盡其火勢，亂則攻，安静則退。"

火可發於外，無待於内，以時發之。

（訓義）杜牧曰："若敵居荒澤草穢，或營柵可焚之地，即須及時發火，不必更待内發作，然後應之；恐敵人自燒野草，我起火無益。漢時，李陵征匈奴，戰敗，爲單于所逐，及於大澤；匈奴於上風縱火，陵亦先放火燒斷蒹葭，用絶火勢。"

火發上風，無攻下風。

（訓義）杜牧曰："若風東，則焚敵之東，我亦隨之以攻其東。若火發東而攻其西，則與敵人同受也。故無攻下風，則順風也。但舉東，可知其他也。"

晝風久，夜風止。

（訓義）張預曰："晝起則夜息，數當然也。故老子曰：'飄風不終朝。'"

凡軍，必知有五火之變，以數守之。

（訓義）張預曰：'不可止知以火攻人，亦當防人攻己；推四星之度數，知風起之日，則嚴備守之。"

故以火佐攻者明，

（訓義）杜佑曰："取勝明也。"

以水佐攻者强；

（訓義）梅堯臣曰 "勢之强也。"王晳曰："强者，取其決注之暴。"

水可以絶，不可以奪。

（訓義）張預曰："水止能隔絶敵軍，使前後不相及，取其一時之勝；不若火能焚奪其積聚，使之滅亡也。水不若火，故詳於火而略於水。"

右第一節論火攻。基博按孫子之所謂"火攻"，近世則謂之"技術之破壞”。“技術之破壞”，蓋作戰方法之一；所以毀損敵人之物資，擾亂敵軍之行動，而殺其戰鬬力者也。德國陸軍參謀本部人員，合著《世界大戰間諜史例》一書，其中於“技術之破壞”，嘗詳論之，以謂：“今有敵之一軍，被攻而退，將過一橋，設埋地雷，伺其過而炸之，則一舉而敵軍殲焉，大炮之威力，飛機之轟炸，無如是之烈也；爲之者，或爲我混入敵後之間諜，或爲我之當地居民。今有敵軍輜重之所集，設我間諜能抵巇而炸焉，則敵人何所資以作戰！又如鐵路者，敵人軍隊及輜重之所以運輸者也；設能抵巇而炸焉，則敵人何所資以行軍！破壞之事，隨時隨地，舉凡車站、航空站、軍營、官署、馬厩、堆棧、倉庫，凡敵人之所資以戰争者，莫非我之所欲破壞；而執行者之混入敵後，或取道中立國，或自佔領區域，或則藉被俘之士兵。上次大戰，英法聯軍間諜，即由瑞士、荷蘭、丹麥、瑞典等中立國以潛入德境。或則假中立國以爲活動之根據地。法國情報局，駐瑞士京城伯爾尼，發蹤指示以設計德國工廠之破壞；而德國萊茵費爾登之龍嘉工廠，幾遭不測焉！又在瑞士謀用病菌以傳染運往德國之牲畜，或注射以馬疫菌，或散播毒藥於運輸車；於是德國之軍用馬匹，無不病死；而人傳染，亦鮮倖免者！至其特務人員之自德國北境潛入者，則圖炸毀威廉帝軍港、橋樑、鐵路及旁海之船塢；如假道中立國而不得人德境，則有乘飛機以降落山村荒野者！破壞之技術，以今日科學之進步，凡聲、光、化、電之類，可資爲工具者，無不應用，或以本人之夾帶，或假禮物之餽遺。中立國人士或俘虜戚友所餽之物，如牙膏、香皂、可可糖、糕餅、香腸、自來水鋼筆、鉛筆之類，驟視之，零用什物，不厝意也；而孰知其可資以爲‘火積’、‘火輜’、‘火庫’、‘火隊’之具！設有一自來水鋼筆，所鐫商標，金碧輝煌，名廠出品，形狀顏色，無可疑者；然若拆視之，則爲一猛烈之延期性引火機器也！方間諜混入兵工廠，或俘虜作業農場之際，試思有較易於遺一自來水鋼筆於炮彈之堆，或穀倉之事乎？然而人未之覺也！及散工之既久，而兵工廠、穀倉以失火聞，原因何在，莫可究詰；蓋所以起火之自來水鋼筆。同歸一炬，泯不留迹也。然技術之破壞，亦不必機器也。間諜之處境至危，十目所視；而隨身事物，豈可釣奇以引人疑；尤莫如隨時隨地，因物而施：或塗牙膏於農業機器，或塗糖於交通工具之摩託，或撒沙於機器之齒輪間，或撒沙於火車之油管中，或毀電線以走電，皆可以爲厲階而釀大災；然爲之者，一舉手之勞耳；不必用機器也；而人亦莫之察也！往者英法間諜及其被俘之士兵，蓋嘗以留聲機唱針潛置德軍牲畜之飼料中，而牲畜之死者無算；於是德人遂歎食無肉！又嘗播莠草之種於麥田，而以生瘢之爛薯，與好馬鈴薯相雜，使之並腐；於是德人遂苦食不飽！凡此皆輕而易舉之事，而爲害於民生者實大；亦所以耗我物資，而爲技術之破壞也！夫石炭，至尋常之物也！今取石炭一塊，鑿一小孔，滿貯黃色炸藥，而暗置於待裝運之石炭堆内；若爲某輪船或某工廠所購用，於是此輪船與此工廠，不轉瞬化爲濃烟矣！肇禍者之行動，無從偵伺也！德國巡洋艦卡爾司忽號在航程中之卒遇爆炸，安知非此石炭階之厲？然而不敢斷也！戰時工業，以此而毀者不少；而生命死傷，亦不可以數計！祇以格里斯海門化學工廠及濮老恩彈藥廠之爆炸而言，死者四百〇八人；物資之耗，尤不足道也！”孫子火攻之所欲爲者，亦不外此而已！德國陸軍參謀本部，乃設破壞學校，以訓練破壞之技術；而遣往各國之間諜，必卒業破壞學校焉！然德國參謀人員則以謂：“技術破壞之損失不貲，然尚不如精神破壞之足以損害國家意志，爲禍烈也！”俟下篇詳引之。

夫戰勝攻取，而不修其功者凶，命曰費留。

（訓義）曹操曰：“或曰：賞不以時，但費留也；賞善不踰日也。”賈林曰：“費留，惜費也。”張預曰：“戰攻所以能必勝必取者，水火之助也。水火所以能破軍敗敵者，士卒之用命也。不修舉有功而賞之，凶咎之道也。財竭師老而不得歸，費留之謂也。”基博按“不修其功”，非謂有功之將士不賞也；謂徒有戰勝攻取之事，而不修戰勝攻取之功。《作戰篇》曰：“其用戰也，勝久則鈍兵挫鋭；攻城則力屈；久暴師則國用不足。夫鈍兵挫鋭，屈力殫貨，則諸侯乘其弊而起，雖有智者不能善其後。”此非有戰勝攻取之事，而不修戰勝攻取之功者乎！“鈍兵挫鋭”之謂“留”；“屈力殫貨”之謂“費”；故命之曰“費留”云。陳啓天曰：“自‘夫戰勝攻取’至‘此安國全軍之法也’一節，與《火攻篇》之旨意全不相屬，疑爲《謀攻篇》之文錯簡於此者。”

故曰：明主慮之，良將修之。

（訓義）賈林曰：“明主慮其事，良將修其功。”基博按兩“之”字，皆承上文而有所指。“慮”者，慮“費留”之禍；“修”者，修戰勝之功。諸家註欠分明。

非利不動，

（訓義）杜牧曰：“先見起兵之利，然後兵起。”

非得不用，

（訓義）賈林曰：“非得其利不用也。”

非危不戰，

（訓義）張預曰：“兵凶戰危，須防禍敗，不可輕舉，不得已而後用。”

主不可以怒而興師，將不可以慍而致戰，合於利而動，不合於利而止；

（訓義）梅堯臣曰：“兵以義動，無以怒興；戰以利勝，無以慍敗。”張預曰：“不可因己之喜怒而用兵，當顧利害所在。尉繚子曰：‘兵起非可以忿也；見勝則興，不見勝則止。’”

怒可以復喜，慍可以復悦，亡國不可以復存，死者不可以復生。

（訓義）杜佑曰：“怒慍復可以悦喜也；亡國不可復存，死者不可復生者，言當慎之。”梅堯臣曰：“一時之怒，可返而喜也；一時之慍，可返而悦也；國亡軍死，不可復已。”張預曰：“見於色者謂之喜；得於心者謂之悦。”

故明君慎之，良將警之，此安國全軍之道也。

（訓義）杜牧曰：“警，言戒之也。”張預曰：“君常慎於用兵，則可以安國；將軍戒於輕戰，則可以全軍。”基博按“慎之”、“輕之”兩“之”字，皆承上文而有所指。君當慎於“以怒興師”，則“非利不動，非得不用”，而國可以安；將當戒於“以慍致戰”，則“非危不戰”，而軍可以全。

右第二節論戰勝攻取而不修其功，不如修安國全軍之道。基博按武論戰勝攻取而卒歸之安國全軍，乃至曰“非危不戰，主不可以怒而興師，將不可以慍而致戰”。則是用兵不如不用之安國，不戰勝於致戰之全軍，而知武非倡戰者也。而歐西倡戰者之論則不然！美國哈佛大學哲學教授珊泰雅納氏嘗辭而闢之以著戰論；其論以爲：“倡戰者之言曰：凡民族必於相當時間，有戰爭流血之事，而後能維持其民族之强盛，與勇武之精神；然而徵諸吾人之經驗，國富之耗竭，工業之停滯，文化之摧殘，造成人民褊狹不仁之心理，而以授政府於暴人之手。忠勇之壯士，膏血原野；而羸弱殘廢以不差爲懦怯者，乃以繁衍其種族；此非戰爭之罪乎！然則倡戰者之言，豈不謬哉！夫戰爭之爲殘殺，不論其爲對內對外，而要之人類文明之阻障，莫此爲甚！觀之古昔希臘及意大利之文明貴族，無不殲滅於戰爭之中；吾人當知今日之民族，非復古昔英雄之遺裔也，蓋其時奴隸之雲仍耳；觀其軀幹而知之矣。天下承平之既久，民生日即於豐亨，而有民族焉，張脈僨興，不能安於無事；乃奮其久蓄不用之力，日以恣肆而圖侵略者矣。不知自然之争，適者生存；而人類之相殘殺，則優亡劣存而適得其反！世固有耀武揚威挺身於國際之角力場中，一舉而殲其百戰百勝之敵者，其必爲新興之邦，初勝自然，而未受人類戰禍之傷耗者也。及其以兵力稱雄於一世，漸且溺於華靡，習爲戰鬬，而以自趨於衰亡，乃與嚮之所勝者前後一揆。於斯時也，又有新興之邦國，英發之民族，未經戰禍而力足以相制者，崛起而代興矣。故以好戰爲勇者，何異以好色爲愛哉！生斯世也，爲斯人也，世途艱險，何適非是；血氣之勇，雖若不可爲訓，而亦不可或缺。譬如臨懸崖，登峭壁，非鹵莽漢滅裂，有一往無前之鋭者，未免膽戰而神摇也！夫如是，豈得僅以粗豪視之！夫臨大危，任大難，而行之堅忍，一旦希望之未絶，雖百折而不回，亦不過養吾勇以推極其致耳；豈非天下之美德哉！特是不畏艱難之精神，必用諸不可避免之危險，乃爲可貴。若以不必冒之危險，而徒快一時之意氣以爲勇者，斯亦不足道也。世固有夸大自豪，徒以行險僥倖，肆好勝之意氣，而逞一朝之忿者，若而人者，反道敗德，豈可以美德視之！嗚呼！士卒而好戰，美德也！將帥而好戰，危機也！使執政者而好戰，則罪惡矣！”何也，以其非“安國全軍之道”也。使執政者而好戰，則國不得安矣！將帥而好戰，則軍失其全矣！夫不畏艱難之精神，必用諸不可避免之危險，乃爲可貴。武所謂“非危不戰”也。若以不必冒之危險，而徒快一時之意氣；此武所爲致警於“主不可以怒而興師，將不可以愠而致戰”者也。而其辭意之儆惕，殆有甚於武焉。然而執政者之好戰，自古有之；在中國有秦皇與漢武，而在歐西則希特勒與拿破崙，煊赫一時，威殫旁達。拿破崙之好戰者亡，已成歷史矣；然而希特勒則何如？或者以謂：“希特勒之好戰，與拿破崙同；而所挾持不同，今昔勢殊，拿破崙以好戰亡，而希特勒則有成功以無虞於敗亡也！”顧哈佛大學歷史教授布靈頓氏以一九四二年一月，揭載《拿破崙與希特勒》一文於外國雜誌，而以闡明希特勒之不同於拿破崙者挾持；而必同於拿破崙者敗亡；其詞曰：“希特勒，果同於昔日之拿破崙乎？如强以歷史之事實，相提並論，無當也！拿破崙以一八一二年六月進攻莫斯科，而以九月佔莫斯科；

希特勒以一九四一年六月進攻莫斯科，而至九月未抵莫斯科，就事論事，而希特勒之於拿破崙，即此一端，已不可同日而語！惟世人好引拿破崙之世以闡論今之世，而明其相同，以作預言。我亦何妨援古證今，而就兩大時代以作慎密之勘論：如以人格之相同而勘論，亦無當也！拿破崙嘗立聖海倫那島以望英倫而大言詆諆；其後自謂故作大言以聳聽聞。希特勒亦有此事，而發神經質之怒狂；傳者言：亦出故意。斯二人者，皆可謂之自尊狂。然二人之社會背景，之教養，之訓練，氣質以及人格，無不大異；而就神經病以論二人之同，可謂知其一而不知其二也！又或以特殊戰役相衡，謂拿破崙之騎兵，固不如希特勒坦克車兵之神速；然法軍在一八〇六年大戰耶拿以後，征服普魯士之迅速與從容，適與德軍大戰色當以後，征服法國相同。然不能由此闡明斯坦因與哈登堡之革新政策也。吾之所以衡二人之同者，不在戰役，不在人格，亦不以歷史演義，而在社會史之發展。第一吾人之所欲知者：拿破崙用法國以宰制歐洲；希特勒用德國以宰制歐洲；而從拿破崙宰制歐洲之企圖與其經歷，何者爲希特勒之所企圖以曾經歷者也。一七九二——一八一五年之世界戰爭，蓋爆發於法國大革命之後三年。而法國帝制推翻以後，黨派傾軋，暗殺盛行，强梁攘奪，宗教紛争，國是不定，莫衷於一；政權推移以漸入激進分子之手，而組織嚴密以能束縛馳驟其民者，莫如雅各賓黨，剬斷一切，其中樞曰公安委員會；於時，民權剥奪，以行所謂恐怖統治，執政者爲所欲爲，恣行無忌，以至一七九三年，而恐怖政策，不僅以剬制於國内，抑亦以推行於國外。自一七九二年四月，爆發法國與普奥同盟之戰，不久而演爲第一次聯盟之戰；俄土兩國而外，幾乎全歐各國，皆聯合一致以對共和法國作戰。而法人之所爲致命遂志以與全歐各國戰者，有二目的焉；斯其敵人所認爲互相矛盾者也：一從壓迫中解放他國。二盡可能以將他國法蘭西化而併入法國。在法人之拿破崙觀之，蓋兩者並行不悖，而解放歐洲其他各國以予之倖福自由，莫如使之法蘭西化而變爲法國體制之一部也。既而師徒撓敗，聯軍幾逼巴黎。於是一七九三年，頒布全國徵兵令，以補卒伍，而軍有增額。退伍之將校，亦見寇深國危，投袂以起，爲國干城，而將不乏材。以及科學家、發明家、實業家，無不僇力以事戰争。而猛將如雲，應運以生；而拿破崙者，特其中之最偉大者耳！然而法人之所以再接再厲而有成功者，非法人之戰鬬力强也，則其敵人之力薄也！豈惟戰略戰術之太保守哉！抑亦不能聯合一致以戰法，斯法之所能以寡敵衆而無虞心也！歷史家往往將一七九二至一八一五年聯合戰法之國，列舉如數家珍，似乎威震全歐，莫抗顏行！然一八一三年大聯盟以前，未有一役而結合歐洲全部之力以與法戰者也！亦未有一國而不受法國單獨媾和之誘誑者也！獨英國持以不懈，而與法國作戰到底耳！然一八〇二年，英國亦曾一度與拿破崙簽訂友好協定也！拿破崙以一七九九年得政，而用一七八九年以後頒布諸項新律，舉而措之以奠國基；法軍已横越荷、比諸國，而侵入德、義矣，拿破崙乃自稱法蘭西皇帝，欲以宰割歐洲。方其威聲赫奕，嘗緟繪歐洲地圖，以鳴得意，誇成功。蓋以法蘭西帝國，由拿破崙直接統治；所謂法蘭西帝國者，不僅舊法國而已；尚有比利時也，荷蘭也，德國海岸及漢堡也，義大利北境之一部包括土倫、熱那亞、巴爾馬，以及遠隔之土斯坎尼教城與伊里利安省，無不隸法蘭西帝國之版圖焉。此外則爲藩邦，由拿破崙之親屬統治。所謂藩邦者，在一八一二年，有義大利王國，統治未併入法國之義大利北部中部，由拿破崙爲國王，而派其庶子尤金爲總督。那不勒斯王國，由其内弟穆拉治之。西班牙王國，則其弟若瑟夫治之。萊茵河聯邦，掩有德國之中部及西部，以其弟爲西法利亞國王而治之。此外尚有華沙領地，則以親屬無人，而派一非親屬治之。瑞士號稱獨立，而究其實，亦法國藩邦。此外則其盟國奥大利，與普魯士，以視舊日，版圖大縮。至於斯堪狄納維亞諸國，則亦不出拿破崙之高掌遠蹠；其中瑞典，以國王無子而認法國貝那多特大將爲義子，立以爲儲王。當是時，俄羅斯則以梯爾西特之約，而與拿破崙爲盟也。展圖以視，則歐洲大陸，無不爲法蘭西體系所囊括；祇有兩小島，斯加爾丁尼那及西西里，在英國艦隊保護之下耳！此外尚有葡萄牙，則由威靈吞大將以少數英兵駐守焉。然則英國，獨逍遥於拿破崙體系之外，此固拿破崙之所不能忍也！拿破崙始得政以欲肆志於英也久矣！一八〇四年，法人出版一書，署曰《侵入英格蘭》，描寫法軍曳大炮，登巨艦，浩浩蕩蕩，以渡英倫海峽，而英軍之守海岸者不多，曾不足以當一擊焉！蓋以鼓軍心，作士氣也。拿破崙嘗兩集大軍以臨海峽，而望洋興歎，塔爾法格爾之役卒無成功；於是改絃易轍以事大陸封鎖，絶英國之貿易，不許交通歐陸，欲以阻塞通商者屈服英國；然而無望於餓死英國；以英國控制海洋，艦隊縱横，運輸四達；而工業化之程度，亦尚未至糧食不能自給也。然拿破崙之所以宰制歐陸者，亦豈徒恃軍事之戰勝攻取哉！抑亦得當地人民之同情而親附焉；雖親附之各地人民，不必多數；然在北義大利與萊茵區，人民之親附拿破崙而響①應，後先景從者，亦豈可以蔑視之少數哉！拿破崙師行所至，革新政治，從民之欲，風聲所播，而億兆歸仁焉！是故拿破崙之用兵也，不徒用法蘭西人，抑亦能用義大利人、波蘭人、德國及其他非法蘭西人，致命遂志以效驅馳。然不能盡人而悦之，則亦有其不服者焉！頑民蠢動，此伏彼起，綏靖之無方，不得不牽率法國大軍以相鎮壓；而西班牙人民，則自始迄終，未嘗就範也！一八〇七年，拿破崙以保護西班牙，防制英國爲口實，而出兵西班牙以爲鎮壓；若瑟夫遂稱帝於瑪德里，拿破崙自詡成功；然西班牙人民之騷動，伏莽遍地，遂以牽制拿破崙之精兵不得動，而伺間出没，成爲游擊，爲日之既久，士兵亦耗，而法兵之可用者少矣！及一八一二年，拿破崙强俄國沙皇絶英交以不與通商，沙皇計未定；拿破崙怒，以爲觀望也，出兵攻俄，而拿破崙之末日至矣！及其兵頓莫斯科，大敗而退，鋭卒盡喪；歐洲各國知其無能爲也，於是合而爲一；然而難矣！夫以拿破崙百戰百勝之威，雖敗於莫斯科，而莫之敢睥睨，咸以爲拿破崙可敗而不可勝也；可以潰敗不自收拾，而不可以力征經營也！使非英國政雄，發縱指示；亞歷山大、梅特涅及普魯士建國諸傑，奔走游説，殫心極慮；何望歐洲各國之合而爲一以出兵也！拿破崙情見勢絀，而歐洲各國之聯軍以成！拿破崙節節敗退，聯軍著著勝利，拿破崙之聲威漸墮，而聯軍之聲勢益壯！一八一四年滑鐵盧之役，拿破崙雖敗猶雄，而蓋世之雄，卒囚荒島！此拿破崙所以百戰百勝，而不振於一蹶也！然而希特勒之視拿破崙，今日之德以視昔日之法，則何如？當日法國之雅各賓黨，可比爲納粹黨。法國之革命警察，可視爲蓋斯塔波。義大利與德國境内之侵法份子，可稱爲第五縱隊或吉士林。法軍一八〇六年耶拿之役，可喻爲閃電戰。而拿破崙畢生之所力征經營，可以謂建立歐洲新秩序。此外一八〇二年，英國與拿破崙訂立友好協定，亦如一九三二年之慕尼黑協定，視爲英國綏靖拿破崙之企圖。至於利用國内革命運動所發揮之力以征服歐陸，希特勒之與拿破崙，咸能善用其民以躋於成功。及其戰勝攻取而得國也，尤能組成一種超國家之機構，以綏靖地方，掌握治權，則拿破崙之所同。然

① “響”原作“嚮”，今改正。

拿破崙高掌遠蹠，欲以跨海征英，而無成功；既不得志於北海，又欲肆其東封以征俄，而大敗；而究其意念之所經營，畢生之所盡瘁，則欲宰制歐洲大陸以成超國家之體系，而以統治於法國；顧功敗於垂成，而以一蹶不振！持此以衡，而希特勒亦必失敗如拿破崙。惟拿破崙之敗以上溯法國大革命，前後二十五年；而希特勒之歲月幾何，則未敢懸斷？然而言不可以若是其幾也！則以吾人之今日，成敗利鈍，所持以決者，有爲拿破崙當日之所不知；則希特勒之必敗，亦未易以拿破崙爲衡也！一年以前，英倫三島，幾爲希特勒部隊所侵入；而去年下半年，莫斯科亦瀕陷落；果爾，則希特勒之聲威，寖駕拿破崙而上之；然而不然！希特勒之封鎖英國，以視拿破崙爲烈；蓋英之糧食，已不能自給也！然大西洋之戰，英雖未勝，而已於英有利，抑希特勒之視拿破崙，尤多一美以爲强敵焉！假使英國不支，希特勒豈即成功；而隔大西洋之美國，充裕之物資，敵愾之精神，殆希特勒所不敢正視而不敢不視；較之當日拿破崙之於隔海峽之英倫，有過之，無不及也！然則希特勒雖不遽敗，抑亦未必以倖勝！顧希特勒雖未能勝，抑亦未徵其遽敗。何者？則以新武器之發明，及其所以控制被征服民衆之法，殆有拿破崙之所未知未用也！第一：飛機、坦克、機關槍，以及其他新武器之猛烈運用，苟爲少數之德人所握有；則凡從前西班牙人、德國人及其他顛覆拿破崙之民族反抗，在今日已不可能！民族反抗，縱有英雄，出以游擊，而不得大量之新武器以爲用，制梃以撻，攘臂而扔，徒自殺耳；寧有倖乎！其次控制輿論之方法及其工具，亦非拿破崙當日之所知，而足以濟新武器威力之所不及！例如無線電，大規模之廉價印刷，强迫教育，羣衆心理之把握，凡此皆足資德人以轉移民衆敵愾之心，而消其反抗。果若所云，則當日之拿破崙雖敗，而今日之希特勒，可以不敗。飛機坦克，一日爲德人所有；而被征服之人民，徒手豈能以相抗，則不得不以多數而受控制於德人之少數！然飛機、坦克，豈民間之所得祕密製造，私自散發，此爲不可爭之事實。然則西班牙人民之游擊反抗，豈希特勒此日之所患；祇可以困當日之拿破崙耳！不知拿破崙之當日，民衆抗戰，如無正規軍以爲後盾，則亦何能爲役也！特以威靈吞屯軍伊比里安半島，而後西班牙人民叛服不常。特以拿破崙大敗於莫斯科，聲威掃地以墮，而後各地人民之反抗，繼長增高也。今蘇聯傾國之力，再接再厲，以與希特勒作殊死戰，相持於東而不得解；而英軍之制空權日以擴大，常欲掩護海陸軍登陸西大陸，乘瑕抵巇，以拊希特勒之背；樹敵日衆，而希特勒征服之國，民未親附，安能無貳於希特勒以坐受宰割；怠工破壞，一如拿破崙之當日；而以生産及政治機構更爲微妙之故，怠工破壞之效果，則視拿破崙當日爲大！倘以少數握有新武器之德人，便可永鎮一國而以無虞耶？苟非德國人之超人，鐵鑄心肝，則不可能！然而德國人亦人也！既亦爲人，人心肉做，何能一息不懈以永保尊嚴！及當地人民相處之日久，久而相習，交親爲娱，且以喜樂，且以永日，人情不能有張而無弛，而張之日久，一弛則不易復；往還既狎，紀律以廢！而按之歷史，縱有紀律嚴明，膂力方剛之青年佔領軍，屯戍既久，無不弛弱！我聞在昔：斯巴達人之大捷於倍羅波内亞一役也，遂有希臘，而鎮以最精鋭，有紀律之青年士兵；所以整齊其卒伍，訓練其身心者，自童稚以迄成人，視納粹爲久，而亦視納粹爲嚴；然第班之駐軍，以爲莫敢余侮也，不幾年而腐化不堪；遂爲第班人一舉而逐之境外！世論以爲新武器，可資德人以永久佔領人國，而莫之抗行者，豈不持之有故。然新武器，不能不以人用；而人之腐廢，抑新武器亦將莫爲用！機關槍、坦克車、俯衝轟炸機之與短槍、梭標，新舊武器之不同，自不爲量而爲質；顧誰則信一八一〇年之法兵，與一九四二年之德兵，人性之不同，抑如新舊武器之懸殊乎！假有人而信焉，則無異於信魔術爾！德國人所資以奴役被征服國家者：第一新武器之酷烈。其次宣傳之誑惑。希特勒之宣傳，乃所以超於拿破崙，而爲一種魔術；此固讚頌希特勒者之所豔道也！德國人手中之新武器，不過挾以鎮壓被征服民族抗叛之工具；德國人手中之宣傳，則可以進而消滅被征服民族抗叛之意志焉！一兩年前，無人不言納粹黨人，厥爲歐洲各國羣衆反叛之鼓動者；無一國之羣衆，不欲歡迎納粹黨，而覬以得解放者；而吾人民族主義之所導揚，如習慣、風俗、利益、理想等等，無不失其作用；此希特勒宣傳之成功也。然而希特勒之成功日增大；而各征服國反抗希特勒之意志，亦即民族主義之意志，隨希特勒之成功以漸增大！此何以故？蓋宣傳之爲法，希特勒能用，吾人亦豈不能用；自無線電廣播，以至走私之印刷品，百出其途以滲入淪陷各國；德國人無法加以制止；亦如拿破崙之無法制止德國人當日之私讀阿爾思特愛國詩歌同。德國人不能發明一種魔術，以禁止其他征服民族，讀其嗜讀之書，聽其喜聽之言；而吾人之宣傳，深入心通以日起而有功矣！抑德國人，所作所爲，遠不如法國人在十九世紀之得人同情！法國人當日之所措施，亦或與自由、平等、博愛，所以爲號於天下之三者相反；而自由、平等、博愛三者之爲詞，往往引歐洲其他民族之同情，而得其歡迎。今德國人之所以號於捷克、波蘭、塞爾維亞、法蘭西以至義大利人者，爲何如乎？則以日耳曼人爲天之驕子，而宰制世界民族之武斷論也！及其措之以行事，則爲控制，爲民族之不平等，爲思想、言論之不自由，欲相安於無事而不得；而民族主義之意志，日以滋長；铤而走險，伏莽四起；抑更何待吾人之宣傳也！德國納粹，握有現代之新武器，而以實施有系統、有目的之殘酷政策，宰制歐洲，幾爲歐洲有史以來所未有！可以使被征服之民衆，啼飢號寒，救死之不遑，奚暇他圖；而以消失其反抗之體力及意志。可以鋤誅豪俊以除人望，而以消滅其反抗之領袖；氓之蚩蚩，以供奴役，莫有豪傑爲之倡，祇有俯首受驅策。此固納粹理論家之所鼓吹也。不知人類有超凡不可思議之反抗本能；而有悠久之歷史，有卓越之文化以有自驕傳統之民族爲尤甚！設以醫藥爲喻；苟非納粹之毒菌，致人於死；而被征服之人民，則必能自在其身，漸以歲月而培植抗毒素，以致納粹於死。孰爲成功，固難逆睹；而按之歷史，常以證明抗毒素之培植成功者爲多，不暇一一以舉也！凡一政府，無不得人民之同意以相支持。如或有人以爲迂闊而遠於事情；吾人不妨擴而充之，而曰政府者，不得不恃人民之同意與習慣以支持者也；人民習慣成自然，則亦不同意而同意矣！然習慣，非一朝一夕之所養成，無不漸以歲月之久。而英美與蘇聯，豈容坐視德國之在歐洲大陸，養成人民服從新秩序之習慣，而予以歲月之從容者；有以知其必不然矣！昔日之英國與俄，嘗予拿破崙以十五年之歲月；然而拿破崙未有餘暇以成功新秩序也！然新秩序之成功未易，而希特勒不能以自制止！何者？蓋希特勒之自尊狂，不容希特勒之知難而退，適可而止；方張皇六師，南征北討；非希特勒知窮能竭，非德國人人人筋疲力盡，而以僵殆不起；其勢不可以已！然而希特勒之惡稔，德國人之骨枯矣，髓竭矣！然則民主國家今日之大患，不在希特勒之能成功，而在民主國家人士之讕言無稽，以爲希特勒必無不勝，助之張目；亦如一八一〇年之歐洲人士，以爲拿破崙之必無覆敗同！然拿破崙之覆敗終至，而希特勒之勝利，亦豈有幸！”終亦必亡而已矣！然則“好戰者亡”之果爲金科玉律，而無間於東海西海！於戲！《傳》不云乎！“忘戰者危，好戰者亡。”“忘戰者危”，“危而不戰”者也。“好戰者亡”，“非危而戰”

者也。惟國有“危而不戰”者，偷生視息以苟安於一旦；而後“非危而戰”者，得以狡焉啓疆而逞志焉！然則“好戰者”之罪，抑亦“忘戰者”有以階之厲也！夫“非危不戰”，則危而必戰，不好戰，亦不忘戰；國可百年無戰，而不可一日不備戰；故曰：“明君慎之，良將警之，此安國全軍之道也。”爲國者尚知監哉！於戲！“危而不戰”，法之所以潰也！“非危而戰”，德、意、日之所以耗也！“非危不戰”，“危而必戰”，斯則中、英、蘇、美之所以保大定功而安民和衆者也！

用間篇第十三

（解題）曹操曰：“戰者，必用間諜以知敵之情實也。”李筌曰：“孫子論兵，始於計而終於間者，蓋不在以攻爲主。”鄭友賢曰：“或問間何以終於篇之末？曰：用兵之法，惟間爲深微神妙，而不可易言也；所謂非聖智不能用間，非微妙不能得間之實者，難之之辭也。武始以十三篇干吴者，亦欲以其言之法，教闔閭之知兵也。教人之初，蒙昧之際，要在從易而入難，先明而後幽，本末次序，而導之使不惑也；是故始教以計量校算之法，而次及於戰攻、形勢、虚實、軍争之術，漸至於行軍、九變、地形、地名、火攻之備，諸法皆通，而後可以論間道之深矣。噫！教人始者，務令明白易曉，而遽期之以聖智微妙之所難，則求之愈勞，而索之愈迷矣；何異王通謂不可驟而語易者哉。或曰：廟堂多算，非不難也，何不列之於終篇也？曰：計之難者，經之以五事，校之以七計而索其情也。夫敵人之情，最爲難知，不可取於鬼神，不可求象於事，不可驗於度；先知者必在於間。蓋計待情而後校，情因間而後知，宜乎以間爲深，而以計爲淺也。”基博按先勝而後求戰，知己知彼，百戰百勝，爲十三篇之綱領；而欲知彼，莫親於間，莫密於間，故以用間終於篇。先計而後戰，故校之以計而索其情，曰：“主孰有道？將孰有能？

天地孰得？法令孰行？兵衆孰强？士卒孰練？賞罰孰當？”不知敵之情，烏乎校以計？間者，計之所以成始而成終也。故以計始，以間終；而卒言之曰：“此兵之要，三軍之所恃而動也。”方今列强並峙，縱横捭闔，戰争有時而停，五間無時不用。角智争力，莫密於間，博訪以資衆論，沈思以審敵情；微乎，微乎，無所不用間也！《孫子》十三篇指要，可以“間”、“計”、“形”、“勢”四言賅之。“間”以知敵；“計”以決戰；“形”有定而“勢”無常。“勢”者，因利而制權；惟“虚實”、“奇正”足以盡其用。

孫子曰：凡興師十萬，出兵千里，百姓之費，公家之奉，日費千金。內外騷動，怠於道路，不得操事者七十萬家。

（訓義）曹操曰：“古者八家爲鄰；一家從軍，七家奉之；言十萬之師舉，不事耕稼者七十萬家。”杜牧曰：“古者一夫田一頃；夫九頃之地，中心一頃，鑿井樹廬，八家居之，是爲井田。怠，疲也；言七十萬家，奉十萬之師，轉輸疲於道路也。”

相守數年，以争一日之勝，而愛爵禄百金，不知敵之情者，不仁之至也；非人之將也，非主之佐也，非勝之主也。

（訓義）梅堯臣曰：“相守數年，則七十萬家，所費多矣；而乃惜爵禄百金之微，不以遺間釣情取勝，是不仁之極也。”張預曰：“輟耕作者七十萬家，財力大困，不知恤此，而反靳惜爵賞之細，不以啗間，求索知敵情者，不仁之甚也；不可以將人，不可以佐主，不可以主勝，勤勤而言者，歎惜之也。”

故明君賢將，所以動而勝人，成功出於衆者，先知也。

（訓義）梅堯臣曰：“主不妄動，動必勝人；將不苟功，功必出衆；所以者何也？在預知敵情也。”

先知者，不可取於鬼神，不可象於事，不可驗於度；必取於人，知敵之情者也。

（訓義）梅堯臣曰：“鬼神之情，可以卜筮知；形氣之物，可以象類求；天地之理，可以度數驗；惟敵之情，必由間者而後知也。”張預曰：“鬼神，象類，度數，皆不可以求先知，必因人而後知敵情也。”

右第一部論用兵，必知敵之情；而知敵之情，必取於人以用間。基博按間之爲用，匪惟以知敵情！亦可以伐敵謀！昔在戰國，六國之卒并於秦，豈誠秦之善伐兵，抑亦秦之能用間也！秦使王齕攻上黨，拔之，上黨民走趙。趙廉頗軍長平，以按據之。齕遂攻趙；廉頗堅壁不出；索戰不得。秦使人行千金於趙，爲反間曰："秦獨畏馬服君之子括爲將耳！廉頗易與，且降矣！"趙王遂以趙括代頗將，出兵擊秦，戰不利；秦射殺之；卒四十萬人皆降。趙人大震，割地以和；則用間之成功也！既而秦伐趙，圍邯鄲。魏王使晉鄙救趙；次於鄴，畏秦不敢進。魏公子無忌襲殺鄙，奪其軍以進，大破秦軍邯鄲下；然不敢歸魏，使將將其軍以還。秦使蒙驁伐魏。魏王患之，使人請無忌趣駕還魏，以爲上將軍。遂帥五國之師，敗蒙驁於河外，追至函谷而還。秦既敗於河外，使人行萬金以間無忌，求得晉鄙客，令説魏王曰："公子亡在外十年矣！今復爲將，諸侯皆屬；天下徒聞信陵君，不聞有王矣！"秦王又使人賀無忌曰："得爲魏王未也？"魏王信之。使人代將。於是無忌謝病不朝，醇酒婦人，以酒色自殺。魏迄不振以至於亡；則用間之成功也！秦王翦伐趙；趙以李牧爲大將軍，禦之。牧，良將也，嘗敗秦師；秦多與趙嬖臣郭開金，使言牧欲反。趙王使趙葱、顔聚代牧；牧不受命；遂捕殺之。而王翦大破趙軍，殺趙葱，顔聚亡；遂克邯鄲，虜趙王，而趙以亡；則用間之成功也！后勝相齊，與賓客多受秦間金，勸王朝秦，不修戰備，不助五國攻秦；秦以故得滅五國，而滅燕之後，乃自燕南攻齊，猝入臨淄，民莫敢格者，而齊以亡；則用間之成功也！方六國之未亡也，大梁人尉繚來説秦始皇曰："以秦之强，諸侯譬如郡縣之君臣；但恐諸侯合從，翕而出不意；此乃智伯、夫差、湣王之所以亡也！願大王毋愛財物，賂其豪臣以亂其謀；不過亡三十萬金，則諸侯可盡！"始皇從其計．而亦用客卿李斯謀，陰遣辯士齎金玉，遊説諸侯，厚遺結其名士，不可下者刺之，離其君臣之計，然後使良將將兵隨其後；數年之中，卒兼天下。嗚呼！此則傳授心法，近代德國之所小用小效；大用大效；而東海西海，不得不謂之心同理同者也！德國戰略，一本克老山維兹；而克老山維兹著論，每謂："如能操縱敵國之輿論，以煽誘敵國之人心，使之厭戰而自爲瓦解，夫如是，其孰能禦我！"嗚呼！此固秦之所以施於齊，而尉繚、李斯之所爲教始皇者也！方第一次歐戰勝負未分時，德人以鉅金餌英、法、俄之政客及新聞家，昌言和平以抗政府之作戰計畫，而德之間諜與中立國之説客，接跡於協約諸國之境，以欲行克老山維兹之論；然而未有成功！及二十年後之今日，希特勒暗嗚叱咤，縱横歐陸；人皆震於閃電戰之成功；而莫知其用間以先閃電戰也！其指要具見《謀攻篇》。一九三四年夏，奧國總理陶爾斐，以希特勒併奥之圖日急，欲赴義大利，訪墨索里尼商談以乞援；未及行而叛從中起，總理官邸爲人所襲以刺死；則希特勒之所發蹤指示也，而奥遂以坐併矣！法國外長巴爾都亦鑒於希特勒之咄咄逼人，而以是年夏，在日内瓦，嚮李維諾夫商談，而欲引蘇聯以入國聯；又歷聘波蘭、羅馬尼亞、南斯拉夫及捷克諸國，欲以訂約互援，而合縱抗德；顧道出於奥，火車被炸，僅乃得免；而是年十月，卒在馬賽與南斯拉夫王亞歷山大同乘而出以俱被刺死；亦希特勒之所發蹤指示也；而法之主持外交以抗希特勒者無人矣！波蘭之未用兵也，而波蘭軍部所以動員及對德作戰之計畫，有圖有説，朗若列眉；德軍參謀，莫不人手一册焉！挪威則德軍登陸，戍兵有槍無彈，徒手欲奮，而將校制止以降於德也！荷蘭之軍，方抗德以力戰，而德國間諜之預匿荷境者，從地上以顯信號，接應空中陸戰隊，導之降落，殺人放火，亂從中起，而軍心摇動，遂以大潰！比利時之列日要塞，挨賓挨馬利軍港，匠心經營；其圖早爲德之間諜所得，而獻於陸軍參謀本部，按圖製型，配備兵士，由大將指揮，此攻彼守，反覆演習，以明如何攻取之法；此所以斬關奪隘，如駕輕車，就熟路也！法國，則以萊諾内閣之閣員，其中數人，早與德國間諜有連，而嗾達拉第，以掣萊諾之肘，議論紛紜，國是未定，臨敵易將，陳兵縱横；而大將如甘末林、貝當、魏剛之徒，不知不覺，爲德國間諜之意識所浸潤，以謂："戰德而勝，英則聲生勢張，於法何利焉！法國對德之勝利，無異法國工人對法國資本家之勝利!"防蘇甚於懼德，疑德亦以猜英，始而按武不動，繼則舉棋不定；然後希特勒乘其不虞以推鋒直入耳！南斯拉夫之大將，第一次大戰，皆嘗服務於奥大利帝國軍隊，而傾心於德；希特勒遂因而用之；其中科見耳尼克將軍者，蓋發蹤指示以顛覆南斯拉夫，而成希特勒之勝焉！豈果閃電戰之有以戰必勝，攻必取哉！所謂閃電戰者，不過以侈聲威，資恫喝而已！希特勒之將侵挪威也，德國駐挪威公使布羅埃爾博士以一九四〇年四月五日之夜，開電影會以延嘉賓。挪威政府之内閣閣員、海陸軍大將，以及國會議士、新聞記者、名媛貴婦，無不人得一柬，其上書曰："請觀名貴之影劇!"裙屐畢集，二百許人，而覩所謂名貴之影劇者，蓋波蘭閃電戰之一幕，而德國空軍之轟炸波蘭各都市也；巨彈紛飛，頹垣一片，斷脰折足，通衢横尸，繪影繪聲，觀者神聳！劇終而宴，賓主酬酢，舉杯相碰，主微語曰："諸公今日觀劇，亦有動於中乎？"座客相顧，莫知所對！布羅埃爾博士乃正色相告曰："諸公！此非戰争之電影也！蓋詔吾人以不走和平之門，糜爛其民而戰之，其殃禍必至於此！諸公觸目驚心，意者無不反戰也！敢舉觴以爲諸公壽！"一飲而盡，戰勝尊俎；不四日，而德國福爾格霍斯特將軍，帥其衆一千五百人，導以挪威騎巡六人，而安步徐行以入挪京奥斯陸矣！顧三萬人之奥斯陸市民，夾道驟觀，不以一彈相加遺；則慴於閃電戰之聲威也。然而閃電戰果何如？閃電戰者，德國兵家本謂之閃擊戰；蓋開戰之先，不警告，不宣戰，突以閃擊，而乘一國之不虞，未及動員，而其國破，其軍潰。然閃擊一國，非大軍不爲功；而大軍之動員集中，亦必有其時；何得人之不知，而可以乘其不虞！墨索里尼之閃擊阿爾巴尼亞也，十日之前，阿人知之；雖擊而不成閃也！閃擊戰之大演習，厥爲一九三六——一九三八年西班牙之戰！德義聯軍以援佛朗哥，海陸空軍無不出動；而西班牙共和政府之軍備窳陋，不如德義之堅鋭，人所知也！然頓兵瑪德里，久而不克！於是德人設炮兵學校於瑪德里附近，兩年以内，更替派遣見習軍官及炮手嚮瑪德里射擊，以試驗克虜伯炮廠之出品。然瑪德里堅守如故；而不得不用間以促西班牙政府之内潰，而有成功！然後德國兵衆知閃擊戰之不足以摧武器精良、人民慣戰之捷克；而尤無法以突破蘇台山地要塞！於是捷克内政部長，撤退蘇台憲兵，開門揖盜，蘇台黨聲生勢張，裏應外合，而以成捷克之亡！則是閃擊戰之無成功，而成功於用間也！及一九三九年九月波蘭之戰，而閃擊戰之聲威大張；而閃電戰之名以起！然細按其實：希特勒之侵波蘭也，以步兵四十五師，每師一萬六千人；而波蘭有步兵四十二師，每師一萬零五百人，則是以四十二萬人，而當德軍七十二萬人也！而波蘭重炮，以六百門，當德軍之一千四百門；輕炮，以二千四百門，當德軍之三千一百門；平射炮，以六百門，當德軍之四千七百九十門；坦克車，以九百一十輛，當德軍之三千三百五十輛；飛機，以一千二百架，當德軍之二千五百架；寡固不可以敵衆，弱固不可以敵强；然而華沙一役，德之崙加耳得坦克車師，不足以當波蘭迎頭之擊，而潰不成軍焉！及一九四〇年五月，希特勒以步兵一百零七師，坦克車十師，分布荷蘭、比利時及盧森堡之沿邊，以進攻英、法、比、荷四國聯軍；而四國聯軍僅有步兵六十三師，騎兵六師，輕裝機械化部隊四師。德國之一坦克車師，有坦克車四五百輛，而法僅一百八十輛。飛機，則以一千三百架，當德軍之五千架；固已寡不敵衆，而緟之以四國聯軍，各有統帥，意見橫生，號令不一，此進彼退，未能同仇以僇力；然而德之坦克車師，亦有以輕敵銳進，而爲法軍所殲滅者；非無僨軍覆將之事也！及聯軍既潰，而德兵追奔逐北以入法境，有步兵一百三十五師，坦克車十二師；而法則僅有步兵九十五師；機械化部隊，潰敗無幾；而法之領空，尤爲德國空軍所控制；固知無能爲矣；亦以衆寡之兵，既不相如；而坦克車師，空軍之勢，又甚懸絶也！至於希臘，則希特勒以倍衆之兵，作閃電之勢，而乘希臘與義相持之已敝，步騎炮空，及鋒而試；然美達克薩斯戰線，德以大敗！使希臘并力反攻，德亦何爲；而諸將無心敵愾，則以諸將之次且怯懦，而成閃電戰之勝也！及希特勒之進攻蘇聯也，而蘇聯霍斤少將著《驕德之妄想》一文，其中謂："一九三九年以至一九四〇年，德國軍閥之所以耀武揚威，自誇常勝者，豈誠國社主義之有力；而國社間諜，煽其國之貪人敗類，叛變賣國，裏應外合，以成希特勒之無敵耳！其實希特勒之軍，幾見真能突破人國之堅固防線！波蘭之西境，未嘗設防；而法之北疆，防線脆薄，則有若無；至馬奇諾防線之突破，則覩我紅軍之有法以突破芬蘭曼納林防線，而有所鑒觀以策動者也！然而曼納林防線者，德國軍事家之所設計指導者也！然則德軍之無敵，希特勒荒唐之言耳！"希特勒之伐人國也，先以政客游説，間諜操縱，離其人民，潰其腹心；然後隨以大兵，以衆暴寡，以疾乘猝；此其所以無敵，而傳授吾尉繚、李斯之心法者也！抑希特勒之狡焉思逞，勝敗兼權，豈特以離其人民，潰其腹心，制勝而以肆兼併；抑亦以離其人民，潰其腹心，救敗而以貽後災！方大舉侵蘇以無成功而其徒戈培爾宣言："萬一德國潰敗，必澈底破壞一切被征服之國家！"所謂澈底破壞者，不惟破壞其財産物資，抑亦破壞其精神心理；製造階級之仇恨，潛伏政治之糾紛，以策動其國之内戰，而使之不暇復仇！柏林人士，亦不諱言："設法於德軍離去時，務使每一國家無不發生無政府之狀態，而爲互相仇殺之戰争！"處心積慮，其道多端：一曰利用貧民之飢饉。飢饉者，希特勒用以在西歐創造階級仇恨與分裂之主要工具也！國社黨，自始即利用飢饉爲政治技術之一！蓋人民而飢饉；體力不振，精神亦耗，何來抵抗之毅力，自然爲奴以低首！至一九四二年以後，法國、比利時、挪威、奥大利以及波希米亞等地，糧食缺乏，飢饉以甚！於是國社黨又利用糧食之缺乏以破壞被征服民族之民族精神與團結；分配不使平均，應得不予以得，而鼓勵黑市以鼓勵仇恨，膨脹通貨以膨脹混亂；皆預爲德軍撤退時，而以爲其國内亂之種因也！何以言之？德軍佔領當局，未嘗不禁止糧食之黑市，而誅戮黑市交易之人；然究其實，則國社黨製造黑市以有陰謀！凡佔領國之食品，無不予取予求以輸供德國；而民間之肉類、雞蛋、牛乳、牛油以及蔬菜，久已搜索無餘；然使有錢，未嘗不可以得之於私販；而私販，則得之於德國祕密警察；價格之昂，有時超過最高法定價格五十倍，而大多數人民之所無力購買；然此正國社黨之所欲也！蓋欲獲巨額之金錢以購黑市之物品，惟有作賣國賊，而效忠於德以出賣其靈魂，乃能有此獲耳！國社黨由於上次大戰之經驗，而知惟有糧食發生黑市，有錢得食，無錢挨餓，最足以造成民間之仇恨而自相殘殺；今乃倒行逆施而播其毒於佔領國，以使比鄰相憎，同國互仇，貧民怨憎富人，工人憎恨農民；一旦德軍撤退而靡所制裁，其民自起仇殺之不暇，而暇組織以必報德乎！此鼓勵黑市以鼓勵仇恨也，抑通貨膨脹，亦欲以膨脹混亂！德軍以佔領費用，悉索敝賦；而其佔領國之政府，則以供應軍需，支出不貲；農工生産，祗以輸貢於德國而無自給！貨幣之紊亂，通貨之膨脹，不得不相隨而至；而德軍佔領當局，則加速其膨脹，而促進於崩潰！軍用票之在佔領國，固視以爲合法之貨幣，而發行之數量，漫無限制！當其佔領國政府大聲疾呼以激發其人民之愛國心，而力求節用，以制止通貨膨脹之狂瀾；而佔領當局，則源源發行無代價之貨幣以購買一切！每當法國及荷蘭政府之在幣制漸能穩定時；則佔領當局必以鼓動購買之狂潮，而增加流通之幣額；於是幣制之穩定者，復返於不穩定！蓋國社黨深知一國民意之沮喪，莫過於不可控制之通貨膨脹！希特勒之所以能得政，亦以當日德國之通貨膨脹，以造成經濟之崩潰，心理之混亂；而民衆對民主政體之信心全失！惟通貨膨脹，而以發生各階層人民之互相嫉視，莫不以自身之疾苦，歸咎於他人之優裕！惟通貨膨脹，而中産階級以毁滅，而以喪失其對自由制度之信心！惟通貨膨脹，而以造成人民僥倖之心理，予①投機者以非法營利之機會，而政治日以腐化，風俗日以放僻！於是國社黨知佔領國之勢在不得不放棄；然代之而起之新政府，苟非有力以阻止通貨膨脹，則必在短時期内崩潰，

① “予”原作“子”，今據文意改正。

而無法以獲得人民之支持！惟通貨膨脹，可以阻其佔領國之經濟復興，而社會崩潰，人民喪亂愈益混亂！此以膨脹通貨而膨脹混亂也！二曰污衊正人之信用。一國之亡也，必有一國之賢豪長者，矢志忠貞以爲其民衆之所仰賴，而不爲德軍佔領當局所用！顧衆望所歸，德人知戮辱及之，身價益高；則轉而示有句結，加以親禮；或佔領當局，數數造訪；或延以汽車，招搖過市。捷克之亡也，有一律師，積年不屈，閉户著書，德人無如之何！既而國社黨報，忽播新聞，謂律師之法學名著，已爲佔領當局所選定以譯德文；輿論大譁，衆望立墮！然而衆望既無所歸，民志以何摶一！縱一旦德軍撤退，其人亦無法自白以起而摶一民志，領導復興！人懷自疑，此固德人之所欲也！三曰强征佔領國壯丁以伏内釁。希特勒征遣西歐及中歐諸征服國青年數千百萬以輸運入德；論者以爲由於德國人力之缺乏，而征以爲勞動①之服役！顧究其實，希特勒征遣之人數，遠超過德國之所需要；而所征遣者，多血氣方剛，能反抗之人；而阿附以呈身國社黨者，則不征遣！柏林人士不諱言以爲人質；而國社黨之在法國、波希米亞及荷蘭宣言："如德國勝，必有歸來之日！"易言之，即德國敗，將無歸來之望！此其用心，不惟英、蘇解放軍來臨之時，而血氣方剛，能反抗之人，既以征遣，而揭竿以應者之無幾也！方今法國、荷蘭及挪威，無一家，不有一兒子、一父親或兄弟以征遣入德；德人以爲人質，如其家人有揭竿以起，則槍斃之無貸！及德人不支而大敗，則其佔領之國，必有人痛心疾首於德而高唱無條件投降；亦有人爲其父子兄弟懷憂而欲姑息；意見横生，而同仇敵愾之志以殺矣！四曰挑撥巴爾幹民族仇恨以自殘殺。國社黨之佔領波蘭及塞爾維亞，所毁者，人民之肉體；在法國及波蘭，則毁人民之靈魂；而在東歐，所持以爲毁滅社會政治之武器，厥爲巴爾幹之民族主義！德人千方百計以煽動民族仇恨，鼓勵民族野心；一旦爲盟軍解放，而巴爾幹各國人民，必不暇以援應盟軍，而互相混戰以不反兵於德；而德人之狡計售矣！南斯拉夫之國，有塞爾維亞人，有克羅地人；而德人則使之各自爲政！塞爾維亞之自治傀儡，屠僇境内之克羅地人；而克羅地人之傀儡政府，亦屠其境内之塞爾維亞人以爲報。德人之告塞爾維亞人曰："吾軍之來，克羅地人實召之！"而告克羅地人則曰："塞爾維亞

① "動"原作"働"，今改正。

人而勝，則克羅地人無遺種矣！”一旦德軍撤退，而克羅地人之懼塞爾維亞人以甚，塞爾維亞人之恨克羅地人則深，亦何望言歸於好以攜手建國哉！報載南斯拉夫遊擊隊之内部衝突，亦由於塞爾維亞人與克羅地人之仇怨！然兩族之游擊隊，莫不矢志以反日爾曼及國社黨；而國社黨則利用兩族之相互仇怨，以使之相互攻擊，而忘大敵之當前；此德人之狡也！德人之於捷克斯拉夫也，則扶植斯洛伐克人以鼓勵斯洛伐克民族運動！斯洛伐克之農民區，嚮爲捷克文化政治落後之區；德人則予以自治，建之爲國；而以示異於捷克立國時之所以待斯洛伐克人！斯洛伐克人雖不悦其傀儡政府；而一經自治獨立，則無望其再爲捷克之附庸！一旦捷克復興而自治政府取消，則政府之官吏失業而無望其插足於捷克政府！亦有工人商人，資國社黨之工廠以爲生；如與捷克并國而治，則斯洛伐克人之工廠，何足以與捷克工廠之效率度長挈短，而競争以必歸於失敗！斯洛伐克之農民，則欲以保護其市場之農産品高價，而亦不悦於捷克；不悦於捷克，則暱於德人以求其支持！縱德軍有撤退之日，亦何望捷克之有斯洛伐克以爲國也哉！不但德軍之佔領國如此；而在巴爾幹之與國，亦無不播散民族仇恨以自樹援！一旦德軍撤退，而匈牙利與羅馬尼亞必相火併！蓋希特勒分割外斯拉窩尼亞以予兩國，而兩國無一日自慊；然不敢以致怨於希特勒，而相怨；匈牙利人虐待其境内之羅馬尼亞人，而羅馬尼亞亦虐待其境内之匈牙利人；兩國之深仇不可解矣！希特勒亦分南斯拉夫與捷克斯拉夫之地以予匈牙利；匈牙利償所大欲，而南斯拉夫與捷克斯拉夫之深仇不解矣！保加利亞亦得南斯拉夫之多地以償大欲；然保加利亞之一部分地，則以許羅馬尼亞！所以巴爾幹諸國，無一國不從鄰國之毁滅以償大欲；而無一國不分擔國社黨之罪惡以取深仇疾怨於人！無一國不痛心疾首於其鄰國之阻兵安忍，狡焉啓疆，而思得一當以必報爲快！國社黨不諱言：“縱希特勒政權有崩潰之日，而東南民族之相爲敵讎，必不能僇力同仇以攻德，而兄弟鬩牆以自攻也！假令德國而敗，亦必有不少數民族之追懷德國，而欲以結爲同仇！”假令塞爾維亞而勝，則克羅地人，必以追懷於德，而爲不滿現狀之少數民族矣！其他可以類推。然則希特勒之所以伐謀伐交，勝敗兼權，如環無端，流毒無窮；寧啻伐兵以擅勝利於一時乎！嗚呼！有國者可以監矣！

故用間有五：有因間，有内間，有反間，有死間，有生間。

（訓義）梅堯臣曰：“五間之名也。”張預曰：“因間，當爲鄉間；故下文云‘鄉間可得而使’。”

五間俱起，莫知其道，是爲神紀，人君之寶也。

（訓義）賈林曰：“紀，理也；言敵人俱莫知我以何道，如通神理也。”張預曰：“五間循環而用，人莫能測其理。”

因間者，因其鄉人而用之。

（訓義）杜佑曰：“因敵鄉人，知敵表裏虛實之情，故就而用之，可使伺候也。”梅堯臣曰：“因其國人，利而使之。”

内間者，因其官人而用之。

（訓義）杜牧曰：“敵之官人，有賢而失職者；有過而被刑者；亦有寵嬖而貪財者；有屈在下位者；有不得任使者；有欲因敗喪，以求展己之才能者；有翻覆變詐，常持兩端之心者；如此之官，皆可以潛通問遺厚貺金帛而結之；因求其國中之情，察其謀我之事；復間其君臣，使不相和也。”基博按“因間”、“内間”，皆因敵之人，以爲我之間。特“因間”者，因其鄉人；蓋其人之無政權者，而爲人民。“内間”者，因其官人；蓋其人之預政權者，而爲官吏。而“因間”、“内間”之爲用，尤在破敵人之摶結，毀敵人之國家。而德國陸軍參謀人員，則謂之“精神之破壞”；蓋於所著《世界大戰間諜史例》，嘗有慨乎言之，以謂：“技術之破壞，祇以毀我國家之物資；精神之破壞，且以毀我國家之意志；願進而論精神之破壞；精神之破壞，何道以出之？曰‘宣傳’是也。夫兵凶器，戰危事也！若以小抗大，以弱敵强，爲民族生存而戰，爲子孫萬世而戰，爲主義理想而戰，則其艱苦尤十百焉；然敵人則以我之艱苦，而逞其宣傳矣！蓋宣傳必有所藉口；而所藉口者，必爲我當前不堪受，不能忍之事。然此日之所謂不堪受，不能忍者，開戰之初，非不知其必臨也；非不知其不當受也；然人情好逸而惡勞，怯死而貪生，往往偷一時之安，而不顧百年之後患！及征戰之日久，吾人神經，刺激過甚，易於亢奮；而敵人宣傳，乘間以入；於是感情衝動，死不擇音，暴動罷工，無所不爲，妨害生産，摧毀國力；愛我太息，敵人大悦！一九一八年，我之雄師，方壓敵境。而邦分崩離析，一蹶不振者，則以我德人之抗戰精神，慘遭敵人破壞之故！蓋英法協約諸國，既以飢餓之封鎖政策，阻絶我海外之糧食及牲畜飼料以不得；而又損我穀物收穫以成凶歲；於是我德人食無半飽，不自聊生；然後鼓如簧之舌，以事宣傳；於我德人民之啼飢號寒，若不勝其憫恤之意；

而昌言指摘德國貴族及大地主之氣象豪華，優游柏林，臨陣則畏縮不前，後方佚樂；生活則豪華依舊，任情揮霍，代爲不平，不啻若自口出！一九一四年，開戰方始，德國前線兵士，已得一圖相傳觀，上繪一財閥、一貴族，執鞭而驅德之士兵，以入死神巨口；死神之上，署曰：‘資源戰争’；筆意幽默，神情栩栩！又有一紙，大書曰‘打倒普魯士軍閥’，若無意與德國人民爲仇，而吊民伐罪者！又以德國城市人民生活之與鄉村不同，享受有差别；而故爲挑撥，以激動人民之嫉妒，嗾相詰難；而以分崩也！猶以爲未足；則益利用德國國内黨派之分歧，因勢利導，以鼓動國内之政治鬬争，而破壞德人之統一；所用以攻擊農村之標題，及其摇惑觀聽之辭，則故意與大戰前之德國左派黨團所用以攻擊農村經濟要求者相同。德國左派之社會民主黨人，喜掀風波以亂秩序；此固協約國間諜之所視以爲良好之助手者也！若輩初不知爲敵人之所欲利用，卒以政黨利害之衝突，而不恤爲虎作倀！一九一六年五六月之間，德國有數城市人民，有飢餓示威之大遊行；而主之者，莫非社會民主黨之左派人物；其所寫之標語，利用之論證，一如敵人發蹤指示之所宣傳者！尤巧者，其後德國革命黨之傳單，與敵人之所散者，如出一吻；所區别者，僅來源不同而已！吾人誠不能武斷，遽謂二者有直接之聯繫，然此德國革命勢力領導之騷動，實予敵人間諜以宣傳之根據。至一九一七年，而二者之行動，果趨一致；發動戰時工業中心區之罷工，以反對食糧分配額之減少。國内之民情，既已涣散；而作戰之軍隊，亦因之而無鬬志！蓋前線士兵所得之家書，讀之，莫非啼飢號寒之辭，危涕墜心，英雄氣短，兒女情長；於是軍心摇動，海軍叛變，同奔敵國，而德之潰敗不可收拾矣！”然則德國社會民主黨之左派人物，英法聯軍之“因間”，而德國人之所痛心疾首者也！蓋因德之“鄉人而用之”也。然一九一七年，德皇威廉二世，方與英法聯軍，相持西線，苦戰不解。俄國革命，帝室以傾；而克倫斯基不渝舊約以與英法僇力，出兵攻奥，東西犄角。於是俄國亡命之馬克斯主義者列寧，以德將軍之鐵蓬車護送回俄，受德人之金錢，而糾率其徒，自前線戰壕以及後方之工廠、農場，無處不大聲疾呼：“和平！”“土地！”“麵包！”以是爲號，而人心摇動；倒克倫斯基而代之，飭前線總司令杜康寧將軍停戰。杜康寧將軍不受命；而列寧則以無線電逕告將軍所部兵士，逮捕將軍，而停戰，以自動與德軍攜手遂簽訂對德和約；而威廉乃得調東方禦俄之大軍，以增援西線。則是列寧者，威廉之因間也！因俄之“鄉人而用之”也。列寧既擅國，而寄心膂於托洛斯基；對德和約者，托洛斯基之所簽訂也。及列寧卒，而托洛斯基不得志於史丹林以亡命；顧以得政蘇聯久，其徒黨播全國，咸預機要；而托洛斯基必欲逞志於史丹林。希特勒知其然也，則欲以嚮日威廉之所以用列寧者，用托洛斯基以肆毒於蘇聯；因托洛斯基以通蘇聯重工業副人民委員批亞太珂夫、外交副人民委員索柯爾尼珂夫、鐵道副人民委員李夫雪茨以及拉狄克、莫拉洛夫、綏萊勃里亞柯夫等著名共産黨員十七人，餌以重金，出售軍事情報以資德國、日本，而與德國、日本約：托洛斯基，如得政蘇聯，必割烏克蘭於德，割沿海州於日以爲酬焉。批亞太珂夫以重工業副人民委員而嚮德廠訂購機器時，價必抬高，而以抬高所得之額外貨款，資托洛斯基之子塞度夫以爲陰謀之用。而内外句結以鼓勵怠工，破壞交通，暗殺紅軍，一九三六年，一年之間，層見疊出，莫識所由！其間工人克尼亞柴夫，以毁火車，而供認得日本間諜之賄一萬五千盧布。亦有工程師故若不經意，而毁化學製造廠之鍋爐者；皆托洛斯基之所發蹤指示也！則是托洛斯基者，希特勒之“内間”也！因俄之“官人而用之”也。德國以陸軍馳譽於世；而蘇聯軍官之被派以赴德國參觀實習者，往往有之；德人遂因之以爲俄間。蘇聯紅軍杜嘉契夫斯基元帥、前任蘇聯駐德及駐英使館陸軍武官普特拿將軍、列寧格勒軍區司令雅基爾將軍、前任白俄羅斯共和國總司令烏鮑羅維支將軍、奥索亞維亞基之首領歐特曼將軍，及參謀本部人事課主任費爾特曼將軍等八人，以一九三七年六月十一日駢誅；其罪狀，則與德國、日本句結，而欲於戰爭時以出賣紅軍也！其中考克與費爾特曼兩將軍，皆爲生於波羅的海諸省之德國人，其姓氏仍襲德人之舊。烏鮑羅維支將軍，嘗赴德國參觀國社黨大會後之德軍大演習。而考克與普拿特兩人，皆嘗爲駐德使館陸軍武官者也。此亦“因其官人而用之”所謂“内間”也；而實以托洛斯基筦其樞！希特勒因其大將塞克特與托洛斯基有十二年之雅故，而組織德日兩國之軍事間諜，以與托洛斯基在蘇之羽黨，摶而爲一；而以德日兩國大使館及領事館爲集合，爲掩護，策動怠工，主持暗殺；一九三①四年十二月，暗殺史丹林之心腹基洛夫，亦所發蹤指示也。杜嘉契夫斯基諸大將，亦以托洛

① “三”原作“一”，今改正。

斯基派之挑撥游説，而與德日兩國參謀本部，息息相通；將以一九三七年五月上旬，舉兵襲史丹林之徒而聚殲之，以與德日聯合，爲軍事同盟。使其謀得遂，一攘臂，而國社黨之勢力，横被六合，縱貫歐亞！不意史丹林先發制人；然不爲奥國總理陶爾夫斯之續者，亦僅爾！顧希特勒不能因托洛斯基以殺史丹林，而能因阿斯脱夫人以蠱張伯倫！阿斯脱夫人者，英國之名媛也，有克萊武登之别墅，好客，喜延攬。自首相以及其閣僚，一日二日萬幾，自公退食，必過克萊武登。夫人盼睞承迎，人人得其驩心，而倦勤以紓，無不樂親薌澤；此固希特勒之所欲因以爲間！而貴要輻輳，權勢自生；浸潤膚受，譚言微中，亦以蕩心惑志，默移大計！而所晉接，尤傾保守，而恫心疾首於共産，世稱之曰克萊武登系；其人以爲“惟扶德，可以傾蘇；亦惟不助法以減德人西顧之憂，而後德人有餘力以東進攻蘇”。百喙一辭，寖成國是！又夸大希特勒之空軍，以嚇張伯倫；而張伯倫亦以嚇其與國法蘭西閣僚達拉第、萊諾之徒；於是捷克犧牲，而慕尼黑協定以成，而法蘇協定以解；而法國之援以孤，英之譽望亦墮；而希特勒之願遂矣！此亦“因其官人而用之”，所謂“内間”也。於戲！中國有史，必儆女禍！而誦歐史，大邦名媛，蕩軼飛揚，所謂社交之花者，驚鴻游龍，王侯心醉；而外國因之以用爲間，有意無意，或挑其嫉妬以爲鬩，或歆其金珠以爲賂。色授魂與，幾事以洩；國際之陰謀，得肆志於跳舞會者，吾見亦多矣！婦人用其嚬笑，丈夫以爲喜怒！希特勒通夏蓮夫人以殺萊諾抗戰之志，得阿斯脱夫人以歆張伯倫和平之利，而法有淪胥之禍，英亦貽噬臍之悔！又不僅是！印度獨立黨人沙伯爾滑爾者，亡命日本已數十年，而爲美國某通訊社員，出入各國公使館，以一九三六年夏，在美國俱樂部，與美大使會談；而爲東京憲兵特高課檢舉，以謂供給情報也！搜其住屋，所得記録，無不涉軍事政治機密者；而研詰所自，凡名流貴家之夫人，有閒而好事，以廣交遊，而接外國人爲榮者，無不晉謁以爲媚悦，興會所至，巧言如簧；孰甘守口如瓶！輕嚬淺笑之中，而情報悉以供給矣！嗚呼！此亦新女禍之所當儆，而有國者之監也！希特勒得政之初，既擴其國社黨之組織以及奥大利人、捷克人，而以併奥吞捷，有成功；益散其帑金以資丹麥、挪威及法之人民，依倣國社黨之組織丹麥團、挪威團、法蘭西團而倡言親德；此則“因其鄉人而用之”，所謂“因間”也。一九四〇年四月九日午前五時，挪威政府得德國駐使布魯埃爾博士之通牒，謂德軍將佔領挪威全國之海港也。議會開緊急會議，咸主抗戰，而先於是日午前一時半，挪威之奥斯洛海峽，駐有挪威軍艦三艘，其司令官得外長谷脱之令，謂："德國艦隊至矣！毋得抗戰，任解除武裝，可也！"司令官坦然受之，莫逆於心！惟水雷敷設艦奥拉甫號，以收港修理，而遺未致令，迨午前四時半，德國巡洋艦亞姆頓號，率潛水艇二，悠然而嚮霍登要塞以進。碇泊之三挪威軍艦，任所欲爲，則以外長谷脱之令也！不意其掠奥拉甫號以過，而奥拉甫號之炮火驟震也。要塞司令官亟加制止；而亞姆頓號及潛水艇一已沈没矣！其未沈没之一潛水艇陸戰隊，登陸者百人爾！而以要塞司令官之制止，守兵武裝，自動解除；於是霍登要塞，拱手以讓矣！奥士卡爾司堡者，挪威之海軍根據地也，左近海峽，滿播機雷，苟一發機，全峽震騰，插足不得，何從登陸；然而機雷之電流，早爲要塞司令官所切斷矣！德國軍艦布留赫爾號，以是日午前三時，疾駛進峽，掉首揚尾，以爲莫余毒也！不意在大炮射程八百碼以内，而炮台之一小軍官，莫知誰何，突命開炮，中布留赫爾號以毁其裝甲，不五分鐘，而此德國最新鋭之一萬噸巨艦告沈矣！艦員之不死者，纔四十人也！在德人以爲司令官既相默契，其他亦何能爲！而不虞偏裨之中，儘有肝膽，百密一疏，遂鑄大錯！然德軍之登陸者三百人，而挪威守兵三千，以司令官之低首下心，而亦束手矣！要塞盡失，門户洞開；而德國福爾格霍司特將軍，帥所部一千五百人，導以挪威騎巡六人而安步以入挪京奥斯陸。將軍隨幕僚二人，且行且以國社黨敬禮，而致答於羣衆中之第五縱隊隊員焉；則爲其日午後之三時也！及五時，而奥斯陸播音局，以柏林土音嚮挪威廣播矣；謂奇士林國民政府宣告成立也。奇士林者，嘗以一九三二——三三年，掌挪威國防部；諸大將多所拔擢；希特勒得而用之，與之爲構；擒賊擒王，而桓桓赳赳，皆降將軍矣！此則"因其官人而用之"，所謂"内間"也。至於希特勒所以潰法而取之者，人皆謂閃電戰之功；而不知亦握其樞於"内間"！奥托阿畢斯者，希特勒國社黨之特務人員也，談吐風生，擅才辯；先娶一法女爲妻，而於大戰之前，嘗攜鉅金以至巴黎，收買報紙及政客，廣交游，嘗指其手提皮包以揚言："法國國會議員，有十餘人入吾彀中矣！"傳者曰："法國六百一十五名之國會議員，有三百餘人受人津貼也！"法國前後兩内閣總理達拉第之情婦古洛素侯爵夫人、萊諾之情婦夏蓮，每有茶話宴會，奥托阿畢斯無不與！及法人對德宣戰，而被逐以行；然黨徒實繁，蟠踞津要，上自政府，下遍閭巷，播散謡言，捭闔操縱，嗾達拉第以撓萊諾之政策，通夏蓮以摇萊諾之心志，軍事政情，纖悉必知！甘末林之爲法軍總司令也，將往前線視察，未及首途，而柏林播音局，已以消息廣播矣！甘末林惶駭莫措！萊諾組閣，頗不慊於甘末林，而欲用魏剛。達拉第則袒甘末林焉。及德軍之侵入比境，而兩人紛争未已！甘末林亦有所聞知，曰："余豈怯哉！"欲立殊功以自見；乃放棄可守之陣地，而引大軍趨荷蘭，讓道以予德軍，欲俟其猛撲馬奇諾防線不下，然後反兵而截其後路，包圍德軍，一鼓而聚殲諸。詎意希特勒推鋒直入，法軍撤退不及；爲德人所包圍以解甲焉！德人之將進攻也，無日不嚮法軍廣播，申明："德人之不欲與法戰，而所仇者英也！英人之利用法，已二十年矣！法人何苦爲他人作嫁衣裳，而不獨立自主！"浸潤之譖，夜以繼日；於是法人之信念摇動，法軍之士氣消沈！而達拉第之徒，如賴伐爾及龐萊，如響斯應，振振有辭，欲以介義媾和。然法之政客，如賴伐爾及龐萊，大戰既開猶倡言親德，肆口無忌，而能得大將之擁戴；以當國柄政！欲闚此中消息，不可不知一九三七——三八年之卡古拉黨獄！法政府於此諱莫如深，而就其可知：卡古拉黨者，蓋由極右派之發動，由諸大將之援助，有縝密之計畫，而欲以武力建立獨裁制度，然後加入極權國之集團也。不意人民漸有知者，輿論譁騰；而警察不得不執行偵查；顧以治安部長白許翁之同情於卡古拉黨；警察翼翼小心，不敢深求，逮捕黨徒，而領袖人物，則佯若不知誰何！然而衆目昭彰，衆口難掩，莫不知魏剛將軍爲卡古拉黨之軍事領袖也！貝當將軍雖非卡古拉黨，而亦不以魏剛諸大將爲非。卡古拉黨之軍火儲藏廠，設在巴黎及克拉蒙佛朗一帶，而搜查其中之來福槍及機關槍，莫非德製！政府恐株連大獄，下令停止搜查。捕繫者百餘人，無一人公開受審；及大戰起，咸予赦免；而其中軍官，又列籍正規軍、後備軍以爲國干城矣！米西林將軍者，則卡古拉黨之尤有功於希特勒者也！將軍爲米西林廠之主人，而廠則法國最大之汽車製造公司也！公司之主要廠，設在克拉蒙佛朗，而卡古拉運動之中心也！米西林將軍，爲卡古拉黨之軍事教官；而同時兼爲法國第五戰區司令。第五戰區以奥里昂爲大本營，而鐵路縱横，四方道里適中，軍火之製造及運輸，咸萃於是！顧米西林將軍，處孔道，當大任，而怠所事以墮軍實，長寇讎！一九三九年九月，希特勒東侵波蘭；法人欲出兵攻摩爾塞河以拊其背，而卒左次不進者，則以重炮之未能運出；而第五戰區之奥里昂、布日及維爾松鐵路諸站，重炮堆積，車輛停留，延至十月而未運。問其所以？則未奉米西林將軍之命也！第五戰區之中，有坦克車製造之廠三焉，設在布日及蒙他日附近，而所製造七十噸之坦克車極精，速度高，轉動靈，而裝甲則視德國之八十噸者爲尤厚；利器也！顧留置於第五戰區之待運場，而迄未一用，等於虚擲；及一九四〇年六月，德軍之進佔奥里昂也，見之，歎賞不置！而覩法軍獸駭鼠竄，遂改乘此法人造而不用之坦克以追奔逐北焉！則米西林將軍之以也！此亦“因其官人而用之”，所謂“内間”也。然希特勒用“内間”於蘇聯而無成功，用之於法而有奇效者；蓋史丹林剬制由己，以快刀斬亂麻，當機立斷；而法政府率於朋黨，姑息養奸；此希特勒所以成敗異也！然希特勒所以併奥大利，吞捷克，入荷蘭，脅匈牙利、羅馬尼亞、保加利亞，而侵南斯拉夫，無不操縱其人民，賄通其官吏，“因間”、“内間”，處心積慮，以摧毁政權，摇動人心；然後隨以大兵，莫之或禦，如摧枯拉朽，蔑不克矣！日人者，希特勒之所引爲同志者也！然希特勒之所以呼朋嘯侶，結同志者，果何以乎？亦不能外“因間”、“内間”而别有以也！德國駐日大使奥篤將軍，於一九三九年之春，以不得成日德軍事同盟爲憾，造訪首相平沼，卒然曰：“日本之榮譽，被作踐矣！”平沼曰：“日本之榮譽日本人自知之！君外國人，如何能知！”奥篤悏然，徐曰：“日本遲日自知！”一九四〇年夏，奥篤又造訪近衛公爵别墅，言曰：“公赤心爲國，夾輔無人，不可不組織一政團；匪是者，國策何能推行盡利！”近衛曰：“日本國事，尚得日本人自決，不敢以勞！”然奥篤先爲東京使館武官之日久，出身行伍，豪爽健談，而揮金如土，英風俠氣，足以得日本軍人之懽心，而欣得奥篤爲同志者，蓋大有人在！奥篤壇坫周旋，口角生風，不在天皇之皇宫，不在東京之外務省，而在東京之妓院；日夕過從，非歷任之首相，亦非外相，而爲日本之青年士官；三三兩兩，出入妓院；而奥篤左右追隨，不恤爲東道主，纏頭百萬，筵開不夜，尊俎折衝，暢論歐亞大陸之如何重新分配，聚米畫沙，抵掌而談，主賓極歡，而青年士官，入耳心通，不覺傾倒以爲之“内間”矣！政客中野正剛者，日本著名之右派，而奥篤款筵之以爲“因間”者也！一九三五年夏，自德而來之國社黨黨員，以中野正剛之介，而與日本右派構結，以組同志會；會所在東京之新橋，富麗堂皇，而日本樞密院大臣木户侯爵、外務省顧問白鳥，莫不爲同志會之會員焉！一九三六年十一月，日德防共協定成立；而協定之條文，則起草於其年之夏，多方擬議，不在外務省，而在新橋之同志會；外務省無人知者；而發蹤指示，則爲奥篤！奥篤以一九三八年四月，授駐日大使；然一九三九年之春，尚無法以成日德軍事同盟！至一九四〇年八月，希特勒以空軍大舉襲英倫，不克；懼美國之參戰以援英，而亟欲得日本爲援，以牽制美於遠東；乃派休它默爲特使，奉希特勒致近衛之手書，以造於東京，訪外相松岡，請日本參加德義軍事協定。松岡即以屬白鳥，曰："君與休它默好議之！"白鳥以九月十日，邀休它默長談，不覺促膝！午後，白鳥進見近衛，告以休它默之議，自抒所見，指陳得失。近衛亦爲動容！即以十一日午後，召外相松岡、海相及川、陸相東條會議，而近衛以首相爲主席，所謂四相會議，是也；亦既衆謀僉同，乃以十四日，召集緊急臨時閣議。亦有閣員期期以爲不可，紛争延會至七小時之久，而卒不得不通過！中野正剛在新聞紙慷慨著論，陳德人之必勝，斥英美之援華，奠定東亞，祇有聯德；劫制輿論，噤不得發！然閣議，非樞密院核准，不得上奏；而樞密院大臣木户侯爵，早有默契，翕無異議！乃以十九日，奏請天皇開御前會議，欣然參加。會散之後，近衛、松岡，見休它默，舉杯互祝，立以電告希特勒。請君入甕，莫逆於心；是則希特勒"因間"、"内間"之有成功於日人也！抑希特勒之懼美國參戰以援英也，不惟引日本爲與，以對美戰争分散美人援英之力量；抑亦因孤立派爲間，以對蘇恐懼轉移美人對德之敵愾！孤立派者，以羅斯福爲政敵，以共和黨爲壁壘，而以資本家摩根集團爲主人者也。摩根集團之美國總電氣公司，資本二十二萬三千二百萬美元；而以投資於德國之總電氣公司者，有一萬八千五百萬馬克。德國克虜伯炮廠，與美國總電氣公司訂有合同；而西門子公司亦有關係。德國奥貝爾汽車廠之全部資本，皆爲摩根集團之通用汽車公司所有。德國五金公司，爲德國伐本企業公司之一部，而有杜邦摩根之投資一百萬美金；此皆盡人所知。其不知者，蓋闕如也！及羅斯福援英以絶德，而摩根集團與德國資本之關係中斷；然美國資本家之假途中立國；轉運物資以濟德國，亦盡人之所知！假使羅斯福之政策成功，而希特勒之德國以敗，則美國與德國資本結合之公司工廠，無不隨倒；而投資及利潤不可問矣！此非摩根集團之所許也！摩根集團，則以參議員韋勒及塔虎脱、前總統胡佛、林白上校之流爲喉舌，而胡佛爲之魁！胡佛者，孤立派之總指揮，而摩根集團之參謀也！早歲服務於英國各鑛業公司以歷非洲、澳洲、亞洲；而在中國，則嘗任職於開灤煤礦公司也。自一九〇九年，以拉門德之引進，而效忠摩根集團；一九二〇年，以湯姆生之介紹，而加入共和黨。柯立芝之爲總統也，以胡佛任商務部長，則拉門德之所推薦也！遂以摩根集團之支持，而當選一九二八年總統也，則以拉門德爲首席政治顧問，而內閣名單，非摩根集團之公司銀行董事，即股東也；幾以白宮爲摩根集團之支部矣！雖以一九三二年去職，而摩根集團之意見，必以胡佛爲反映；共和黨之機構，亦以胡佛爲領導；共和黨全國委員會，則德國第五縱隊視爲可以成爲在美活動之中心者也。胡佛之發言不多，而有言，則必代表孤立派以代表摩根集團！胡佛爲孤立派及共和黨機構之幕後指揮人物；而蘭敦、塔虎脫、林白上校之流，無不受其指揮以行事；一九四四年，共和黨總統候選人之杜威，方任紐約州長，又其徒子法孫也；知胡佛，乃知杜威！杜威之發言亦不多，而所以不發言之用心，則不同於胡佛！胡佛之發言不多，而發言，則必以和平爲懷；蓋不和平，則希特勒之德國，久必不支；而摩根集團之德國投貲，亦化烏有也！及一九四一年六月，希特勒大舉以襲蘇聯；而胡佛昌言以謂："希特勒之弱點，在怕和平！惟有和平，可以去希特勒！惟有和平，可以結束戰争！幾見戰争而能打出結果耶!"則以和平瞰希特勒之弱點，而不思希特勒無一役勝利之後，無一戰發動之先，不呼籲和平以爲煙幕；乃曰希特勒之弱點在是，吾誰欺，欺天乎！及一九四二年，而胡佛與前任美國駐波蘭大使吉卜生，合著一書曰《持久和平問題》，則以謂："資本主義之美國，與社會主義之蘇聯，不能共存；當以在全世界恢復資本主義爲戰争之目標"；此固希特勒之所大聲呼籲者也；顧胡佛之用心，則欲以對蘇恐懼，而轉移美人對德之敵愾耳！至一九四三年十月，而莫斯科會議之中、美、英、蘇四强宣言發表；未幾而羅斯福以其年十二月，會邱吉爾、史丹林於德黑蘭，有成議；於是胡佛嗾其徒蘭敦大聲疾呼，以謂："今而後，史丹林可以任意解決邊疆問題矣!"胡佛則冷冷曰："且以靜觀其後"，然而揚言靜觀，陰有行動！對外，則在瑞士設有機構以與德國金融家取得聯繫而接濟德國。而對內，則在莫斯科會議之後，以其年十月，有十四團體之代表七十五人，在紐約集會，以爲必得和平，尤必得馬上和平，而衆議僉同以決定展開馬上和平之運動！其中有名雷蒙威爾基者，則詆莫斯科會議爲慕尼黑第二；而一人曰弗萊德里克李培者，則曰："咄嗟！何爲而犧牲千百萬人性命以爲史丹林死乎！"塔虎脱之夫人，亦出席會議而以主講焉！所謂十四團體之代表七十五人者，其人爲德國第五縱隊與美國孤立派之大聯合；而究其用心，陽以呼籲和平惜美國人之死，陰以反對戰争拯希特勒之敗；皆胡佛之所以發蹤指示也！杜威與胡佛及蘭敦，一陰一陽，或默或語以相爲用。一切慷慨激昂之言論，由杜威及胡佛兩人説盡；而一切莊嚴負責之態度，不可不由杜威一身做盡！杜威一言不發，一心做事，以衆望而長紐約，整理税制，平衡預算，既切實，又尊嚴，而造成人民之偶像，諓取總統之當選；及一朝權在手，惟胡佛之命是聽，而言和平，言妥協；豈惟摩根集團之投貲無恙；而希特勒亦得資以"因間"、"内間"而有成功矣！希特勒之欲用胡佛以爲間於美，猶之日人之圖用汪精衛以爲間於我！日人之逞志於我也，狡焉啓疆，喋血萬里，而"因間"、"内間"，抑亦極盡操縱之能！上自行政大僚，下迄市井俠少，以至搢紳先生，旁羅儒碩，不捐細大，兼資文武；英雄入彀，其尤著者：徐樹錚、王揖唐，日人所欲因之以爲間於段祺瑞者也！郭松林、楊宇霆，日人所欲因之以爲間於張作霖、張學良父子者也！至於汪精衛，則尤日人所欲因之以爲間於國民政府者也！汪精衛善演説，動人娓娓，縱横捭闔，爲國民黨之健者，而久據高位，實繁有徒；顧與蔣委員長貌合神離，日人知之稔矣，久已暗送秋波！既而汪精衛以不得志於蔣委員長，出國養病。及一九三六年十二月，蔣委員長以張學良之叛，被留西安。於是希特勒則以嚮日德之所以用列寧於俄者，嗾日人以用汪精衛於我；亟促返國以赴蔣委員長之難；如蔣委員長不幸殉國，衆望所屬，必汪精衛，代之而興；則舉兵討共以與日人提攜；日人可以不勞而定中國；於是因中國之人力物力，以與蘇聯戰；外國報紙，頗露其祕。然則日人所欲藉手以爲因間於中國者，孰有如汪精衛之偉大者乎！蓋汪精衛以國民黨元老，而爲行政院院長；中國"官人"之最崇高者也！使其計得售，其説而信，則中國不抗日而討共反蘇，不得不隨德、義、日軸心爲進退；而蘇聯東西受攻，世界之歷史全變，寧獨中國蒙其不幸！天相中國，而張學良知衆怒之難犯，悔禍於厥衷，奉蔣委員長以再起；汪精衛雖得政而未擅國。及大戰之起，日人老師深入，連兵久不解，而欲因汪精衛以亟媾禍於我。蔣委員長不許也；計不得逞，而出奔以委質於日人焉！此亦"因其官人而用之"，所謂"内間"也。至黄秋岳父子以奉職於行政院及外交部，而售情報以通日人；遂以駢誅！然猶“内間”之卑無甚高論者也！初土肥原以日本特務人員，而奔走華北，游説大將，網羅策士；“因間”、“内間”所在多有；而冀東自治委員會、冀察政務委員會，相繼成立；華北之勢，幾以瓦解！戰端既開，而山東省主席韓復榘不發一彈，擁兵而退，委山東以予日人，而以誅戮！則韓復榘者，亦土肥原藉之以爲間於抗戰者也！大抵軍人政客之急功貪權，不甘居人後，而鞅鞅失職者；文武官吏之好殖貨以自肥，及侈自奉而不給於財用者；市井少年之游手好閒不事事者；皆敵國“因間”、“内間”之所欲資也！方甲午之戰之未起也，日本參謀本部海外諜報武官荒尾精，嘗奉密令以來中國，得上海日商英租界河南路樂善堂主人岩田吟香之助，以在漢口開設樂善堂支店，自任堂長，而招集上海、天津等處浪人以事組織，其中分外員、内員；而内員又分三部：（一）理事。（二）外股員，執掌整理調查報告任務；審察在外幹部情況；摘録國内外大勢之新聞，以供外員參考，輔助各外員之活動。（三）編纂股，就各外員彙送之報告以及東西洋新聞紙登載之消息，凡可供他日參考之事件，擇要編纂；並搜集各種書籍，以供堂員研究。外員，則負責在外調查；調查項目，爲土地、被服、陣營、運輸、糧食、薪炭、兵制、兵工廠；此外對於山川土地之形狀、人口之疏密、住民之貧富以及風俗之善惡，皆用軍事及經濟之見地，實地調查；而尤不可不注意各地人物，詳細報告其姓名、年齡及住所。所謂人物者有六種：（一）君子，其間又分六等：（1）有志於救全地球者爲第一等。（2）有志於振興東亞者爲第二等。（3）有志於改良國政以救本國者爲第三等。（4）有志於鼓勵子弟而欲明道於後世者爲第四等。（5）有志於親立朝端治國者爲第五等。（6）潔身以待時機者爲第六等。（二）豪傑，其間又分八等：（1）企圖顛覆政府者。（2）企圖起兵割據一方者。（3）對歐美在國内跋扈，深抱不滿，而欲逐之國外者。（4）企圖倣效西洋以制器利用者。（5）有志於振興工業者。（6）有志於振興軍備者。（7）商業鉅子。（8）提倡振興農業者。（三）豪族，謂名家巨閥之後，而在一鄉一鎮之間，爲衆望之所歸者；苟得一人焉，則如得一鄉一鎮之人民。（四）長者，謂家富而好濟貧，在鄉間排難解紛。一鄉皆稱善人焉；苟得一人，亦如得一鄉一鎮之人民。（五）俠客，謂其人奮不顧身，而好打不平以拯人之急，往往爲血氣方剛之青年子弟所崇拜；有事之際，如得其振臂一呼，響應四起。（六）富者。外員調查之際，如發見地方有相當之人物，不惟探查其行動而已；尤必與之結納，得其歡心而以爲後日有事之用焉！綜其所以欲羅致，幾乎細大不涓；君子小人，一網打盡；凡戊戌政變之立憲黨、辛亥起義之革命黨，莫不殊途而同歸，爲日人之所欲資以用爲"因間"、"内間"者也！凡我邦人，可不戒儆惕厲，而審所以自處乎！

反間者，因其敵間而用之。

（訓義）杜牧曰："敵有間來窺我，我必先知之，或厚賂誘之，反爲我用；或佯爲不覺，示以僞情而縱之；則敵人之間，反爲我用也。"基博按上次歐洲大戰以前，德國之情報機關，曰第三處。凡服務爲間諜者，無不受嚴厲之監督；倘有奉職不謹，處事失當，或偵探失實，或報告錯誤，無不受應得之懲誡；而懲誡之法，則設爲一種似機密非機密之通訊，寄所欲懲誡之人，落於敵手而使之疑爲間諜，偵伺逮捕，以練智練膽，增長經驗；觀其如何自脱而策以自新；如無法自脱而受刑，斯則應得之懲罰也！有卡魯格雷夫博士者，德之名間諜也！日俄之戰，嘗出没旅順，偵伺日人行軍之祕而告於柏林；及第一次巴爾幹半島戰争之日，奉命以往，亦有聲績！顧以事與第三處有忤；遣往英國，與之通訊，而故示英人以可疑，遂被捕也！英人知其然；處以徒刑而不執行；於是告以德人之相賣，勸其矢忠以自贖。博士遂以所知於德者，傾露其祕。而英人厚待之以反間於德，乃大有功；此"因其敵間而用之"也。顧有刑其爲間之人，因其通訊之法，而以假作真，誑誤於敵者。密勒者，亦德人之爲間於英者也；往往登小廣告於日報，影射軍情，以睎柏林；而巧爲設詞，載出賣欄，以報告英國軍艦行動。爲英警廳所捕，下獄；而得其密碼底本及第三處訓令，將計就計，假作消息，以登廣告；或旬日一登，或間月一登；胡盧依樣，而德人不察其僞也，薪依舊寄；且以其報告之勤也，加厚犒焉！英警廳得其金而買一汽車，題曰密勒以志喜；此亦"因其敵間而用之"也。及此大戰，法之所以猝爲希特勒所乘，而措手不及者，亦以中希特勒之反間也！一九三九年開戰之初，陸軍部之情報廳所謂第二廳者，其中密探受阿畢斯之金而爲所賄買者，早已不少而爲所用！達拉第於一九四〇年所得報告，謂："希特勒志在攻英，無意於先法也！"既信以爲實然！而總司令甘末林所得之情報，則又異是；且曰："希特勒之在一九四〇年，無意西征，而欲有事於巴爾幹"也！不知法國派駐比利時、荷蘭、瑞士等國之情報人員，早爲希特勒賄買；而所得之情報，皆來自希特勒之情報機關！甘末林爲所紿，於是撤北疆之戍軍，以付魏剛，率赴近東，而連土耳其以戰於巴爾幹；不虞希特勒之推鋒北疆以搗其虛，則“反間”之以也！一九四三年，美國聯邦調查局破獲德間多人於第特律城；其妙用亦在因敵之間，而以破敵之間！先是加拿大婦人第寧，貌都麗而擅口辯，爲德人所僱以赴柏林受訓練，資以巨金，轉里斯本以赴紐約，而定居第特律城，自稱伯爵夫人；當地名流，無不傾身延接，縱談天下事，巧言如簧，人以得見顏色爲幸！顧聯邦調查局，自一九四一年，第寧未至第特律城之時，已追蹤而加偵伺矣！既而知其爲德間也，則逮以密訊，脅以自新，而因之以搜捕媽黎昂哈特寄宿舍，則德人之第特律城特務機關也！捕醫生湯姆斯，則由其病人口中得情報，而偵察美國硝酸甘油之生產，及魏斯丁豪斯之俄亥俄辦事處以資德人者也！美國商務隊海員霍夫門，則以第特律城福特工廠及格羅西伊爾海軍訓練站之情報資德人者也！第特律城女青年會國際組祕書皮蘭斯夫人，則以芝加哥普爾門公司之情報資德人者也！威尼大學德文教授之妻摩爾基夫人，則第寧之助手也！發蹤指示，莫非第寧之以；則亦“反間”之以也！

死間者，爲誑事於外，令吾間知之，而傳於敵。

（訓義）杜牧曰：“誑者，詐也；言吾間在敵，未知事情；吾則詐立事跡，令吾間憑其詐跡以輸誠於敵，而得敵信也。若吾進取，與詐跡不同；間者不能脫，則爲敵所殺；故曰死間也。”基博按“死間”者，誑間也；疑誤敵而以不實之情報爲誑；誑間未必死，而有可死之道；亦有不死，不足以取信，而不得不死；故曰“死間”。一九〇五年日俄戰爭之前四年，日本駐俄使館陸軍武官寺間大尉，用財如泥沙，廣交游以偵俄軍謀，俄情報局固已疑之矣！寺間心知其然，則佯若爲俄情報局所餌，而狎一妓，則情報局之女情報員也！寺間恣情聲色，以爲所脅持而返其國，私寄日本參謀部攻俄地圖於俄情報局，酬所願欲；既而事洩，判死刑；其父寺間親王忿子之賣國以隕家聲，亦自殺！俄人以爲信也，及戰之起，而俄人按圖布防；不意日人避堅攻暇以乘所不備；遂以大敗，乃知中日人之間也！於是取日俘而訊之曰：“寺間大尉寄俄之地圖，將以爲誑乎？”曰：“誑！”曰：“然則寺間大尉之被誅，亦誑乎！”曰：“否！不誅，不足以成大尉之誑而取信於汝俄！吾日人名譽重於生命；大尉名譽之大恤，何有於生命！殺身爲國，此莫上之榮譽也！”曰：“其父親王自殺信乎?”曰:“信!不如是,不足以堅汝俄之信而成大日本之勝利也!”然則寺間父子,不恤辱身賤行,隕身破家,以成其間之誑,豈非“誑間”之適例乎!及一九四一年五月,希特勒將攻蘇聯也,其祕書兼國社黨副首領及政治部主任赫斯,突乘飛機以奔英,而機上之彈孔纍纍,聲言以餌戰防共,建議和平,窺見希特勒之用心;而挾其和平覺書以相赴;惟未得希特勒之同意;非誠未得希特勒之同意也!希特勒憚於言和,而假赫斯爲誑以嘗英人,舊調重彈,以防共鉅英之資産階級,緩其仇德,懈其敵愾,而得媾和於英,以并力蘇聯也!此希特勒之“誑間”也!而英人不爲所愚,待以俘虜!顧英人以此知希特勒之亟圖媾於英而不憚發難於蘇,告蘇以離其交而自樹援。及希特勒進兵攻蘇,而英外相艾登聲言:“英人之圖與蘇聯也屢矣!而蘇聯不欲;以傷德人之心也!及邁斯大使以德人欲攻蘇聯告,而謀於蘇,蘇人猶有難色!其辭若有憾焉,其實乃深喜之爾!而德人侵蘇之報,尤予邱吉爾以振奮,而廣播其演習二月之演辭,背誦如瀉水焉!蓋四月以來,邱吉爾已知希特勒之必攻蘇也,則預習廣播之辭;邀其朋從,聽其演説;在朋從,則静默恭聽;而邱吉爾,則詞氣溢涌,間以詼嘲,喻希特勒如吸血之毒蛇,妙語解人頤!及詞之畢,而其朋從各陳所見。如何聲罪致討以斥德,如何仗義執言以援蘇,潤色討論;如是者屢次不一次!至六月二十二日,而德人侵蘇之報至,遂以其日下午三時廣播。聽者無不歎樹義之正大,措辭之圓到;而不知其演習之有日,素所蓄積然也!則是希特勒“誑間”之大失敗也!

生間者,反報也!

(訓義)杜佑曰:“擇己之有賢材智謀,能自開通於敵之親貴,察其動静,知其事計所爲,已知其實,還以報我,故曰生間。”賈林曰:“身則公行,心乃私覘,往反報復,常無所害,故曰生間。”基博按近代各國互派駐使,陽敦睦誼,陰則覘國;號爲親善之使,實兼間諜之用;如賈林所謂“身則公行,心乃私覘,往反報復,常無所害”;而有治外法權以庇其徒,苟非宣戰,無不尊重;此最“生間”之適例,而公開之祕密也!日本之於各國駐東京使館,監視尤嚴,而分有等級;第一嚴防蘇聯政府駐日之外交官,便衣偵探,無時無刻不梭巡使館前後,偵伺出入過訪之賓客,而密記其車輛牌照號數以爲追蹤;亦或投身以受雇爲使館低級館員或偵伺!然傳者言:一九四一年以前,德國駐日大使奥篤,亦爲駐日第五縱隊之領袖,而擁有一萬名之德籍隊員，中有士官二千一百人；其他國籍之隊員，如捷克人、匈牙利人、瑞士人、瑞典人、美國人以及日本人，總數有二十萬零一百五十人，以操蹤政團，以劫持報紙；發號施令，無不出德國使館！是故蘇聯之於外國使館，必駐赤軍，非惟守衛，抑亦監視！仰光者，緬甸之都府也。日僑五百人，其業，則照相館也，鑲金牙也，藥房也，彈子房也，形形色色，執業多賤，而尤寠者，乃開小客店；然無一人不有特務之崗位，而非受指揮於日本之仰光總領事館者！及日人以兵取仰光，而起僑寄十年之日本牙醫鈴木以爲緬甸總督；適從何來，遽集於此；乃知牙醫其名，“生間”其實也！一九四一年三月，英國海軍部聲言譴責日本駐使重光葵爲德間，以英國海軍祕密資德，渙然大號；而日本使館不置一詞以對，幾乎默認！是年十一月，日本以空軍突襲夏威夷羣島之珍珠港；而美政府搜查夏威夷之日本領事館，乃知館中全體人員二百人，非受僱於日本陸軍，即海軍之所僱用；而夏威夷軍事國防，無不隨時縷告也！荷蘭東印度政府以一九四二年一月發播白皮書，聲稱：“日本政府派芳澤謙吉以使節議貿易；而芳澤來駐一年，陰資日本陸海軍人員以相偵伺，而擬定軍事計劃之準備工作。”至於中國，則以日人之狡焉思逞，日本駐華大使館，爲調查中國政治、軍事、經濟、社會之實況，特以一九三二年十月，成立情報部；而南京、濟南、青島、成都、漢口、九江、宜昌各地，咸設支部；各支部咸設電台以互遞消息；每年在中國所用之機密費，至一千萬元。而一九三七年，日本外務省亞洲司中國局，更提出機密費擴張之預算，謂：“本外務省與中國密切聯絡，而使駐華之外交代表，廣蒐各種情報，以改善外務省之工作也。”義大利派駐埃及之外交代表，慎簡其人，代表之才能必卓越，容儀必偉岸，固不待言；抑亦相其夫人之是否嫺麗、美貌足以動人！政府不恤資以多金，勵其盛飾，濃妝豔抹，雙雙而至；其在開羅，招搖過市，幾乎有會必到，無到不雙！上自宮廷，下逮搢紳，無不延爲上客，醉其豔色，從容譚讌，微言諷刺，而埃及之反英，人同此心，心同此理矣！此皆彰彰在人耳目；而不僅德國之駐外使署及領事館，被人指摘爲間諜之機關也！此“生間”之大者也！此外又有所謂特務人員，彌縫其闕，以補使署領事館之所不及，而爲生間之正身！德國之遣阿畢斯於法，日本之遣土肥原於我，晉接顯要，上下游説，而以操縱焉；則杜佑所謂“擇己之有賢材智謀，能自開通於敵之親貴，察其動静，知其事計所爲”者也！英國外交部之情報處，爲英國特務機關之尤有聲績者；其中之特務人員，遍播世界各國；當英國之正式外交人員，無法交涉時，則特務員起而代行其職，以運用機智而促使所在國政府之改革，或破壞所在國政府與其他外國締結密約；因時因地，相機應變，而暗爲斡旋，若出自動，毋使其致疑於英國政府而以牽涉在內！其有助於外交者功不細也！德國特務人員，則以輔軍謀爲主；而有計劃，有組織，成一機關以執行所事，始於普魯士政治警察隊隊長史蒂白，蓋鐵血宰相俾斯麥之所特拔也！史蒂白嘗事腓律特烈克威廉爲密探，以一八五〇年任警察局長；及威廉一世攝政，而鄙其爲人；又以府衆怨，訟章盈廷，雖以得白，而官亦罷！及俾斯麥之相威廉一世以造德意志帝國也，而奥國起而争長；苟非戰勝奥國，不能建立德國；然不知奥之軍備若何？遂以委之史蒂白！史蒂白則化裝爲小販，駕一馬車，載宗教彫刻及春畫之類，沿門叫賣，而以周歷奥國之城鎮鄉村，察勘當地之地形、路徑、軍備及經濟情形，繪圖立説而歸以報。老毛奇遂據以部署進攻，長驅直入，僅四十五日，而奥國大敗以迫爲城下之盟；雖曰老毛奇指揮若定，抑亦史蒂白供給情報以先爲之地也！於是史蒂白根據戰時情報之工作經驗，建議於俾斯麥以設中央情報局，而自任局長。俾斯麥既以無虞於奥，又欲有事於法。於是史蒂白以一八六六年，偕其助手瑞尼克與喀丹巴赫兩人赴法，而遣所部三萬六千人，分布全法境，隨地勘視，前後凡十八月，凡從德邊至巴黎之路徑，繪爲細圖，銖黍不失；及一八七〇年之侵入法也，德軍按圖索驥，如入無人之境；而所部三萬六千人者，潛匿全法要塞，以伺德軍之至而爲内應，則史蒂白之以也！史蒂白之於法也，不惟各地之道路、橋梁、炮台及駐軍兵力，調查不遺纖悉；而所有各地之人口、農工商業、旅館、銀行、居民之財産以及當地之出品，無不歷歷如數家珍，繕成數巨箱之報告，而以先運回德！及德軍之入法境也，每至一地，則按照史蒂白之報告，而搜索一切軍需品以爲供應；比如一村，養母雞若干，應征發若干雞蛋，若干雞；隱匿不得！一富户語於人曰：“德軍知我之財産，勝於我之自知!”則以史蒂白之情報有效也！於是歐陸各國，無不懲於法之敗，而以注意情報；此情報機關之所自始也！德國之情報機關，有一總部發蹤指示以筦其樞；而英國之情報機關不一，外交部、陸軍部、海軍部、空軍部、商業部、殖民部、内政部，各隸一情報處以各自爲政而不相爲謀！上次歐洲大戰，英國海軍部情報處主任何魯，知其一友人之爲德間也，談話中有意無意，漏言："英海軍之集中，將以掩護陸軍在延姆斯與威塞耳兩河之間某地登陸"；本以誑誤德人也！不意爲荷蘭皇軍總部所聞，大驚，以爲英人之將侵我中立也，調兵以防！英陸軍之特務人員，以飛報陸軍部。陸軍部則以爲荷蘭之爲此，必係德人欲假道於荷以出兵進犯英南海岸也；告海軍部調艦爲備，然後知何魯之故弄狡獪以誑德人也！一九二五年，英國陸軍部與外交部之特務人員，各擁一阿拉伯酋長，資以金錢，供其武器，而爲之謀主以進攻對方，而不自知其操戈同室；咸以爲對方之煽惑鼓動者，厥爲外國之特務人員也！論者頗以無組織爲嫌！然德之組織，亦有不利！德國特務人員之組織，昉於史蒂白，而有縱之聯繫，有横之聯繫；與軍隊之編制相同。在國外活動之特務人員，無不相互有横之聯繫；而各組織特務間，又有相互之聯繫，彼此呼應，如左右手；然而有其不利！使有一人僨事以爲駐在國破獲，往往因一人以及其他，轉輾推訊而牽動全部組織；有時因一無關緊要之交通員被追蹤，而破獲特務機關之全部；上次歐洲大戰，德國駐英特務機關之全軍覆没而一厥不振以此！於是柏林情報局，痛定思痛，而解散横之聯繫，訓練人員以推陳出新，出入敵後，單獨活動；則一人僨事，而大局無害；此特務組織之一大革新也！如欲得"因間"、"内間"於外國，亦以特務組織爲之介，而筦其樞於柏林情報局；不能以利誘，亦可以計脅！上次歐洲大戰之未起也，柏林情報局通令各國之特務人員，就駐在國政治、工商及社會各方面之重要人物，而詳細調查其出身歷史、家庭情形以及一切隱私，隨時報告；於是各國要人之穢史，列爲柏林情報局之檔案，其中有一檔案，稱："某夫人於某星期告其夫，赴某地别墅休養；而據實際調查，則過宿於某先生家也！"吹皺一池春水，干卿底事，而如此之不憚煩耶？蓋德人之圖逞志於各國，必資"因間"、"内間"以爲用；固有用金錢以可收買者；然有地位、有財産之人，則非金錢可收買！既得其隱私而列爲檔案，則於必要之時，可以要挾而資爲"因間"、"内間"之用！其人不少鉅公列卿，名門貴媛，一旦隱私揭發，則名裂而身亦敗；以此不得已而脅制爲用者，往往有之！相傳柏林情報局檔案庫中，有一名册，列英國人四萬七千；而此四萬七千英國人所不願人知，尤怕人知之隱私，無不以事繫日，以日繫月，以月繫年，有時有地，詳記各人姓名之下；所以柏林情報局，可以隨時脅制此四萬七千英國人，資以爲"因間"、"内間"，而供給情報以爲交換；其人多據樞要，而以視德國之特務人員，所得爲事半而功倍矣！德國之特務人員，有專門學校以嚴格訓練，而教學一切特務應備之技能；而英國之特務人員，則無特務工作之正式訓練，不過爲各項專門之人才，隨情勢之自然，而更事既多，由淺入深，以爲政府所選擇而任用之。德國之特務人材，從海陸軍後備隊中挑選以入特務學校，年不得過三十歲，而録選之人，不僅普通之所謂才而已；尤必精密而圓滑，理智而直覺，勇敢而忍耐，敏捷而鎮静，勤奮而從容，活潑而忠實，無美不備，不名一美者，相反而相成，然後録取而授以必需之特務學識；如語言學、國際心理學、各國警政、工業制度、化裝學，以及如何使用爆炸物、密碼、暗號及祕密攝影機等，無不在研習之列；而尤要者，爲建築術與測量學；測量尤必有特殊之訓練，不但精通測量之術而已；須能用目力或直覺以測得一建築物之高度、角度及距離；何者？特務人員之在外國，不能明目張膽，用器測量，而以引起之猜嫌也！相傳一九一四年之夏，德國有一特務人員，不用器械而以實測英國北部某地之一大橋，用脚步測量距離，用視線測算角度，進而探究橋址下之地質構造，以及用多少炸藥，可以炸毀，繪圖列説；一旦有事，舉而措之已耳！可知其造詣之精，訓練之素也！英國之特務人才，則選拔自僑居國外之人民，而爲職業之專家，或工或商，平時執業以自活，而有委任，則效奔走；其人多富貲産，不仰薪給，而社會之聲望亦甚高，所以紆尊降貴而從事特務工作者，苟非出於愛國之誠，則必爲好奇之本能所驅役耳！然而特務工作，非易爲也！以不可告於妻子，不得謀於朋友，而惟“天知”、“地知”、“我知”而不予“人知”之孤獨工作；然生活不能自處孤獨，酒食徵逐，與人爲亡町畦，詡詡强笑語以相取下，握手出肺肝相示，而不能有真正之友朋；機警敏捷，而不動聲色，意思安閒，斯則理想之特務人材也已！英國之特務人員，非有需要，不用女子！獨一九三八年，蘇聯有一特務機關，設於英倫，爲英政府所知而無法偵查！有某女士者，一風貌嫻雅之金髮女郎也，年三十許；以友人之介而爲陸軍部之情報處所延聘；則志願加入蘇聯之友協會，而與其中之蘇聯特務領袖相結識，蠱以冶容，得其親任，而知其祕要；以告陸軍部，而蘇聯機關之特務人員，悉數就逮，無一漏網者！然英國之不用女子爲特務人員，幾爲一成不變之例；而德國則好用女子爲特務人員，以其冶容誨淫，爲達官貴人所喜，易爲惑溺而得其寵信，知其事計所爲；上次歐洲大戰，韓麗春夫人及荷蘭籍之美妲罕麗，其尤著者也！美妲罕麗者，巴黎之紅色舞女也，以裸體舞而有盛譽，歷柏林、羅馬、維也納、倫敦，所至傾動，王公貴人，争以得親顔色爲幸；而德國第三處羅致之以入間諜訓練所，授以間諜之學術。韓麗春夫人，則美妲罕麗之隊長，而女間諜訓練之主任也。先是韓麗春夫人年十七歲，嘗隨父遊俄之聖彼得堡，櫻唇黛目，金髮柔美，而爲一德國使館武官所嬖，藏嬌有屋。時俄國步兵奉頒新式炮，德國參謀部欲窺其祕而不得也！武官者，乃犧牲韓麗春色相以投俄國軍官之好；俄國軍官忘其所以，而枕頭席上，傾誠以告焉！及是而所以詔其女弟子者曰："間諜者，競技之一也！成功無人賞，失敗無人憐，無法紀，無道德，衹有冒萬險以求遂所欲爲而已！如汝性愛冒險，間諜生涯，儘有意趣，職務之本身，即酬報也；務於不惜犧牲，甚而至於死！"大戰之起，而美妲罕麗爲間於巴黎，上自外交部、陸軍部之機要大僚，下逮前線歸休之中下級軍官以至傷兵，無不巧笑承迎，乘其狂歡極醉之餘，而以言相餂；無不傾誠，知其事計所爲，而以告德人；法軍屢以大敗而莫知失機所由！一九一六年九月二十六日，霞飛將軍指揮法軍，三路進攻；而德軍則以前十日得大本營令，設備以防法軍之進攻；法軍死者八萬，傷者十萬，而未有成功；則美妲罕麗之以也！英國之特務人員，以本國人爲主；而德國則本國人之外，尤多募中立國人；以美妲罕麗爲間於法而籍荷蘭，亦中立國人也！蓋兩國交戰，而以我國人留敵國境内，無不以間諜相監視；中立國人，則蕭然事外，無所於嫌；一也。又兩國交戰，無不欲争取中立國而不敢重開罪；縱有嫌，而懼中立國使館之抗議；投鼠忌器而不敢逮捕；二也。希臘人台元尼斯者，亦德間之有名者；初爲小販，以歷遊法、比、德等國，而達於柏林；性好冶遊，而以小販之收入，作有限之風流；一日，方在林登大道散步，忽爲警察所捕！其人莫知所由，自念近雖小弄狡獪，而無傷大雅，何勞警局過問耶！顧不逮解警察局，而送禁衛森嚴之第三處，則大驚不知所措！問官指數其在各國之諸不法行爲，歷歷如數家珍；更無置喙之地！問官大聲叱喝，且曰："法、比兩國政府以文書請求引渡，欲綜所犯而併科刑，有罰無貸，從此投獄底長不見天日矣！"其人俯首戰慄不敢仰也！忽聞問官柔聲曰："雖然，以汝之能通幾國語言；我愛汝人物倜儻；如肯矢忠爲大德國馳驅，當加恩貸而不予引渡；此大皇帝之恩施格外也！"其人感激涕零，誓願效死！於是階下之囚，引作入幕之賓，三薰三沐，改稱施慕諾斯伯爵，衣冠優孟，盛服而出，資以鉅金，而遨遊上都，與列國貴人相周旋；在若人固得其所哉，而在第三處亦得其人而用之，爲知人善任使；然後知第三處之久注其人，派探追蹤以歷半歐洲，而察其出没，考其性行，然後控之於罪以恩威兼施，而脅之爲用也！此外如西班牙人黎卡道之與其壻多拉克受德雇以爲間於法，而探其後方軍隊調動；阿根庭人戴巴士之受德雇以爲間於英，而欲探其巡洋艦重炮改良之圖案；皆以中立國人，而爲德所用以成間者！英以其國外僑民爲特務人員，多取其材而有聲望者；而德國之用其僑民，則不必材也，而取其不爲人注意；不必即以爲特務人員，而以爲特務人員之通訊機關！上次歐洲大戰之將發也，德皇威廉先一年聘英，館於伯京罕宫；而其侍從長官，忽出宫以訪一理髮匠，紆尊降貴；英國警吏知之，則大惑不解而加偵伺；其人名恩士德，出生英國，而父母則德國籍也！及偵伺之日久，而知其人筦德國外交部通信之樞而不自知！每月得酬金一磅；每星期得自德寄來之信件一大束；其信已貼英國郵花，而其人則按信開地址以分投倫敦之各地郵政局。警吏則按址而偵其得信之人，皆德國之特務人員；而其信則政府之訓令也！於是警吏佯爲不知，而暗中監視，時時檢閲其信，而偵所爲；及大戰起，而按址就逮，無一漏網；僅得脱者，一人耳！日本之特務人員，其組織與訓練，略倣於德。日本情報之組織系統，直隸屬參謀本部，而接受陸軍省之指揮，外務省之指導；所得軍事情報，如外國軍力、軍備、軍事計劃等，報告於參謀本部；而其他事項，則分别嚮有關係之機關報告。日本陸軍省預算表中之祕密費，蓋資以爲供給及組織情報之用者也！日本陸軍省之預算支出，佔日本全國行政之預算支出之二分之一，而祕密費之支出，則佔陸軍省總支出三分之一！情報人員之在中國，所執行之任務而爲參謀本部明文規定者有五：（一）軍事間諜，無論何時，於其偵察區内中國軍隊之軍力、軍械，分布及活動，加以最審確之注視！凡中國國内無論發生何種變化，軍事間諜應即刻報告東京參謀本部及同在中國從事間諜之其他人員。（二）軍事間諜當深切認識中國各地方之特徵條件，並隨時注意鐵路交通上最微細之變化；而對於軍械儲藏所在及彈藥庫所在，尤當特别注意！（三）所有當地軍營要塞，及其他可能改爲製造軍械場所之工廠，軍事間諜應力求認識與熟悉；並應計劃如何臨時其地電話電報之交通。（四）軍事間諜當設法鼓動中國人對於日本之信仰心；而在可能情形之下，尤當與中國之地方文武官憲締結私人間之交往，以觀察其人之品性，及其對於軍事政治上之同國敵人之意見，而偵察其有無祕密活動。（五）軍事間諜於其偵察區之經濟情形及變化，亦有認識及瞭解之必要；而鑛業、銀行、商務企業之有關於軍事方面者，尤宜注意！而日本駐滬之軍事間諜團，則爲優秀之青年軍官所組織，而所以履行其任務者，有四途焉：（一）化裝潛入日人在滬所開設之紗廠中充當工人，以便從中交接所雇用之中國工人，而利用爲漢奸以刺探中國情形。（二）借工人名義以進入中國軍事機關，而拜訪有關係之工役，從中探聽軍事消息。（三）利用各種參觀團及考察團名義以旅行國内各地，而乘機偵察我國防建設及軍事之行動。（四）利用跳舞以入舞場，擇擅色藝、工嚬笑之名舞女，賄以重金，餌以珠飾，而藉舞女以誘惑我軍政長官，於巧笑倩盼之中，以刺探軍事政治之重要消息而供給情報。日本情報人員之用女子，以色蠱，亦同德國！日人在其本國，挑選美麗動人之少女，而授以間諜之訓練，擅中國南北各地之方言，服中國裝，而以分派中國各大政治軍事中心地點爲娼妓；或散布各舞場充舞女，勾結我政府要人以及熟悉黨政軍情形之在野要人，而探取重要之情報；而舞場尤所利用！日本駐滬之國際偵察局，舊由化名李雲霞之女間諜川島芳子主持，上海各舞場，無不有其芳蹤！及一二八上海之戰，川島嘗以舞女爲十九路軍某軍官所歡，得以直接抄取軍事計劃而偵知閘北之地形及我軍布置；十九路軍遂以敗績失守！而川島爲我志士所狙擊，傷而未死，遂北返，而繼之以舍英島，擬具計劃以呈請東京參謀本部者核示者三事：（一）盡量利用女性間諜。（二）在滬創設跳舞學校兩所及宏偉之舞場一所，而利用曾受間諜訓練之舞女以接近中國軍政紳商各界。（三）設法收買各機關及各團體學校有聲望之交際花，使之參與間諜工作，以誘惑我方軍政要人，出入過從，既以於不知不覺之間，刺探消息；亦可乘機以金錢收買爲高等漢奸也！方我二十六年抗戰之未起也，廣東、福建兩省，有不少化裝茶房女侍之日籍女子，散布廣州沙面及長堤一帶以招待青年軍官及政府機關職員，賣弄色相，而成好合，遂爲挾制以供情報；既而爲廣州市警察局勘破，斥有間諜嫌疑以取締驅逐云！日本亦如德國，凡特務人員，非幾經挑選，而授以特殊之間諜訓練，不以任也！日本同文書院者，日本第一任參謀總長川上賣其住宅以爲基金，而創設於上海之徐家匯，招其子弟以來中國，治中國之學及語言文字，展覽成績，余往觀焉，見所謂支那分省調查，繪圖極細，窮鄉小鎮，朗若列眉；問所以？則春秋佳日，分遣諸生，以遊覽爲實地圖繪，彙裝成册；聞之咋舌！嗚呼！此日本之中國“生間”養成所也！苟非我泱泱大風之中國；走遍地球，幾見有一國焉，肯容異國在封域設書院，培間諜以圖逞志，而熟視無覩，大度不校者乎！吾聞日本佐賀官立學校，延一美人爲英文教師；一日作文，以“何爲學英文”命題。一生交卷曰：“英文爲世界第一强國之文！我欲征服英國，不可不知英國；而不知英文，則何以知英國！我知英文，知英國；然後可以跨海出兵，征英國而無所虞！此所以學英文也。”其師爲瞠目！今日本之設同文書院以招其子弟來中國也，豈真敦同文同種之誼以有愛於中國文化，毋亦欲知中國以征服中國也！及大戰之起，江南淪陷，而諸縣之宣撫班長及縣政顧問，幾無不爲同文學生焉！嗚呼！此日本之中國“生間”養成所，不可不特筆也！德國國社黨，以各國旅行爲“生間”；德國志願軍之軍用波蘭地圖，是則一九三七年，德國旅行家之所繪獻也。而日本則有漁船以遊弋異國領海；有理髮師，有洗衣工，有御料理店以深入内地；形形色色，或海陸軍人假裝，或其人素業，而要之發蹤指示自軍部！英國帝國會議以一九二一年議決建築新加坡軍港；而日人漁船以其時出没新加坡沿海，英人之所惡也！空軍根據地附近之彭貢，日人則開十餘家啤酒店及養漁場以營業焉！柔佛有日本餐館曰玉川酒家者，價廉味旨，遊客馳譽，一登玉川，而柔佛海峽之形勝，一覽無餘焉！一九三八年，軍港落成；英人舉行海軍演習以爲祝典。而有日本貨船曰婆羅洲丸者，乃碇泊在白拉江之馬地，則設防島嶼也，離新加坡船塢，纔六百碼耳！適從何來，遽集於此！英人以爲大嫌，而於是海軍預定之演習程序乃大變也！巴拿馬運河，爲美國大西、太平兩洋艦隊作戰時調動增援之生命線；而已故日相大隈伯爵嘗作豪語曰：“美國艦隊如欲利用巴拿馬運河以入太平洋而危及日本安全時，兩岸日僑三十萬，咸願受命奮身以全體沉入河中而塞其途也！”一九三四年美國艦隊通過巴拿馬運河之試航，事先嚴禁洩露消息；然試航所經，某時某處，東京報紙，逐日披露；則日本間諜之密布運河可知！而運河兩岸之日僑，百分之七十五，皆無固定之收入；設理髮所者，終日不剪一髮；設襯衫廠，終日不售一衣；設料理館，終日不烹一菜；而漁夫所用釣竿，以鋼爲絲，以鉛爲餌，其端無鈎，而直沉水底以測運河深淺而已！荷蘭東印度政府亦聲言：“日本漁船以作海軍眼線。日本後備軍官以喬裝洗衣工人。”有一日本撈網船，沿海逡巡，嘗爲荷蘭哨兵所擊沉也！荷蘭人不許東印度土人窺探軍艦；而有一日本巡洋艦駛達爪哇井里汶時，禮延土人，登艦參觀。於是荷蘭人大譁！而一九三三年以後，日本宣傳人員，與東印度土人以耳語運動，鼓之反荷，則尤荷蘭人之所疾首痛心者也！一九四一年，五六月之間，自稱日本出口公司代表之人物，紛紛藉藉以抵泰京曼谷，腰纏纍纍，而商業之經營，又非所措意！街談巷議，咸謂其中多日本化裝之海陸軍人；而賃屋必在街角，以便一旦有事，用機關槍扼守，以控制泰京，威脅泰人。及十二月，太平洋之戰起，而泰人行動不得自由，惟日人之所欲爲矣！此亦日本之“生間”也！然海軍國之所憚者，尤莫如日本漁夫！一九四二年一月，英屬加拿大政府聲言：“哥倫比亞有日本居民七萬人，以漁爲業；嘗出没加拿大太平洋沿岸以至阿拉斯加，海道熟諳；及戰之起，而徵役於日海軍之潛艇及航空母艦矣！”此日本之“生間”，以活動於太平洋者也。義大利國民之僑居尼羅河流域者六萬餘人，大都出生埃及，而其久者，祖父相傳，歷一百五十餘年；然始終未脱離義大利國籍，而與埃及人雜居以相習，操阿拉伯語，熟諳其風土人情，而知其好惡；於是墨索里尼因之以組義大利第五縱隊矣！無一義僑不加入法西斯團體，其團體，則有所謂行動隊者，所謂休閒協會者，所謂青年團者，所謂義大利參戰軍人協會者，形形色色，而無一團體不有嚴密之部勒，不有半軍事性之檢閱。埃及政府，下令取締，而羽翼已成，伏莽堪虞！此義大利之“生間”，以活動於埃及者也。然則今之所謂“生間”者有三：一曰外交官員。二曰特務人員。三曰僑民。以僑民爲鷹犬，而以外交官、特務人員爲發蹤指示者也。一九四二年十一月，美政府之艾森豪威爾將軍襲取法屬北非也，亦先之以間，而資僑民莫菲氏以爲用！莫菲氏者，嘗任駐維琪大使館參贊，而僑北非之日久；與法國駐軍統帥魏剛將軍有舊，往來過從，一日，以言餂曰：“設我以美軍假道，將軍許之乎？”魏剛笑曰：“君以一師兵來，我將開槍；設君有兵二十師，則我擁抱而吻汝矣。”莫菲氏喻其意；及一九四二年一月受命，而經營一百貨商店。美政府則選精通法語之外交官二十人，佐莫菲氏以爲店夥。不論土人法人，有來顧者，其夥則和顔婉語，其貨則價廉物美，趨之如騖！而法國駐軍將校之眷屬，尤笑言承迎以得其歡心！久之，莫菲氏得介美政府代表克拉克少將以與法國駐軍將校相見，得其默契，而艾森豪威爾進兵之有成功；亦“生間”之一例也。

故三軍之親，莫親於間；

（訓義）杜佑曰："若不親撫，重以禄賞，則反爲敵用，洩我情實。"王晳曰："以腹心親結之。"

賞莫厚於間；

（訓義）梅堯臣曰："爵禄金帛，我無愛焉。"張預曰："非高爵厚利，不能使間。陳平曰：'願出黄金四十萬斤，間楚君臣。'"

事莫密於間。

（訓義）杜佑曰："間事不密，則爲己害。"張預曰："惟將與間，得聞其事，非密歟？"

非聖智，不能用間。

（訓義）杜牧曰："先量間者之性，誠實多智，然後可用之；厚貌深情，險於山川，非聖人莫能知。"王晳曰："聖，通而先識；智，明於事。"

非仁義，不能使間。

（訓義）鄭友賢曰："使間者，使人爲間也。非仁恩，不足以結間之心；非義斷，不足以決己之惑。"

非微妙，不能得間之實。

（訓義）杜牧曰："間亦有利於財寶，不得敵之實情，但將虚辭以赴我約；此須用心淵妙，乃能酌其情僞虚實也。"梅堯臣曰："防間反爲敵所使，思慮故宜幾微臻妙。"石聲淮曰："諸家解'非聖智不能用間，非仁義不能使間'，以爲聖智以知間之性，仁義以結間之性；非是！此兩句反剔上文，謂能用間之謂聖智，能使間之謂仁義也。上文謂'興師十萬，不得操事者七十萬家，相守數年以争一日之勝，而愛爵禄百金，不知敵之情者，不仁之至也'；則能使間，爲仁至義盡；故曰'非仁義不能使間'也。'明君賢將，所以動而勝人，成功出於衆者，先知也！先知者，必取於人，知敵之情者也。''先知'之謂'聖智'；故'非聖智不能用間'也。既用間而爲聖智；使間而爲仁義矣；又貴知幾察微以得間之實；故曰'非微妙不能得間之實'。如此，則上下文脈絡貫通，似勝舊解也？"

微哉微哉！無所不用間也。

（訓義）梅堯臣曰："微之又微，則何所不知。"基博按"微"者，知之於無形，察之於未兆。

間事未發而先聞者，間與所告者皆死。

（訓義）杜牧曰："告者非誘間者，則不得知間者之情，殺之可也。"梅堯臣曰："殺間者，惡其泄。殺告者，滅其言。"

凡軍之所欲擊，城之所欲攻，人之所欲殺，必先知其守將、左右、謁者、門者、舍人之姓名，令其間必索知之。

（訓義）杜牧曰："凡欲攻戰，必須知敵所用之人，賢愚巧拙，則量材以應之。"張預曰："守將，守官任職之將也。謁者，典賓客之將也。門者，閽吏也。舍人，守舍之人也。"

必索敵人之間來間我者，因而利之，導而舍之，故反間可得而用也。

（訓義）張預曰："索，求也；求敵間之來窺我者，因以厚利誘導而館舍之，使反爲我間也。言舍之者，謂稽留其使也；淹延既久，論事必多，我因察敵之情。下文言四間，皆因反間而知；非久留其人，極論其事，則何以悉知！"石聲淮曰："張預解'導而舍之'，以'導'爲誘導，'舍'爲館舍，非是！'導'者，示也；'舍'讀爲捨，釋也，縱也。所貴用反間者，不但利其洩敵情於我；尤利其反國而爲我作間也。'導而舍之'，謂授之以方略，然後縱使歸國而爲我之間。下文四間可得而使，不僅因敵間輸情於我，我知其瑕隙而蹈之；抑且謂資反間而使四間與我通聲氣也。"

因是而知之，故鄉間內間可得而使也。

（訓義）張預曰："因是反間，知彼鄉人之貪利者，官人之有隙者，誘而使之。"

因是而知之，故死間爲誑事，可使告敵。因是而知之，故生間可使如期。

（訓義）梅堯臣曰："令吾間以誑告敵者，須因反間而知敵之可誑也。生間以利害覘敵情；須因反間而知其疏密，則可往得實則歸如期也。"

五間之事，主必知之；知之必在於反間，故反間不可不厚也。

（訓義）杜牧曰："鄉間、內間、死間、生間四間者，皆因反間，知敵情而後用之；故反間最切，不可不厚也。"張預曰："人主當用五間以知敵情；然五間，皆因反間而用；則是反間者，何可不厚待之耶！"

右第二節論五間之事。基博按五間之用，不外二端：曰"因間"，曰"內間"，曰"反間"，因敵之人以爲間於內也。曰"死間"，曰"生間"，用我之人以爲間於敵也。特是孫子五間，“反間”筦其樞；近代用間，“因間”妙其用。而間之爲“因”，有今之所有，而古之所無者：一曰新聞間。二曰政治間。三曰留學間。四曰宗教間。五曰民族間。六曰主義間。其中政治間、留學間，往往得志爲官人，則爲“内間”。而要不外因其國人而用之；蓋“因間”可以包“内間”，而“内間”不出於“因間”也。新聞間者，因其國之新聞家而用之也。一九一四年七月，歐洲第一次大戰發生，義大利社會黨人，咸持義國中立之議；獨墨索里尼以社會黨機關報《前進》之主筆，而昌言參加協約作戰；遂爲社會黨開除，而奪其《前進》主筆之職！於是墨索里尼受法人之津貼，以創《義大利人民報》；大聲疾呼而倡參戰；蓋法人亟欲引義人參戰以分德之兵勢，而亦免南顧之憂。墨索里尼嚮主筆《前進》報者兩年，而以言論鋒鋭，傾動其國人，遂以成名；固法人之所欲用也！法國記者，尤不憚造新聞以貨鉅金，變亂是非，摇惑觀聽！一九三一年，日本之進兵滿洲也，巴黎各報，議論無不袒日；以日金飽其囊橐也！一九三三年，義大利之侵阿比西尼亞也，一年之間，津貼法國各報以六千五百萬法郎；無冕之皇，亦墨索里尼之所欲用也！希特勒亦揮金如土以獻於巴黎無冕之皇！一九三九年夏，法國極右派代表蓋鸞理，在國會檢舉外交部長龐萊之柏林代表白理農，爲其數月之間，受德金至三萬萬佛郎，以爲收買法國報館，鼓吹和平，提倡國社主義①也！巴黎小報，有名曰《嘴與爪》者，德之國社黨，法之政府，各致津貼；而主者兩受焉！東海西海，萬國朝貢，此巴黎無冕之皇，亦人豪矣哉！東京之報紙，亦有陽以牖導日本人之愛國，陰以響應德人之輿論，而爲之間者！《報知新聞》，東京著名之報紙也；董事長及社長，雖爲日本人；而股權，則已全落德國第五縱隊之手！董事長則爲一敗落之伯爵；第五縱隊餌以厚賄而爲傀儡；然日人之讀者，無不信《報知新聞》爲本國極端愛國主義之發言人；詎意不知不覺以浸潤國社黨之理論，而爲之喉舌也耶！政治間者，因其國之政治家而用之也。威廉二世之用列寧於帝俄，希特勒之用托洛斯基於蘇聯，日本之用汪精衛於我，皆所謂政治間也。凡一國失意之政治家，尤外國所欲禮羅，以燒冷竈，備後用！苟其當國之政治家，發强剛毅，所求不遂，則扶植其失意之政敵，以與爲市，

① “義”原作“議”，今改正。

而削其勢；日之於我，蓋屢屢焉！其人有曰頭山滿者，日本間諜之長老也，年八十餘矣！日俄戰後，頭山滿處心積慮以注視中國及其他亞洲各地革命，而欲有以利用之！凡中國、菲列賓、馬來亞以及緬甸、印度之革命家，不爲當地政府所容者，無不延攬，鬚白如銀，意度温克，見者以爲鉅人長德也。握手出肺肝相眎，受其金錢，聽其議論；而頭山滿如簧瀾翻以教導革命。我國之革命長老，亦必有爲座上客者！一九三六年十一月，中東伊拉克之巴克西特基將軍舉兵以殺其國防大臣查法；而紐里將軍者，查法之妹夫，而伊拉克政治家之典型也！英人亟用飛機以載出國，而保護之。義報譏之曰："此奇貨可居也！英人工心計，惟利是圖；飛機汽油，豈漫費！"嫉忌之辭，如見肺肝！蓋政治亡命者，固外國人之所欲因以爲間者也！留學間者，因其國之留學生而用之也。人之於所學，不能無囿；而留學外國者，往往爲其國文化之文化所炫，思想既有所囿，感情亦以漸合；始而愛好其文化，探討其學術；繼而服習其土風，結交其國人，此亦人情之自然；而野心之外國，往往因之以用爲間！如在弱小後進之國，而留學先進强大之國；其留學生回國，尤爲社會人士所欣慕，而得國家之柄用；此尤野心之外國，所不能漠視！日人嘗以太平洋佛教協會之介，邀上等緬甸人，免費遊日；而獎勵緬甸青年，留學東瀛，交换日緬文化，鼓勵日緬合作；司馬昭之心，固屬路人皆知！而日人利用我留日學生之當官而得政者，以爲間賣①國；三十年以來，其人其事，悉數難書，而爲國人之所周知，無待縷述者也！蘇聯於一九三二年以前，紅軍將校多派赴德國參觀陸軍留學，而以與德之國防軍有密契；於是史丹林有一九三七年之肅軍，誅其大將。義大利人在開羅所設之中小學不少，埃及子弟，可以免費入學；暑假時，可免費以赴義旅行。而埃及前皇弗阿德曾之肄業羅馬軍官學校也，嘗備受義皇室之優待，而以表現露骨之親義色彩矣！此亦留學間之適例也！吾國留學諸君，衡政論學，往往談吐之間，留英美，則祖英美，留德日，則祖德日；甚有自輕家丘，不妨冷嘲熱諷；聞詆所留，便欲發聲徵色；芸人舍己，彼哉彼哉！倘非厚培愛國自重之觀念，導揚民族文化之信心；一旦敵國外患，而爲所留，皆人所欲因以爲間，而所可因以爲間者也；可不爲之大哀乎！宗教間者，因其國之與吾同宗教者而用之也。歐美

① "賣"原作"買"，今改正。

傳教，航海東來，雖有文化侵掠之嫌，尚無軍事間諜之據！日人之佞佛，人所知也！佛法慈悲爲懷，顧日之軍人，則以佞佛爲用間，以僧侶爲間諜！太平洋佛教協會之組織，所以網羅中國、印度、暹羅、緬甸等國之僧侶，而因之以用爲間也。印度者，佛教之祖國也。日人則設東亞佛教協會，佛教興亞會以遍於印度名城，而餌印度之佛教徒焉！顧印度四萬萬人，中有九千萬之回教徒；而日人無奉回教者，顧設有伊斯蘭文化協會，大日本回教協會，以一九三八年五月，於東京建築宏麗之回教禮拜堂；落成之日，以盛禮邀請印度之回教徒赴會，而請其嚮世界廣播，以頌日本之崇禮回教；誰與主持之者？則陸軍大將前内閣總理林銑十郎也！於是印度人之反英者，足跡不絕於三島；而歐戰之起，印度人反戰運動之澎湃，日人遂以推波助瀾焉！則以宗教間之爲用也！緬甸者亦佛教之祖國；而仰光者，抗戰以來，我國國際輸入僅能假道之一地也！於是日人交驩緬人，因佛教以投所好，組織日緬佛教協會；政府資以經費，餽遺緬人之現任官吏、國會議員、報館主筆；而僧侶之在緬人，信仰既深，勢力尤雄！一九三七年五月之浴佛節日，大光寺前，麕集數萬之羣衆，而要求修改憲法，擴大自治，反抗中緬之交通。政黨黨員，以欲得驩於選民，而高唱排華；不問而知日緬佛教協會之所發蹤指示也！宗教間之成功也！日本回教聯合會，又嘗派東京神學教授谷正氏至爪哇，設計於荷蘭東印度各地，各置回教區長一人，助理四人至五人，上説下教，以聯絡其地之回教徒；每區由日本領事館撥發開辦費一百盾；干卿底事，而不憚煩？則以宗教間之資以爲用也！然而狡焉啓疆，何國蔑有！西藏者，亦佛教之宗邦，而我之藩服也。前清之末，達賴喇嘛有師保曰德爾智者，俄之布利亞特人也；幼而入藏朝山以抵拉薩，主赭蚌寺十五年，博習經典，而爲達賴喇嘛之所寵幸，遂因以通於俄國。一八九六年，俄人組織赴藏考察團，假裝朝山香客，經中國之蒙古、新疆以聘拉薩，而因德爾智以爲間，迎藏人之所信，其中多喇嘛，多德爾智同族之布利亞特人；自達賴喇嘛以下各大寺院，無不有獻，幣重而言甘，而欲得西藏以爲俄用！藏人大悦！然印度者，英人之外府也；實逼處此，卧榻之側，豈容他人鼾睡；於是以一九〇四年，派榮赫鵬大佐率兵入藏。達賴喇嘛望俄援，不得；遂出奔，而派葛丹寺梯林布奇代表與英人言和，放逐德爾智以離西藏。而德爾智則絶交不出惡聲，將行，徧謁有權勢，有交誼之各大寺院，獻金餽物，以示眷戀之意，而繫先後之思；

所費不貲，而一出於俄廷；此亦宗教間之適例焉！民族間者，因其國之與吾同人種者而用之也。民族間，始於巴爾幹半島。巴爾幹半島，爲十餘種之民族錯糅而居；而斯拉夫族實居半數；則斯拉夫人之力，常能爲巴爾幹半島之中堅，明也！然全世界之斯拉夫人一萬六千萬；而在俄羅斯者，一萬一千萬焉；故斯拉夫族，以俄爲宗盟；而其他散播於奧匈帝國以延及巴爾幹半島，如塞爾維亞、保加利亞等支族，憔悴呻吟於奧匈及土耳其壓迫之下者，其視俄也，若弱弟之怙恃其長兄；此事理之最順而易馴致者也。方帝俄之秉大彼得遺訓，注全力以經略東南歐，其始亦恃軍威以力征已耳！十七、十八兩世紀，與土與奧，凡大小十餘戰。迨十九世紀，民族主義披靡一世；俄人遂利用之以爲侵掠之資，於是所謂大斯拉夫主義者興焉！大斯拉夫主義者，舉凡住居於東南歐之斯拉夫民族，摶爲一體，脱離他族之統治，或成爲單一國，而戴一斯拉夫之元首；或成爲聯邦國，而戴一最大之斯拉夫國爲之主盟也。俄人既揭斯義以渙然大號於斯拉夫族，而復以快語歆動之，以憤語刺激之，其言曰："歐洲三大民族迭興：拉丁族之歷史在過去。條頓之歷史在現在。而我斯拉夫族之歷史在將來！"又曰："以擁有一萬六千萬之斯拉夫族，而讓區區五千萬人之條頓族，宰制世界以握霸權；誠竊爲吾族恥之！"其論起於一千八百三十年之頃，始倡之者，不過數人；而斯拉夫族心同理同，如響斯應；至十九世紀之下半期，而大斯拉夫主義之團體及言論機關，已遍於東南歐矣！有大斯拉夫主義所屬之團體，曰國民共勵協會者，總會設於塞爾維亞之首都，分會遍巴爾幹各地以延及奧匈境内，而俄之將校實陰主之！自一八三〇年，以終十九世紀，巴爾幹半島諸國，先後舉兵以脱離土耳其獨立，什九皆國民共勵協會爲之發蹤指示也！然奧匈帝國之人民，五千一百餘萬；而二千五百萬人，爲斯拉夫族；如大斯拉夫主義，乘間抵巇以得逞於匈奧，則帝國不國矣！是大斯拉夫主義者，奧匈帝國之所不許，而必出死力以相持者也！及一九一四年六月，奧皇太子菲的南以閱兵邊境披士尼亞州，而被刺死；刺客二人，即日就縛，皆塞爾維亞人也；而訊鞫所以，則塞京有所謂國民共勵協會者實主其謀；而披士尼亞州之巨室名士，莫不隸籍爲會員焉！披士尼亞州州議會議長亦就逮，且抗言曰："太子之來，吾黨環而圖之者，不知凡幾輩也！不此則彼，必無幸！謂余不信，盍一檢寢室食案！"迨檢，則時表之側，盥器之旁，纍纍然三炸彈焉！有一雛婢侍寢食者，且持炸彈七！而於是滔天之大戰以起！此則民族間之始作俑也！鐵血宰相俾斯麥，既相普魯士王威廉一世，以日耳曼主義，摶一其民人，建德意志帝國，而雄飛歐洲。及威廉二世即位，更欲推而大之，揭大日耳曼主義，高掌遠蹠，欲以摶一世界各國之日耳曼族，而爲之元首以建一大帝國；不幸戰敗！希特勒紹其雄圖，旗鼓重振，以奉天承運自命，而以天誕聰明之日耳曼族，宰制世界，天職攸存，義不容辭；振厲其民人，而以送秋波於其他世界各國之日耳曼族，聲應氣求，相爲句結，組國社黨，資以武器。北自斯堪迭納維亞半島之丹麥、瑞典、挪威，以延中歐之奧大利、匈牙利、捷克，近東之羅馬尼亞、保加利亞、南斯拉夫諸國，無不有當地出生之日耳曼人所組成之國社黨或準國社黨焉。及其聲生勢長，而併奧大利，吞捷克，脅匈牙利、羅馬尼亞、保加利亞，兵不血刃；實以國社黨之爲內應，抑亦民族間之大成功乎！主義間者，因其國之與吾同主義者而用之也。蘇聯列寧言："國際資産階級，如欲攻我；衹一舉手之間，而所傭工人，已牢捉其手，不得動矣！"列寧、史丹林既以共産主義，煽誘世界各國之農工無産者，而爲國際組織，惟所指麾，以因之爲間。德希特勒即以國社主義，煽誘世界各國之軍政反共者，而爲國際組織，惟所組織，以因之爲間。相摩相盪，此之謂主義間也。民族間，始作俑於俄人，而德人效尤焉！主義間，亦作俑於蘇聯，而德人效尤焉！民族間，以民族感情，而組織異國之同民族以因爲間。主義間，以主義宣傳，而組織異國之異民族以因爲間。民族間，可以破國界，而利用世界各國之同民族。主義間，蓋以擴國際，而利用世界各國之不同民族；範圍愈大，運用愈活；此第一次歐洲大戰之所未見，而推陳出新，後來居上者也！然蘇聯之主義間，與民族間，各行其是；而德人則主義間，與民族間，打成一片。史丹林以希特勒相煎太急，而咄咄逼人也，於是以一九三五年，示意各國共産黨徒，暫時放棄世界革命。其年春，法國外長賴伐爾造訪，談次，史丹林謂："法國同志，不可不放下革命，而扶持法國之政府及其軍隊，以抗納粹之勢力！"法國共産黨人聞之，大譁，以謂："如此，則失其所以組織；主義放棄，信仰墮，而黨亦瓦解矣！"史丹林則曰："無傷！此所以保護蘇聯之代價也！無論何國之共産黨人，其責任之最大者，莫大於抵抗納粹主義！希特勒者，共産主義之大威脅也！共産主義之中堅堡壘，爲蘇聯；蘇聯不保，何有於共産！所以法國共産黨人，應犧牲其黨之立場，拋棄法國革命之初衷，而得法國及法國陸軍之力，以反抗希特勒，而保衛蘇聯！”乃以其夏召集共産國際大會於莫斯科，申明此旨。質言之，可犧牲法國共産黨，而不可犧牲蘇聯；有利於蘇聯，則信仰必遵；無利於蘇聯，則主義可抛！世界各國可以無際，而蘇聯不可侵犯！欲以蘇聯爲中心，而播共産於國際，左右曰以，惟命是聽；司馬之心，路人皆知！此主義間之妙用，而兼併之新法也！嗚呼！秦之所以併六國者，征戰之功三，而間諜之用七，蘇秦、張儀之徒，縱橫捭闔，實當日之國際間諜也！散六國之縱約以伐其交；離六國之君臣以散其勢；遣辯士陰賫金玉，厚遺結其名士，有不受吾金，則誅以一劍；莫非間之爲用！此李斯之所以教秦，而六國之卒見併也！觀於今日，希特勒之叱咤生風雲，縱横歐陸；閃電戰之突飛而猛進，固舉世之所震也！間諜之廣播而深入，尤有識之所戒也！閃電之戰，祇以敗敵之軍隊，墮敵之國防；而間之爲用，則以墮敵之士氣，散敵之民心！民心既散，國勢自潰！國之破於閃電戰者，什二三；而國之破於用間者，什七八焉！歲費四千萬鎊以組織國際之國社黨。希特勒曰：“雖裁數師之陸軍以事此，亦所不恤！”國社黨之德國，非開明之政府也；蓋陰謀之黨團也！國社黨之範圍爲世界，其目的在征服世界，而其原動力，則在數千萬流僑外國之德國人，整齊訓練以隸籍於國社黨，而惟所驅策！先是德意志帝國，嘗制定雙重國籍法而頒布之：“凡德國人之在外國者，可以轉籍爲法人、美人，或葡萄牙人，而仍不失其固有之德國國籍。”一九三七年六月，蘇聯赤軍肅軍之獄，駢誅大將八人，其中考克與費爾特曼兩將軍，則蘇聯籍之德國人也！及希特勒之柄政也，留美德僑，有非希特勒政策之所欲壓迫，而流亡以來者，皆轉籍爲美國人。問其所以？則應曰：“樂美國政治之自由，不如德國之拘束”；其辭則然也；而其實，則爲希特勒陰謀之所驅使，而欲使自由民主之美國，成爲希特勒之美國，而活動以爲内間也！有一德國之高級技術家，而投美國廣播公司，願得一職以自効；此其用心果何在乎？藉廣播以傳播希特勒主義及其政策，一也。得各方情報以告希特勒，二也。猝有内變，得廣播以散謠言，三也。五十年以前，轉籍之德國人，而生子；柏林當局必登記，以使之毋忘爲德國人，而隸國社黨之組織，施以武裝之訓練。美國有國社黨訓練最精粹之第五縱隊，而配備以德國精良之武器；一旦與美宣戰，則操戈以内應，舟中之人皆敵國矣！此其轉籍者也。至於不轉籍之外國德僑，希特勒政府必告以

“恪守居留國法律”；不可不尊重居留國之法律，而亦申儆之曰：“不可不尊重德國之勝利！”德國人民，非警察許可，不得出國；而出國之後，必以見聞隨時報告；及抵達居留之國，必投所在之國社黨人員，報告住址，而與之有繫。一九三六年，日本中學大學之德籍教師一百人，其中八十七人，國社黨黨籍，列其大名；而受指揮於德國駐日東京使館奥篤將軍。無一日本中學，不派國社黨宣傳員；而宣傳員之所自，則德國地理政治學院院長霍斯浩佛博士所主辦之第五縱隊人員養成所畢業者也。無一德僑商店，不有國社黨黨員一人。日德文化協會之指導者，厥爲精明强幹之德國瓦特爾端納博士，而柏林外交部長祕書波爾主持之國社黨國外組織會之會員也。苟有一事，而爲日本習俗之所尚者，國社黨之德人，無不依樣葫蘆，投其所好；春秋佳日，必見國社黨之德人，叩謁神社，遇軍部顯要，則致國社黨之敬禮。凡所以羅致日本人入國社黨者，無所不用其極；以東亞新秩序之一講題，而爲國社黨之公開演講，意若即國社黨之政綱也者！口舌游説，酒食徵逐，金錢收買，而收買之費用，一九三八年德國駐日使館，支付日金七十八萬元；而費之所出，不患無着，半匯自柏林之外交部，半税自僑日之德商也。荷蘭有一顯官，雇一女傭，爲德國籍而啞也；一日，聞其在廚房，與一誰何不知姓名之人語，所操者，乃流利之牛津英語也；大驚而逐焉；然機要文書，則偕女傭以杳如黄鶴矣！雖然，此猶德國人也；乃至非德國人之斯堪的納維亞人、荷蘭人，操法蘭斯德語之比利時人，操德語之瑞士人，以及盎格魯撒克遜人，印度，則以同一亞利安人種相標榜，相號召，而句結之隸國社黨。其發蹤指示之中心機構，爲柏林之國社黨；而其指臂之相使，則爲黨之國外組織，有六百以上之地方團體，而統之於四十五以上之支部；每一國有一支部，而總其成於柏林之一人曰波爾者，其人有八百以上之助手，而其名義，則外交部之祕書也。如有一國焉，不能或不敢以國社黨標榜，則别爲題署；如在羅馬尼亞，則曰鐵衛團；在瑞士曰真正同盟；在美國曰美德協會；在日本曰日德文化協會；曰同志會；其名儘異，其旨則一，而務以貫徹希特勒之陰謀。在太平無事之日，游行懸旗，率勵徒衆，或紀念國社黨英雄以集會，或慶祝希特勒生日以集會；而偵伺其國之不悦希特勒以圖相抗者，開成黑名單，乘間抵巇以暗殺之；或綁架之以至德國，而予以處刑。一旦開戰，則異軍突起於其國，而爲希特勒之内應焉！所以施之於奥大利、捷克及挪威、荷蘭，莫不皆然已！如居留外國之德人，而有不忠於國社黨者，則有政治警察五千人，散播各國，隱形監視，腹誹者誅，偶語有刑；如得其人，有罰無貸者也！政治警察之訓練，厥在德國陸軍情報部之心理實驗室；主其事者，曰伏斯上校白薛蒙尼脱；而其中有一學程，曰國際心理學者，蓋軍事間諜、政治警察，以及國社黨之國外組織人員之所必修也。慕尼黑之德意志地理政治學院，則尤德間之所發蹤指示也；霍斯浩佛博士，實爲院長，其下有科學、歷史、地理、經濟及工商業專家數百人，受其指揮！夜以繼日，分門研究；而間諜四出，以遍播世界各國，刺探政治機要，以至工業、商業及技術，如有變革，隨時報告，以供專家之研究記録，分類編號，而儲之宏偉之政治地理圖書館，以貢獻於希特勒，而備諮詢考論；又爲設計策動罷工，鼓煽政潮，以觀各國之應付，而試其權能焉。然希特勒之所以驅策黨徒，而爲間於國外者有二：一曰國社黨之國外組織，波爾之所指揮也。一曰德國駐外之公使、大使及領事，外交部之所委派，而亦在政治警察隱形監視之下者也。政治警察之於駐外大使及領事，嚴密注意，曾有其人談吐之間，一言半語，藐視元首，而流露於不自覺者乎？抑或一言半語，欣羨自由，而以不適於現代德國之政況者乎？如有其人，則政治警察之所必檢舉，而不容一日尸位者也！倘其人有造於希特勒之陰謀，斯稱職之外交官矣！美國舊金山之德領事魏德瑪，希特勒嘗明令嘉獎，謂其一九三九年七月，煽動美國國會，而以不通過羅斯福所修改之中立法也。此希特勒之所以用間之組織也。雖然，豈特希特勒之德國爲然哉，觀於日本之所以組織其居外之日僑，而受指揮於特務人員者，亦如德之於其僑矣，觀於蘇聯之用共産黨於國際，而因以爲間者，亦如德之於國社黨矣！《傳》不云乎！“用兵之道：攻心爲上，攻城爲下。心戰爲上，兵戰爲下。”而間者，則“攻心”、“心戰”之所爲用也！往者歐洲第一次大戰，連兵四年有餘，而帝俄之先屈於德，革命也！德之繼折於英法，亦革命也！邦分崩離析，豈戰之敗哉！而原革命之所由起，半由於人民之厭戰，而半由於間之爲用也！嗚呼！非鷙悍敢死之士，不能爲間！惟愚懦無知之民，能動於間！開戰之初，士夫雍容而談和平；久戰之後，人民慌怯而苦征戰，張皇敵勢，以相震驚；原其初衷，亦豈有他；而不知不覺，乃爲間所用，以傳播謠言，而擾動人心也！一九一八年六月，德國興登堡大將，嘗有慨乎其言之曰：“嗚呼！吾德人民，殆以自私自利，而不憚犧牲祖國矣！飢寒交迫，死喪之威，神經錯亂，道德墮落，乃以敵人之勝利，而視爲祖國之幸福與和平所由致；用心刺謬，爲何如乎！然後知嚮者托洛斯基在不勒斯特之所宣講，非無效於德人也！迄於今日，而德軍之勝利，人民不以爲喜；英法之宣傳，人民乃以爲信；於是我軍民抗戰之力，日以委靡；而敵人攻心之狡謀得逞，國其殆哉！”嗚呼！此德人之所以百戰百勝而無成，亦以英法之用間也！吾中國和平爲懷，豈有陰謀以肆志於侵略，間亦於我何用；然而不可不知間之爲用；知間之爲用，乃不爲間所用！荀子議兵：“兼并非難，堅凝爲難！”此爲當日秦之侵略言之也！吾則曰：“堅凝爲難，勝利非難！”此爲今日我之抗戰言之也。倘知間之爲用，而謠言不聽，天君自泰，則堅凝矣！前車不遠，德可爲監也！此則耿耿之懷，所欲掬誠以告我邦父老，而不憚探賾索隱，以爲縷説之如此。

昔殷之興也，伊摯在夏；周之興也，吕牙在殷。

（訓義）何氏曰：“伊吕，聖人之耦，豈爲人間哉！今孫子引之者，言五間之用，須上智之人，如伊吕之才智者，可以用間；蓋重之之辭耳。”

故明君賢將，能以上智爲間者，必成大功；此兵之要，三軍之所恃而動也。

（訓義）張預曰：“用師之本，在知敵情；故曰‘此兵之要’也。未知敵情，則軍不可舉；故曰‘三軍所恃而動也’。”

右第三節，論間以上智，乃成大功，爲一篇結穴。基博按孫武論用間有五，而未明所以用五間之法，則間可以爲勝，亦可以爲敗。宋儒蘇洵論兵著《權書》之明間也，以爲：“五間之用，其歸於詐，成則爲利，敗則爲禍。且與人爲詐，人亦且將詐我；故能以間勝，亦或以間敗。吾間不忠，反爲敵用，一敗也；不得敵之實，而得敵之所僞示者以爲信，二敗也；受吾財而不能得敵之陰計，懼而以僞告我，三敗也。”然則如之何而可？曰：荀子議兵不云乎，“窺敵觀變，欲潛以深，欲伍以參。”楊倞註：“謂使間諜觀敵，欲潛隱深入之也。伍參，猶錯雜也；韓子曰：‘省同異之言以知朋黨之分；偶參伍之驗以責陳言之實’；又曰：‘參之以比物，伍之以合參也。’”明人無名氏《草廬經略》之論間諜曰：“五間俱起，固當總而角其同。即一間之中，不可不多其人，以覘言果同否，則始爲真。五間各不令相知。生間之人，亦當擇其彼此素不相識者而遣之；則其所謂敵情，各述所聞，吾始得較量其同否，而察其真僞。何者？爲間之人，一相知識，則必符同其説以巧用其奸，而吾反爲間所誑矣！故爲間之人不一，而知間之人惟我，詳詢而觀其誠，參訂以訣其微，幻如烏有，祕若鬼神，敵雖善扃，能遁其情乎？不然，或用間以成功，或憑間以自傾，間可常恃耶？”此則荀卿“欲伍以參”之説也。特是用間之言，欲“伍”以“參”；而用間之人，在“知”以“試”。寧都魏世傚《昭士文集》，有《書蘇文公〈用間〉後》曰：“蘇子之三敗不易矣；三軍之事，不用間，不能成功；用間，則三敗不可試。然則間終不可用乎？吾謂間之之道有三：三者何？吾習其人矣，吾知其心，又知其才之足以濟，夫然後其人可用也，道一；吾有大恩於其人，人願爲我死，我用之，道二；吾知其人之才，吾不可以知其心，吾可以制其父母妻子之死命，是其勢可用也；道三。故曰用之之道有三，非三者，則不可用也。雖然，誠欲用此三者，其道一而已矣，曰試之。試之之道有二：二者何？吾知其人之才矣，吾不深知其心，吾試之，置之於色貨，觀其動否也；置之於刀鋸，觀其變否也。吾知其人之心，吾不深知其才，吾試之，乘之以不可設以觀其能應；窘之以不可測以觀其能中。故曰試之之道有二，非二者，則不可試也。雖然，其所以試之者，一而已矣，一者何？隱是也。吾隱而試之，彼其人不知吾之將欲用之也，夫然後間可得也。”蓋“伍”以“參”，所以明之於用間之時；而“知”以“試”，則以預之於用間之先。先之以“知”與“試”，用之於“伍”以“參”，而后三敗之害可杜，五間之利以盡也。不知此者，不足以用間；吾故特表而出之，以匡孫武之漏義，而彌縫其闕云。

孫子今説

無人不知孫子爲兵家之祖；然而無人能知其意以時措之宜！吾今援孫子以説明當前大戰之中、蘇、英、法、美、德、日、義八國戰略類型；倘亦所謂善言古者，必有驗於今歟！

（一）戰略與戰術之畧

古之人所謂兵法，不過作戰之法爾。惟戰有一時一地之交戰；有不一時，不一地，數次以至數十次，數百次之交戰，而成一大戰。然戰必爲數十百次交戰之所積纍；而未有以一時一地之交戰決勝負者！是故欲明戰之所以爲法，不可不知法之攸別：殺敵致果，用兵以爲一時一地之交戰者，謂之“戰術”。而料敵制勝，計險阨遠近，調節空間時間以運用各地之交戰，而蘄以達最後之勝利者，謂之“戰略”。德人克老山維茲《戰争論》第二篇《論戰之原理》，曾剖析言之。而返之吾國，《漢書・藝文志》論次兵書者四種，曰“權謀”、“形勢”、“陰陽”、“技巧”。其稱“權謀者，以正守國，以奇用兵，先計而後戰，兼形勢，包陰陽，用技巧”；是則克氏之所謂“戰略”。而謂“形勢者，雷動風舉，後發而先至，離合背嚮，變化無常，以輕疾制敵”，則克氏之所謂“戰術”也。《漢書・藝文志》著録兵書三十五家，而以《孫子》八十二篇居首，世傳《孫子》十三篇，爲其上卷，而以《計篇》冠首，其大指以爲："兵者，國之大事；死生之地，存亡之道，不可不察也！故校之以計而索其情，計利以聽，乃爲之勢以佐其外。勢者，因利而制權也。"曰"計"，曰"勢"，蓋挈十三篇之要焉！"勢"者，兵家之詭道；"計"者，廟算之先勝；必先校之以"計"而索其情，乃爲之"勢"以佐其外。蓋"勢"者，因利制權，施之臨戰；而"計"者，量敵審己，慮於未戰。自《計篇》以下《作戰》、《謀攻》及《形》三篇，反覆丁寧於"先勝而後求戰"，"知彼知己"，"地生度，度生量，量生數，數生稱，稱生勝"，皆闡發《計篇》未盡之蘊；孫子之所謂"計"，《漢書・藝文志》謂之"權謀"，而克氏之所謂"戰略"者也。《勢篇》以下《虛實》、《軍爭》、《九變》、《行軍》、《地形》、《九地》、《火攻》、《用間》九篇，皆論因利而制權之"勢"；其大指不外言"戰者，以正合，以奇勝"；"後人發，先人至"；"以詐立，以利動，以分合爲變"；"由不虞之道，攻其所不戒也"；此則《漢書・藝文志》之所謂"形勢"；而克氏謂之"戰術"者矣；惟孫子之意，重"計"而不重"勢"；則是"戰略"重於"戰術"。顧吾人之在今日，往往以一時一地戰術之失敗，而遽掉心失圖於抗戰戰略之無成功，固爲無知；然亦有沾沾自喜於戰術之勝利，而無當於戰略之成功者，雖歐洲名將，亦所不免！

近代歐洲之言兵者，無不推本於克老山維茲，而遠承法皇拿破崙。然欲究明拿破崙之用兵，不可不先立乎其大；而吾人之欲殺敵致果以制全勝，不可不知戰略之先乎戰術，則固揆之孫子而無二旨！顧以自動武器之威力日張，戰術之隨武器以推陳出新，而戰略往往在所忽視！一九三七年，法參謀次長羅亞楚著《戰略之成功與戰術之成功》一書，曾以此爲申儆，而齗齗於戰略之應居領導地位，戰術應隨之行動。猶以爲未足，而著《一九一八年之德人戰略》一書以爲德人一再攻勢之所以失敗，祇以偏重戰術而忽視戰略，所以一勝之爲烈，而無裨於全局！及今日之大戰，德人自一九四一年挾百戰百勝之威以反兵於蘇聯，而傾國殫鋭，亦曲盡閃電戰之能事，再接再厲；顧鈍兵挫鋭，以迄一九四三年，情見勢絀！有美國記者問紅軍第六十二軍軍長朱可夫將軍曰："得無德軍之戰術有失乎？"朱可夫將軍曰："德軍之失敗，在戰略，不在戰術；所以戰術之勝利，無補戰略之成功！"於是美人古柏因之而著《敵人之戰略類型》一文，載一九四三年五月十五日《民族雜誌》，中謂："德人侵蘇聯之所以無成功，則由於低估蘇聯！蓋閃電戰者，機動戰術之極度也；德國兵力，以極度機動而節約！大戰之初，置少兵西線以牽制英法，而集中七十師人以閃擊波蘭，才十六日而波蘭以潰；則留少兵以掩護東線，而轉鋒西嚮以厚集其力。荷蘭、比利時之猝不足以當一擊；實以其幅員褊狹，無地迴旋；閃電戰戰術之奇襲，一變而爲戰略之奇襲，此所以有成功也！至蘇聯，則幅員數萬里，泱泱大國，而利用邊區之深廣以緩和閃電戰之震動力；戰術之奇襲，祇成戰術之奇襲而已！德國爲機動之怪物，亦以恪守機動之原則而戰無不勝！然蘇聯之地形與氣候，非機動之戰術所能推行盡利；北部之沼澤森林，既以妨礙機械化戰鬬之不易進行；而一九四一年秋季，大雨連綿，尤以延緩德軍之前進！德軍機動之成功，祇限於烏克蘭及南俄；而蘇聯則避不交綏，一任德軍之縱橫馳突；顧再衰三竭，至史丹林格勒而勢以蓄縮，頓兵挫鋭，不能增援，祇有退却，而以掩護退却之後衛，無不被紅軍包圍而殲滅矣！戰鬬力之集中，抑亦以輔兵力之節約；然德軍侵法一役，能以戰鬬力之集中，而成兵力之節約；而侵蘇，則以兵力之節約，而妨戰鬬力之集中！德國有軍三百師，而侵法一役，祇用七十六師，不過其兵力全部四分之一；及其大舉以侵蘇聯也。最高估計用三百師；而希特勒宣言'此一戰線，延兩千哩'；則是平均六十六哩有一師；而其閃擊荷蘭、比利時以侵法也，戰線之長，未嘗過四百哩，而用七十六師，則是平均五.三六哩有一師；而知德國在蘇聯前線每一哩之兵力，比之侵法一役，少百分之二十七！倘德軍能閃擊紅軍以迂迴，亦或以寡勝衆；顧紅軍則善用空間以避免德軍之閃擊與迂迴！方德軍一鼓作氣，推鋒而前以抵伏爾加河與高加索，列城風靡；然史丹林格勒與巴庫之不下，師老力竭，則其最初之勝利，何當最後之成功！"嗚呼！吾人如知德軍侵蘇之勝利，在戰術，不在戰略，所以無成功，則知日人侵我之勝利，亦戰術，而非戰略，何能有成功！吾人當把握戰略以制全勝，而研討戰術以輔戰略！無人不知德人之戰略與戰術，推本克老山維兹，而遠承拿破崙；而無人知蘇聯之戰略與戰術，近襲吾人以推本孫子！古柏之論，盛夸日人之戰略，而有不足於我！其實日人之戰術，不過拾德人之餘；而蘇聯則襲我之戰略以有成功！在人可以成敗論英雄，而在我則何可以妄自菲薄以輕家丘。請得而申論之！

(二) 孫子與克老山維兹之異

譚兵者往往以孫子與克老山維兹相提並論；其實東海西海，未必心同理同！何以言其然？克氏貴先；孫子貴後。

克氏之論兵也！爭主動，尚攻勢，蘄於先發制人，而集中兵力以摧之一擊，其體系一本拿破崙！法人卓萊上校者，歐洲上次大戰霞飛將軍之裨將也，以凡爾登之役受傷而廢其足；及大戰之終，而獨居深念，思德之必以報法，法之未可倖勝，於是請益宿將，博學審問，而著一書曰《新軍論》，中引名將紀爾伯之言以論拿破崙曰："拿破崙之戰略戰術，爲攻而不爲守。其攻也，必集中所有之兵力，以攻敵人之主力，而出其不意，如迅雷不及掩耳，敵人不知措手足；獨立獨往，所以戰無不勝！"質言之曰："攻人而不攻於人以爭主動而已！"是則克氏之學所自出也；知拿破崙，然後可以知克氏。

孫子則戰術爭主動，而戰略不爭主動！觀於《勢篇》、《虛實》、《軍爭》諸篇所論，用間出奇，因利制權，戰術雖爲其可勝；而反於《計篇》、《作戰》、《謀攻》、《形篇》之説，則校計索情，量敵審己，戰略常慮其不可勝！克氏作戰謀攻；而孫子則《作戰篇》非戰以明勝久之不能善後；《謀攻篇》非攻以明攻爲下政之不得已！克氏言："戰之爲道，暴行也！而所以爲戰，必先摧毀敵國之戰鬭力；而尤不可不盡摧毀之，使之不能復戰！所謂勝利者，不僅戰場之佔領而已；抑必以敵人之戰鬭力與精神，摧毀無餘，而後竟其全功！是故一地之得，一城之下，必以力戰而得爲功；倘未經力戰，而由一戰地，一方嚮以延他戰線，他方嚮而猛進者，常虞敵人反攻，而視爲不得已之下策！"顧孫子則曰："用兵之法，全國爲上；破國次之。全軍爲上；破軍次之。是故百戰百勝，非善之善者也！不戰而屈人之兵，善之善者也！故善用兵者，屈人之兵而非戰也；拔人之城而非久也；必以全爭於天下！"則與克氏之以摧毀爲先務者異趣矣！

克氏以勝必可爲，敵必可勝。而孫子則曰："不可勝在己；可勝在彼；故善戰者能爲不可勝，不能使敵必可勝，故曰勝可知而不可爲！"克氏主動以爭人之先；孫子後起以承人之弊。克氏先爲攻；《兵志》所謂"先人有奪人之心"也。孫子先爲守；《形篇》所謂"先爲不可勝以待敵之可勝"也。攻守異勢，先後異同，能明辨乎此，而當前大戰之各國戰略類型，朗若列眉矣！

（三）中、蘇、英、法、美戰略與德、日、義之異

德、日、義，爭先而主攻；中、蘇、英、法、美，貴後而先守；此固盡

人所知！而按之《孫子》，讀《作戰篇》，即以知德、日、義戰略之勝久而不能善後；而讀《形篇》，可以明中、蘇、英、法、美戰略之能自保而全勝也！惟中、蘇之戰略，又與英、法、美有别。試剖析以陳。

孫子《作戰篇》曰：“其用戰也，勝久則鈍兵挫鋭；攻城則力屈；久暴師則國用不足！夫鈍兵挫鋭，屈力殫貨，則諸侯乘其弊而起；雖有智者，不能善其後矣！故兵聞拙速，未覩巧之久也！故兵久而國利者，未之有也！故不盡知用兵之害者，則不能盡知用兵之利也！故兵貴勝不貴久！”觀於甲午之役，日以先發勝我；日俄之役，日以先發勝俄；無不一戰即勝，一勝即和；勝而不“久”，所以長保其勝而無後害也！及其今日而又肆毒於我，攻我不戒以發難於蘆溝橋，我則兵敗地蹙而自知無倖，予以勝而并予以“久”；相持不解，連兵五六年，而“鈍兵挫鋭”、“屈力殫貨”之兆形矣！顧日人以英美之不無右我也，而乘其不虞以得逞志於太平洋。英美忿於前敗，而益與我僇力，兩大國之兵交至；則孫子所謂“諸侯乘其弊而起，雖有智者，不能善其後矣！”始也不奪不饜，今且欲罷不能，情見勢絀，豈不以勝之“久”耶！而義則何如？義有杜黑將軍之制空論，即欲以先發制勝！然而義之得逞志於阿比西尼亞、阿爾巴尼亞也，一舉而覆其國，則以强弱之懸殊，小大之不敵；兼弱攻昧，所以勝而不“久”也！然義人得逞志於阿比西尼亞、阿爾巴尼亞；而不得逞志於希臘！希臘人以寡擊衆，再接再厲，欲爲“久”而并不予以勝；苟非希特勒以倍衆之兵，作閃電之勢，而乘希臘與義相持之已罷，義且大敗不止也！

義日之用兵，師承德人；而德人則一推本克氏，以謂：“作戰之道，尤貴迅速決勝，而以消潰敵國之軍隊及其戰鬬力！”其後老毛奇、史梯芬，一脈相承；史梯芬蒐集古今之迅速殲滅戰史例，而以手訂德軍速戰速決之計劃，所謂史梯芬計劃也。及小毛奇用之上次大戰，而以執行失當，爲法人所敗；然而德人傳誦弗替！前陸軍總司令白魯希兹稱：“史氏之所以遺吾人者，蓋詔吾人以戰略要點，而迅速決勝之途也。”所謂戰略要點者，柏林大學教授愛爾兹爲之詮釋，以謂：一、戰必速決。二、西方之敵，必用奇襲以制勝，而包圍以殲滅之。而苦爾將軍者，上次歐戰馬蘭之役之軍長也，更重言以申之，謂：“如速決之戰略失其用，而連兵不解，則德必亡！蓋以吾德之敵衆而與寡，苟曠日持久，必罷於奔命以不支！”及今日之大戰，而希特勒以一九四〇年一月閃擊法人以一蹶不振；亦既奇襲西方之敵以制勝矣！然征英不能，而轉兵東嚮以頓兵蘇聯，則苦爾之所謂“速決之戰略失其用”，而孫子之所謂“諸侯將乘其弊而起”，“勝久”無幸，勢所必至！然克氏著書論兵尚攻勢，而未嘗不申儆於攻勢之有極限，征俄之未易勝！以謂：“幅員廣延之泱泱大國，未易以攻勢而制勝！縱以力征經營，佔其首都，掠其州郡，而最後之勝利，未必在我！及我之兵力疲弊，攻勢頓挫，而被侵國之勢力轉强，往往反守爲攻，而最後之勝利，不在我矣！觀於拿破崙一八一二年侵俄之役，可爲監也！凡攻擊乃隨其前進而力弱！”夫攻擊之爲勝利，必以佔領土地；而波蘭總理兼陸軍總司令西考爾斯其以一九四二年十一月六日出席英國利物浦大學波蘭建築學院開學典禮演説，謂：“希特勒之佔領土地愈廣，則被膠著之德軍愈多！德軍嚮以集中兵力，而以衆擊寡，顯其決勝之用；今則地廣而備多，備多而力分；集中兵力，難之又難矣！”此攻擊之所以隨前進而力弱也！然而攻之未可前進，固垂戒於克氏；豈特勝之不貴於“久”，曾著論於孫子！夫“貴勝不貴久”，固理之自然；能“久”乃能勝，亦勢有相因！大抵小國而暴强，可以乘人於猝而憑藉不厚者，貴勝不貴久；久則力屈而貨殫，如德、義、日，是也。大國而積弛，未虞受人之攻而倉猝以應者，能“久”乃能勝；久則力厚而氣完，如中、蘇、英、美，是也。試更進而論中、蘇、英、法、美之戰略。

孫子《形篇》曰：“昔之善戰者，先爲不可勝以待敵之可勝。不可勝在己，可勝在彼；故善戰者，能爲不可勝，不能使敵必可勝；故曰：勝可知而不可爲！”然德之兵家，不知勝之“可知而不可爲”；而早夜以思，務爲“可勝”以欲攻人之國；而不能自爲“不可勝”；及其曠日持久，再衰三竭，勢絀而情見，非惟無以保其勝；抑且無以守其國！威廉二世，既以覆其皇室矣；希特勒曾不之悛，覆轍相尋；而日人且效尤焉；然後知孫子之鄭重丁寧於“能爲不可勝，不能使敵必可勝”，有旨哉！夫知兵之“貴勝不貴久”，而以爲敵之“必可勝”者，此德、日、義之戰略也。抑知勝之“不可爲”，而“先爲不可勝以待敵之可勝”者，此中、蘇、英、法、美之戰略也。而其所以爲別；蓋“貴勝不貴久”者，争取時間之最先；而“待敵之可勝”者，争取時間之最後。惟中、蘇先爲“可敗”以待敵之可勝；而英、法、美先爲“不可勝”以待敵之可勝；又自有別。

法自一八七〇年之敗於德，兵敗地割，已不能爲拿破崙之攻勢，而戰略趨於守勢。迄於上次歐戰之起，總司令福煦將軍在巴黎軍官大會演説，謂："自來名將，無不先取守勢；俟敵軍疲怠，然後反攻；以我之奮，乘彼之衰，未有不勝！"此則孫子所謂"先爲不可勝以待敵之可勝"也。及以勝德，而先守後攻之論，幾爲典型！貝當元帥之序杜黑制空論也，謂："戰之任務，不出二途：曰攻。曰守。蓋守者以破壞敵人之勝利；而攻者以求得自我之勝利；必先守禦有備，而集中全力，用其有餘以爲攻擊之決勝。如不顧保障，而尋求勝利，孤注一擲，此危道也！"北丹將軍曰："守則立於不敗之地；攻則以克敵制勝；必先防敵之能勝我，乃可攻敵以制勝。吾人不可不自審四境之國防，果能堅而無虞敵之我攻歟；然後乃能轉而攻敵以制勝。"達拉第、甘末林，咸同此論！一九二一年，參謀部頒發大單位作戰教令，中稱："就歐洲戰備所可預測者：開戰之初，以少數之軍團，掩護我大軍之集中，而以妨害敵軍之集中，可乘敵軍之未完配備，利用甚大之自由空間，以發揚機動威力；及其終也，則伺敵人之已疲弊，而蹈瑕抵巇以決勝！"則是以攻爲守於開戰之初，而待敵之可勝以爲決勝。獨魏剛議以機械化部隊爲運動戰，施行攻擊以殲滅敵人；然亦言："法國無侵略之圖，而軍事配備，祇以防禦爲目的。"雖厄山爾極力抨擊，謂："若欲保護法國，吾人異日之戰，必在敵國境内。"而衆議院軍事委員會主席蓋拉香白言："戰之初起，如以陸戰而論，祇有堅決採取守勢，無可疑者！"百口一辭，此馬奇諾防線之所以苦心經營也！不意一九四〇年，希特勒閃電戰之摧鋒而前，遽以摧破，遂貽口實！然希特勒蹈瑕抵隙以襲法之北疆而乘虚以入；則是法之敗，仍是敗於國防之不能無虞，而予希特勒以可乘！蘇聯史丹林防線與魏剛防線，同一基本於縱深戰術，而勝敗異勢！蘇聯大將相語，謂："德人之突破馬奇諾防線，特以迂迴戰略，避堅攻瑕而成功；而非正面之突破！"其實法人致敗之端不一，而要由於政略，不在戰略也！

方大戰之未起，希特勒咆哮於歐洲，而英人亦有虞心！《泰晤士報》軍事分析家哈德上尉著有《第二次大戰之英國戰略與戰術》一書，謂："觀於第一次大戰，而西戰場之所謂會戰，在攻者徒以損兵折將而自貽毁滅耳！將來之戰争，必以人力物力，孰能持久而制勝。人力物力，孰先耗以盡者，孰先毁滅！現代防禦戰術之遠勝攻擊，固已徵而可信！而軍隊之攻堅，既以軍火之消耗無度，而生產因以不繼，原料亦以日乏；至士卒亦以犧牲太多，目擊心傷而有厭戰之心，士卒沮喪；是故守禦之堅，足以挫猛攻者之士氣，而奪其心以不敢攻，不欲攻！自古及今，吾英無不用海上塹壕與海軍以限制消耗，而控其餘力以持久取勝！蓋戰之所以敗，由於人力物力之已盡；而攻者不得不傾全力以先消耗；苟守者能限制消耗，而留其有餘，用之於最後；彼竭我盈，無不克也！”則亦先守而後攻，“先爲不可勝以待敵之可勝”，與法同一戰略類型。然希特勒之閃電戰，得逞於法，而不得逞於英者，亦以海上塹壕爲之障，而英得蒐卒補乘，徐圖繕完以爲不可勝也！於時，羅斯福覩英人之不支，而希特勒肆其亡等之欲，其禍必中於美！美國財力之富，製造之盛，爲世界各國之冠；而持盈保泰，不知憂患，陸軍之少，國防之脆，亦爲世界各國之冠！軍火之製造，衹以爲商品，而不以供國防！設希特勒乘勝遠鬬以兼弱攻昧，美亦不支，斯羅斯福之所大患也！然則如何而可？曰：英能支以不敗，斯美能爲其不可勝！於是以一九四一年三月，咨請國會通過軍火租借法案，明文規定：“世界任何之一國，而總統認爲於美國國防有裨者，得予以軍火租借。”而以一九四二年三月，發表《新爐邊閒話》以闡明其意，謂：“援助民主國，所以抵禦獨裁者不得接近西半球也！獨裁者遲一天接近西半球，吾美人即多一天之時間以製造更多之大炮、坦克、飛機與軍艦，供給軍用品，日增月益；爲英國，爲中國，即以爲美國之安全！”揣其意，蓋以英國爲歐洲對德之第一道防線，中國爲亞洲對日之第一道防線；中英兩國之抗戰能持久，則美國得爭取時間以厲戎講武，完成軍備；而軍火租借法案者，即以援助中英兩國之抗戰，而以爲美國之不可勝也！及美國之軍備完成，而德與日，亦以中英兩國抗戰之久，師老於外，財匱於内；然後美國待德日之可勝，而徐起以承其弊，豈非孫子《形篇》所謂“其所措必勝，勝已敗”者耶！

英美之“先爲不可勝以待敵之可勝”，則既有然矣；而我中國則何如？我蔣委員長知彼知己，操心慮危；以日之張脈僨興，乘我之積弱久弛，知“不可勝”之未易爲，而爲“可敗”；知日之“貴勝不貴久”，而爲可“久”；以空間換時間，予以勝而不予以決勝；苟我能保其主力以不爲日殲滅，則以日之懸師深入，必有一日以承其弊而爲我所制！此我國之所以抗日，抑蘇聯之所以勝德也！往者德人克老山維茲著書，力主攻勢之“可勝”；獨列寧有會於其書之第六篇《論防禦》，而不恤言退却！方其與左翼共産主義者争論之際，而涉及國土之防禦，以謂："欲防禦國土，則必嚴密測定徹底之準備，與力量之相互關係。若力量不足而善圖防禦，莫如深嚮國内之退却；讀克氏書所援之史例，而知其事不偶然也！然左翼共産主義者之間，尚未能理解力量之相互關係！"顧史丹林，則傳授心法而理解之也！希特勒以一九四一年六月二十二日進兵蘇聯；而史丹林以七月三日廣播演説，大戒於國，謂："德軍久經集中，而蘇聯方始動員！德軍身歷百戰，而紅軍未更戰陣！德人背約棄信以乘我之不虞！我不利而德有利！"亦既承"不可勝"之未易爲，而欲爲其"可敗"！然蘇聯敗而必反攻；德人勝而以曠久；連兵不解以迄一九四三年八月，而德人之攻勢已竭！美人威爾納著《蘇聯計劃之特點》一文，以謂："有三特點：第一，戰略之審慎，而能節約使用紅軍以維持其存在；寧可保全實力以放棄土地，決不死守一土地以犧牲紅軍！其次，德國之戰略在速決，而蘇聯迫之以人長期戰争；及其曠日之已久，蘇聯之國力，完全發展；而德則精疲力竭矣！其三，且戰且退，而以不息之抗鬪，消耗德兵力以至於盡；然後厚集吾兵力以乘之於再衰三竭！"嗚呼！此固承我蔣委員長以空間换時間之睿算也！我之抗戰，以西歷一九三七年七月始；而德之侵蘇聯，則後我四年；於是蘇聯以我之經驗爲經驗；即以我之戰略而接受列寧之啓示。特蘇聯以英美軍火供應之積極，第二戰場、第三戰場之相繼開闢，而德人不得不反兵自救；蘇聯遂以坐大！我則以英美戰略之先西後東，軍火援助之微薄而我遂遷延以頓挫；日人尚爾鴟張！一彼一此；豈戰之罪！然蘇聯之戰略，師承自我；而我之戰略，遠本孫子；則固建諸天地而不悖，百世以俟而不惑者！

嗚呼！先發未必制人，後起亦常多勝！凡我同仇，不震不懾，知兵之"貴勝不貴久"，即知"敵之可勝"之必可"待"！希特勒以一九四二年地窖啤酒間政變紀念日，發表演説，謂："英人自夸從未戰敗，其言絶不可信！然英人不戰則已，戰必到底，則非虚語！"嗚呼！"戰必到底"，此英人之所以因禍而得福，轉敗而爲功也！欲知最後之勝利誰屬，亦視"戰必到底"之誰屬而已矣！我蔣委員長之必主持作戰以到底；此最後勝利之所以必屬我也！然我能作戰到底，而日人不能作戰到底！何者？我爲守而日爲攻；凡攻擊隨其前進而力弱；一也。日人之勝已"久"，而鈍兵挫鋭，屈力殫貨之勢成；二也。日人師承德國之攻勢戰略；而不知克氏之攻勢戰略，不惟時間争其速，抑亦空間限於小；克氏書固引拿破崙之征俄以爲炯監！所以希特勒之閃電戰，用之於波蘭，於荷蘭，於比利時，乃至法國以及巴爾幹半島之希臘、南斯拉夫，無不所當者破；而用之於蘇聯，則鈍兵挫鋭，屈力殫貨之形立見；則以知時間之争其速，而昧於空間之限於小也！然則日人之知其一而不知其二；以承訛襲謬於德，寧有幸乎！

吾讀古柏所著《敵人之戰略類型》，首引英國軍事權威韓得森上校名著之緒言曰："觀於南北美之戰，而知参戰之人，如治戰略以能實踐，雖武器之不及人，而可以得更多之成功！凡有用之公民，何可不治戰略；而在英美之民主國，明慧之輿論，往往有左右時局之力；豈僅指揮戰鬬軍隊之能奏功乎！"然則最後之勝利，作戰之到底；豈惟有賴軍隊之忠勇，抑亦繫乎輿論之明慧；凡我父老兄弟，何可不知戰略！

德、日、義之戰略，在争取時間之最先；中、蘇、英、法、美之戰略，則争取時間之最後；而施之戰術，亦後先異尚！同一爲包圍也，而所以爲包圍不同！德人之爲包圍也，以中堅與敵軍相持，而張左右翼迂迴敵後，前後合圍；而尤重側翼突擊；此攻勢之包圍；而日人亦倣之者也。法人之爲包圍也，中路退却以消殺敵勢；而左右兩翼則力固防地，扼敵軍左右兩翼使不得展；而我中路乃突反攻，與左右翼相應以圍深入之敵軍，而聚殲之；此守勢之包圍；而蘇聯亦以之者也。同一用坦克也，而所以用坦克不同！坦克之利，在縱横馳突之疾捷；而其不利，即在縱横馳突之疾捷以與後續部隊之不得聯繫！方歐洲大戰之初，德人集中坦克以縱横馳突，攻無不克；然而成功於波蘭，於英、法、荷、比聯軍，而不能不敗績於蘇聯之提摩盛科將軍，於北非之英國奧欽勒克將軍！蓋以兩將軍者，有以知其然；每當德人以大隊坦克掠陣之際，任其推鋒直入而不加制止；及其深入而疾馳，然後以所部坦克配合其他兵種，疾抄德軍坦克隊之兩側以出其後，而隔斷其後續部隊以不得聯繫；於是德軍之坦克以失援孤立而被圍殲；或因油竭而自燬也！同一坦克也，而德人制人於先發；蘇英乘人於後竭；王廖貴先，兒良貴後，不惟運用之妙，存乎一心；抑亦戰略之因襲，相承一貫；蓋先人有奪人之心，德之戰略則然；而後人以承人之弊，蘇聯與英人之戰略則然也！然則勝負亦何常之有！所貴好學深思，心知其意，固難爲淺見寡聞道也！

（四）餘論

或有問於予曰：“吾子據孫子以説明當前大戰之中、蘇、英、法、美、德、日、義八國戰略類型，亦判以析矣！然則當前之戰術，亦可以孫子爲説歟？”

曰：“何爲而不可也！孫子之論戰略，注意時間，爲持久戰。孫子之言戰術，著眼空間，爲運動戰。運動戰之解釋不一，獨前法國陸軍總司令加曼林將軍，曾著一文，有明確之詮説，謂：‘假定軍隊不足以控制戰略正面，則地域之運動自由必大；而一語自由之空間，斯可以明運動戰之定義！’今按孫子《虚實篇》曰：‘出其所必趨，趨其所不意。行千里而不勞者，行於無人之地也！攻而必取者，攻其所不守也！守而必固者，守其所不攻也！故善攻者，敵不知其所守！善守者，敵不知其所攻！微乎微乎，至於無形！神乎神乎，至於無聲！故能爲敵之司命！進而不可禦者，衝其虚也！退而不可追者，速而不可及也！故我欲戰，敵雖高溝深壘，不得不與我戰者，攻其所必救也！我不欲戰，畫地而守之，敵不得與我戰者，乖其所之也！’所以明戰術之運用空間自由以不局於一隅，而争主動；曰‘能爲敵之司命’者，欲戰不欲戰之主動在我也！其前《勢篇》言：‘戰者以正合，以奇勝。戰勢不過奇正；奇正之變不可勝窮也！奇正相生，如循環之無端，孰能禦之！’《虚實篇》，所以明運動戰之不拘方所；而《勢篇》，則以明運動戰之不囿法執！然運動戰，亦不能不受兵情地勢之限制；則《虚實篇》以下《軍争》、《九變》、《行軍》、《地形》、《九地》五篇所論，是也。故曰：‘塗有所不由。軍有所不擊。城有所不攻。地有所不争。’所以明戰術之空間，亦有時而拘束！嗚呼！吾人今日之抗戰，何啻三戰三北；則以中樞固已把握戰略之時間，而行軍未能認識戰術之空間；徒以眩於戰術之閃電，武器之機動，而張皇敵勢，不知所措！其實吾軍雖無機動戰術之武器，而吾國儘有運動戰術之空間！亟肆以疲，多方以誤，我之空間自由，我不能自運用而以資敵！敵攻我所不守，而我何爲不守所不攻也！敵進而不可禦，我何爲不乖其所之也！然而譚何容易！歐洲兵家之能明乎戰術之空間者，惟普魯士菲烈德立大王及法拿破崙大帝！拿破崙運用攻勢之空間；而菲烈德立則主宰守勢之空間。然吾國無侵略之雄圖，而不能不事防禦；今日如此，他年亦復如此；所以運用攻勢之空間，匪我思存；而主宰守勢之空間，何可不圖！”

或問：“主宰守勢之空間則如何？”

曰：“孫子《虚實篇》謂：‘凡先處戰地而待敵者佚。後處戰地而趨戰者勞。故善戰者致人而不致於人。’所以主宰守勢之空間也。菲烈德立之創内線作戰，則以運動戰而主宰守勢之空間。於時，菲烈德立四面受敵，乃結合兵力於一地以爲中心，而分兵四出，進退自如；敵則兼顧不易，不知所以爲攻矣！蓋内線作戰之居中馭外，其指揮易；外圍僨盈之四面合攻，其呼應難；尚不僅勞逸之攸分；而菲烈德立遂以收七年戰爭之功也！”

“然則内線作戰之説，中國古兵家亦有之乎？”

曰：“無其説而有其法！子不見諸葛武侯《八陣圖》乎！蓋内線作戰之陣圖，所有方嚮，皆爲正面；而以無虞敵軍之側擊包抄者也！其圖，畫井字，四正四奇，開方爲九；而大將居中握機，成井田形。然八陣井田，同形異制。井田之制，務在均平；使公家之田，多於私家，則不均不平而怨聲作矣；所以公田居中而不逾百畝，與四正四隅同。八陣則主於用兵，須有居重馭輕之勢；若大將居中握機，而兵勢與外八陣等，則尾大不掉矣！故雖同爲井字形，而中軍則必倍四正，四正則必倍四隅，而後可以如身使臂，如臂使指。及其用之於戰也，唐李靖對太宗之問，以謂：‘四頭八尾，觸處爲首；敵攻其中，兩頭俱救。’當敵者爲首，則旁援者爲尾。所謂‘四頭八尾，觸處爲首’者。蓋四正爲首，則四隅爲尾；四隅爲首，則四正爲尾；首尾相生，如環無端。所謂‘敵攻其中，兩頭俱救’者，蓋敵攻其中之一陣，則旁近之左右兩陣齊應爲援。武侯當漢賊不兩立之時，值曹丕全盛之勢，計一旦出蜀而復關陝，必將以數十萬衆轉戰中原，與曹丕旗鼓相當；於是斟酌古法而制法八陣；夫亦爲十萬之師交綏中原，而平地置陣設也。凡兵家置陣，皆據險阻，祇一兩面嚮敵，則力省而功倍；猶秦地關中四塞，阻三面而守，獨以一面制東諸侯也。不得已而平地置陣，四面八方，應敵爲難！八陣圖面面若一，四頭八尾，觸處爲首，側擊包抄，皆無所施；泛應曲當，豈非内線作戰之神而明之者耶！然菲烈德立以内線作戰收七年戰爭之功，而武侯不能以八陣收六出祁山之功！出師未捷身先死，長使英雄淚滿襟，非戰之罪也，天也！”

或又問：“吾子謂蘇聯史丹林防線與法之馬奇諾防線，魏剛防線，同一基本於縱深戰術；倘亦孫子所謂‘先處戰地而待敵’，欲以主宰守勢之空間者耶!"

曰:"縱深戰術，亦中國自古有之! 宋許洞著《虎鈐經》二十卷，其中第九卷有重覆，八卦二陣，而著所以爲用，言:'敵爲直陣，我以重覆陣當之';即縱深戰術也。又曰:'敵用兵四面圍我，我以八卦陣當之';即内線作戰也。皆欲以主宰守勢之空間也。至徽欽之世，金人起於東北，而善用騎;以集團馳突之威猛，遠勝於單騎也;又以騎兵之利衝擊而不利防禦也;於是被馬以甲，而兵皆重鎧，號鐵浮圖;戴鐵兜鍪，周匝綴長簷;三人爲伍，貫以韋索;每進一步，即以拒馬擁之;進一步，拒馬亦進，退不可却，而寓堅重於輕鋭;分左右翼，號拐子馬，專以推鋒，用兵以來，所嚮無前!於是吴璘創爲疊陣;每戰，以長槍居前，坐不得起;次最强弓，次輕弩，跪膝以俟;次神臂弓;約敵相搏至百步内，則神臂先發;七十步，强弓併發;次陣如之;而欲以静制動，以堅制鋭;其陣以拒馬爲限，鐵鈎相連;俟其傷則更代，代則以鼓爲節;騎兩翼以蔽於前，陣成而後退。諸將疑曰:'吾軍其殲於此乎!'璘曉之曰:'戰士心定，則能持滿;敵雖鋭，不吾當也!'遂大破金人於秦州。蓋以鐵騎之集團馳突，推鋒直入;而璘禦之以疊陣，許洞所謂'敵爲直陣，我以重覆陣當之'者也，豈非縱深戰術之於古有徵者耶!更推而上之，則春秋時之楚，已行縱深戰術!"

"然則亦有徵乎?"

曰:"有!觀於邲之戰，隨武子論楚荆尸之陣，曰:'前茅慮無，中權後勁。'兩言者，足以盡縱深戰術之指要矣!余讀蔣百里先生著《巡視歐洲西戰場記》，嘗引《左傳》長勺之戰，用曹劌盈竭之論，而闡一九一六年凡爾登之役，法之所以制勝，以謂:'德軍之傾全力以掠取陣地也，法軍決不分其主力以求原線之維持，而故控其力，取攻勢於敵人既得陣地以後;以我之力有餘裕，乘德之攻堅力屈，一鼓作氣，此則曹劌三鼓之原理，而用之於最新武器者也!'其論卓矣;然而未盡!余謂曹劌言'戰，勇氣，一鼓作氣，再衰三竭，彼竭我盈';以我之盈，乘彼之竭，法之所以勝;勝之理也。隨武子論楚荆尸，'前茅慮無，中權後勁'，以後之勁，承前之無，法之所爲勝;勝之法也。昔左文襄公每詔所部曰:'兵事利鈍，未可預知;而鋭進須防其退速，後勁尤重於前茅!蓋戰陣之事，最忌前突後竭!行軍布陣，壯士利器厚集於後，則前隊得勢，鋒鋭有加;戰勝而兵力愈增，必勝之著也！吾全力悉注前行，一洩無餘，設有蹉跌，無復後繼，是乃危道！’嗚呼！此德人之所以百戰百勝，而法卒以承其弊於昔日者也！法人蒲哈德氏嘗著《德大將興登堡歐戰成敗鑑》一書，其大指以謂：‘善治兵者，不主前線之密集，而主後線之堅厚；果後線之軍脆薄，則前線一衄，軍潰不支！夫德人殫鋭竭力，而不圖後繼，一擊不中，亦以一蹶不振！何如我福煦元帥老謀壯事，力故控其有餘以輕兵置前線，而後線則厚集兵力以承前線！蓋兵數密集，易爲敵人之炮火聚殲；前線兵稀而散，則敵人之炮火雖密而無大傷害；而兵力厚集於第二線、第三線，以承德軍炮火之衰，以全力捲陣而進，蔑不勝矣！’夫前線兵少之謂‘前茅慮無’；後線陣厚之謂‘中權後勁’。觀今日之世界大戰，德人以機動之武器爲閃電戰，而不得逞志於蘇聯！蘇聯則以堅制鋭，厚集其陣以爲縱深之配備，亦不外推衍此義；而陣地愈深入，兵力愈增强；不殫鋭竭力以堅持前線，而‘前茅慮無’，‘中權後勁’，故控其力於後以伺德軍深入，而薄之於再衰三竭之餘；此又德人之所以百戰百勝，而蘇聯卒以承其弊於今日也！嗚呼！德人不得逞志於蘇聯，豈日人承其餘智而得逞志於我！惟我不能主宰守勢之空間以制敵；而敵遂得運用攻勢之空間以乘我！諺不云乎？‘不經一事，不長一智！’拿破崙之侵普魯士也，克老山維茲實以裨將爲俘，而動心忍性，增益不能以極深研幾，蔚爲德國兵學之祖！況吾國神明之胄，胚胎前烈；黃帝肇開人紀，以師兵爲營衛；而孔子亦云‘好謀而成’，‘我戰必克’，寧啻孫子談兵之雄！此一役也，凡我同仇，身經百戰，情僞儘知，必有酌古斟今，神明其意，而刷新兵學以有光於前人者，姑以余言爲左券！”

民國三十四年一月，錢基博講於湘中前線大庸軍次，凡兩日，每日兩小時。聽者五百餘人。韓軍長仲景、徐參謀長亞雄，咸不以余言爲剌謬；而徐參謀長於余急言竭論之餘，必起而提示指要，鄭重申明。嗚呼！書生談兵，何當大計；野人獻曝，亦有微誠；耿耿此心，讀者監之！

（商務印書館，1947 年 11 月出版）

翻譯名詞（人名、地名等）對照表

原譯	今譯
克老山維茲	克勞塞維茨
史梯芬	斯蒂芬
阿比西尼亞	埃塞俄比亞
馬克薩	麥克阿瑟
來因	萊因
漢尼鮑	漢尼鮑姆
義大利	意大利
喀來	卡來
日爾曼	日耳曼
亞爾薩斯	阿爾塞斯
洛倫	羅林
阿留地安羣島	阿留申羣島
阿茲茲島	阿茲島
彼得羅巴夫斯克	彼得羅巴甫洛夫斯克
韋克島	威克島
馬尼剌	馬尼拉
巴爾邁拉島	巴爾米拉島

密士失必河	密西西比河
哈爾孫河	納爾孫河
菲烈德立	菲烈得立
亞林匹克	奧林匹克
薛蒙尼脱	雪蒙尼得
苦茲則夫	庫茲聶佐夫
克里地島	克里的島
西伯里亞	西伯利亞
麻拉菲亞	馬來西亞
卡薩布朗卡	卡薩布蘭卡
巴央納	巴約訥
麻六甲海峽	馬六甲海峽
門的内哥	門的内哥羅
亞爾米尼亞州	埃爾米尼亞州
坡士尼亞	波斯尼亞
赫斯戈維納	黑塞哥維那
阿非利加洲	非洲
阿西里	阿爾及利亞
西昔里島	西西里島
阿支士拉	阿積士
朴斯茅	朴斯茅斯
墨斯科	莫斯科
中渡島	中途島
瓜達康納爾	瓜達爾卡納爾
瑪德里	馬德里
蓋斯塔波	蓋世太保
阿根庭	阿根廷
菲列賓	菲律賓
奥大利	奥地利
史丹林	斯大林
伯京罕宫	白金漢宫
多惱河	多瑙河
蘇彝士	蘇伊士
佛郎	法郎

校訂後記

無錫錢基博先生學貫四部，不僅以集部之學見稱於世，而且湛深兵學，成果豐碩。錢先生出生於“國勢衰朽”的清朝末年，強烈的民族憂患意識促使他自幼就對《孫子兵法》十三篇懷有濃厚的興趣，嘗謂：“余少喜論兵，五經四子書畢，能爛誦孫武書十三篇，而貫串諸史，出以己所獨見。又讀陳亮《酌古論》而善之，每學所爲，下筆纚纚不能以自休，於山川形勢險要，古今用兵戰守攻取成敗得失之迹，皆有折衷。”尤其是“蘆溝橋事變”以後，錢先生緟拾少時所好，經世致用，由譚兵而知兵，全面探討了現代戰爭之歷史縯變與利害得失，並結合《孫子兵法》和德國兵家克勞塞維茨的軍事原則，比較參證，寫出了《孫子章句訓義》、《德國兵家克勞山維茲兵法精義》、《歐洲兵學演變史論》、《斟今論》四部“理通歐亞”、“爲抗戰服務”的兵學著作來，深刻詮釋了孫子語：“其用戰也，勝久則鈍兵挫鋭，攻堅則力屈，久暴師則國用不足。……故兵貴勝，不貴久。”從而斷定日本在戰略戰術上都已處於劣勢；中國抗戰雖曠日持久，軍民若能“強而避之，以待敵之可勝”，而不輕吾力以犯其鋒，以伺敵之瑕而承其敝，必能獲得最後之勝利。他藏書甚豐富，其中僅古兵法一藏，搜輯至七八十種，足以從事專門性的中國古代兵學研究。嘗與湖南曹典球先生書：“此事將成絕學，欲撰提要以抉微，而卒卒未暇。”這是錢先生的未竟之志。

本集迺《錢基博集》“兵學”部分之《（增訂新戰史例）孫子章句訓義》，全一册，約計四十萬字。

《（增訂新戰史例）孫子章句訓義》是以清孫星衍校《孫子十家注》爲底本，並以明正統道藏本、談愷嘉靖本、崇文官書局《百子全書》本對勘。書中所稱“章句”，是指對諸本所長擇善而從；所稱“訓義”，是指對《十家注》中前後重復、相互矛盾的句子進行“削其繁剩，筆其精粹”。此書在選輯古注精華的同時，注意運用近代軍事觀點和兩次世界大戰中的戰例對孫子軍事原則予以發揮，見解透闢，析理精微，校勘也有自己獨到之處。是民國期間較有影響的《孫子》注本之一。

本書共有三個版本。第一個本子是一九三九年五月出版的，題名爲《孫子十三篇章句訓義》，收入“精忠柏石室叢書”，祇薄薄的兩個小册子，卷首有錢氏自序一篇，以《孫子》之學説推論中日戰爭前途；又附《孫子別傳》一篇，亦便參考，卷末有錢門弟子吴忠匡氏的一篇跋文。第二個本子是第一個本子的增訂本，内容十分豐富，除在卷首增入《卷頭語》一文外，還在章句訓義之后，援引了大量中外戰爭史例以爲解説，遂更名《（增訂新戰史例）孫子章句訓義》，仍分上下兩册，於一九四二年四月出版。第三個本子是《（增訂新戰史例）孫子章句訓義》的修訂本，除了删去卷末吴氏的那篇跋文之外，又在卷末附録了《孫子今説》一文，由商務印書館於一九四七年十一月出版；這最后一個本子經過了錢先生的最終訂正，因而錯誤較少。此次重新點校出版，即以錯誤最少的和内容最完備的商務本爲底本。

本書博採中西兵學史論，其中僅參考西語文獻就多達四十餘部（篇），而書中涉及的外國人名、地名等，大部分與當今通行譯法相同，小部分則有明顯差異；其中有個别名詞，在不同的引文中也做不到前后統一。本着對錢基博先生和讀者負責的態度，我不做隨意更改，而是將有差異的翻譯名詞列表對照，附録於卷末；如此處理，或許可以做到既忠實於原作，又方便了讀者研究之用。

《（增訂新戰史例）孫子章句訓義》的整理點校，最初是由黄曙輝兄促成的。其間又得到了諸多師友的大力支持和鼓勵，比如書末的《翻譯名詞（人名、地名等）對照表》，就是在我的好友、華中師範大學文學院博士生龔瓊芳老師的協助下完成的。在此，一并嚮多年來關心和幫助過我的朋友們表示感謝！由于本書内容包羅古今中外，整理時難免有“望洋向若而歎”的感慨！自知才疏學淺，訛誤和欠妥之處尚祈海内方家不吝賜教。

傅宏星

二〇一一年三月

識於湖南科技學院